금융교육사회학:
학교기반 금융교육

이 동 성

교육과학사

서 문

금융자본주의와 학교교육의 거짓말

근대학교는 과거에서 오늘에 이르기까지 산업혁명, 민족주의, 계몽주의 사상을 실현하는 국가기구였다. 근대학교는 산업자본주의 사회에 필요한 인력을 양성하고, 자유민주주의 사회를 이끄는 민주시민을 양성하였다. 그러나 최근에 금융자본주의 사회의 출현으로 말미암아 사람들은 학교교육의 기능과 역할에 대하여 의심의 눈초리를 보내고 있다. 학교교육과 교사는 금융자본주의 사회에 조응하며 살아갈 수 있는 경제적 자유인을 양성하고 있는 것일까? 오늘날 학교를 졸업한 일부 청년들은 연애, 결혼, 출산, 취직, 내 집 마련, 심지어 꿈까지 포기하는 'N포 세대'로 전락하고 있다. 한국의 학생들은 어느 나라의 누구보다 열심히 공부하였으나, 그에 합당한 경제적인 보상을 받지 못하고 있다.

오늘날 한국 청년들은 금융자본주의 사회에서 부모의 사회경제적 지위에 따른 빈부의 격차를 온몸으로 실감하고 있다. 금융자본주의 사회는 근면하게 노동하는 청년들보다는, 돈에 밝은 청년들에게 오히려 더 큰 기회와 보상을 준다. 한국 청년 세대들은 아무리 노력해도 답이 보이지 않는 고장 난 금융자본주의 사회에 살고 있다. 그리고 학교에서 열심히 공부만 하면 사회경제적으로 성공할 수 있다는 학교교육의 신화와 교사의 거짓말을 믿지 않는다. 이러한 사회경제적 이유와 맥락에서, 학교와 교사는 금융자본주의를 살아갈 학생들에게 3R(읽기, 쓰기, 셈하기)이라는 기초적 능력뿐만 아니라, 금융이해력(financial literacy)을 신장해야 하는 시대적 요구에 직면해 있다. 세계 선진 국가들은 금융자본주의 사회에 적합한 인재를 양성하기 위해 학교에서 금융교육을 시도하고 있다.

하지만 오늘날 경제 전문가, 금융 전문가들은 변화하는 금융자본주의 사회에서 무능하고 무기력한 학교교육과 교사들을 비난하고 있다. 학교교육과 교사는 금융자본주의 사회에서 다음 세대에게 가난을 대물림하는 '가난한 아빠'의 표상으로 여겨지고 있다. 교육과 사회의 관계를 탐구해 왔던 교육사회학(sociology of education)은 1970년대부터 자본주의 사회에서 경제적 불평들을 재생산하는 학교교육과 교사를 비판해 왔었다. 즉, 지배계급의 요구와 욕망을 반영하는 학교교육은 자본주의 사회에서 불평등을 재생산하고 있다는 주장이다. 과거 비판이론가들은 사회경제적 불평등을 재생산하는 자본주의 사회체제를 바로잡는 일이 불평등한 학교교육을 개선할 수 있는 출구라고 주장하였다. 그렇다면 학교교육을 이끄는 교사가 사회경제적 불평등을 심화시키는 금융자본주의를 바로잡을 수 있을까?

교육과정사회학자이자 교사교육자인 나는 학교교육을 비난하는 경제 및 금융전문가, 그리고 고장 난 금융자본주의와 학교교육을 비판했던 비판이론가들에게 마치 돈키호테와도 같은 급진적 대안을 제안하고자 한다. 그것은 바로 학교와 교사를 중심으로 미래 사회를 살아갈 학생들에게 경제와 금융을 체계적으로 가르쳐서 금융이해력을 신장하는 일이다. 나는 이 책을 통하여 이러한 급진적인 교육적 도전을 '금융교육사회학(sociology of financial education)'과 '학교기반 금융교육(school based financial education)'으로 부르고자 한다. 금융교육사회학은 금융사회학(sociology of finance)과 교육사회학(sociology of education)의 합성어로서, 학교와 교사를 중심으로 한 금융교육에 대하여 사회학적 접근을 시도한다. 그리고 학교기반 금융교육은 단위학교 및 교사들의 공식적이고 체계적인 금융교육과정과 수업을 통해 학생들의 금융이해력을 신장하려는 교육적 시도를 의미한다.

새로운 학문 영역(금융교육사회학)을 개척하고, 급진적인 교육방안(학교기반 금융교육)을 제안하기 위해서는 패기 넘치는 도전 정신과 상상력만으로는 한계가 있다. 새로운 학문 영역과 획기적인 교육방안에 대한 설득력을 얻기 위해서는 논리적 근거와 학술적 타당성이 필요하다. 안타깝게도 저자는 금융을 전공하는 금융학자도 아니며, 그렇다고 금융교육을 전공하는 교과교육학자도 아니다. 따라서 일반교육학(교육과정사회학)을 전공하는 나는 새로운 영역과 급진적인 교육방안에 대한 이론적 근거로 1부에서 '돈의 사회학'과 '소비 사회학'을 이야기하였다. 2부에서는 금융과 금융교육에 무지몽매했던 저자(교사교육자)가 자기주도적으로 금융이해력을 신장하고, 교사를 대상으로 금융교육을 시도했던 교수학습 경험을 자기사회학(sociology of I)과 자문화기술지(autoethnography)에 기초하여 이야기하였다. 3부에서는 학교 교사들과 저자가 자신들의 교실과 학교에서 실천했던 금융교육 경험(금융 교육과정과 수업)을 개인 수준, 소집단 수준, 단위학교 수준에서 질적 사례연구로 탐구하였다. 그리고 마지막 4부에서는 학교기반 금융교육의 방아쇠이자 주체로 볼 수 있는 교사들의 자산관리 방식과 투자 생활을 생애사적 접근으로 조명하였다.

한국의 학교교육에서 학교기반 금융교육이 실현될 수 있을지는 여전히 미지수이다. 학교와 교사를 중심으로 금융교육을 전개하기 위해서는 현실적으로 당면한 여러 가지 문제들을 해결해야 한다. 특히, 학교기반 금융교육을 실현하기 위해서는 금융교육을 이끄는 학교 교사들의 금융이해력과 금융교육 전문성이 절대적으로 필요하다. 그리고 교사들의 금융이해력과 금융교육 전문성을 신장하기 위해서는 교사교육기관의 체계적인 금융 교육과정과 교사교육자의 금융역량이 필요하다. 따라서 이 책이 학교를 중심으로 금융교육을 시도하고자 하는 학교(예비) 교사들과 교사교육자에게 한 줄기 단비(時雨)가 되기를 기대한다.

끝으로, 이 책은 여러 귀한 분들의 도움으로 세상 사람들을 만나 볼 수 있었다. 우선, 이 책의 바탕이 되는 초고(논문) 집필에 도움을 주셨던 김연경, 이상현, 이혜원, 신은하, 심지현, 최송이 선생님과 부재율 교수님께 감사의 말씀을 드린다. 그리고 졸고임에도 불구하고, 도서 편집 및 출판에 도움을 주신 교육과학사 김상현 부장님, 이정호 편집실장님, 한정주 사장님께도 가슴 뜨거운 감사의 말씀을 전한다.

2026. 2. 1

시우당(時雨堂)에서 저자 씀

차 례

제2부 학교기반 금융교육을 위한 교사교육(자)

제1부

금융자본주의와 금융교육사회학

제1부는 금융자본주의에 조응하는 학교기반 금융교육의 이론적 배경으로서 '금융교육사회학'이라는 새로운 연구영역에 주목하고자 한다. 금융교육사회학은 금융사회학과 금융교육학의 학문적 결합을 통해 금융교육 현상에 대한 사회학적 접근을 시도한다. 저자는 새로운 금융교육사회학의 이론적 토대로서 '돈의 사회학'과 '소비 사회학'에 주목하고, 이에 기초하여 자기연구를 시도하였다.

제1장은 **"이동성. (2024). 돈의 사회적 가치와 의미 탐색: "삼부자 돈 이야기". 질적탐구, 10(1), 107-130"**을 재구성한 글이다. 1장은 세대가 다른 금융 주체들(아버지-나-아들)이 가정 내 금융교육을 바탕으로 돈의 사회적 가치와 의미를 부여하는 방식을 소설적 글쓰기로 재현하였다. 소설 속 세 주인공은 자신들이 처한 사회경제적 조건과 삶의 맥락에 따라 다르게 돈을 사용하였고, 돈에 대한 사회적 의미와 가치 부여 방식도 달랐다. 하지만 소설 속 삼대는 돈의 사용을 둘러싼 가치와 의미가 달랐음에도 불구하고, 각자의 방식으로 노동과 돈으로부터 해방을 추구하는 유사성을 보였다. 결국, 돈의 사용에 대한 사회적 의미와 가치 부여 방식은 사회경제적 및 역사적 조건과 개인적 삶의 맥락에 따라 변화하였다. 하지만 돈은 노동과 돈 그 자체로부터의 해방을 통해 개인의 자아를 실현하고, 삶의 방식과 형태를 표출하는 사회적 장치이자 기제였다. 제1장은 소설적 글쓰기로 세 세대의 금융 주체들이 다르게 돈을 다루는 금융 행위와 금융 태도를 서술함으로써 돈의 사회적 가치와 의미를 해명하고 확장할 것이다. 또한, 1장은 세대 간 돈의 사용에 대한 사회적 가치와 의미를 탐구함으로써 돈을 둘러싼 개인적 및 사회적 갈등과 잘 삶을 조명하고, 금융자본주의 주체가 현명한 금융 의사결정을 내리고 재무관리를 하는 데 도움을 주리라 기대한다.

제2장은 **“이동성. (2024). 소비사회에서 합리적 소비자 되기 과정에 대한 자문화기술지. 10(2), 1-24”**를 재구성한 글이다. 2장은 저자의 경제적 및 역사적 삶 속에 스며들어 있는 소비 경험을 사회문화적 맥락과 조건에 연결함으로써 소비사회에서 합리적 소비자로 변모해 가는 과정과 의미를 자문화기술지로 재현하였다. 자본주의 사회에서 소비 주체로서 저자는 지난 30년 동안 합리적인 소비자가 되기 위하여 4가지 차원에서 각종 재화와 서비스를 소비하였다. 첫째, 저자는 철학적 차원에서 자신의 고유한 정체성과 본연의 욕망을 실현하면서도 타자를 배려하는 윤리적인 소비를 지향하였다. 둘째, 저자는 경제적 차원에서 금융이해력에 근거한 금융 의사결정을 바탕으로 가정의 재무적 안정과 지속가능한 발전을 보장하는 소비를 하였다. 셋째, 저자는 환경적 차원에서 약탈적이고 파괴적인 소비 행위를 줄이면서, 생태 및 환경 친화적인 소비 습관을 지향하였다. 넷째, 저자는 사회적 차원에서 자신과 가족만을 위하는 개인적 소비에서 벗어나, 공동체와 사회적 책임을 지향하는 소비자가 되려고 하였다. 2장은 한 개인의 생애를 중심으로 합리적 소비자로 되어가는 과정과 의미를 소비사회학의 관점에서 탐구함으로써 합리적 소비자 개념을 재고하고 확장하는 데 도움을 줄 것이다. 또한, 합리적 소비자 개념의 확장과 심화를 통해 금융자본주의 사회의 소비 주체가 소비사회의 욕망과 굴레에서 벗어나, 새로운 소비문화를 주체적으로 향유하고 창조할 수 있는 상상력을 부여할 것으로 기대한다.

제 1 장 돈의 사회학: 돈의 사회적 가치와 의미

I. 돈의 굴레

사람들은 일상 속에서 다양한 방식으로 돈을 사용한다. 어떤 사람들은 돈을 원수라고 부르며, 또 어떤 이는 돈을 신이 준 선물이라고 여긴다. 사람들이 이처럼 다양한 방식으로 돈을 정의하는 이유는 돈에 대한 가치와 의미부여 방식이 저마다 다르기 때문이다. 사람들은 돈이 사용되는 사회적 맥락과 조건에 따라 상이하고 복합적인 가치와 의미가 있음을 은연중에 알고 있다. 하지만 사람들은 수학과 경제학을 기반으로 돈의 가치에 주목하기는커녕, 돈의 사회적 가치와 의미에 대한 관점을 가끔씩 간과하는 경향이 있다(Kraemer et al., 2020). 자본주의 사회에서 돈은 부정할 수 없는 삶의 조건이며, 인간에게 행복을 선사하기도 하지만 때로는 불행을 초래하기도 한다(강헌국, 2017). 돈 그 자체는 삶의 방식을 결정하지는 않을지라도, 돈을 어떻게 사용하는지는 사람들의 삶의 방식을 결정할 수도 있다. 따라서 가치가 높고 의미가 있는 삶을 살기 위해서는 돈의 사회적 의미와 가치를 탐구할 필요가 있다.

현대인은 돈에 대하여 모순적이고 양가적인 감정을 갖고 있다. 사람들은 돈을 좋아하지만, 때로는 멀리하는 태도를 보인다. 즉, 사람들은 돈이 긍정적인 삶의 변화(미래 대응, 여유, 대인관계 개선, 기부 등)를 초래할 것이라 기대하면서도(안서원, 박수애, 김범준, 2012), 돈은 천한 것이라는 통념도 동시에 갖고 있다. 또한, 돈은 경제적 가치의 저장, 측정, 교환 수단을 위한 화폐적 가치뿐만 아니라, 사회문화적 가치로도 간주할 수 있다(Simmel, 1970). 돈은 개인의 자유와 독립을 위한 바탕이자, 사회적 지배와 권력을 유지하고 점유하기 위한 수단이며, 개인과 집단의 명예와 지위를 표출하는 사회적 제도이자 장치가 될 수도 있다(Schimank, 2015; Zelizer, 1994, 2011). 즉, 돈은 현대인들의 삶과 계층을 구분하는 강력한 수단일 뿐만 아니라, 그 자체가 사회적 제도와 장치로 기능함으로써 자본주의 사회의 주체로 군림하게 된다(Simmel, 1970). 금융자본주의에서 이 같은 돈의 막강한 영향력에도 불구하고, 돈에 대한 사회문화적 가치와 의미를 탐구한 사회과학연구는 활발하지 않은 편이다(Kraemer et al., 2020: 228).

우리나라 사람들은 돈 혹은 돈의 사용에 대하여 어떠한 사회적 의미와 가치를 부여하고 있을까? 누구는 돈을 신성시하고, 누구는 돈을 가치중립적인 것으로 간주하며, 또 누구는 돈을 무시하거나 경멸하기도 한다. 특히, 우리나라 사람들은 세대별로 돈에 대하여 상이한 관점을 갖고 있으며, 이는 그들의 삶의 방식에 막대한 영향을 미친다. 가령, 한국의 노인 빈곤율은 경제협력개발기구(OECD) 회원국 중 1위를 벗어나지 못하고 있다(문화일보, 2023. 12. 19.). 76세 이상 노인 2명 중 1명 이상은 가난한 것으로 나타났는데, OECD 회원국들(OECD 평균 14.2%) 중에서 노인(66세 이상 노인) 소득 빈곤율이 40%를 넘은 곳은 한국이 유일하다(문화일보, 2023. 12. 19.). 한편, 한국의 중장년층은 자산 증가량과 더불어 부채 증가량도 많은 세대인데, 특히 X세대는 지난 9년(2012년-2020년) 동안 가장 빠르게 자산을 증가시킨 세대이다(KBS뉴스, 2021. 11. 02.). 그러나 최근에는 취업을 위한 공부나 준비를 아예 하지도 않는 '니트족(Not in Education, Employment or Training)'이라 불리는 청년들(15세-29세)의 수가 8만 명(36.7%)에 이르고 있다(중앙일보, 2023. 10. 22.). 또한, 우리나라 30대 초반 인구의 절반 이상은 아직까지 미혼인 것으로 조사되었는데, 30년 뒤에는 청년 인구의 비율이 전체 인구의 10%에 불과할 것으로 예상된다(한국일보, 2023. 11. 28.). 이처럼 청년 세대의 인구수가 급속도로 줄어들고, 취업이나 결혼을 기피하는 원인은 주로 경제적 이유인 것으로 나타났다(한국일보, 2023. 11. 28.).

이처럼 우리 주변에는 빈곤에 허덕이는 노인들, 과도한 빚으로 삶을 저당 잡힌 중장년들, 그리고 고착화된 경제적 불평등으로 취업과 결혼을 포기한 청년들이 즐비하다. 이러한 사회경제적 문제의 원인 가운데 하나는 가정 안에서 돈의 가치와 의미를 제대로 가르치고 배우는 금융교육의 부재와 깊은 관련이 있다. 왜냐하면, 한국의 학교교육은 아동과 청소년을 대상으로 아직까지 체계적인 금융교육을 하지 않기 때문이다. 유대인들은 가정 내 부모를 중심으로 한 금융교육으로 금융역량을 길러서 전 세계의 경제와 금융을 주름잡고 있다. 유대인은 아기를 재울 때 "싸게 사서 비싸게 팔아(buy low sell high)"라는 말을 흥얼거리며, 저금통에 동전을 넣는 습관에서부터 금융교육을 시작한다고 한다(구본석, 2018). 이는 부모가 아이들에게 저축의 중요성을 강조할 뿐만 아니라, 적은 돈이라도 소중히 여기는 습관을 기르기 위함이다. 또한, 유대인은 일거리를 수행했을 때 합당한 용돈을 줌으로써 세상에 공짜가 없다는 교훈을 가르치며, 아이들에게 상품 판매를 경험을 하게 함으로써 일의 가치와 장사에 대한 개념도 심어준다(구본석, 2018). 반면에 한국의 부모는 자녀에게 일방적으로 용돈을 주기에, 아이들이 부모로부터 돈의 소중함이나 가치를 교육받기가 쉽지 않다. 또한, 우리나라 청소년들의 금융시장 참여도는 지속적으로 증가하고 있으나, 가정 내 부모를 중심으로 하는 금융사회화는 그다지 활발하게 일어나지 않는 것으로 나타났다(조선영, 최현자, 2023). 따라서 돈의 사회적 가치와 의미를 탐구하기 위해서는 가정 내 부모-자녀 관계를 중심으로 한 '돈 이야기'에 초점을 둘 필요가 있다.

한편, 우리가 일상생활에서 돈을 사용하는 방식은 상당히 다면적이고 다차원적이다. 따라서 돈의 사회적 가치와 의미를 이론화하는 일은 단순한 일이 아니다(Dodd, 1994; Simmel, 1970). 돈의 사회적 가치와 의미를 보다 심층적으로 탐구하기 위해서는 돈에 대한 경제적 접근뿐만 아니라, 예술적 접근도 필요하다. 특히, 돈의 사회적 가치와 의미에 대한 예술적 탐구를 시도할 때, 소설적 글쓰기 방식이 유용할 수 있다(조정래, 2007). 즉, 돈에 대한 소설적 글쓰기는 돈의 사회적 가치와 의미를 탐구하는 데 유용한 전략으로 볼 수 있다(신응철, 2009; 조정래, 2007). 왜냐하면, 소설적 글쓰기는 사실과 허구를 가로지르는 수사적 장치를 통해 생활세계를 보다 현실적으로 재현할 수 있고, 독자들로 하여금 주제에 대한 몰입과 공감을 유도할 수 있기 때문이다(서희주, 2022; 오덕열, 2020; Leavy, 2013; McNiff, 2018).

따라서 이 연구는 세대가 서로 다른 금융주체가 가정 내 부모의 금융교육을 바탕으로 돈의 사회적 가치와 의미를 부여하는 방식을 소설적 글쓰기로 재현하고자 한다. 이러한 연구목적을 위한 세부 연구문제는 다음과 같다. “세대가 상이한 삼부자는 자신이 처한 개인적 및 사회적 삶 속에서 어떠한 방식으로 돈을 다루는가?” 이 연구는 상상적-창조적 글쓰기에 기초한 소설적 글쓰기로 세 세대의 금융주체들이 상이하게 돈을 다루는 금융행위와 금융태도를 서술함으로써 돈의 사회적 가치와 의미를 해명하고 확장하는 데 기여할 것이다. 또한, 이 연구는 상이한 세대의 돈의 사용에 대한 사회적 가치와 의미를 탐구함으로써 돈을 둘러싼 개인적 및 사회적 갈등과 잘 삶을 조명하고, 현명한 의사결정과 재무관리를 하는 데 도움을 줄 것이다.

Ⅱ. 돈의 사회학과 가정 내 금융교육

1. 돈의 사회학

고전 경제이론에 따르면, 돈은 우선적으로 가치의 저장, 계산의 단위, 교환의 수단으로 여겨졌다(Kraemer et al., 2020: 220). 그러다가 사회학자인 Simmel(1970)의 관점에 따라, 돈은 이러한 경제적 가치뿐만 아니라 사회적 목적으로 여겨지기 시작했다. 즉, 돈은 자유와 독립을 위한 수단이며, 다른 행위자들의 행동을 통제하거나 조직의 권력을 표출하고, 사회적 평판과 명성, 애정, 돌봄, 공동체의 사회적 유대 등을 드러내는 사회적 제도이다(Schimank, 2015; Zelizer, 1994, 2011). 그러나 돈의 사용을 둘러싼 사회적 가치를 탐구하거나, 돈이 사용되는 다양한 목적을 심층적으로 탐구한 연구는 흔치 않은 편이다(Kraemer et al., 2020: 228). 현대사회에서 화폐로서 돈은 인간의 삶과 정치, 경제, 사회, 문화에 막대한 영향력을 미칠 뿐만 아니라, 그 자체가 사회적 제도로 작동하여 사회를 형성하는 주체가 된다(Simmel, 1970). 특히, 현대 자본주의 사회가 금융자본주의로 재편됨에 따라 금융 디지털화, 글로벌 금융, 빈부격차, 소비문화 변화 등 한국의 금융환경이 급속도로 변화하고 있다. 이러한 이유에서 Simmel(1970)의 〈돈의 철학〉은 돈의 사회적 가치와 의미를 탐구하고자 하는 이 연구에 의미가 있다.

Simmel(1970)의 관점과 주장에 따르면, 돈은 현대인들의 사회적 및 문화적 삶의 실천에서 물적-경제적 토대로 작동한다. 그리고 물적-경제적 토대에 기반을 둔 돈의 양적 속성은 질적 논리로 확장된다(Simmel, 1970). 즉, 돈을 소유한 개인은 생존을 위한 노동과 투쟁이라는 유물론적 차원에서 벗어나 사회적이고 문화적인 '나'를 추구할 수 있다. 돈을 다루는 개인은 개인적-주관적 삶의 양식에 관심을 갖고, 삶을 개선할 수 있는 가능성을 갖게 된다(신응철, 2009). 이러한 맥락에서 돈은 자본주의 사회에서 부정적이고 파괴적인 특성(탈개체화, 탈인격화)을 나타냄과 동시에, 긍정적이고 발전적인 특성(개체화, 인격화)도 아울러 드러낸다고 볼 수 있다(신응철, 2009: 132-133; Simmel, 1970). 따라서 돈에 대한 Simmel(1970)의 사회학적 주장은 돈의 부정적인 특성과 긍정적인 특성을 동시에 드러냄으로써, 현대사회에서 돈을 둘러싼 사회문화의 가능성과 갈등 원인을 해명했다고 평가할 수 있다(이응철, 2009).

한편, Simmel(1970)의 이론적 관점을 계승한 사회학자들(Baker & Jimerson, 1992; Dodd, 1994; Ingham, 2004; Zelizer, 1989)은 돈의 사회적 및 문화적 사용방식과 가치에 대한 연구를 확장하였다. 그들의 관점에서 볼 때, Simmel(1970)의 〈돈의 철학〉이라는 저서의 핵심은 돈에 대한 철학적 접근이라기보다는, 돈이 삶의 본질을 어떻게 파고드는지에 있다(Dodd, 1994; Ingham, 2004). 즉, 돈은 무색의 가치중립적이고 대체가능한 수단이기보다는 사회적 관계와 구조를 제약하고, 인지적 분류와 의미(문화)를 구성하는 사회적 제도이자 체제이다(Baker & Jimerson, 1992). 이러한 맥락에서, Dodd(1994)는 〈돈의 사회학〉이라는 저서를 통해 정치, 경제, 사회, 문화 등 다양한 통로를 통해 돈이 만들어내는 사회적 제도와 틀을 탐구하였다(조정래, 2007).

Dodd(1994)의 관점에서 볼 때, 우리가 일상생활에서 돈을 사용하는 방식은 다면적이고, 다차원적이며, 지역적이라서 돈의 사회적 가치와 의미를 추상적인 수준에서 이론화하기가 쉽지 않다. 따라서 돈의 문제를 이론적 차원에서 다루기 위해서는 돈에 대한 고전 경제이론의 관점(가치의 저장, 측정, 교환)뿐만 아니라, 돈을 둘러싼 정치적, 경제적, 사회적, 문화적 이슈들을 포괄하는 문학적 접근이 필요하다(조정래, 2007). 돈에서 비롯된 사회구조와 문화의 관계를 문학적으로 검토하는 시도는 돈을 둘러싼 현대사회의 실재를 다룰 수 있는 하나의 방법적 시도가 될 수 있기 때문이다(신응철, 2009; 조정래, 2007). 특히, 돈에 대한 소설적 글쓰기는 돈의 사회적 가치와 의미를 탐구하는 데 유용한 글쓰기 전략이다. 왜냐하면, 돈에서 비롯된 삶의 다양한 양식은 소설에 반영되어 다양한 모습으로 드러날 수 있기 때문이다(신응철, 2009; 조정래, 2007).

그러한 시도로, 강헌국(2017)은 김유정의 소설에서 돈이 표현되는 방식과 돈의 서사 기능을 논의하였다. 문학가 김유정은 돈을 부정할 수 없는 삶의 조건으로 인정한 상태에서 소설 쓰기를 하였다(강헌국, 2017). 김유정의 소설에서 돈은 정확한 금액을 표기하거나, 계산과 거래로 드러나면서도 소설의 서사 형성에도 영향을 미친다. 즉, 소설 속 인물들 사이의 관계는 돈을 중심으로 설정되고, 돈의 결핍에서 돈의 추구로 서사가 진행되었다(강헌국, 2017). 김유정은 돈을 통해 근대 자본주의를 재현함과 동시에 식민지 시대의 불합리한 돈의 추구 방법을 서사에 포함하였다. 강헌국(2017)은 김유정의 소설에 나타난 돈의 사회적 가치와 의미 분석을 통해 돈은 부정할 수 없는 사회적 삶의 조건임과 동시에, 인간의 삶에서 따스한 온기를 선사하는 이로운 것이 될 수도 있다는 Simmel(1970)의 주장을 재확인하였다.

2. 가정 내 부모의 금융교육

우리는 각종 재테크 및 경제교육 장면에서 투자 관련 내용이나 금융상품 판매를 위한 금융교육을 접하는 경우가 있다. 그러나 가정에서 부모가 자녀들에게 돈의 사용을 둘러싼 실제적인 경험을 바탕으로 돈의 사회적 가치와 의미를 가르치는 경우는 흔치 않은 편이다. 한국의 부모가 가정에서 금융을 가르치는 일이 흔치 않은 것처럼, 가정 내 부모의 금융교육에 대한 선행연구도 활발하지 않은 편이다. 부모의 금융교육에 대한 국내 선행연구는 ① 부모의 금융사회화, ② 금융교육 관련 부모의 특성, ③ 돈에 대한 학생의 인식/태도 관련 부모의 영향력을 조사하였다.

첫째, 국내 선행연구는 청년들의 금융사회화(financial socialization) 과정에서 부모의 영향력을 파악하였다. 대표적으로, 한지형, 최현자(2013)의 연구결과에 따르면 사회초년생의 금융사회화는 학교교육보다는 부모와의 직접적인 상호작용을 통해 이뤄졌다. 즉, 한국의 청년들은 부모에게서 재무적 도움을 받거나 주는 행위, 부모와의 재무적 갈등 등 재무적 상호작용과 교류를 통해 금융사회화를 하였다. 특히, 부모와의 상호작용을 통한 금융사회화의 과정에서 아버지의 연령, 경제자본, 교육자본이 사회초년생의 금융사회화에 의미 있는 영향력을 발휘하였다(한치형, 최현자, 2013). 이 연구의 결과는 청년들의 금융사회화가 주로 아버지를 통해 이뤄지며, 부모-자녀 사이의 재무적 교류와 관계가 가정 내 금융교육에 중요함을 시사하였다.

또한, 조선영, 최현자(2023)는 「2023년 청소년 금융이해력 조사」 결과를 바탕으로 우리나라 청소년들의 금융사회화 정도를 조사하였다. 연구결과에 따르면, 우리나라 청소년들의 금융사회화 수준(5점 만점, 2.79점)은 낮게 나타났으며, 그들의 금융사회화는 학교(2.65)나 미디어(2.60)보다는 부모(3.08점)를 통해 이뤄졌다(조선영, 최현자, 2023). 특히, 부모는 청소년의 돈에 대한 태도와 위험수용(risk taking) 성향에 긍정적인 영향을 미쳤다(조선영, 최현자, 2023). 이러한 연구결과는 부모로부터 비롯된 금융사회화가 청소년 및 청년들의 돈에 대한 생각과 재무관리에 직접적인 영향을 줄 수 있음을 의미하였다.

둘째, 국내 선행연구(심영, 박주영, 2021)는 자녀에게 금융교육을 시도하는 부모의 특성을 계량적으로 분석하였다. 연구결과에 따르면, 우리나라의 전체 부모들 가운데 극히 일부(16.1%)만이 자녀들에게 금융교육을 한 적이 있다고 응답하였다(심영, 박주영, 2021). 특히, 자녀에게 금융교육을 시도하는 데 있어서 부모의 금융

지식 부족이 가장 큰 애로사항인 것으로 나타났다. 그리고 재무 설계 경험, 노후준비 실천, 투자자 교육경험, 금융상품 관련 지식, 투자실력이 높다고 생각하는 부모일수록 가정에서 자녀에게 금융교육을 시도할 가능성이 높았다(심영, 박주영, 2021). 이러한 연구결과는 가정 내 금융교육을 활성화하기 위해서는 부모의 금융역량과 더불어 실제적인 금융실천이 선행되어야 함을 시사하였다.

셋째, 국내 선행연구(한진수, 2016)는 초등학생들(2학년, 5학년)과 중학생들(2학년)의 돈에 대한 인식과 태도를 조사하는 과정에서 부모의 영향력을 파악하였다. 연구결과에 따르면, 다수의 학생들은 합리적인 돈 관리를 위한 습관을 갖고 있지 않았고, 돈을 쓰는 방법이나 저축하는 방법에 대해서 배운 적이 없는 학생들이 1/3이나 되었다(한진수, 2016). 특히, 초중학생들은 학교교사보다는 부모에게서 돈을 배웠으며, 상당수의 학생들은 소비는 나쁘고 저축은 좋다는 식의 고정관념을 갖고 있었다(한진수, 2016). 이 연구는 학생들의 합리적인 금융행위나 금융태도를 개선하기 위한 방안으로서, 부모를 대상으로 자녀의 금융교육 방법과 전략을 가르치는 교육기회를 제공해야 함을 시사하였다. 지금까지 살펴본 국내 선행연구는 공통적으로 가정 내 부모의 금융교육 영향력을 계량적으로 조사한 측면에서 가치가 있었다. 하지만 가정 내 부모의 금융교육을 활성화하기 위해서는 부모-자녀 관계를 중심으로 한 금융교육의 내적 과정과 경험을 조명할 필요가 있다.

Ⅲ. 금융 소설 쓰기

1. 소설적 글쓰기

예술기반 연구(arts based research)를 지지하는 일군의 학자들은 모든 인문사회분야 연구가 천편일률적으로 과학적일 필요는 없다고 주장한다(Eisner, 2008). 따라서 예술기반 연구를 시도하는 학자들은 학계에서 관행적으로 추종해 왔던 논문의 형식논리에 대하여 의문을 제기한다(서희주, 2022; McNiff, 2018). 오히려 그들은 예술장르의 특징을 반영한 예술기반 연구가 독자들로부터 공감과 변화를 이끌어낼 수 있다고 주장한다(Leavy, 2013). 예술기반 연구의 한 유형인 소설적 글쓰기는 연구자가 문학 혹은 예술의 한 장르인 소설 쓰기의 방식으로 연구주제에 대한 질적 탐구를 시도한다(서희주, 2022). 소설은 실제적으로 발생한 사건이나 실존인물보다 가상의 사건과 인물에 초점을 두기 때문에 허구라고 볼 수 있다. 하지만 소설적 글쓰기를 시도하는 연구자들은 소설 장르의 이러한 가상적 특징이 인문사회 분야 연구에 더 유용할 수 있다는 역설을 주장한다(Leavy, 2012, 2013). 왜냐하면, 독자들은 소설을 통해 타인과 대상세계에 대한 공감적 이해에 도달할 수 있기 때문이다(McNiff, 2018). 또한, 소설적 글쓰기는 인간의 지성과 감성을 연결하고 융합하여 사실(fact)과 허구(fiction)를 구분하는 이분법적 사고의 전제를 뒤흔들 수 있는 수사적 장치이다(김영천, 이동성, 2013; 오덕열, 2020; Leavy, 2013; McNiff, 2018).

역설한 바와 같이, 인문사회 분야 연구에서 소설적 글쓰기는 소설이라는 문학장르의 주요한 특징인 허구성을 반영한다. 따라서 소설적 글쓰기 방식은 사실적 상황과 실제적인 질적 자료를 바탕으로 엄밀성과 정확성을 추구하려는 연구의 대척점에 놓여 있다고도 볼 수 있다. 하지만 우리가 인문사회과학 연구의 목적이 자아와 타자 그리고 대상세계를 심층적으로 이해하고 개선하는 것에 동의한다면, 소설적 글쓰기가 인문사회과학 연구에서 반드시 배제해야 할 글쓰기 스타일은 아닐 수 있다. 왜냐하면, 소설은 특정한 인물과 사건, 배경에 대한 상징, 비유, 묘사, 서사 등을 통해 질적 연구의 목적으로 볼 수 있는 이해, 공감, 감동, 설득을 극대화할 수 있는 수사적 장치(rhetoric apparatus)이기 때문이다(김영천, 2010: 396).

인류학의 문화기술지와 문학이 결합된 소설적 글쓰기는 문학적 인류학(literary anthropology)에서 비롯되었는데(Laterza, 2007), 인문사회과학 연구자가 탐구했던 자료나 연구결과를 소설의 형태로 전환하는 글쓰기 방법이다(김영천, 2010; Dunlop, 1999). '문화기술적 소설(ethnographic novel)'로도 불리는 소설적 글쓰기는 연구자가 풍부한 상상력을 바탕으로 연구 참여자들의 민감한 경험과 이야기에 윤리적으로 접근할 수 있도록 하며, 독자들에게는 연구결과에 대한 공감을 유도할 수 있다(오덕열, 2020). 소설에서 재현하는 가상의 이야기와 실재는 무질서한 생활세계와 경험을 직접적으로 반영하는 거울이 아니라, 그것에 대하여 새로운 질서와 의미를 부여할 수 있다. 왜냐하면, 소설에서 재현된 세계와 경험은 현실과 실재가 응축된 진실의 세계이자, 현실 속에 감추어진 진정성을 가시적으로 드러내기 때문이다(김영천, 2010; 김택호, 2007; 김혜영, 2004; 오덕열, 2020; 유철균, 2001). 소설적 글쓰기를 통해 생성된 연구물은 이야기의 형태를 통해 연구주제에 대한 독자들의 개방적인 해석과 이해가능성을 확장한다(Dunlop, 1999). 즉, 소설적 글쓰기는 독자들이 연구주제에 대한 심층적 이해와 더불어 다양한 관점으로 세상을 폭넓게 다가갈 수 있는 인식적 및 심미적 즐거움을 선사한다(오덕열, 2020; Laterza, 2007; Saks, 1996).

2. 소설의 배경 및 구성 방식

가. 단편 소설의 울타리: 세 인물과 사건

이 글은 3대에 걸친 세 남자들의 서로 다른 돈 이야기를 옴니버스(omnibus) 방식으로 구성하였다. 먼저, 세 편의 단편 소설에 등장하는 인물과 사건을 개략적으로 소개하면 다음과 같다. 첫 번째 이야기는 이근면(89세)이라는 수전노(守錢奴) 노인이 폐암 말기라는 시한부 선고를 받고서도 돈과 노동에 대한 집착을 버리지 못하는 이야기다. 일제 강점기와 6·25 전쟁 그리고 전후 가난을 경험했던 그는 자신과 가족들의 생존과 안전을 위해 평생 동안 돈과 노동을 쫓았던 자신의 삶을 되돌아보며 죽음을 맞이한다. 두 번째 이야기는 이근면의 아들이자 대학교수인 이성공(49세)이 사회적 존중과 인정투쟁을 위해 과도한 레버리지와 투자로 자산증식을 시도하다가 금융자본주의의 제약과 한계를 마주하면서 신음하는 이야기이다. 한국의 고도성장기 시대에서 자수성가를 했던 그는 추가적인 노동소득을 위해 고군분투하다가, 교육부 감사에서 징계를 받고 노동과 돈에 대한 회의감을 갖게 되는 이야기이다. 세 번째 이야기는 이성공의 아들이자 백수(白手)인 이여유(21세)가 국내 최고의 대학 중 하나인 한국공대(가명)를 우수한 성적으로 졸업을 하고도, 돈과 노동에 대하여 큰 관심을 보이지 않는 이야기이다. AI시대와 금융자본주의를 직면한 그는 사회경제적으로 이미 성공한 아버지의 그늘 아래서 특별한 성취동기가 없다. 그는 제발 뭐라도 되어 보라는 아버지의 성화와 뜻하지 않는 교통사고로 군 입대를 결심하게 된다. 소설에 등장할 삼대의 인적 특성을 간략하게 제시하면 다음 〈표 1-1〉과 같다.

〈표 1-1〉 소설 속 등장인물의 특성

인물명	나이	출생연도	세대별 특징	최종학력	직업
이근면(李勤勉)	89세	1934년생	'옥토세대 (octogenarian)'	국민학교 퇴학	어부/농부
이성공(李成功)	49세	1974년생	X세대	박사 졸업	대학교수
이여유(李餘裕)	21세	2002년생	Z세대(니트족)	학사 졸업	무직

나. 소설의 구성 방식

이 글은 삼부자의 돈에 대한 가상적 이야기(fictional personal narrative)를 '자전적 소설(autobiographic novel)'로 재현하였다. 1인칭 주인공 시점의 자전적 소설은 연구자가 탐구하고자 하는 연구주제를 자기-내러티브로 재현한다(Hamburger, 2005; Wilson, 2002). 이 연구가 1인칭 주인공 시점의 소설적 글쓰기를 채택한 이유는 '나'의 자기 고백적인 이야기가 소설 속 주인공들의 돈과 관련한 이야기의 진솔함과 생생함을 묘사하는 데 유용했기 때문이다. 즉, 저자는 1인칭 주인공 시점의 소설 쓰기를 통해 연구결과에 대한 보다 참신하고 깊이 있는 의미부여를 시도할 수 있으며, 독자들에게서 다양한 반응과 해석을 이끌어낼 수 있다(김영천, 2010; 김영천, 이동성, 2012; 윤호경, 2022).

이 글은 1인칭 주인공 시점의 자전적 소설이 부여하는 생생함과 허구성을 바탕으로 세 부자들의 서로 다른 돈 이야기를 병렬적이고 순차적으로 구성하였다. 서론, 이론적 배경, 논의 및 결론 파트는 기존의 연구논리에 따라 전통적인 글쓰기 스타일을 채택하였다. 하지만 연구방법과 연구결과는 소설적 글쓰기를 시도하였다. 특히, 연구결과 파트는 서로 다른 '나'를 중심으로 돈에 대한 세 인물들의 상이한 이야기를 순차적으로 배치하였다. 즉, 이 글은 3중적 자아 관점(tripple self perspectives)에서 서로 다른 세 가지 '나'를 중심으로 삼부자(조부-아버지-아들)의 돈 이야기를 옴니버스 방식으로 배치하였다. 이러한 이야기 구성 방식은 세대를 거듭하면서 변화하는 돈의 가치와 의미를 시간적으로 탐색하는 데 유용하였다.

Ⅳ. 삼부자의 다른 돈 이야기

1. 이근면의 돈 이야기: "가족의 안녕한 삶을 위하여"

구순을 앞둬서 그런지 자꾸만 삭신이 쑤셔왔다. 늘 피우던 담배 맛도 예전 같지가 않았다. 이제는 귀가 영영 먹통이 되어 남들하고 얘기하기도 힘들다. 헌데 귀가 먹어서 좋은 게 있기는 했다. 지긋지긋한 할망구의 잔소리를 안 들어도 되니까. 방바닥에 누워서 삭신을 달래는데, 마음 한 구석이 불편한 건 어쩔 수가 없었다. 귀머거리가 되었는데도 기름보일러 돌아가는 소리가 아니, 보일러의 진동이 등짝을 스멀스멀 파고들었다. 웅~ 하는 소리와 함께 돈을 집어삼키는 보일러가 내 몸을 갉아 먹는 듯했다. 하는 수 없이 지친 몸을 일으켜 보일러 스위치를 껐다. 차가운 방바닥에 새우처럼 웅크리고 있으니 몸은 차갑지만, 마음이 따스해졌다. 할망구도 마을 경로당에 놀러가서 테레비(TV)를 보려는데, 갑자기 지난주에 둘째 아들놈과 싸웠던 일이 마음에 걸렸다. 전기세를 좀 아낄 심산으로 테레비 소리를 줄이라고 했더니, 아니 그 녀석이 버럭 소리를 지르는 게 아닌가? 하긴 귀머거리인 애비가 테레비 소리를 낮추라고 하니 화도 날만 했겠지? 하지만 이놈아, 너도 이 담에 나이를 먹어봐라.

보청기로 테레비 소리를 듣는 늙은이의 맘을 알 리가 없었겠지. 팔베개를 하고 누워 천장을 바라보니 지난 세월이 주마등처럼 지나간다. 나는 왜놈들이 싫어서 학교를 그만두었다. 그 시절에도 있는 집 아이들은 중학교를 갔지만, 난 국민(초등)학교 4학년에 학교를 그만두고 지게를 지기 시작했다. 부모님과 함께 여섯 여동생들을 키워내야 했기 때문이다. 그 시절을 한마디로 말하라면, 말 그대로 '초근목피(草根木皮)'의 삶이었다. 하도 먹을 게 없어서 풀뿌리도 뽑아먹고, 나무껍질도 벗겨먹었다. 왜놈들에게 나라를 뺏긴 슬픔보다 배고픔이 더 서러웠던 시절이었다. 그때 나는 온몸으로 깨달았다. 반드시 이 가난한 삶에서 벗어나야 한다. 결혼을 한 직후에 백마고지 전투에도 참전했지만, 왜놈, 빨갱이보다 더 무서운 게 가난이었다. 돈이 없는 것은 악의 근원이었다. 러시아의 대문호 톨스토이의 말이 뇌리를 스쳐 지나갔다. "아, 돈이여! 너 때문에 얼마나 많은 슬픈 일들이 세상에 일어나고 있는가?"

잠시 낮잠을 자고 일어났더니, 할망구가 콧노래를 부르며 점심준비를 하고 있었다. 오늘 경로당에서 10원짜리 화투 내기에 이긴 게 분명했다. '망할 놈의 할망구, 10원짜리 화투 칠 시간에 굴이나 까서 돈이나 벌 것이지.' 요새 동네 할망구들은 죄다 배가 불러 터진 게 분명했다. 하지만 불편한 심기가 음식 냄새와 함께 희석되기 시작했다. 굴 떡국 냄새가 간만에 내 코를 자극한 것이었다. 할망구와 함께 겸상을 하는데, 오늘따라 왠지 할망구의 얼굴이 달라 보였다. 얼굴이 심하게 부어 있었고, 눈썹 주변에는 새까만 숯덩이 두 개가 내려앉아 있었다. 하도 수상해서 무슨 일이 있었냐고 물었지만, 할망구는 배시시 웃을 뿐이었다. 순간 거실에 한 번도 보지 못했던 꾸러미가 눈에 들어왔다. 이 할망구가 또 뭘 산 게 분명했다.

> "저 거실에 보이는 물건은 뭔가? 설마 또 뭘 산 건 아니겠지?"
> "아이고, 이 양반은! 사긴 뭘 사요?
> 경로당에서 놀고 있는데, 누가 한번 써 보라고 해서 잠시 갖고 온 거요.
> 젊은 양반이 하도 딱해서 억지로 갖고 왔구만."
> "이 여편네가 미쳤나? 지금 전기장판이 몇 갠데, 또 전기장판 타령이야?
> 전기세 감당을 어떻게 하려고 그래! 당장 되돌려주지 않으면 오늘 끝장을
> 낼 것이야.

근데 얼굴은 또 왜 이래? 얼굴에 무신 짓을 한 기고!"
"늙는 것이 서러워서 눈썹에 문신 좀 했소! 뭐가 문제요?
평생 동안 뼈 빠지게 돈만 벌어서 뭐 할라고요?
죽을 때 뭐 싸들고 갈라고 그라요! 내는 영감이 뭐라고 하던지 간에,
내가 사고 싶은 거는 사고 죽을 기요. 얼굴이 왜 이렇게 부었는지 궁금하지요?
이 양반아, 보톡스다, 보톡스 맞았다고!"

할망구랑 한바탕을 하고 나니 짠한 생각이 들기도 하였다. 지난 70년 동안 나와 함께 살면서 무진장으로 고생을 했으니 말이다. 간장종지 하나 없는 내게 시집을 와서 조부모님과 부모님을 봉양하였고, 그 많은 여섯 시누이들을 키워서 시집을 보냈으니 고맙기가 그지없다. 그리고 없는 살림에도 칠 남매를 키워 대학도 보내고, 시집장가도 보냈으니 참으로 고마운 여자임은 분명했다. 하지만 이제 좀 살만해졌다고 해서 저렇게 돈을 물 쓰듯이 쓰면 안 될 일이었다. 선현의 말씀처럼, "큰 부자는 하늘에 달려있지만, 작은 부자는 검소함과 부지런함에 달려있다"고 나는 믿기 때문이다. 배움이 짧았던 나는 지난 세월 동안 몸을 밑천 삼아 돈을 벌고 또 벌었다. 그리고 애써 번 돈이었기에 되도록 한 푼도 쓰지 않으려고 발버둥을 쳤다. "내일 할 일을 오늘 하고, 오늘 먹을 것을 내일 먹어라."라는 탈무드의 격언을 따랐다. 나는 고된 노동과 절약을 통해 가족들이 가난의 고통과 굴레로부터 벗어나기를 소망했다. 구순을 앞둔 몸은 만신창이가 되었을지라도, 마을 부자에서 둘째가라면 서러운 내가 자랑스러웠다.

할망구와 한바탕을 치르고 난 다음날 아침, 나는 몸을 일으킬 수가 없었다. 몸을 움직이려 할 때마다 현기증이 일어나고 숨이 차올랐다. 이번에는 뭔가 건강에 문제가 있음을 직감할 수 있었다. 할망구는 당장 대학병원에 가야 한다고 잔소리를 쏟아내었는데, 오늘만큼은 할망구의 잔소리가 틀리지 않은 것처럼 들렸다. 대학병원으로 실려 가면 또 돈이 들겠지. 하지만 오늘은 그냥 못이기는 척 구급차에 몸을 싣기로 했다. 요란한 사이렌 소리가 할망구의 잔소리처럼 내 귓가를 맴돌았다. 별 탈이 없을 것이라 자신을 타이르면서도, 꿈자리가 하도 뒤숭숭하여 살짝 불안함

이 밀려왔다. 칠 남매 중에 대학교수로 있는 막내아들이 대학병원 응급실로 달려왔다. 응급실에서 막내아들의 얼굴을 보고 나서야 깊은 잠에 빠져들 수 있었다. 그리고 얼마나 시간이 흘렀을까? 무거운 눈꺼풀을 열고 막내아들을 물끄러미 쳐다보았다. 아들 성공은 울고 있었다. 그때서야 직감을 했다. '드디어 올 것이 오고야 말았구나!'

"성공아, 바쁜데 또 왔구나. 미안하구나.
난 괜찮으니까 어서 직장으로 다시 가거라.
늙은이 아픈 게 무슨 대수더냐."
"중환자실에 계시다가 이제 깨어난 거예요.
의사 선생님이 며칠 뒤에 퇴원해도 된다고 하셨습니다."
"다행이네. 네가 욕 많이 봤다."
"영감쟁이, 네 아버지 병원비가 무서워가 집에 가자고 하는 기다."
"그럼, 늙어 죽을 놈이 뭐 할라고 병원에 누워있단 말이고?
빨리 짐 싸라. 고마 집에 가자. 누렁이 배고파 죽겠다. 소가 무슨 죄고?"
"지금 소가 문제입니까? 저 봐라, 네 아버지는 맨날 일밖에 모르는 기라."

나는 막내아들의 얼굴을 보고 나서, 내가 무슨 병인지? 그리고 얼마나 더 오래 살 수 있는지를 물어보지 못했다. 좀 더 정확하게 말하면, 물어보지 않았다. 내 몸 상태를 어느 정도 짐작할 수가 있었기 때문이다. 대학병원에서 퇴원한 이후로 나는 예전과는 다른 삶을 살아보기로 결심했다. 기름보일러 온도도 높이고, 소를 키우는 일도 그만두었다. 80년 동안이나 키우던 소를 팔고 나니, 거북등 같았던 내 손바닥이 조금씩 부드러워지기 시작했다. 하지만 손바닥이 부드러워지는 만큼이나 내 마음과 정신도 녹아내리기 시작했다. 통증이 몰려올 때마다 할망구가 주는 약을 먹었고, 약을 먹을 때마다 정신이 혼미했다. 정신이 맑은 어느 아침, 할망구에게 내 병명은 무엇인지, 얼마나 살 수 있는지를 물었다. 한참을 망설이더니, 할망구는 입을 열었다. 폐암 말기, 이제 남은 시간이 그리 많지 않다고 했다. 갑자기 할망구가 짠해 보였다. 그리고 미안했다. 진심으로. 그날 이후로 더 이상 독한 약을 먹지 않기로 결심했다. 가끔씩 죽고 싶을 정도로 통증이 밀려왔지만, 진통제에 취한 나를 마주하기가 싫었다. 더 늦기 전에 7남매를 모두 불러 모았다. 평생 동안 모은 피 같은 재산을 정리하기로 결심했다.

"돈을 신으로 삼으면, 그것은 마치 악마처럼 당신을 괴롭힐 것이다."라는 격언이 있다. 나는 자식들을 불러놓고 유산을 정리하면서 왜 이러한 말이 생겨났는지를 알 수 있었다. 분명히 금쪽같은 내 새끼들이었다. 하지만 거친 호흡으로 재산을 나누는 순간에, 그들의 눈빛은 짐승의 눈에 가까웠다. 논, 밭, 산, 선박, 주택, 금, 현금을 나눌 때마다 저마다의 표정이 실망한 듯 보였다. 하지만 나는 자식들이 더 실망스러웠다. 내가 이런 꼴을 보려고 평생 동안 돈을 모은 것이 아니었는데. 가난이 자식들을 상하게 할까봐 많은 돈을 모았더니, 도리어 많은 돈이 자식들을 할퀴었다. 맏이부터 막내까지 머리에 서리가 내려앉았건만, 자식들은 나보다는 돈에 더 관심이 많아보였다. 하지만 나를 더 슬프게 했던 건 자식새끼들이 아니라, 동고동락했던 아내였다. 할망구는 유산 배분이 끝나는 순간에 왜 자신의 몫은 없냐고 되물었다. 당신에게 줄 돈은 없다고 말하면서 실수를 직감했다. 짐승과도 같은 자식새끼들의 눈빛을 보면서.

> "막내야, 흡족하게 유산을 주지는 못했구나.
> 네가 가장 잘한 아들이었는데. 정말로 자랑스러운 아들이었어."
> "아입니다. 저는 이제 먹고 살만 합니다. 형들 더 주신 거 잘하신 겁니다.
> 누님들이나 엄마가 조금 서운해해도 이해를 좀 하이소."
> "이해해 줘서 고맙다. 돈은 우리 식구들을 지켜준 신의 선물이었어.
> 나는 내 삶을 절대로 후회하지는 않는데이.
> 근데 그 많은 돈 중에 10원도 못 써본 게 아쉽기는 하더라.
> 성공아, 내가 죽으면, 이 돈(현금 100만 원) 좀 나랑 같이 태워줄래?
> 이제 고생한 나한테도 저승길 노잣돈은 주고 싶구나."

2. 이성공의 돈 이야기: "사회적 존중과 인정투쟁을 위하여"

병석에 누운 아버지가 형제자매들에게 유산을 배분하는 날, 도저히 서운한 감정을 숨길 수가 없었다. 늙은 부모님께 경제적 부담을 덜어드리기 위해 막내아들로서 누구보다 열심히 살았다. 학비가 저렴한 교육대학에 진학을 했고, 4년 내내 장학금을 받았으며, 군대에서조차 돈을 벌기 위해 장교로 복무를 했다. 군 제대 직후에는 초등학교 교사가 되어 부모님의 도움 없이 결혼을 하고 아들들을 키워냈으며, 주경야독하여 내 집도 마련하고 대학교수도 되었다. 이렇게 고단한 삶 속에서도 양가 부모님께 매달 용돈을 보내드렸으며, 부모님이 편찮으실 때마다 어느 형제자매보다 먼저 살뜰히 보살펴 드렸다. 소득이 부족한 달에는 카드빚으로 용돈을 드리기도 했는데, 그 돈이 징징거리는 다른 형제자매들에게 향할 때마다 서운하고 또 서운했었다. 하지만 나는 한 번도 아버지께 서운한 내색을 하지 않았다. 그에게 걱정이 없는 아들이 되고 싶어서였다. 가지 많은 나무 중에서, 나는 바람에도 흔들리지 않는 가지가 되고 싶었다.

서운해하지 말라는 그날이 그와의 마지막 날이 될 것이라고 생각지는 못했다. 나는 아버지와의 마지막 약속을 지키기로 결심했다. 남루한 그의 점퍼 속 지갑에서 만 원짜리 지폐들이 고이 잠자고 있었다. 놀랍게도, 그 돈은 요즘에는 찾아보기도 힘든 옛날 만 원짜리 지폐였고, 심지어 군데군데 곰팡이까지 슬어 있었다. 화장터에서, 죽은 아버지의 육신은 지폐 100장과 함께 타올랐다. 그리고 잠시 후 몇 줌의 회색빛 재로 되돌아 왔다. 저 회색빛 가루에서 내가 태어났고, 나도 언젠가는 저렇게 될 것이라 생각하니 뜨거운 눈물이 흘러내렸다. 그 눈물은 내가 태어나서 처음으로 흘려보는 눈물이었다. 부끄럽게도, 이 눈물은 아버지의 죽음을 애도하는 눈물이 아니었다. 언젠가는 회색빛 재로 변해버릴 내 미래가 불쌍했다. 그리고 한 푼도 쓰지 못할 돈을 평생 모은 어리석은 한 남자에 대한 안타까움의 눈물이었다. 아버지의 죽음을 통해 돈을 제대로 쓰지 못할 경우, 비참한 삶을 맞이할 수 있다는 교훈을 얻게 되었다. 돈을 열심히 벌고 모으는 일은 중요했다. 하지만 그 돈은 쓰려고 버는 것이었다.

아버지를 떠나보낸 후 삶이 조금씩 변화되기 시작했다. 아버지처럼, 계좌에 돈이 차곡차곡 쌓이는 것에 즐거움을 찾지 않았다. 소비하는 즐거움에도 눈을 뜨기 시작했다. 돈에 대한 생각이 바뀌기 시작하니까 생활 주변이 변화되기 시작했다. 어느 기업의 회장이 말했던 것처럼, 나는 마누라와 새끼들을 빼고는 모든 것을 비싼 것으로 바꾸기 시작했다. 무엇보다, 근검절약했던 과거의 생활태도와 습관을 노예의 도덕으로 취급하였다. 그리고 그동안 가난하게 살았던 나를 과감하게 살인해 버렸다. 새 집, 새 차, 새 옷…. 비싼 게 정말로 좋기는 했다. 새로 집을 지어 살아보니 세상을 다 가진 듯했고, 새로 뽑은 수입 자동차는 이동수단을 넘어 안락을 선사하였다. 값비싼 옷을 사거나 맛난 음식을 사먹을 때 가난했던 기억과 습관이 나를 말리기는 하였다. 하지만 새 옷은 날개를 달아주었고, 맛난 음식은 내가 어떤 사람인지를 보여주는 표식이자 상징이었다. 죽은 아버지가 이토록 새로운 삶을 내게 선물한 것이었다.

소비를 통해 즐거움을 추구할수록, 남들에게서 인정과 존중을 받게 된다는 느낌을 받았다. 사람들은 내가 타고 다니는 차, 내가 살고 있는 집, 내가 입고 있는 옷을 보며 나를 부자라고 불렀다. 그들에게서 내가 부자처럼 보였던 이유는 실제적으로 아니 절대적으로 돈이 많아서가 아니었다. 내가 소비했던 모든 것들이 내가 누구이고, 어떤 사람인지를 증명했다. 나를 잘 모르는 사람들은 소비 수준과 형태를 보고 내가 누구인지를 짐작했다. 아버지가 살아 계셨더라면 돈이 이토록 좋다는 것을 말씀드릴 텐데. 소비의 규모가 커짐에 따라 돈에 대한 애착과 욕망이 샘솟기 시작했다. 남들에게서 제대로 인정을 받고, 존중을 받기 위해서는 지금보다도 더 많은 돈이 필요했다. 하지만 대학교수이자 국가 공무원인 내가 한 달 동안 벌어들일 수 있는 돈의 양은 제한적이었다. 아내와 함께 맞벌이를 했음에도 불구하고, 대학생과 고등학생인 아들들을 키워내고, 이미 커져버린 소비 욕망을 채우기에는 돈이 늘 부족했다.

"돈이 인생에서 가장 중요한 것은 아니지만, 거의 모든 것이 돈을 필요로 한다."라는 속담은 정말로 맞는 말이었다. 돈이 많아도 쓸 줄을 모르면 쓸모가 없지만, 버는 한도 내에서 적당히 쓰는 것도 중요함을 알게 되었다. 소비의 즐거움에 눈을 뜬 나는 내가 벌어들일 수 있는 한도를 높여보기로 결심하였다. 국가가 정해준 공무원의 소득 범위 안에서 소비의 욕망을 조절하기보다는, 소득을 높여보기로 결심했다. 문제는 국가공무원인 나와 아내가 정해진 근로소득 이외에 추가적인 소득을 올리는 것 자체가 힘들었다. 그래서 가용한 모든 방법으로 추가적인 투자소득과 근로소득을 올리기로 결심했다. 여기에서 말한 투자소득이란 주식이나 부동산에 돈을 넣어 추가적인 수입을 올리는 것을 의미한다. 그리고 추가적인 근로소득이란 대학교수로서 가욋일을 더하여 노동소득을 더 올리는 것을 말한다.

평생 동안 학교에서 근무했던 나는 투자에는 문외한이었다. 학교와 교육밖에 모르는 내가 부동산이나 주식에 투자를 한다는 것은 상상조차 하기 힘든 일이었다. 하지만 버는 만큼 쓸 수 있기에 더 많은 돈이 필요했다. 더 많이 쓸수록 남들에게서 더 인정받고 존중받을 수 있기에 투자를 포기할 수는 없었다. 그래서 나보다 더 알뜰하게 살아왔던 아내를 설득하기 시작했다. 아내는 갑자기 변해버린, 아니 돈에 미쳐버린 나를 예전의 모습으로 되돌리기 위해 몸부림쳤으나, 바뀔 내가 아니었다. 만족할 수 있는 만큼의 돈을 이미 갖고 있으니, 무리한 투자를 하지 말자고 했다. 하지만 큰돈을 향한 내 욕망의 화살은 이미 시위를 떠난 뒤였다. 지난 20년 동안 애지중지 모아 온 돈의 전부를 부동산과 주식에 때려 넣었다. 어차피 망하더라도 매달 봉급이 나오기에, 거리에 내앉을 염려는 하지 않아도 되어서였다. 하늘은 스스로 돕는 자를 돕는다고 했던가? 2020년부터 2021년 사이에 부동산과 주식에 투자를 했는데, 한 해 노동소득을 넘어서는 투자소득을 얻게 되었다. 투자소득이 계좌에 찍히는 만큼이나 노동소득이 하찮게 다가왔다. 돈은 내 아버지처럼 힘든 노동으로 버는 게 아니었다.

투자에 대한 경험이 쌓이고, 수익이 불어날수록 투자소득에 대한 자신감과 욕망이 커지기 시작했다. 큰 부자는 하늘이 내린다고 했는데, 혹시 내가 큰 부자가 아닐까 하는 생각마저 들었다. 힘든 노동으로 돈을 버는 것이 아니라, 큰돈으로 더 큰 돈을 버는 것을 알아버렸다. 그래서 더 큰 돈이 필요했다. 더 큰 돈으로 더 많은 돈을 벌 수 있으니까. 이미 소비의 맛을 알아버린 내가 저축만으로 투자액을 늘리는 것은 현실적으로 합당치 않았다. 그때 나를 손짓하는 것이 있었으니,

그건 바로 대출을 통한 빚이었다. 부동산과 주식에 투자를 해보니, 자본시장에서 돈을 손쉽게 버는 방법은 따로 있었다. 한마디로, 금융자본주의의 본질은 빚이었다. 나는 이런 사실도 모른 채, 저축으로만 투자를 했으니 작은 부자에 머문다고 생각했다.

고맙게도, 아내는 빚내는 데는 선수였다. 지난 세월 참으로 힘들게 살았기에, 아내는 빚을 친구로 삼고 있었다. 아내는 모든 수단과 방법으로 빚을 내어 주었다. 빚으로는 투자하지 말자고 나를 뜯어말렸다. 하지만 계좌에 쌓여가는 투자수익을 보면서 그녀조차도 빚의 위력과 달콤함에 매료되고 말았다. 나는 신이 선택한 큰 부자는 아니었던 것일까? 금리가 급격하게 상승하면서, 주식과 부동산 시장이 급속도로 냉각되기 시작했다. 그동안 빨갛게 물들었던 계좌는 쪽빛으로 바뀌었고, 매달 지불해야 하는 대출 이자는 뒤바뀐 소비습관을 유지하기 힘들게 만들었다. 빚은 한때 거대한 돈을 움켜쥘 수 있는 사다리였지만, 어느 한 순간에 내 삶을 가로막는 장애물로 돌변해 버렸다. 정말로 모든 것이 한순간이었다.

> "빚을 좀 더 낼 수는 없을까? 주식에 물타기를 하고 싶은데.
> 수도권이나 지방 아파트 값도 많이 내려서 투자의 적기인 것 같아."
> "당신, 제대로 미쳤구나! 지금 대출이 얼마인 줄 알고 하는 얘기예요?
> 눈만 뜨면 대출 이자가 오르고 있다고요.
> 이대로 가다간 주식과 부동산을 던져야 할지도 몰라요.
> 제발, 대출은 이제 그만 해요."
> "주택담보 대출은 더 받을 수 있잖아? 진짜로 마지막 한 번이야."

Hegel의 말처럼, 밑도 끝도 없는 소비의 욕망으로 인정과 존중을 받는 일은 투쟁이었다. 하지만 나는 인정투쟁을 여기에서 멈추지 않았다. 인정투쟁을 위한 또 하나의 비상구는 대학교수로서 가욋일을 하여 근로소득을 더하는 일이었다. 내 아버지가 몸을 갈아 넣어서 노동소득을 올렸다면, 나는 정신과 마음을 갈아 넣어 추가적인 노동소득을 올리려고 하였다. 쉽사리 채워지지도 않을 욕망을 위해, 그리고 남들로부터의 인정과 존중을 받기 위해, 원하지도 않는 정신적 노동을 감수해야만 하는 피곤한 삶이 싫기는 했다. 하지만 이미 소비 욕망이 발동해 버린 상태에서 선택의 여지는 없어 보였다. 나는 대학교수로서 가욋일을 하기 위해 다양한 학술적 노력을 하였다. 솔직하게 말하면, 학술적 노력이라기보다는 생계형 글쓰기나 부수입을 위한 강연을 하였다. 그리고 나는 각종 국가재정지원사업에서 가욋일을 하였으며, 정책연구에 응찰하거나 각종 강연을 하면서 노동소득을 올렸다. 국가나 지자체의 '과업지시서'가 자존심을 건드리기도 했지만 용케 참아내었다. 하지만 노동소득을 올리기 위해 원치도 않는 연구와 강연을 지속할수록 몸과 마음이 상했다. 그리고 일과 삶이 서서히 분리되는 현실을 직면하게 되었다.

> "제출서류에 문제가 있는 거 아시죠?
> 이날 출장신청을 했는데, 어떻게 교수연구실에서 학생상담을 할 수 있나요?
> 위조가 명백하니 해당 영역에서 수령했던 금액 모두를 반납해야 합니다.
> 추가적으로 징계를 받을지도 모릅니다."

교육부로부터 교연학 특별감사를 받던 날, 나는 교육과 사회를 이끄는 지도자가 아니라 한낱 지식노동자에 불과하다는 초라한 현실을 맞닥뜨렸다. 그날 이후로 돈과 노동 그리고 소비를 통한 인정투쟁을 조금씩 내려놓기 시작했다.

3. 이여유의 돈 이야기: "나다움을 표현하기 위하여"

대학을 졸업한 지 채 1년이 다 지나가고 있다. 지난해까지 나는 가문의 자랑이었다. 할아버지와 아버지는 나를 장차 가문을 이끌 대들보라고 자랑스러워하셨다. 유전자의 힘으로 초등학교를 조기에 입학했고, 고등학교조차도 조기에 졸업했다. 남들보다 2년 빨리 최고의 명문대학에 입학했으니 아버지의 기대가 남달랐을 만하다. 대학생활은 그리 나쁘지 않았다. 우리나라 최고의 수재들이 모인 대학이었던 만큼, 똑똑한 친구들도 많았고 수업도 나름 재미있기는 했다. 하지만 문제는 과학과 기술에 소질과 재능이 없다는 사실을 졸업을 앞둔 시점에서야 알게 되었다는 점이다. 학창시절에 수학과 과학을 잘 하는 것과 과학자가 되는 것은 다른 일이었다. 나 스스로도 이런 내가 이상했다. 전자회사에서 몇 달 인턴을 해봤지만, 이런 생각이 바뀌지는 않았다. 나는 애초에 과학자가 되고 싶은 게 아니었던 것이다.

도대체 나는 뭐가 되고 싶었던 것일까? 스스로에게 물어보았다. 근데 딱히 뭐가 되고 싶은 게 없다. 우리 집은 그럭저럭 살만한 집이다. 아버지는 대학교수이고 어머니는 초등학교 교감이다. 부모님의 돈벌이가 풍족한 것은 아니었지만, 그렇다고 살림살이가 궁핍할 정도로 가난한 것은 아니었다. 아버지는 명문대를 졸업한 나에게 취직이나 사업을 하라고 종용하셨다. 근데 회사에서 인턴생활을 해 보니, 직장인으로 살아가는 게 그다지 맘에 들지 않았다. 회사원으로 살아가는 대학 선배들은 공대 탈출이, 그리고 회사 탈출이 지능순이라 일러주었다. 내 머리 정도면 대기업에 취직하기보다는, 의대에 다시 입학해서 의사가 되라고 충고했다. 한국 사회에서 의사라는 직업은 학벌과 노동 대비 가성비가 최고이기 때문이다. 하지만 수능을 보고 의대를 다시 가려니 마음이 무겁기만 했다. 그렇다고 무턱대고 사업을 할 수도 없는 노릇이었다. 사업 아이디어도 없고, 자금도 없다. 무엇보다 실패하기가 싫었다.

여느 때처럼 새벽녘이 되어서야 아버지가 물려준 자가용을 몰고 자취방을 향했다. 시인 윤동주는 "육첩방은 남의 나라"라 읊조렸으나, 나에게 PC방은 근심 걱정을 떨칠 수 있는 나의 나라였다. 친구들과 어울리며 LOL(League of Legends)을 하다 보면, 세상의 근심걱정이 담배연기와 함께 날아가는 것처럼 느껴졌다. 하지만 차가운 새벽 공기는 LOL의 여운도, 담배연기의 알싸함마저도 지워버렸다. 빨갛게 떠오르는 해를 보며, 나는 여느 때처럼 새벽잠을 청했다. 오후 2시경이 되어서야 아침, 아니 점심을 맞이한 어느 날이었다. 평소와는 다른 아버지의 전화 목소리가 낮잠을 깨웠다. 아버지의 냉랭한 전화 목소리를 듣고 나서 부랴부랴 본가로 향했다. 뭔가 일이 터질 것 같은 불안감이 엄습해 왔다. 아버지와 나는 아무런 말도 없이 점심을 함께 했다. 난생 처음으로 아무런 맛을 느낄 수 없는 점심밥이었다.

"졸업한 지도 꽤나 되었구나. 그래 앞으로 어떻게 살 작정이냐?
아빠는 최근에 주식투자에 실패해서, 널 도와주기가 쉽지 않게 되었구나.
네 동생도 내년부터는 재수를 해야 하고. 그래서 말인데,
매달 주는 용돈을 더 이상 줄 수가 없게 되었구나.
대학졸업도 했으니, 이제 네 앞가림은 스스로 해야지?"
"더 이상 주시지 않아도 됩니다. 이제는 제가 알아서 해 볼게요."

아버지께 씩씩하게 대답을 했지만, 앞으로 혼자 어떻게 살아가야 할지 막막하였다. 나에게 아버지는 자수성가를 한 우상이었다. 하지만 그가 우상인 만큼이나 커다란 벽으로 다가오는 것도 사실이었다. 사회적으로, 그리고 경제적으로 성공을 거두기 위해 앞만 보고 달리고 있는 그를 보고 있노라면, 존경심과 경외심을 느낀다. 하지만 동시에 숨 막힘도 느낀다. 꼭 저렇게 무언가 되어야 하고, 저렇게 뭔가를 이루어야 하는 것일까? 나는 그의 아들이지만, 내 아버지처럼 뭔가가 꼭 되고 싶지는 않다. 절박하게 뭔가를 이루고 싶은 것도 없다. 아버지의 자수성가 신화를 보고 자랐지만, 아버지처럼 피곤한 삶을 살고 싶지는 않다. 아버지는 자신의 노력으로 대학교수가 되었고, 부자가 되었다. 하지만 나는 그의 삶을 본보기로 삼아 살아갈 마음이 없다. 왜냐하면, 내가 지켜본 그의 삶은 힘듦 그 자체였으니까.

아버지의 소망처럼, 대기업의 어엿한 직장인이 되거나, 연구소의 과학자가 되면 행복해질 수 있을까? 아니, 직장인이나 과학자가 될 수는 있는 것일까? 지금 내가 살고 있는 시대는 아버지의 그때와는 다른 시대다. 명문대학을 나왔다고 명품 인생이 펼쳐지는 세상도 아닐뿐더러, 취업을 한다고 해서 평생직장이 보장되는 시대도 아니다. 살인적인 경쟁사회에서 취업을 하고, 결혼을 하고, 자녀를 낳고, 내 집을 마련하고, 사회경제적인 성공을 위해 오늘의 삶을 저당 잡히고 마는 아버지의 삶을 따라가고 싶지 않다. 누구 덕분에 이렇게 잘 살고 있냐고, 배가 불러 터진 소리라고 야단을 쳐도 내 생각에는 추호의 변함이 없다. 부모를 잘 만나 호의호식하는 것도 나의 실존이자 능력이라고 생각하기 때문이다. 내가 아무리 노력한다고 해도 할아버지나 아버지 세대만큼 사회적으로나 경제적으로 성공할 가능성이 낮은 사회이

다. 내가 부정한다고 해서 바뀔 세상도 아니고, 거부한다고 해서 바뀔 현실도 아니다. 그래서 내가 할 수 있는 일이란 잘난 아버지 밑에서 오늘 하루를 재미있게 살아내는 것일지도 모를 일이었다.

"재산은 가진 자의 것이 아니라 즐기는 자의 것"이라는 이탈리아 속담에 격하게 공감했다. 이러한 내 생각은 낮은 독립심이나 자립심에서 비롯된 것이 아니었다. 이미 사회경제적인 불평등이 고착화된 한국의 자본주의 사회체제에서 아버지처럼 살 수는 없는 것이다. 그래서 내가 내린 결론은 아버지처럼 맹렬하게 살지 않는 것이었다. 우습기는 하지만, "하마터면 열심히 살 뻔 했다."라는 말이 내 삶의 방식을 대변하는 말인 것이다. 나보다 부유하지 못한, 아니 나보다 운이 없는 사람이 이런 나를 비난하더라도 상관없다. 나는 있는 집의 아들로서 살아갈 것이고, 내게 주어진 실존에 따라 나답게 돈을 쓸 작정이다. 만일, 아버지가 더 이상 용돈을 주시지 않는다고 해도 상관없다. 나는 아르바이트를 해서라도 쓰고 싶은 만큼만 돈을 벌 거다. 나답게 돈을 쓸 것이고, 내가 쓰고 싶은 만큼만 돈을 벌고 싶다. 아버지처럼, 정신과 마음을 갈아 넣는 피곤한 삶은 절대로 살고 싶지가 않아서다. 그래서 나는 BTS의 '고민보다 고(go)'가 좋다. '욜로(YOLO)', '탕진잼'. 그게 바로 나여서 그랬다.

> "Dollar, dollar"
> "하루아침에 전부 탕진"
> "달려달려, 내가 벌어 내가 사지"
> "열일 해서 번 나의 pay"
> "전부 다 내 배에"
> "티끌 모아 티끌, 탕진잼 다 지불해"
> "내버려 둬 과소비해 버려도"
> "내일 아침 내가 미친놈처럼"
> "내 적금을 깨버려도"
> * 출처: '고민보다 Go', BTS 5집 미니앨범(LOVE YOURSELF 承 'Her')

더 이상 용돈을 받을 수 없다는 최후통첩을 받고서, 스스로 돈을 벌어보기로 결심했다. 남들보다 가진 게 머리였기에, 대학 주변에서 과외를 원하는 중학생과 고등학생을 가르쳤다. 근데 내가 노력해서 번 돈은 아버지가 대가 없이 준 돈과 무게감이 달랐다. 하지만 나는 누구처럼 몸과 맘을 갈아 넣으면서까지 일을 하지는 않았다. 먹고 마실 정도로만 적당하게 아르바이트를 했고, 새벽까지 술과 게임을 즐기는 삶을 바꾸지 않았다. 그러던 어느 겨울날 새벽에 나는 돌이킬 수 없는 실수를 범하고 말았다. 그날 새벽에는 유난히도 많은 눈이 내리고 있었다. 자가용을 두고 택시를 탈까도 했지만, 길이 워낙 미끄러워서인지 택시조차 잡히질 않았다. 하는 수 없이 차를 몰고 자취방으로 향했다. 그런데 급커브 길에서 핸들이 말을 듣지 않았다. 차를 멈추려 아무리 애써도 소용이 없었다. 찰나의 사고 순간이 마치 한 시간처럼 느껴졌다. 꽝하는 소리와 함께 차는 멈춰 섰다. 하지만 이내 눈앞이 캄캄해졌다. 내 차뿐만 아니라, 주차되어 있는 다른 차가 심하게 파손되었다. 상대방 사고 차량은 비싸기로 유명한 외제 차였다. 새벽이라서 사고를 스스로 수습하고 싶었다. 그러나 차도, 보험도 모두 내 것이 아닌 아버지의 소유였다. 떨리는 목소리로, 아니 미안한 마음을 담아 아버지께 전화를 걸었다.

"새벽에 무슨 일이고? 어디 아프냐? 목소리가 왜 그래?"
"아픈 거는 아닙니다. 새벽에 눈이 많이 내렸는데,
운전하다가 그만 사고를 냈습니다. 어찌해야 할지 몰라 전화를 드렸습니다."
"다친 데는 없지? 그래, 사람은 안 다쳤나?"
"저는 안 다쳤고, 다친 사람도 없습니다.
근데 남의 차를 박아서 어떻게 해야 할지 모르겠습니다."
"사람만 안 다치면 됐다. 자차 보험도 들었으니 걱정 마라.
새벽에 차를 왜 몰고 다니니? 혹시, 술 마시고 운전한 건 아니겠지?"
"절대로 아닙니다. 술은 안 마셨습니다."
"그나마 다행이네. 보험회사에 연락할 테니 주소 불러봐라.
새벽까지 게임하다가 사고 낸 건 아니겠지?"
"그게, 친구들이랑 함께 하다 보니."

그날 새벽에 일어난 교통사고는 내가 지금 어디에 서있고, 무엇을 하고 있으며, 어디를 향해 가야 하는지를 돌아보는 전환점이 되었다. 우선, 다가올 인생의 첫 번째 과업부터 해결하기로 결심했다. 사고 다음날에 심기일전하는 마음으로, 그리고 군 입대를 앞두고 머리를 짧게 잘랐다. 엄동설한에 까까머리를 한 내 얼굴을 보고 있노라니 우습기도 하고 처량한 생각마저 들었다. 입김인지 담배연기인지 분간이 안 되는 어느 겨울밤 눈길 위에서, 나는 갑자기 설국(雪國)에 가고 싶어졌다. 아르바이트로 모은 몇 푼의 돈이 나를 짓눌렀지만, 내 마음은 이미 설국이 펼쳐진 홋카이도를 향하고 있었다. 아르바이트로 모은 돈이 며칠 동안의 해외여행으로 녹아내릴지라도 상관없었다. 설국은 아픈 나를 위로해 줄 것임을 알기에.

V. 자유를 위한 돈

삼부자들에게 돈은 어떠한 사회적 의미와 가치가 있었던 것일까? 다시 말해, 각기 다른 사회경제적 조건과 맥락에 처한 삼부자는 돈에 어떠한 가치와 의미를 부여했을까? 그들은 세대와 삶의 맥락에 따라 상이한 방식으로 돈을 사용하였고, 돈의 사용에 대한 사회적 의미와 가치도 달랐다. 하지만 소설 속 삼대는 돈의 사용을 둘러싼 가치와 의미가 다름에도 불구하고, 각자의 방식으로 돈으로부터 해방을 추구하려는 공통된 모습을 나타내었다. 결국, 돈의 사용에 대한 사회적 의미와 가치 부여 방식은 사회경제적 및 문화적 조건과 개인적 삶의 맥락에 따라 다르다고 볼 수 있다. 하지만 돈은 노동과 돈 그 자체로부터의 해방을 통해 자아를 실현하고, 삶의 방식과 형태를 표출하는 사회적 장치이자 기제이기도 했다. 돈으로부터 해방을 추구하려 했던 삼부자의 돈 이야기를 다시 음미해 보면 다음과 같다.

첫째, 식민지 시대와 전쟁 그리고 전후에 가난을 경험했던 이근면은 가족의 생존과 안전을 확보하고자 했던 헌신적 가족주의자로 볼 수 있다. 그에게서 가난은 고단한 노동을 지속해야 하는 굴레이자 속박이었다. 또한, 고난과 가난을 초래했던 돈은 삶에서 추악하고 더러운 것임과 동시에 가족의 생존과 안전을 지켜주는 선물이었다. 따라서 그는 돈으로부터 자신과 가족을 지켜내기 위해 최대한으로 돈을 모으고 지키려고 하였다. 물론, 자기 자신을 위해 단 한 푼의 돈도 쓰지 못했던 그가 과연 돈에서 해방되었는지에 대한 논쟁의 여지는 충분하다. 그러나 그가 살아왔던 시대와 상황을 고려해 본다면, 최대한으로 소비를 억제하고 절약을 바탕으로 돈을 모으려는 태도와 행위는 나름 현실적인 해방의 방법일 수도 있다.

이근면의 이야기는 경제적 독립과 자유를 위해 원하지 않는 노동을 기꺼이 감수하고, 절약을 해야 하는 중장년층과 청년세대의 삶에 의미하는 바가 있다고 볼 수 있다. 한국의 중장년층과 청년 세대가 현재의 삶을 영위할 수 있었던 바탕은 노년 세대들의 근검절약과 저축에서 비롯된 측면이 있다. 식민지와 전쟁을 경험했던 한국의 노인 세대는 돈을 통해 자신과 가족을 가난으로부터 구제하였다. 즉, 한국의 노년 세대들은 신성한 노동을 바탕으로 소비를 최대한으로 줄이고, 삶에서 보다 중요한 것들(예를 들면, 자녀교육, 주거마련)에 집중하는 생활방식을 채택하였다. 물론, 금융자본주의가 번창한 현대사회에서 신성한 노동과 저축을 기반으로 부를 축적해 나가는 노인 세대들의 부의 관점은 일정 부분 한계가 있다. 그러나 불필요한 소비욕망을 억제하고 근검절약을 통해 저축을 시도했던 노인 세대들의 삶의 방식은 투자소득이나 소비에만 방점을 두는 일부 청년 세대들에게 새로운 의미를 던진다.

둘째, 이성공은 왕성한 노동력과 풍족한 소비행위를 바탕으로 타자들로부터 사회적 존중과 인정을 확인받고 싶은 금융소비자였다. 그러나 그는 끝이 없는 소비욕망을 채울 수 있는 많은 양의 돈을 얻기 위해 고된 노동을 지속해야 하는 경제적 존재로 볼 수 있다. 따라서 그의 삶에서 돈이란 많으면 많을수록 삶을 더욱 풍요롭게 해주는 것이었으며, 사회적 존중과 인정을 받기 위해 지속적으로 벌어야 하는 것이었다. 다만, 끝이 없는 개인적 소비욕망과 사회적 인정투쟁을 위해 고된 노동을 기꺼이 감수하고, 투자수익을 거두기 위해 위험을 감수하는 삶이 진정한 의미의 경제적 자유와 해방인지에 대한 의문의 여지는 남아있다. 결과적으로, 이성공의 돈 이야기는 한국의 중장년층 및 청년 세대가 일과 삶의 균형을 추구하고, 근로소득과 더불어 투자수익을 거두고자 하는 삶의 태도와 방식에 시사하는 바가 있다.

셋째, 이근면의 손자이자 이성공의 아들인 이여유는 노인 세대의 근면과 저축, 청장년층 세대의 소비를 통한 사회적 인정과 존중과는 다소 다른 모습을 보였다. 그에게서 돈이란 나다움을 드러내기 위한 수단이었다. 따라서 돈은 다다익선(多多益善)이 아니라, 쓰고 싶은 만큼만 버는 것이었다. 그는 나다움을 표현하고 실현하기 위한 수단으로써 돈을 사용하였고, 삶에서 중요한 것은 돈의 축적과 증대가 아니라 삶에서의 유희와 여가였다. 따라서 그는 자기표현을 위한 수단으로 돈을 사용했던 개인적 금융소비자라 칭할 수 있다. 돈의 사용에 대한 그의 이야기는 돈을 쫓기 위해 몸과 마음을 혹사하고 있는 한국의 노년 및 중장년층 세대에게 소득, 소비, 저축, 투자, 부채, 근로, 위험관리, 웰빙 개념을 금융자본주의 관점에서 새롭게 재고하고 해체할 수 있는 상상력을 제공한다. 다만, 이여유의 돈 이야기는 상속이나 증여를 통한 부의 재생산과 대물림을 당연하게 여기고, 노동과 근로에 대한 경제적 및 도덕적 가치를 간과하며, 경제적 독립이나 사회적 책무에 소홀하다는 비판에서 자유로울 수 없다.

한편, 삼부자의 서로 다른 돈 이야기가 가정 내 부모의 금융교육과 관련하여 어떠한 의미가 있는지를 이야기하고자 한다. 첫째, 이 소설은 가정 내 부자관계를 중심으로 한 금융교육이 잠재적으로 이뤄지고 있음을 보여준다. 한국의 가정 내 부자관계를 중심으로 한 금융교육 방식은 유대인의 가정 내 금융교육처럼 표면적이고 실제적인 방식이 아니라, 상호작용적 특징을 드러내었다. 즉, 후세대인 아들은 이전 세대 아버지의 돈에 대한 가치와 의미를 일방적으로 답습하기보다는, 자신들이 처한 사회경제적 조건과 삶의 맥락에 따라 돈의 가치와 의미에 대한 관점을 달리하였다. 따라서 한국사회에서 돈을 둘러싼 사회적 가치와 의미 부여는 부자관계를 통해 일방적으로 전수되기보다는, 부자간 작용과 반작용을 통해 재구성된다고 볼 수 있다. 이러한 이유에서 한국의 가정 내 부자관계 중심으로 한 금융교육이 시대의 변천이나 가족의 특성에 따라 어떠한 양상을 드러내는지에 대한 추가적인 연구가 필요하다.

둘째, 삼부자의 돈 이야기는 돈의 사용을 둘러싼 사회적 가치와 의미가 특정한 세대의 문화와 연동되어 있음을 재현한다. 즉, 돈의 사회적 가치와 의미는 특정한 세대의 문화적 맥락에 따라 끊임없이 재해석되고 재구성된다. 왜냐하면, 금융주체는 사회문화적인 진공상태에서 금융행위나 태도를 답습하는 것이 아니라, 당대의 생활방식과 사회문화적 맥락을 반영하여 금융 의사결정을 내리기 때문이다. 따라서 가정 내 부자관계를 중심으로 한 금융교육을 심층적으로 이해하기 위해서는 세대에 따른 문화적 맥락과 조건을 세심하게 고려할 필요가 있다. 또한, 부자관계를 중심으로 한 가정 내 금융교육은 세대가 다른 개인 간 상호작용뿐만 아니라, 가정을 둘러싸고 있는 사회경제적 조건과 맥락과 연동되어 있다. 따라서 부자관계를 중심으로 한 가정 내 금융교육을 이해하기 위해서는 미시적 관점에서의 개인 간 상호작용에 주목할 뿐만 아니라, 사회경제적 관점에서 가정 내 금융사회화를 탐구할 필요가 있다.

셋째, 삼부자의 서로 다른 돈 이야기는 돈이 경제적 차원에서 거래, 측정, 저장의 수단일 뿐만 아니라, 사회적 관계 측면에서 인간의 행위와 활동에 영향을 미치는 요소라는 점을 일깨운다. 특히, 이 소설은 각 세대가 처한 사회문화적 맥락과 사회경제적 조건에 따라 돈의 사용에 대한 가치부여 방식이 어떻게 변화하는지를 재현하였다. 따라서 이 글은 세대 간 돈의 사회적 가치와 의미 변화에 대한 통찰을 유도함으로써 금융자본주의 사회에서 발생하는 사회경제적 불평등과 소비문화의 변화를 이해하는 데 도움을 줄 것이다. 또한, 이 소설은 삼대의 서로 다른 돈 이야기를 통해 금융행위, 금융태도, 금융 의사결정을 둘러싼 세대 간 갈등을 해소할 수 있는 대화의 여지를 제공할 것이다. 삼대의 돈 이야기가 돈의 다차원적 의미와 가치에 대한 공적 대화와 열린 토론을 촉발하는 기폭제가 되기를 소망하며 글을 맺는다.

참고문헌

강헌국. (2017). 김유정, 돈을 위해. 비평문학, 64, 29-51.

김영천. (2010). 질적연구방법론 Ⅲ: 글쓰기의 모든 것. 서울: 아카데미프레스.

김영천, 이동성. (2013). 질적 연구에서의 대안적 글쓰기 이론화 탐색. 열린교육연구, 21(1), 49-76.

김택호. (2007). 소설의 허구성에 대한 국어국문학과 학생들의 인식과 소설의 시간 재구성. 새국어교육, 75, 527-546.

김혜영. (2004). 소설 장르의 허구성 연구. 현대소설연구, 21, 47-66.

구본석. (2018). 유대인의 경제 교육. 금융, 766. http://banker.kfb.or.kr/webzine/web/section.php?idx.

안서원, 박수애, 김범준. (2012). 사람들은 돈이 어떤 변화를 가져온다고 생각하는가?: 나와 타인의 차이. 한국심리학회지: 사회및성격, 26(3), 45-61.

오덕열. (2020). 탈북민 참여 질적연구에서 문화기술적 소설(ethnographic novel)의 활용 가능성 탐구: 인격교육적 관점을 중심으로. 인격교육, 14(3), 25-45.

유철균. (2001). 한국 현대 소설 창작론 연구. 서울대학교 대학원 박사학위논문.

윤호경. (2022). 대학생의 자기표현 글쓰기를 위한 자전소설 쓰기 교육 연구. 사고와 표현, 15(1), 87-132.

서희주. (2022). 교육적 지도서 개발 사례에 적용한 소설적 글쓰기 기법으로 살펴 본 예술기반연구의 수학교육연구 활용 가능성 논의. 수학교육, 61(4), 539-557.

심영, 박주영. (2021). 자녀에게 금융소비자교육을 실시하는 부모의 특성 분석. 한국생활과학회지, 30(1), 95-108.

신응철. (2009). 현대 문화와 돈 그리고 개인: 짐멜(G. Simmel)의 『돈의 철학』 에 나타난 문화와 돈의 관계를 중심으로. 동서철학연구, 53, 113-135.

조선영, 최현자. (2023). 청소년의 금융사회화가 재무관리행동에 미치는 영향: 금융 지식, 돈에 대한 태도 및 위험수용성향의 매개효과를 중심으로. 소비자정책교육연구, 19(3), 1-29.

조정래. (2007). 네트워크 사회의 문학연구와 돈의 문제. 현대문학의 연구, 32, 101-123.

한지형, 최현자. (2013). 사회초년생의 금융사회화과정에 관한 연구. *Financial Planning Review, 6*(3), 81-118.

한진수. (2016). 초등학생과 중학생의 돈에 대한 인식과 태도. 경인교육대학교 교육연구원 교육논총, 36(2), 17-38.

Baker, W. E., & Jimerson, J. B. (1992). The sociology of money. *American Behavioral Scientist, 35*(6), 678-693.

Dodd, N. (1994). *The sociology of money: economics, reason and contemporary society*. Cambridge: Polity Press.

Dunlop, R. (1999). *Boundary bay: A novel as educational research*. Doctoral dissertation. Vancouver: The University of British Columbia.

Eisner, E. (2008). Art and knowledge. In J. G. Knowles., & A. L. Cole (Eds.), *Handbook of the arts in qualitative research: Perspectives, methodologies, examples, and issues* (pp. 3-12). Sage Publications.

Hamburger, T. M. (2005). Winners of the 2004 fiction competition: On the origin of extinction. *Anthropology and Humanism, 30*(1), 70-80.

Ingham, G. (2004). The nature of money. *Economic Sociology: European Electronic Newsletter, 5*(2), 18-28.

Kraemer, K. et al. (2020). Money knowledge or money myths?: Results of a population survey on money and the monetary order. *European Journal of Sociology, 61*(2), 219-267.

Laterza, V. (2007). The ethnographic novel: Another literary skeleton in the anthropological closet?. *Suomen Antropologi: Journal of the Finnish Anthropological Society, 32*(2), 124-134.

Leavy, P. (2012). Fiction and critical perspectives on social research. *Humanity & Society, 36*(3), 251-259.

Leavy, P. (2013). *Fiction as research practice: Short stories, novellas, and novels*. Walnut Creek, CA: Left Coast Press, Inc.

McNiff, S. (2018). *Art-based research*. London: Jessica Kingsley Publishers.

Saks, A. L. (1996). Viewpoints: Should novels count as dissertations in education?. *Research in the Teaching of English, 30*(4), 403-427.

Simmel, G. (1970). *Grundfragen der soziologie: Individuum und gesellschaft*. Berlin: de Gruyter.

Schimank, U. (2015). Modernity as a functionally differentiated capitalist society: A general theoretical model. *European Journal of Social Theory, 18*, 413-430.

Wilson, T. D. (2002). Fiction: Maquiladora cousins. *Anthropology and Humanism, 27*(2), 185-191.

Zelizer, V. (1989). The social meaning of money: Special monies. *American Journal of Society, 95*, 342-377.

Zelizer, V. (1994). *The social meaning of money: Pin money, paychecks, poor relief, and other currencies*. New York: Basic Books.

Zelizer, V. (2011). *Economic lives: How culture shapes the economy*. Princeton: Princeton

University Press.
https://v.daum.net/v/20231128043100902 (2023-11-28 출력)
https://v.daum.net/v/20231219115116356 (2023-12-19 출력)
https://news.kbs.co.kr/news/pc/view/view.do?ncd=5314706 (2023-12-20 출력)
https://v.daum.net/v/20231022154344783 (2023-12-21 출력)

제 2 장

소비 사회학: 금융자본주의와 소비자

I. 나는 소비한다. 고로 존재한다.

"인간은 도대체 무엇으로 사는가?" 인간의 삶에 대한 의미와 가치는 삶을 바라보는 이의 철학에 따라 달라질 수 있다. 의식이 존재에 앞선다고 생각하는 이들은 인간의 물질적인 삶의 방식보다는 사유방식에 천착할 가능성이 높다. 하지만 인간의 존재방식이 의식에 앞선다고 생각하면, 물질적인 삶의 방식은 인간의 삶에서 중요한 문제로 부상한다. 오늘날 자본주의 사회를 살아가고 있는 나는 인간의 존재방식이 의식에 우선한다는 유물론자의 주장을 부정할 수가 없다. 인간의 존재방식이 의식에 우선한다는 전제를 인정하게 되면, 생산방식과 소비방식은 삶의 형식을 좌지우지할 수 있는 중요한 문제로 부상한다. 이 글은 바로 자본주의 사회에 놓여 있는 한 인간의 존재방식 중 소비방식에 주목하고자 한다. Descartes가 들으면 서운한 말로 패러디하면서 글을 시작한다. "나는 소비한다. 고로 존재한다."

인간의 냉철한 이성과 비판의식을 신봉하는 이들에게 이 말은 어처구니가 없는 말일지도 모른다. 높은 합리성과 도덕성을 갖고 있는 인간은 물질적 세계에 잠식당하거나 함몰당하는 나약한 존재가 아니라고 믿기 때문일 것이다. 하지만 비판교육학을 신봉하는 나조차도 소비하는 존재로서의 나를 한 순간도 부정할 수가 없다. 소비는 인간의 욕망과 필요를 충족시키는 기본적인 경제활동이다(이상민, 2007: 133). 따라서 욕망하는 나는 매 순간 무엇을 살지 말지를 고민한다. 그리고 구매하기로 결심했다면, 얼마짜리의 물건을 살지 고민한다. 이러한 소비행위에서 자동적으로 개입되는 사고의 검열 기제가 있다. 그것은 바로 나의 소비행위가 얼마나 합리적인 것인지의 물음이다. 자본주의 사회에서 욕망하는 나는 '합리적 소비자'라는 개념적 바로미터를 통해 소비의 유무와 형태, 규모를 결정하고 있다.

나의 경우에서처럼, 인간은 자본주의 사회에서 자신이 살아온 인생 여정에 따라 삶을 평가받는 것이 아니다. 대신, 무엇을, 어떻게 소비하느냐에 따라 평가를 받는다(Twitchell, 2002). 자본주의 사회의 시민은 '합리적 소비자'라는 사회경제적 정체성과 역할을 부여받으며, 소비방식을 통해 내가 누구인지를 증명해 간다. 자본주의 사회에서 소비자로 호명 받을 수밖에 없는 개인은 때로 소비주의에 빠지는 경우도 있다. 여기서 말한 '소비주의'란 소비행위에서 비롯되는 감각적 쾌락과 욕망을 삶의 목적으로 삼는 삶의 양식을 일컫는다(이충한, 2022). 하지만 자본주의 사회에서 개인이 소비주의의 대행자로 전락하는 문제는 개인적 철학이나 성찰의 부재로 환원할 수 없어 보인다. 왜냐하면, 자본주의는 소비주의에 의존하여 그 생명력을 강하게 유지해 나갈 수 있고, 소비주의는 자본주의가 세계를 상품화하는 방식과 욕망에 의존하여 그 지배력을 유지하기 때문이다(이충한, 2022: 350). 따라서 자본주의에서 비롯된 소비주의와 소비문화를 탐구하는 소비사회학은 경제학이나 경영학과는 다른 견지에서 합리적 소비자 개념에 접근한다. 이 글은 바로 소비사회학의 관점에서 합리적 소비자 되기 과정에 다가가고자 한다.

소비사회학의 관점에 기초하여 자본주의 혹은 소비사회에서의 합리적 소비행위를 심층적으로 분석하고 해석하는 연구동향(김선우, 2012; 노희정, 2016; 이충한, 2022; 손상희, 2005; 송인숙 외, 2012; 이성림, 2006; 정은, 황혜영, 2017; 조은광, 2014)이 생겨난 것은 고무적인 현상이라 볼 수 있다. 합리적 소비 혹은 소비자에 대한 사회문화적 접근은 우리나라 소비사회의 고유한 문화적 특징을 규명함으로써 합리적 소비자에 대한 가치와 태도를 제시한 측면에서 의미가 있다. 특히, 합리적 소비에 대한 국내 선행연구는 사회문화적 관점에 기초하여 소비행위를 세대(김수정, 박해란, 최샛별, 2020; 고명지, 최유정, 최샛별, 2017; 서여주, 2021; 이소현, 장은미, 2023), 젠더(김수정, 박해란, 최샛별, 2020; 김연지, 정순희, 2014; 박명희, 2006), 계급(김연지, 정순희, 2014; 박명희, 2006; 이상민, 2007)이라는 사회문화적 이슈에 연결하여 합리적 소비자 개념을 논의하였다. 다만, 사회문화적 관점에 기초한 국내 선행연구의 주요 대상이 주로 MZ세대, 여성, 부유층의 소비방식과 문화에 한정된 측면이 있다. 또한, 사회문화적 관점의 국내 연구동향은 주로 계량적인 연구방법에 의존하거나, 외부자의 관점에서 소비문화 연구를 수행함으로써 소비주체들의 내부자적 입장과 생생한 목소리를 재현하는 데 한계가 있다.

한편, 소비사회에서 합리적인 소비자를 기르는 일은 개인적 및 국가적 차원에서 중요하다. 특히, 국가적 차원의 학교교육을 통하여 주기에 체계적인 소비자 교육을 시도하는 일은 개인과 국가의 경제적 안전을 보장하고, 지속가능한 경제발전을 담보할 수 있는 중차대한 일이다. 따라서 우리나라의 공정거래위원회와 한국소비자원은 학교교육을 중심으로 한 소비자 교육을 강조하고, 학교기반 소비자 교육을 실현하기 위한 교육과정과 학습자료 개발을 시도하고 있다(구혜경, 2021; 김미라, 황혜선, 이욱, 2020; 문영훈, 2013; 손지연, 2019; 오수진, 2015; 이수정, 2015; 한국소비자원, 2005). 학교기반의 소비자 교육은 2015 개정 교육과정의 일부 교과와 창의적 체험활동, 범교과 학습주제로 다뤄지고 있다. 하지만 학교기반 소비자 교육을 활성화하기 위해서는 소비자 교육내용이나 학습자료(교과서)를 보다 체계화할 필요가 있다(구혜경, 2021; 김미라, 황혜선, 이욱, 2020). 또한, 아동들과 청소년들의 소비 관련 역량(지식, 기능, 태도)을 실질적으로 신장할 수 있는 수업방법을 추가적으로 개발할 필요가 있다(구혜경, 2021; 김정훈, 2016; 문영훈, 2013; 오수진, 2015; 이수정, 2015; 손지연, 2019; 한국소비자원, 2005).

자본주의 사회의 시민이 소비사회에서 합리적인 소비자가 되기 위해 체계적인 학교교육을 받는 일은 중요하다. 그러나 자본주의 사회의 시민이 소비사회의 주체로 거듭나기 위해서는 학교교육을 중심으로 한 소비자 교육뿐만 아니라, 평생교육 차원의 소비자 교육에도 주목할 필요가 있다. 즉, 소비사회에서 합리적인 소비자가 되기 위해서는 학교교육을 중심으로 한 소비자 교육뿐만 아니라, 성인의 경제적 및 역사적 삶을 관통하는 합리적 소비자 되기 과정과 그 의미를 탐구할 필요가 있다. 왜냐하면, 학교에서 소비자 교육을 받은 학생이 성인이 되어서도 지속적으로 변화하는 사회경제적 맥락과 조건에 따라 합리적인 소비자로 변모하는 과정도 중요하기 때문이다. 이러한 이유에서 자문화기술지(autoethnography)는 변화하는 사회경제적 맥락과 조건에 조응하면서 합리적인 소비를 실천해 나가는 행위자의 문화적 및 역사적 실천을 탐구하기에 유용한 질적 연구방법이라 볼 수 있다(Chang, 2008). 왜냐하면, 한 개인의 문화적 및 역사적 자아를 탐구하는 자문화기술지는 개인적인 경험과 기억을 특정한 이슈(합리적 소비자 되기 과정)에 연결하여, 그것의 사회문화적 의미를 해석하는 데 유용하기 때문이다.

따라서 이 연구의 목적은 한 성인의 경제적 및 역사적 삶 속에 스며들어 있는 소비 경험과 이야기를 사회문화적 맥락과 조건에 연결함으로써 소비사회에서 합리적 소비자로 변모해 가는 과정을 자문화기술지로 재현하는 데 있다. 이러한 연구목적을 달성하기 위한 연구문제는 다음과 같다. "연구자로서 나는 지난 30년 동안 합리적인 소비자가 되기 위하여 어떠한 방식으로 재화와 서비스를 소비하였는가?" 이 연구는 한 개인의 생애를 중심으로 합리적 소비자로 되어가는 과정과 그 의미를 사회문화적 관점에서 탐구함으로써 합리적 소비자 개념을 재고하고 확장하는 데 기여할 것이다. 또한, 이 연구의 결과는 합리적 소비자 개념의 확장과 심화를 통해 자본주의 사회의 소비 주체가 소비사회의 욕망과 굴레에서 벗어나, 새로운 소비문화를 주체적으로 향유하고 창조할 수 있는 가능성과 상상력을 부여할 것이다.

Ⅱ. 소비사회학과 합리적 소비자 교육

1. 소비사회와 소비사회학

자본주의에서 비롯된 소비사회와 문화를 탐구하는 소비사회학(sociology of consumption)은 개인의 삶의 형식을 디자인하고 재단하는 소비주의에 주목한다. 소비주의(consumerism)는 대량의 재화와 서비스의 소비를 부추기는 사회경제적 현상인데, 소비행위에서 뒤따르는 감각적 쾌락과 욕망을 삶의 목적으로 간주하는 삶의 양식이다(Veblen, 2001). 이러한 소비주의와 자본주의의 아말감으로 볼 수 있는 소비사회학은 소비가 왜, 어떻게 인간의 삶을 규정하는지를 사회적으로 탐구한다(Featherstone, 1991; Fine & Leopold, 1993; Veblen, 2001; Warde, 2015). 소비사회학은 인간의 소비가 필요보다는 밑도 끝도 없는 욕망에 빠져있기에, 소비가 증가할수록 삶은 더욱 메말라간다고 주장한다(박명희, 2006; 이성림, 2006; 이충한, 2022).

소비사회의 시장과 기업은 상업화된 도덕적 진통제를 광고하여 인간의 유대를 약화시킨다. '유동하는 근대' 개념으로 사회학적 통찰을 제공했던 Bauman의 주장에서 따르면, 소비사회는 과잉과 낭비를 동력으로 삼는데, 개인은 소비사회에서 '소비자'라는 정체성을 부여받는다. 소비사회에서 기업은 소비자가 상품을 쉽게 사고 쉽게 버리도록 만든다. 따라서 소비자는 계속적으로 상품과 서비스를 소비해야만 하는 악순환에 빠진다(Bauman & Mazzeo, 2012). 이러한 악순환의 과정에서 충족되지 못한 공허한 욕망은 삶을 황폐하게 만든다. 개인은 이러한 소비사회에서 일종의 '이중구속(double bind)'에 빠지게 된다. 여기에서 말한 이중구속이란 멈출 수 없는 소비와 채워지지 않는 소비 욕망 사이의 모순적인 상황을 지칭한다(Bauman & Mazzeo, 2012).

Baudrillard는 이러한 소비사회의 신화와 구조에 주목하였다. 소비사회는 개인 혹은 집단들 사이에서 욕구와 욕망의 차별화를 강조하고, 생산보다는 소비를 강조한다. 정치경제학과 기호학을 결합했던 Baudrillard(1970)는 이러한 소비사회의 주체는 인간이 아니라 기호체계라 주장하였다. 인간은 타자의 욕망, 주어진 기호체계, 기호질서를 소비하는 존재이다. 왜냐하면, 인간의 욕망이 물건을 소비하게 하는 것이 아니라, 물건이 인간을 욕망하게 만들기 때문이다(Baudrillard, 1970). 그래서 인간은 소비사회의 주체가 아니라, 소비의 대행자로 전락한다. 인간의 소비는 집단적 행위이자 강제이며, 코드화된 사회체계 속에서 이뤄진다. 그리고 소비사회의 인간은 사회적 지위나 명성을 얻기 위해 사회적 차별화를 추구한다. 특히, 과소비 기제는 계급의 차별화를 가시화할 수 있다. 따라서 사회적 차별화를 위한 과소비는 필요한 것을 사는 행위가 아니라, 타자들에게 자신을 과시하기 위한 수단이다

(Baudrillard, 1970). 결과적으로, 소비사회에서 소비란 마치 갈증해소를 위해 바닷물을 마시는 행위와 유사하다.

앞서 이야기한 바와 같이, 소비사회에서 소비는 단순하게 필요를 충족시키는 일이 아니라, 사회적으로 권장되는 기호와 이미지를 생산하는 활동이자 권력이다(조원광, 2014). 자본주의 사회의 기업은 대중의 욕망을 반영한 재화와 서비스를 지속적으로 만들어 내고, 대중은 이러한 재화와 서비스를 소비하는 방식으로 삶의 표준을 재생산한다. 소비사회의 대중은 타인의 시선을 고려한 소비를 반복하면서 만성적 불안을 경험하며, 자신의 삶을 성찰하지 못하는 사회적 히스테리 상태에 빠지기도 한다(박명희, 2006; 이성림, 2006; 조원광, 2014).

특히, 자본주의 사회에서 사치와 소비는 사회계급 이슈와 직결된다. 문화적 재생산이론에 따르면, 소비란 사회적 차이와 차별을 강조하는 계급제도이다(이상민, 2007). 소비를 통한 사회적 차이는 '구별 짓기(distinction)'라는 개념으로 불리는데(Bourdieu, 1979), 이때 소비의 방식을 결정짓는 문화자본은 사회계급의 분화와 구조를 유지하는 데 중요한 기능을 한다. 이러한 소비사회학적 관점은 개인적 차원(소득, 욕망, 성향, 가정배경 차이)과 경제적 차원(소비를 조장하는 광고, 과잉생산 기반 자본주의, 경제 성장률)의 소비행위를 사회문화적 차원(권력, 명예, 지위)으로 확장하여 해석한 측면에서 이 연구에 의미하는 바가 있다. 그러나 소비사회학은 구조적 및 유물론적 관점에서 인간의 합리적 소비행위를 다소 부정적으로 해석하고, 소비 주체의 상대적 자율성과 의지를 과소평가한 측면이 없지 않다.

2. 합리적 소비자 교육

소비사회에서 합리적인 소비자를 기르기 위해서는 학교교육을 통한 체계적인 소비자 교육이 필요하다. 소비자 교육정책을 기획하고 추진하는 공정거래위원회는 제5차 소비자정책기본계획에 따라 학교기반 소비자 교육을 중점과제로 설정하였다(구혜경, 2021). 학교기반 소비자 교육은 2015 개정 교육과정에 근거하여 일부 교과(사회, 도덕, 실과, 기술·가정)와 창의적 체험활동(자율 활동, 동아리 활동, 봉사

활동, 진로 활동), 그리고 범교과 학습주제로 운영되고 있다. 학교에서의 소비교육은 소비자가 경제적 이익을 도모할 수 있도록 지식, 기능, 태도를 함양하는 교육을 추구한다(박진채, 정순희, 2020; 한국소비자원, 2005). 개인적 차원의 학교기반 소비교육은 자아의 실현을 위한 합리적 소비를 지향하며, 사회적 차원의 소비교육은 합리적 소비문화를 창조하는 데 필요한 역량을 기르는 데 집중한다(이수정, 2015).

학교에서의 소비자 교육에 대한 국내 선행연구(구혜경, 2021; 김미라, 황혜선, 이욱, 2020; 문영훈, 2013; 손지연, 2019; 오수진, 2015; 이수정, 2015; 한국소비자원, 2005)는 소비자 교육을 위한 교육내용을 선정하고, 교육과정의 체계와 표준안을 개발하였다. 대표적으로, 구혜경(2021)은 학교기반 소비자 교육영역으로 시장경제의 이해, 합리적인 구매 의사결정, 소비자 문제해결, 소비가치 함양, 시민 소비자로서의 역할을 제시하였다(구혜경, 2021). 그리고 오수진(2015)은 개인 및 공동체 가치, 자원관리의 원칙과 실제, 의사결정 과정과 영향 요인, 소비자 정보 및 안전, 소비자 권리와 책임, 소비자 문제해결이라는 세부영역을 제시하였다. 이러한 연구동향은 아동 및 청소년을 대상으로 소비자 교육과정을 체계화하고, 역량 기반 소비자 교육, 디지털사회 소비자 교육을 제시한 측면에서 의미가 깊다. 하지만 소비사회에서 합리적인 소비자가 되기 위해서는 학교교육을 중심으로 한 소비자 교육뿐만 아니라, 평생교육의 관점에서 한 개인의 경제적 및 역사적 삶을 관통하는 합리적 소비자 되기 과정을 탐구할 필요가 있다.

Ⅲ. 나의 이야기를 구성하기

1. 자문화기술지, 소비자로서 '나'

이 연구는 한 개인의 오랜 경제적 삶에서 배태되었던 소비 관련 기억과 이야기를 사회문화적 맥락과 조건에 연결하여, 합리적 소비자로 되어가는 과정과 의미를 탐색하고자 하였다. 이러한 연구목적에 다다르기 위해서는 저자 혹은 연구자 자신을 연구의 주요한 대상으로 삼는 자기연구(self-study) 방법이 필요하였다. 또한, 연구목적을 달성하기 위한 연구의 배경이 연구자의 개인적인 삶으로 제한되고, 자료의 수집과 분석 대상도 개인적 기억과 이야기였기 때문에 질적 사례연구(qualitative case study)가 적합하였다. 따라서 이 글은 지난 30년 동안 소비사회에서 합리적인 소비자로 변모해 가는 과정을 재현하기 위해 자문화기술지를 채택하였다. 왜냐하면, 자기연구와 질적 사례연구의 우산 아래 있는 자문화기술지는 이 연구의 목적과 연구문제를 해결하는 데 적합한 연구방법이라 판단했기 때문이다(Chang, 2008; Reed-Danahay, 1997). 구체적으로, 이 연구는 30년 동안 소비사회를 살아갔던 한 개인의 합리적 소비자 되기 과정을 되새김질하기 때문에 자전적 및 성찰적 문화기술지라 볼 수 있다.

한편, 질적 연구의 배경이자 대상인 저자의 상황성과 위치성을 드러내는 일은 연구의 과정과 결과의 신빙성을 확보하는 데 중요하다(Chang, 2008). 따라서 사회경제적 조건과 삶의 궤적에 따라 합리적인 소비자로서 변모해 나갔던 삶의 이력을 간략하게 제시한다. 이 이야기의 출발점은 대략 30년 전인 1993년으로 거슬러 올라간다. 1993년은 연구자가 대학생이 된 첫 해였는데, 부모로부터 독립했던 나는 이때부터 본격적으로 소비를 시작하였다. 1997년에 대학을 졸업했던 나는 1999년 중순까지 육군에서 초급장교로 복무를 했다. 그리고 1999년 하순부터 2002년 사이에는 초등학교 교사가 되었고, 직장동료였던 아내를 만나 첫째 아들을 얻었다. 2003년에 파견교사로 대학원에 진학했던 나는 2009년에 박사학위를 받았고, 그 사이(2005년)에 둘째 아들이 태어났다. 나는 2012년 중순까지 초등학교 교사로 근무하면서도 대학과 대학원에서 시간강사를 겸임하였다. 그리고 2012년 중순에 국립대 교수로 임용되어 지금까지 교사교육자로 근무하고 있다. 나는 현재 X세대(50세), 중간계급(middle-class), 고학력(교육학 박사학위), 맞벌이 기혼남성이다. 세대 및 직업의 변화에 따른 연구자의 인적 및 재무 정보는 〈표 2-1〉과 같다.

〈표 2-1〉 연구자의 인적 및 재무 정보

년도	세대	자녀	직업	학위	연구자 연봉	배우자 연봉
1993년-2002년	20대	1명	대학생/장교/교사	학사	2천만 원 내외	2천만 원 내외
2003년-2012년	30대	2명	교사/시간강사	석사/박사	4천만 원 내외	4천만 원 내외
2013년-2023년	40대	2명	교수/교사교육자	박사	1억 원 내외	6천만 원 내외

2. 자료수집 및 분석

이 글은 30년 동안 합리적 소비자로 변모해 가는 삶과 궤적과 기억을 소환하기 위하여, 년도 및 세대를 중심으로 연구기간을 3단계(20대, 30대, 40대)로 구분하여 자료를 수집하였다. 연구기간이 최장 30년에 이르기 때문에, 연구 단계를 기준으로 개인 내적 자료(기억자료, 성찰일지, 자기-인터뷰, 자기-관찰, 일기, 메모, 저자의 논문 및 단행본, 사진, 매매 및 거래 계약서, 월급 명세표, 근로소득원천징수영수증, 가정 내 소비 관련 인공물: 집, 자동차, TV, 음식, 옷, 각종 가재도구)를 수집하였다. 3단계로 수집된 자료의 신빙성을 더하기 위하여 연구자의 배우자와 성인이 된 두 아들에게서 보조적인 자료를 추가적으로 수집하였다. 소비와 관련한 연구자의 개인적인 기억자료에 대한 신빙성을 강화하기 위하여 가족 구성원들(배우자, 아들 2명)을 대상으로 내러티브 인터뷰(narrative interview)를 1회씩 수행하였다.

연구자로서 나는 3가지 세대별로 변화했던 합리적 소비 혹은 합리적 소비자 되기 과정을 개념화하기 위해 주제 분석(thematic analysis) 방법 중 종단적 코딩(longitudinal coding)을 시도하였다. 종단적 코딩은 저자의 오랜 삶의 궤적에서 나타난 연구주제의 명료성과 간결성을 추출하는 데 유용하다(Saldaña, 2009: 173-181). 특히, 종단적인 코딩은 시간을 관통하는 질적 자료의 변화 과정에 초점을 두면서, 연구자의 사회문화적 삶에서 비롯된 일정한 방향성, 유형, 특징을 분석한다(Saldaña, 2009). 이 글은 합리적인 소비자 되기와 관련한 질적 자료를 체계적으로 분석, 해석하기 위해 다음 〈표 2-2〉와 같은 분석안(analytic template)을 사용하였다. 세 차례에 걸친 종단적 코딩을 통해 최종적으로 4가지 핵심범주(① 고유한 정체성과 본연의 욕망을 실현하면서도 윤리적으로 소비하기, ② 재무적 안정과 지속가능한 발전을 담보하는 소비하기, ③ 생태와 환경에 친화적인 소비하기, ④ 공동체와 사회적 책임을 지향하는 소비하기)를 생성하였고, 분석적-해석적 글쓰기 방식으로 이러한 연구결과를 기술하였다.

〈표 2-2〉 종단적 코딩에서 사용한 분석안

질적 자료 요약 매트릭스(3차 분석안)						
날짜/시간(장기/단기): 2013년 01월 01일부터 2023년 12월 31일까지						
연구주제: 소비사회에서 합리적 소비자 되기 과정						
2020년 12월 말: 팬데믹 머니로 인한 가정 내 소비 성향 변화 및 수준 향상						
증가/발생	누적	급변/전환점	감소/정지	일관성	특이성	상실
투자소득	가계소득	과잉소비	부채 감소	죄책감	소비 증가	자발적 가난

3. 타당도 확보 전략

이 글은 연구의 과정과 결과에 대한 타당도를 확보하기 위해 Chang(2008)의 5가지 타당도 전략을 적용하였다. 첫째, 연구주제의 적절성과 연구방법의 적합성을 제고하기 위해 연구자가 소속한 교육기관의 교수들(2명)을 대상으로 두 차례의 동료자 검증(peer checking)을 받았다. 둘째, 연구결과의 타당성과 엄밀성을 강화하기 위해 연구자의 가족들(배우자, 아들 2명)을 대상으로 세 차례의 구성원 검증(member checking)을 하였다. 셋째, 분석적-해석적 글쓰기로 소비와 관련한 연구자의 자기성찰을 강조함으로써 자아 몰입적인 상태에 빠지지 않으려고 노력하였다. 넷째, 질적 사례연구의 특성을 고려하여 연구범위를 제한하였고, 다양한 자료에 근거하여 자료 분석을 시도하였다. 다섯째, 가족들을 대상으로 연구에 대한 윤리적 이슈를 재검토하였고, 개인적인 소비 관련 이야기를 거시적인 사회문화적 맥락과 조건에 연결하여 기술함으로써 개인적 내러티브를 학문적 내러티브로 전환하려고 노력하였다.

Ⅳ. 자본주의 사회에서의 합리적 소비자

자본주의 사회에서 소비 주체로서 나는 지난 30년 동안 합리적인 소비자가 되기 위하여 4가지 차원에서 각종 재화와 서비스를 소비하였다. 첫째, 철학적 차원에서는 자신의 고유한 정체성과 본연의 욕망을 실현하면서도 타자를 배려하는 윤리적인 소비를 지향하였다. 둘째, 경제적 차원에서는 금융이해력에 근거한 금융 의사결정을 바탕으로 가정의 재무적 안정과 지속가능한 발전을 담보하는 소비를 추구하였다. 셋째, 환경적 차원에서는 약탈적이고 파괴적인 소비행위를 줄이면서, 생태 및 환경 친화적인 소비습관을 지향하였다. 넷째, 사회적 차원에서는 자신과 가족만을 위한 개인적 소비에서 벗어나, 공동체와 사회적 책임을 지향하는 소비자가 되려고 노력하였다. 자세한 이야기는 다음과 같다.

1. 고유한 정체성과 본연의 욕망을 실현하면서도 윤리적으로 소비하기

소비사회학의 관점에 따르면, 인간은 소비활동을 통해 자신의 정체성과 사회적 관계를 드러낸다. 한국은 서구와 달리 집단주의 문화가 강하기 때문에, 타자의 시선이 소비의 크기와 방향을 결정하는 데 중요한 동인이 된다(김선우, 2012). 1993년부터 1996년까지 대학생이었던 나는 둘째 형, 막내 누나와 함께 한 방에서 자취생활을 했다. 이미 성인이 된 세 형제자매가 한 방에 기거하는 것이 말처럼 쉽지는 않았지만, 세 사람은 한 번도 주거의 불편함을 토로하지 않았다. 왜냐하면, 시골에 계신 늙고 가난한 부모님이 세 자식들에게 베풀 수 있는 최고의 선택이자

결정이었기 때문이다. 나는 가난한 부모님의 걱정을 들어드리기 위해 4년 내내 성적우수 장학금을 받아야 했으며, 매 학기 방학 때마다 아르바이트를 하며 생활비를 충당하였다. 당시 시급이 900원인 레스토랑에서 하루 12시간 노동을 했지만, 나는 힘듦을 느낄 겨를이 없었다. 당시 1만 원이라는 돈은 가난한 나에게는 충분히 큰 금액이었기 때문이다.

대학을 졸업하고 육군 장교로 임관했던 해(1997년)에 IMF 외환위기가 우리나라를 덮쳤다. 당시 수많은 기업과 개인들이 파산에 직면했지만, 공무원이었던 나는 오히려 지독한 가난으로부터 벗어날 수 있었다. 나는 군복무를 하는 동안 '짠돌이'라는 오명을 쓰기는 했으나, 제대를 할 시점(1999년 6월)에는 자가용을 뽑을 수 있는 돈(1천 800만 원)을 모으게 되었다. 이 돈은 부모님의 경제적 지원 없이도 자립과 결혼을 할 수 있는 살림 밑천이 되었다. 1999년에 초등학교 교사가 된 나는 지금의 아내를 만나게 되었고, 이듬해 결혼을 하였다. 놀랍게도, 아내는 나와 같은 짠돌이나 흙수저가 아니었다. 당시 아내는 30평대 아파트와 중형 자동차 정도는 갖고 있어야 부모로부터 결혼 승낙을 받을 수 있다고 하였다. 하지만 나에게 그런 돈은 없었다. 그렇다고 결혼을 포기할 수도 없는 노릇이었다. 그래서 우리는 신용대출로 결혼자금(개인당 3천만 원)을 마련했고, 양가 부모님의 지원 없이 빠듯하게 결혼생활을 시작했다.

당시에 부부교사는 걸어 다니는 중소기업이라 불릴 정도로 사회적 부러움의 대상이었다. 하지만 부모로부터 경제적 지원을 받지 못했던 신혼부부에게 공무원 봉급은 소비를 즐길 수 있는 넉넉한 돈이 아니었다. 양가 부모님께 매달 용돈을 송금하고, 대출 원리금을 갚고 나면 쓸 수 있는 돈이 아예 없었다. 당시 내 부모형제는 그나마 형편이 나은 나에게 금전적 기대를 했으나, 정말로 수중에 돈이 없었다. 2001년에 아내가 임신을 하였고, 2002년에 첫째 아들이 태어나자 우리 부부는 더욱 힘차게 허리띠를 졸라매어야 했다. 나는 한 푼이라도 더 돈을 모으기 위해 소비를 죄악시하고 악마화했다. 비싼 외제차를 몰고 다니거나 명품 가방을 들고 다니는 인간들을 부정했고, 혐오했다. 그리고 강제적 가난이 아니라 자발적 가난을 즐기는 나를 애써 자위했다. 그러던 나는 2003년에 파견교사 신분으로 대학원에 진학을 했고, 2009년에 교육학 박사학위를 취득하였다. 몇 년 사이에 부부의 봉급이 올라가고, 시간강사를 겸직하면서 소득이 늘기는 했다. 하지만 2005년에 둘째가 태어나면서 가처분소득에는 큰 변화가 없었다. 누구의 말처럼, 우리 부부는 결혼 이후 10년 남짓 '고난의 행군'을 감내하였다. 남들이 보기에, 나는 중산층처럼 보였을지 몰라도 실제로는 가난의 굴레에 갇힌 사람이었다.

연구자: 당신 덕분에 소고기도 먹어 보네. 이틀 후에 힘을 써야 하니까.
배우자: 우리 돈으로 소고기 사먹는 게 처음인 것 같아요. 남의 살이 맛있긴 하네요.
연구자: 오늘은 특별한 날이니깐 돈 걱정 말고 많이 먹어요.
(아내는 채 몇 점도 먹지 않는 나를 눈치채지 못하고 음식에만 집중했다.)
배우자: 여보, 이제 배가 부르네요. 그만 먹어요. 와, 정말로 맛있네요.
연구자: (충분히 먹은 척하며) 그러게, 우리 부자 되면 여기에 또 옵시다.
(2002년 1월 중순, 부부의 식사 장면, 개인적 기억 자료)

'하늘은 스스로 돕는 자를 돕는다고 했던가?' 10년 동안 주경야독을 했던 나는 2012년 8월에 한 국립대학의 교수로 임용되었다. 사회경제적 지위와 직급이 상승하고, 근무경력이 쌓여갈수록 서서히 부가 축적되기 시작했다. 특히, 본가의 부모님이 돌아가시고, 첫째 아들이 학비가 들지 않는 대학에 진학함에 따라 가계지출이 급격하게 줄어들기 시작했다. 또한, 인플레이션으로 인한 물가상승으로 실물자산의 가격이 올라가고, 금융 투자소득이 생겨나면서 그동안 봉인되었던 소비욕망의 빗장이 풀리기 시작했다. 소비의 크기를 늘릴 때마다 가난을 경험했던 몸이 강렬하게 저항했다. 하지만 나는 평상시에는 근검절약했던 과거의 소비습관을 유지하면서도, 때로는 나 자신을 위로하고 보상하는 차원에서 과소비를 감행하기도 하였다. 예를 들면, 외제차와 고급차를 혐오했던 과거의 자아와 결별을 선언하였고, 주택을 마련할 때도 가격 대비 성능보다는 나만의 정체성과 욕망을 투영할 수 있는 집을 선택하였다.

[그림 2-1] 10년 동안 거주하고 있는 전원주택 전경

전원주택과 자동차는 교수인 나를 돋보이게 만들었으며, 교수로서 사회적 지위와 신분을 나타내는 기호체계가 되었다. 나는 평소에는 소비를 절제하다가, 마음이 움직이면 과감하게 소비를 즐길 수 있는 모순적 소비자가 되어버렸다. 최근에 MZ세대는 양면적 소비자 혹은 '앰비슈머(ambivalent+consumer)'로 불린다. 그들은 평소에는 가격과 성능 등 경제적 요소를 따지다가, 가치 있는 것, 마음이 가는 것에 과감하게 비용을 지불한다(이소현, 장은미, 2023). 이른바 자신의 가치관과 취향을 반영하는 '가심비(價心比)'가 소비의 중요한 준거인 것이다. 가처분소득이 증가했던 나는 비록 MZ세대는 아니었으나, 양가적 소비를 즐기는 소비자로 변모했다. 나는 그때서야 한국의 상류층이 과소비로 자신의 정체성을 드러내며, 고급소비를 통한 구별 짓기로 차별적인 소비문화를 형성한다는 연구결과(김수정, 박해란, 최샛별, 2020; 김연지, 정순희, 2014; 손상희, 2005; 송인숙 외, 2012; 이상민, 2007)를 이해할 수 있었다. 나도 그들처럼 막대한 부를 갖게 된다면, 그들과 다르지 않으리라는 보장을 할 수 없었기 때문이다.

하지만 양가적인 소비자로 변모했던 내가 이기적인 소비로 전락한 것은 아니었다. 나는 아낄 때는 아끼고, 쓸 때는 쓰는 소비를 했을지라도, 윤리적 소비와 이기적 소비를 구분하였다. 존재론적 차원에서 볼 때, 나다움과 본연의 욕망을 추구하는 양가적 소비가 반드시 이기적이거나 관계적 무능에 빠지는 것은 아니었다. 오히려 양가적 소비자로서 나는 자신뿐만 아니라 타자들(이웃, 친척, 동료)을 위한 소비를 점차적으로 늘려나갔고, 이러한 윤리적 소비행위는 타인에 대한 이해와 배려를 증진하는 촉매제가 되었다. 이처럼 나는 양가적 소비를 통해 자신의 욕망을 조절하였고, 쾌락과 진중한 삶 사이에서 균형을 추구하였으며, 타인과의 관계에서 배려와 존중을 실천함으로써 윤리적 소비자가 되려고 하였다.

연구자: 이번 달에 카드비가 좀 나올지도 몰라요.
배우자: 술, 담배도 안 하는 사람이 돈 쓸 데가 어디 있어요?
연구자: 모임이 있을 때, 식비 정도는 내가 내고 싶어. 이제 우리 좀 살만 하잖아?
배우자: 나 요즘 당신 밥값 벌려고 출근하는 사람 같아. 자제 좀 하면 좋겠어요.
연구자: 밥값 정도는 내고 싶은데. 돈 벌어서 남도 좀 줘야지요.
배우자: 자주 밥값을 내면, 사람들이 진짜로 당신을 고마워할까요? 아마 총장선거 나올 거라 괜한 오해나 받을 걸요. 돈 자랑한다고 뒤에서 욕먹거나.
연구자: 아무렴 어때요. 내 밥값으로 그들이 돈을 아낀다면, 그것도 좋은 일이잖아.
배우자: (애써 웃으며) 아무리 봐도, 교수는 자기만 좋은 직업이라니까.
(2023년 12월 초순, 부부의 대화 장면, 개인적 기억 자료)

2. 재무적 안정과 지속가능한 발전을 담보하는 소비하기

우리 주변을 둘러보면, 무절제하고 과도한 소비로 인해 가산을 탕진하고 삶을 포기하는 사람이 있는가 하면, 반대로 큰돈을 가진 부자임에도 불구하고 소비활동에 지나치게 인색하여 수전노(守錢奴)로 전락하는 사람도 있다. 예를 들면, 무절제한 소비에 중독된 인간은 자신의 쾌락을 위하여 더 많은 돈이 필요하다는 생각을 내면화함으로써 경제적 무능 상태에 빠질 위험이 있다(이충한, 2022). 반대로, 소비를 거부하고 소비에 죄책감을 느끼는 인간은 돈을 모으고 지키기 위해 자신의 삶을 허비하는 희생자가 될 수 있다. 따라서 경제적 및 재무적 차원에서 합리적 소비자가 되는 과정은 삶의 과정과 형식을 결정한다고 볼 수 있다. 경제적 및 재무적 차원에서 지난 30년을 되돌아보니, 나의 합리적인 소비활동이나 소비행위는 객관적이고 고정적인 경제적 개념이 아니라, 소득, 저축, 투자, 부채(대출), 위험관리로 대표되는 금융 요소들과의 상호작용 속에서 유동적이고 상대적인 특성을 나타내었다.

첫째, 경제적 및 재무적 차원에서 합리적인 소비자가 되는 과정은 소득의 정도에 따라 소비의 규모와 방식을 결정하는 일이었다. 20대는 경제적으로 다시는 돌아가고 싶지 않은 악몽과도 같은 시절이었다. 대학생 시절(1993년부터 1996년까지)에는 아르바이트로 번 돈과 부모님이 주신 용돈으로 생활을 했으나, 늘 돈이 부족하여 식비를 제외한 소비를 할 수가 없었다. 당시에 돈은 내 청춘을 옭아매는 원수였기에, 소비란 내 삶을 좀먹는 악마의 속삭임이었다. 음식은 맛이 아니라 허기진 배를 채울 수 있으면 족했고, 집은 비나 추위를 막아주면 충분했으며, 옷은 멋이 아니라 몸을 가리거나 보호해 주면 됐었다. 하지만 초급장교가 되면서 일정한 소득이 생겨났고, 소득의 발생에 따라 의식주의 질이 나아지기는 했다. 하지만 군대생활 동안에도 가난의 상흔이 남아있었기에 소비는 지속적으로 억누르고 절제해야 하는 것이었다. 30대에는 부부 공무원이라 소득이 일정 부분 증가하기는 했으나, 자녀 양육이나 노부모 봉양, 대출 원리금 상환, 대학원 진학 등으로 인해 소비를 늘릴 수가 없었다. 그러다가 40대에 이르러 교수가 되었고, 배우자의 연봉이 상승함에 따라 소비 여력이 생겨나기 시작했다. 40대가 된 나는 비로소 외식비 걱정 없이 식사를 즐길 수 있었고, 계절이 바뀔 때마다 새로운 옷을 구매할 수 있었으며, 편안하고 아름다운 집을 가꾸기 위해 해마다 집을 고칠 수 있었다.

> 연구자: 이번 주말 바닷가에 가서 회 먹는 거 어때요? 자연산 횟집으로.
> 배우자: 4인 가족이면 비용이 꽤 나오지 않을까요? 조금 부담스러운데.
> 연구자: 아이고, 자주도 아닌데 뭘, 그냥 눈 딱 감고 횟집 갑시다.
> 첫째 아들: 이러다가 우리 집 망하는 거 아니에요? 혹시 로또 맞았어요?

둘째 아들: 엄마, 아빠 예전과는 달라. 형아 대학 가고 나서, 우리 집 외식 자주 해.

연구자: 아들아, 이제 우리 조금 살만하다. 이제 아끼려고 너무 애쓰지 않아도 돼.

둘째 아들: 횟집 말고, 고기 먹으러 가면 안 될까요? 지난번에 그 집 맛있었는데.

배우자: 첫째는 여전히 교사 아들이고, 둘째는 교수 아들이 다 되었네.

(2020년 7월 중순, 가족 식사장면, 개인적 기억 자료)

둘째, 재무적 차원에서 합리적인 소비자가 되는 과정은 저축 및 투자의 방식과 정도에 따라 소비의 크기를 조절하는 일이었다. 20대였던 나는 취업, 결혼, 대학원 진학, 노부모 봉양, 육아, 대출금 상환을 감당해야 했기 때문에 많은 저축을 할 수가 없었다. 저축액이 크지 않다 보니 투자는 꿈도 꿀 수 없는 지경이었다. 30대가 되어 둘째가 태어났고, 부부 모두가 대학원에 진학했기 때문에 여전히 저축이나 투자를 하기가 쉽지 않았다. 돌이켜 보면, 저축과 투자를 완전히 외면한 것은 아니었다. 대학원에 진학한 것은 자기계발을 위한 인적 투자였으며, 일정 금액의 원리금 상환은 소극적 방식의 예금이기도 했다. 20대와 30대 시절에 미약하게라도 저축과 투자를 시도할 수 있었던 원동력은 바로 소비를 최대한으로 억제하면서 근검절약을 실천했기 때문이다. 하지만 40대가 되면서 노동소득이 증가했고, 상대적으로 가계지출이 감소함에 따라 저축과 더불어 과감한 투자를 할 수 있었다. 금융소비자로서 나는 40대 중반부터 쉰 살까지 맹렬하게 투자를 시도하였다. 나는 저축에서 비롯된 잉여금이 생길 때마다 주식, 채권, 실물자산(토지, 아파트)을 매입하였다. 여기서 한 가지 흥미로운 점은 투자의 규모와 강도가 커질수록 소비의 여력은 서서히 감소하기 시작했다. 따라서 20대와 30대의 소비는 생존과 안전을 위한 소비의 억제였다면, 40대는 지속가능한 번영과 발전을 위한 소비의 조절이었다.

셋째, 재무적 차원에서 합리적인 소비자가 되는 것은 부채와 위험관리의 방식에 따라 소비의 규모와 형태를 가변적으로 조절하는 일이었다. 나는 요즘에도 한국교직원공제회 건물을 마주할 때마다 감사의 인사를 건넨다. 20대 시절에 부모의 경제적인 도움 없이 살림을 꾸리기가 만만치 않았다. 당시의 박봉만으로는 도저히 가계를 유지할 수가 없었다. 그래서 20대의 내가 할 수 있는 선택이란 공무원이라는 신분을 이용하여 신용대출을 받는 것이었다. 빚을 내는 일이 죽을 만큼 싫었지만, 빚을 내지 않으면 우리 가족이 죽을 판이었다. 당시나 지금이나 대출은 여전히 내 삶의 일부였던 것이다. 20대 시절에 우리나라의 제1금융권은 박봉의 공무원들에게 쉽사리 대출을 허락하지 않았다. 워낙 돈이 없어서 제2금융권의 문을 두드리기도 했지만, 대출 금액이 생각보다 크지 않았다. 당시 한국교직원공제회는 나와 가족의 가난과 파산을 막아주는 구원자였다. 하지만 동시에 그 금융기관이 설정했던 높은 금리와 원리금 상환액은 나의 월별 소득을 감액했기 때문에, 소비의 여력을 원천적으로 차단하였다.

[그림 2-2] 금융투자의 꿈(좌)/현실(우) (출처: 머니투데이/신한투자증권)

한편, 부채를 어떻게 관리할 것인지는 소비의 규모와 방향을 결정하는 중요한 요소였다. 감당할 수 있는 적절한 부채는 소비 여력을 발생시켜 풍요로운 삶을 영위할 수 있는 윤활유가 되었지만, 감당할 수 없는 과도한 부채는 한순간에 삶을 나락으로 떨어뜨릴 수 있는 위험한 것이었다. 나는 지난 27년(1993년부터 2020년까지) 동안 빚을 소중한 친구로 삼아 경제적으로 나름 순탄한 삶을 살아 내었다. 지난 세월 동안 나에게 빚은 소비를 적절하게 조절하면서 윤택한 미래를 꿈꿀 수 있는 지렛대(leverage)였다. 하지만 최근 3년(2021년부터 2023년까지) 동안 다소 과도한 빚으로 맹렬하게 금융투자를 시도하면서 재무적 리스크의 임계점에 직면하기도 하였다. 그리고 이러한 리스크 관리 전략은 다시금 소비를 억제하고 저축을 늘리는 삶의 방식을 유도하였다. 따라서 재무적 차원에서 합리적 소비자란 자신의 소비를 소득, 저축, 투자, 부채, 리스크 관리에 연결하여 최적의 금융 의사결정을 내릴 수 있는 금융이해력을 갖추는 존재였다. 또한, 재무적 차원에서 합리적 소비자는 금융이해력에 근거한 금융 의사결정을 바탕으로 자신의 재무적 안정과 지속가능한 발전을 담보하는 경제적 존재로 변모하는 존재였다.

3. 생태와 환경에 친화적인 소비하기

나는 자본주의 사회에서 합리적인 소비자가 되기 위하여 약탈적이고 파괴적인 소비행위를 줄여나가면서 생태와 환경에 친화적인 소비를 하려고 노력하였다. 소비사회의 인간은 때로 주체할 수 없는 물욕에 사로잡혀 환경적 무능상태에 빠질 수도 있다. 여기에서 말한 '환경적 무능상태'란 과도하고 무분별한 소비행위와 소비습관으로 인해 환경문제를 해결해 나갈 수 있는 능력을 제대로 발휘하지 못하는 상태를 의미한다(이충한, 2022). 소비사회학자인 Baudrillard(1970)는 이러한 환경적 무능상태를 벗어나기 위해 생태와 환경에 대한 약탈적 소비를 멈추고, 생태와 환경에 친화적 소비를 해야 한다고 주장하였다. 즉, 자본주의 사회에서 환경보존에 책임과 의식이 있는 소비자는 생태와 환경에 친화적인 소비를 통해 후세대들에게 보다 깨끗한 환경을 물려줄 책임과 의무가 있는 것이다(서여주, 2019, 2021). 소비 주체의 소비양식은 소비의 질과 방향을 결정하는데, 친환경적 소비지향은 환경 친화적인 조건에서 생산된 재화와 서비스의 소비를 선호한다(허미영, 2005). 합리적 소비자가 되고 싶었던 나는 음식, 주거, 이동과 관련하여 생태와 환경에 보다 친화적인 소비를 실천하려 하였다. 생태와 환경에 친화적인 소비방식은 일상생활에 상당한 불편함과 고단함을 초래했지만, 동시에 삶의 여유와 건강을 선사하였다.

첫째, 소비 주체로서 나는 지난 10년 동안 식문화 및 음식소비와 관련하여 생태 및 환경에 친화적인 소비를 하려고 노력하였다. 농어촌에서 태어났던 나는 환경과 생태에 대한 감수성과 민감성이 높은 사람이었다. 대다수의 시골 출신들은 고된 농사일에 진절머리가 나서 도시에서의 삶을 더 선호하기도 한다. 하지만 나는 시골이 좋아서 대부분의 교사생활(12년)을 농어촌 학교에서 보냈다. 하지만 나의 아내는 도시에서 성장했기 때문에 농어촌 사람들의 식문화를 선호하지 않았고, 직접 농사를 지어 음식을 먹을 것이라고는 상상조차 하지 못했다. 그러나 줄곧 도시에서만 살았던 나와 아내는 2013년에 주말농장을 체험하게 되었고, 주말농장을 통한 텃밭 가꾸기 경험은 직접 키운 유기농 농산물의 가치와 소중함을 깨닫게 했다. 우리는 급기야 도시를 떠나 시골에서 건강한 삶을 살기로 결심했다. 당시 초등학생이었던 두 아들은 귀촌을 강하게 거부했지만, 나와 아내의 마음은 이미 시골을 향해 있었다.

2014년에 가족들과 함께 시골로 이주했던 나는 나무와 황토로 새집을 짓고, 사방에 텃밭을 만들었다. 마을 사람들은 전원주택에 텃밭 조경을 한다, 셀프 조경을 한다고 놀렸지만, 나는 '그린슈머(Green+Consumer, 이하 녹색소비자)'가 되고자 했던 나 자신이 자랑스러웠다. 사시사철 유기농 채소와 열매가 넘쳐나는 것은 상상만 해도 가슴 부푼 일이었다. 자연석을 구하여 텃밭의 경계를 만들었고, 물 빠짐이 좋은 흙과 퇴비를 넉넉하게 넣어 기름지게 땅을 일구었다. 농작물은 농부의 발자국 소리를 듣고 자라고, 땅은 사람을 배신하지 않는다는 말은 참말이었다. 농약이나 화학 비료를 사용하지 않아도, 여러 가지 채소와 열매가 무럭무럭 자랐다. 특히, 내가 직접 키웠던 채소와 열매는 그동안 대도시 마트에서 소비했던 농산물들과는 비교가 되지 않을 정도의 뛰어난 맛과 향을 갖고 있었다. [그림 2-3]에서 확인할 수 있는 것처럼, 그것들의 모양은 일정하지 않았지만, 오이 맛은 오이다웠고, 가지 맛은 가지다웠다.

[그림 2-3] 연구자의 텃밭과 유기농 농산물

지난 10년 동안 유기농 농작물을 손수 기르고 소비하는 과정에서 왜 그들이 그토록 진한 향과 맛을 갖게 되었는지를 알게 되었다. 텃밭에서 자랐던 각종 채소와 열매는 자신을 해충으로부터 보호하기 위해 자기다움을 과시하였다. 상추와 민들레는 하얀 진액의 쓴맛으로 해충을 쫓아내었고, 들깻잎과 쑥갓은 진한 향기로 해충들을 몰아내었다. 특히, 어설픈 농부가 화학비료나 농약을 전혀 살포하지 않았기 때문에 채소와 열매의 자기다움은 극에 달했다. 하지만 생태와 환경에 친화적인 녹색소비자가 되는 일은 동시에 그만한 대가를 지불해야만 했다. 마을에서 나만 유기농을 고집했기 때문에 관세음보살보문품이나 내셔널지오그래픽에 등장할 만한 온갖 동물들이 우리 집 텃밭에 모여들었다. 나는 지난 10년 동안 텃밭에서 누룩뱀, 유혈목이, 꼬마쌍살벌, 땅벌, 장수말벌, 쥐, 지네, 장수풍뎅이, 장수하늘소, 거미, 진딧물, 진드기, 바퀴벌레, 불개미, 사마귀, 두꺼비, 개구리 등을 만났다. 생물학을 조금이라도 배운 사람이라면, 텃밭이 건강한 먹이사슬과 생태계를 이루고 있음을 알아차렸을 것이다. 나는 이러한 불청객들로 인해 몇 번이나 병원을 방문해야 했지만, 그것은 녹색소비자의 자랑스러운 훈장이었다.

둘째, 소비 주체로서 나는 주택 및 주거와 관련하여 환경 친화적인 소비를 하려고 노력하였다. 2014년에 시골로 이주를 감행했던 나는 자연과 환경을 고려한 집을 짓기로 결심했다. 당시 내가 생각한 환경 친화적인 집은 흙과 나무, 돌과 기와로 집을 짓는 한옥이었다. 전통 한옥을 짓는 데는 상당한 건축비용이 소요되었기 때문에, 상대적으로 저렴한 개량한옥을 짓기로 결심했다. 잣나무로 대들보를 세우고, 황토로 벽을 만들었으며, 아궁이로 난방을 하는 구들방을 지었다. 특히, 토기와로 지붕을 올리는 순간 나는 마치 고래 등과 같은 집을 지은 부자처럼 느껴졌다. 하지만 친환경적인 한옥은 나에게 건강함과 부지런함을 선물했지만, 동시에 상당한 불편함과 고단함을 선사했다. 한옥은 내 기대와는 달리 여름에는 더웠고, 겨울에는 무지 추웠다. 여름철 실내에 자주 출몰했던 개미, 거미, 그리마는 우리 집을 한순간에 '벅스 라이프'로 만들었고, 간혹 음식물에도 침입했던 그리마는 둘째 아들의 집밥에 대한 애착과 식욕을 뺏어가기에 충분했다. 겨울철 난방을 위해 땔감을 줍고, 장작을 패며, 군불을 넣어야 했던 나는 조선시대의 마당쇠와 다름이 없었다. 하지만 그래도 나는 이런 불편한 집이 좋았다.

[그림 2-4] 땔감용 장작과 처마 끝에 매달린 고드름

셋째, 시골로 이주를 하면서 생긴 가장 큰 불편함은 아이들의 통학과 부부의 출퇴근이었다. 시골에서 살기로 결심한 순간 어쩔 수 없이 자가용은 필수였다. 두 아들은 나의 환경 친화적인 소비로 인해 나를 원망하고 또 원망하였다. 시골로 이사를 가면 멋진 현대식 2층 집을 짓고, 매일 시내로 실어 나르겠다는 약속은 그들을 설득하기 위한 새빨간 거짓말이었기 때문이다. 두 아들은 덥고 추운 정류장에서 잘 오지도 않는 시골버스를 하염없이 기다리기도 했으며, 시내버스를 놓쳐서

눈과 비를 맞고 귀가하기도 했다. 자가용이 없었던 두 아이들에게 시골에서의 이동은 불편 그 자체였을지도 모를 일이다. 나는 아이들에게 생태적이고 환경 친화적인 삶의 가치와 의미를 강조했지만, 그들은 장차 자립을 하게 된다면 절대로 시골에서 살지 않겠노라 목에 핏대를 세우기도 했다. 한편, [그림 2-5]에서 확인할 수 있는 것처럼, 2020년에 경제적 여력이 생겼던 나는 보다 환경 친화적인 출퇴근 이동수단을 마련하기 위해 하이브리드 자동차(PHEV)를 구입했으며, 2023년에는 장거리 출퇴근을 위해 순수 전기자동차(EV)를 구매하였다. 이러한 친환경 자동차는 나의 소비 여력을 고려할 때 상대적으로 비싸기는 했지만, 환경과 생태를 보전하고 보존하는 측면에서 심리적 만족감과 자부심을 선사하였다.

[그림 2-5] 구매한 친환경 차량들(출처: 볼보(좌)/제네시스(우) 광고 사진)

4. 공동체와 사회적 책임을 지향하는 소비하기

첫째, 자본주의 사회의 소비 주체로서 나는 합리적인 소비자가 되기 위하여 자신과 가족을 고려하는 개인적 차원의 소비방식에서 벗어나, 보다 넓은 공동체를 지향하는 존재가 되려고 노력하였다. 인간이 자본주의와 결탁한 소비주의 굴레에서 벗어나기 위해서는 필요한 만큼만 소비를 하며, 개인만을 위한 이기적 소비보다는 공동체를 위한 소비를 추구할 필요가 있다(Bauman & Mazzeo, 2012). 낮은 가처분 소득과 높은 가계비용으로 소비 여력이 크지 않았던 20대와 30대 시절에는 자신과 가족만을 돌보는 데도 급급했기에, 개인적 차원의 소비에 머물러 있었다. 하지만

40대에 접어들면서 가계소득이 증가하고 육아나 노부모 봉양에 대한 부담감이 감소함으로써 조금씩 공동체를 지향하는 소비로 나아갈 수 있었다.

40대 시절(2013년부터 2023년까지)에 공동체를 지향하는 합리적 소비자 되기는 나와 가족을 기점으로 마을 수준 → 지역사회 수준 → 국가 수준으로 확대되었다. 10년 동안 농촌의 면소재지에 거주했던 나는 우리 마을의 재화와 서비스를 최우선적으로 소비하려 노력하였다. 예를 들면, 전원생활에 필요한 가재도구를 구매할 경우, 시내에 위치한 대형 매장의 저렴한 상품보다는 마을에 위치한 영세점포에서 상품을 구매하였다. 또한, 개인 및 가족 단위로 외식을 할 때도 시내의 대형 프랜차이즈 식당을 선택하기보다는, 마을에 위치한 작은 식당에서 식사를 하였다. 그리고 텃밭에서 생산되지 않는 식재료를 구할 때는 지역화폐나 상품권을 활용하여 마을에 위치한 로컬 푸드 매장이나 영세 상인의 농산물을 적극적으로 구매하였다. 무엇보다, 가난한 주민들이나 노약자가 생산하고 판매하는 물건의 가격을 되도록 깎지 않으려고 하였다. 마을공동체의 경제적 발전과 번영을 위한 소비방식과 태도는 재무적 차원에서 합리적인 선택은 아니었다. 그러나 사회적 차원에서는 보람과 긍지를 느낄 수 있는 합리적 선택이었다. 한편, 지역사회 수준에서는 우리 시도와 지방에 지주사를 둔 대기업과 중소기업의 상품과 서비스를 선택적으로 소비하려고 하였다. 그래서 지역사회에 입주한 기업들을 지원하고 응원하는 마음으로 물건과 주식을 구매하였다. 또한, 금융소비자로서 선진국의 금융 파생상품이나 금융 서비스를 이용하기보다는, 국내 금융상품이나 서비스를 선택적으로 사용하였다. 결과적으로, 지역사회 및 국가의 발전을 도모하고자 했던 이러한 소비방식과 태도는 재무적 차원에서 이익을 극대화하는 데 효과적이지는 않았다. 하지만 나는 개인적 차원의 이익을 넘어, 지역사회와 국가 공동체의 지속가능한 발전과 번영을 도모했기에, 후회가 없는 합리적인 소비자로서 나를 정의했다.

둘째, 금융 소비자로서 나는 합리적인 소비자가 되기 위하여 사회적 책임을 다하는 기업의 재화와 서비스를 선택적으로 구매하려고 노력하였다. 자본주의 사회의 소비주의에 함몰된 개인은 정치적 무능상태에 빠지기 쉽다. 여기서 말한 '정치적 무능상태'란 소비 주체가 정치에 자발적으로 참여하여 공동의 선, 공익적 및 사회적 가치를 실천할 수 있는 시민적 역량이 약화된 상태를 말한다(서여주, 2021; 이충한, 2022). 사회적 책임을 추구하는 합리적 소비자는 건전한 시민정신을 바탕으로 소비행위와 활동에 대한 연대를 결성하고, 민주적 거버넌스를 지향한다. 유능한 소비자는 연대와 조직화를 통해 소비자로서 정당한 권리를 실현하고, 재화와 서비스의 유용성, 가격, 품질에 대하여 비판의식을 발휘하며, 재화와 서비스를 소비하면서 인간이 공정한 대우를 받고 있는지를 확인한다(서여주, 2021). 교사교육자인 나는 최근 4년(2020년부터 2023년까지) 동안 이러한 사회적 책임을 지향하는 합리적 소비자를 육성하기 위해 예비교사와 학교 교사들을 대상으로 금융소비 주권자 교육을 적극적으로 실천하였다.

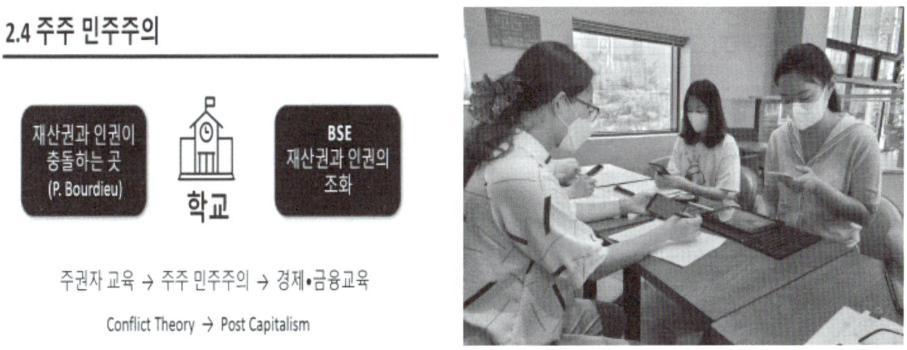

[그림 2-6] 금융소비 주권자 교육 장면(저자 촬영)

[그림 2-6]에서 확인할 수 있는 것처럼, 학교기반 금융교육을 이끌었던 나는 금융소비 주권자 교육을 실현하기 위해 사회적 책임과 민주적 거버넌스를 바탕으로 투명하고 윤리적으로 재화와 서비스를 창출하는 기업에 교육의 초점을 두었다. 따라서 사회적 책무를 소홀히 하는 기업이나, 주주 환원이 낮고 도덕성이 결여된 기업의 물품이나 주식을 교사들이 구매하지 않도록 안내하였다. 특히, 국내 기업이나 산업분야의 가치 하락을 기대하고 베팅을 하는 금융회사들의 파생상품을 경계하였고, 기업의 재무제표에서 가시적으로 드러나지 않는 사회적 책임(직원 평균 연봉, 비정규직 고용, 직원 평균 근무연수)과 지배구조(사외이사 비율, 최대주주

지분율, 이사회의 독립성, 사내 등기임원 평균 보수, 임원과 직원 보수 비율, 오너 리스크)를 종합적으로 고려하는 금융소비 주권자 교육을 실천하였다. 학교 교사를 대상으로 한 금융소비 주권자 교육은 단기간에 가시적인 성과가 나타나지는 않았지만, 학교기반 금융소비자 교육과 주주 민주주의를 실현하는 데 시발점이 되는 교육적 가능성을 열어주었다.

V. 합리적 소비자의 재개념화

자본주의 사회의 소비 주체인 연구자는 자신의 정체성과 욕망을 실현하면서도 타자를 배려하는 소비를 하였고, 가계의 재무적 안정과 지속가능한 발전을 지향하는 소비를 하였다. 또한, 연구자로서 나는 생태와 환경에 친화적인 소비를 하였고, 공동체와 사회적 책임을 지향하는 소비자가 되려고 하였다. 지금부터는 이 같은 연구결과를 바탕으로, 소비사회에서 합리적 소비자 되기 과정에 대한 이론적 함의를 논의하고, 소비사회에서 합리적인 소비자가 되기 위한 교육의 방향을 철학적, 경제적, 환경적, 사회적 차원에서 제시하고자 한다.

소비사회에서 합리적 소비자 되기 과정에 대한 이론적 함의를 제시하면 다음과 같다. 첫째, 이 연구는 자본주의 소비사회에서 기존 '합리적 소비' 혹은 '합리적 소비자'에 대한 재개념화를 시도하였다고 볼 수 있다. 소비사회에서 합리적인 소비는 경제적 맥락과 조건에만 부합하는 고정적 개념이 아니라, 철학적, 경제적, 환경적, 사회적 차원에서 지속적으로 재구성되고 변화하는 유동적인 개념이었다. 또한, 합리적 소비자는 유동하는 소비사회의 철학적, 경제적, 환경적, 사회적 맥락과 조건에 조응하면서 소비자로서의 정체성과 역할을 지속적으로 재구성해 나가는 존재였다. 이는 우리들 각자의 관념 속에 이미 존재하고 있는 '합리적 소비자' 개념을 다시금 되물을 수 있는 상상의 여지를 준다. 결과적으로, 이 연구는 소비사회학과 소비 주체의 관점으로 합리적 소비자 되기의 과정과 의미를 재해석함으로써, 그동안 경영학과 경제학을 중심으로 탐구해 왔던 합리적 소비자 개념의 이론적 영토를 확장했다고 볼 수 있다.

둘째, 이 연구는 자본주의 소비사회를 살아가는 소비자의 능동성과 주체성을 복원하였고 볼 수 있다. Baudrillard, Bauman 등으로 대표되는 소비사회학은 자본주의라는 경제적 구조와 소비주의라는 사회문화적 사상을 바탕으로 소비하는 주체의 행위와 태도를 다소 비관적이고 부정적으로 평가한 측면이 없지 않다. 소비사회학 및 소비주의의 이론적 전제에 따르면, 인간은 자본주의 소비사회의 유폐적인 그물망에 빠져버린 꼭두각시에 불과한 존재처럼 보인다. 하지만 이 연구의 결과에 따르면, 소비 주체로서 개인은 소비주의라는 유폐적인 그물망에 허우적거리면서도, 철학적, 경제적, 환경적, 사회적 차원에서 나름의 방식으로 해방의 출구를 찾으려는 시도를 하였다. 따라서 자본주의 사회를 살아가는 합리적 소비자는 탐욕적인 소비주의에 일방적으로 함몰되는 수동적 존재가 아니라, 때로는 억압적인 자본주의 경제체제와 소비주의 이데올로기를 주체적으로 해석하고 비판하는 능동적 주체가 될 수도 있다.

한편, 소비(자)교육은 소비사회의 그물망에 걸려버린 사람들을 구원할 수 있을까? 이 연구로 미루어 짐작해 볼 때, 소비사회와 소비주의로부터의 해방은 가정, 학교, 사회라는 실천적 장에서 소비행위와 소비태도에 대한 교육적 반성과 성찰에서 비롯된다. 이러한 견지에서, 소비사회에서 합리적인 소비자를 기르기 위한 교육의 방향을 4가지 차원에서 제시하고자 한다.

첫째, 소비자 교육은 철학적 차원에서 관계적 윤리에 기초한 윤리적 소비교육을 지향할 필요가 있다. 관계적 윤리에 기초한 윤리적 소비란 소비행위와 활동을 통해 자신과 가족, 지역공동체의 보다 나은 삶을 추구하려는 실천을 의미한다(김정훈, 2016). 윤리적 소비교육은 나를 포함한 타자, 대상세계와의 공존을 지향하는 교육이다. 소비사회의 성찰적 소비자는 개인적 수준의 자아뿐만 아니라, 타자들과 공동체를 균형 있게 배려하는 관계적 자아를 바탕으로 지역사회, 국가, 지구촌의 공공적 선을 실현하는 존재이다(노희정, 2016; 송인숙, 천경희, 2016; 정은, 황혜영, 2017). 따라서 학교교육을 포함한 평생교육은 윤리적 소비자를 기르기 위한 소비

윤리 교육을 보다 강화해야 할 것이다. 구체적으로, 자본주의 사회에서의 소비실천을 죄악시하거나 병리적 현상으로 간주했던 왜곡된 관념을 뛰어넘어, 소비행위에 대한 주체적인 관점과 자기지식을 구축할 수 있는 교육의 기회를 제공해야 할 것이다. 또한, 소비에 대한 반성과 성찰로 관계적 무능을 극복하여 타자를 배려하고 공동체를 위하는 교육을 실천해야 할 것이다.

둘째, 소비자 교육은 경제적 차원에서 금융이해력에 기초한 합리적인 의사결정을 바탕으로 개인 및 가정의 재무적 안정과 지속가능한 발전을 도모할 수 있는 금융교육을 체계화할 필요가 있다. 오늘날 청년세대는 각종 소비행위에서 다양성을 추구하고, 고급지향 소비를 위해 선택과 집중을 하여 동질감과 소속감을 강화하며, 다른 세대와의 경계를 구분 짓는다(고명지, 최유정, 최샛별, 2017). 하지만 이 연구의 결과에 따르면, 합리적 소비자는 계급, 세대, 젠더 등과 같은 사회문화적 요인과 사회경제적 변화에 따라 소비의 방식과 형태를 결정할 뿐만 아니라, 세대 이동과 직위의 변화 등 개인적 차원의 재무여건(예: 근로소득 증가, 가계지출 감소)에 따라 가변적인 소비행위와 소비태도를 보였다. 따라서 경제적 차원에서의 합리적 소비는 거시적 차원의 맥락과 조건을 고려할 뿐만 아니라, 개인적 차원에서 금융 의사결정, 소득/소비, 저축/투자, 신용/부채 관리, 리스크 관리와 보험(은퇴설계) 등을 종합적으로 고려할 필요가 있다(이소연 외, 2020). 따라서 학교교육을 포함한 평생교육은 보다 체계적인 금융교육을 통해 소비 주체가 금융이해력을 신장하고 재무적 안정을 꾀할 수 있는 교육을 마련해야 할 것이다.

셋째, 소비자 교육은 환경적 차원에서 과거의 약탈적이고 파괴적인 소비방식과 소비문화를 되돌아보고, 생태와 환경에 보다 친화적인 삶과 교육을 지향하고 실천해야 한다. 건강한 생태계를 보존하고 보전하고자 하는 환경교육은 소비사회의 주체가 환경적 무능상태에서 벗어날 수 있는 출구가 될 수 있다(이충한, 2022). 자본주의 사회를 살아가는 시민들은 환경 친화적인 재화와 서비스를 적극적으로 구매하고, 이를 환경 친화적으로 사용하는 녹색소비를 통해 후세대들이 보다 안전하고 쾌적한 환경에서 지속가능한 삶을 꾸릴 수 있도록 해야 한다(서여주, 2021). 따라서 학교교육을 포함한 평생교육은 보다 실천적이고 실제적인 환경교육을 통해 시민들이 점진적으로 녹색소비자로 변모할 수 있는 교육적 환경을 마련해야 한다. 특히, 의식주와 관련하여 생태 및 환경에 친화적인 소비를 몸소 실천할 수 있는 교육기회를 학생과 시민들에게 제공함으로써, 다소 불편하고 고단한 삶의 방식을 기꺼이 감내면서도 건강한 삶의 맛과 멋을 향유할 수 있는 환경교육을 지속적으로 강화해야 할 것이다.

마지막으로, 소비자 교육은 사회적 차원에서 자신과 가족의 사회경제적 안녕을 위한 개인적 소비에서 벗어나, 공동체와 사회적 책임을 다하는 교육을 지향해야 한다. 개인적 수준의 소비자 교육을 벗어나기 위해서는 나와 가족만을 위한 소비자 교육을 넘어서, 공동체와 공존하고 상생하는 사회적 삶의 가치와 의미에 대한 깊이 있는 통찰이 필요하다. 무엇보다, 공동체와 사회적 책임을 다하는 소비자 교육을 실현하기 위해서는 환경뿐만 아니라, 사회적 책임과 민주적이고 공정한 지배구조를 고려하는 소비활동을 실천할 필요가 있다(서여주, 2023). 가령, 합리적 금융소비자는 금융소비 관련 의사결정을 내릴 때, ESG(Environment, Social, and Governance) 경영에 진정성이 있는 기업의 상품과 서비스를 선택적으로 소비할 수 있을 것이다. 또한, 합리적인 금융 소비자는 특정 기업의 금융상품이나 서비스의 질뿐만 아니라, 경영자가 선한 경영철학을 갖고 있는지, 세금을 잘 내면서 투명하게 기업을 경영하는지, 협력업체와 상생을 잘 했는지를 따져볼 수도 있을 것이다. 따라서 공동체와 사회적 책임을 지향하는 소비자 교육은 기업의 사회적 책무와 민주적 거버넌스를 강조할 뿐만 아니라, 소비자가 새로운 소비문화를 창출하여 자본주의 사회에서 주체가 될 수 있는 사회정치적 토대를 제공해야 할 것이다.

참고문헌

고명지, 최유정, 최샛별. (2017). 청년 세대 음식소비문화에 관한 연구. 소비문화연구, 20(2), 49-78.

구혜경. (2021). 중·고등학교 소비자교육 활성화 방안 고찰. 소비자정책교육연구, 17(3), 27-61.

김미라, 황혜선, 이욱. (2020). 토픽모델링을 활용한 소비자교육 연구 동향. 소비자정책교육연구, 16(2), 83-115.

김선우. (2012). 한국 미국 스웨덴 소비문화의 탐색적 비교. 소비문화연구, 15(2), 1-18.

김수정, 박해란, 최샛별. (2020). 윤리적 소비에 관한 사회학적 고찰: 20대 여성의 윤리적 소비 인식과 실천을 중심으로. 사회과학연구, 31(1), 279-299.

김연지, 정순희. (2014). 부유층 여성의 소비문화 특성연구: 백화점 VIP고객을 중심으로. 소비문화연구, 17(2), 25-39.

김정훈. (2016). '윤리적 소비' 교육을 위한 보드게임 개발. 소비자정책교육연구, 12(3), 127-141.

노희정. (2016). 소비사회에서의 관계적 윤리와 윤리적 소비자 시티즌십의 확립. 초등도덕교육, 54, 209-229.

문영훈. (2013). 중등 가정교과서 분석에 기초한 비판적 관점의 학교소비자교육 연구. 서울대학교 대학원 박사학위논문.

박명희. (2006). 지속 가능 소비문화의 정착을 위한 대안 탐색 연구. 소비문화연구, 9(4), 213-240.

박진채, 정순희. (2020). 소비자교육 효과에 관한 메타분석. 소비자정책교육연구, 16(1), 163-184.

서여주. (2019). 소비자행동과 심리. 서울: 백산출판사.

서여주. (2021). Z세대 소비자의 소비자교육, 소비자의식, 소비자행동에 관한 연구. 신산업경영저널, 39(1), 83-109.

서여주. (2023). ESG를 생각하는 소비와 소비자. 서울: ㈜백산.

손상희. (2005). 집, 삶, 그리고 소비: 소비사회에서의 주거소비문화 분석. 소비문화연구, 8(4), 163-183.

손지연. (2019). 소비자교육 내용체계 개선방안 연구. 한국소비자원 정책연구보고서.

송인숙 외. (2012). 행복론 관점에서 본 현대 소비문화의 특성에 대한 비판적 검토. 소비문화연구, 15(1), 179-201.

송인숙, 천경희. (2016). 지속가능발전교육(ESD)의 관점에서 본 윤리적소비 교육프로그램의 특성과 의의. 소비자정책교육연구, 12(3), 191-215.

오수진. (2015). 초등학교 소비자교육 표준안 개발을 위한 기초연구. 한국소비자원 정책연구보고서.

이상민. (2007). 국내 고급소비 시장의 사회학적 분석: 수입자동차 시장을 중심으로. 소비문화연구, 10(1), 131-152.

이성림. (2006). 소비자학 분야의 소비문화 연구에 대한 소고. 소비문화연구, 9(2), 127-149.

이소연 외. (2020). 초 · 중 · 고 금융교육 표준안 개정 연구. 금융감독원 · 한국교육과정평가원.

이소현, 장은미. (2023). MZ세대의 소비문화: 콘텐츠커머스를 중심으로. 아시아문화연구, 61, 49-95.

이수정. (2015). 초등 실과 교과서에 제시된 소비교육 내용 분석. 한국실과교육학회지, 28(3), 205-219.

이충한. (2022). 소비사회의 무능과 반성적 삶의 복원. 철학논총, 107(1), 349-379.

정은, 황혜영. (2017). 소비 사회의 교육과 인성 발달에 관한 연구. 열린교육연구, 25(3), 1-20.

조원광. (2014). 한국 소비사회의 등장과 미시권력의 변화. 한국사회학, 48(1), 133-172.

한국소비자원. (2005). 초등학교 소비자교육 개선방안. 서울: 한국소비자원.

허미영. (2005). 유기농산물소비에 대한 사회학적 접근. 농촌사회, 12(2), 45-84.

Baudrillard, J. (1970). *La Société de consommation: Ses mythes ses structures*. (이상률 역, 2015). 소비의 사회: 그 신화와 구조. 서울: 문예출판사.

Bauman, Z., & Mazzeo, R. (2012). *On education: Conversations with Riccardo Mazzeo*. Cambridge: Polity Press.

Bourdieu, P. (1979). *La distintion*. (최종철 역, 1995). 구별짓기: 문화와 취향의 사회학. 서울: 새물결.

Chang, H. (2008). *Autoethnography as Method*. Walnut Creek, CA: Left Coast Press, Inc.

Featherstone, M. (1991). *Consumer culture and postmodernism*. Thousand Oaks, CA: Sage.

Fine, B., & Leopold, E. (1993). *The world of consumption*. London: Routledge.

Reed-Danahay, D. (1997). *Auto/Ethnography*. New York: Berg.

Saldaña, J. (2009). *The coding manual for qualitative researchers*. Thousand Oaks, California: SAGE Publications Ltd.

Twitchell, J. B. (2002). *Living it up: Our love affair with luxury*. (최기철 역, 2003). 럭셔리 신드롬. 서울: 미래의창.

Veblen, T. (2001). *The theory of the leisure class: Modern library classics*. NY: Modern Library.

Warde, A. (2015). The sociology of consumption: Its recent development. *Annual Review of Sociology, 41*(1), 117-134.

제2부

학교기반 금융교육을 위한 교사교육(자)

제2부는 교사교육자인 저자의 학교기반 금융교육 경험을 조명함으로써 금융 교사교육의 가능을 모색하고자 하였다. 학교기반 금융교육은 교사의 금융교육 전문성에 달려있으며, 교사의 금융교육 전문성 개발은 교사교육자의 금융교육 전문성에 좌우될 가능성이 높다. 따라서 2부에서는 금융문맹이었던 저자가 온라인 학습을 통해 금융이해력을 신장하고, 이를 바탕으로 교사들에게 금융투자교육과 학교기반 금융교육실 실천했던 경험을 내부자의 관점에서 서술하였다. 제2부는 학교 교사들의 금융이해력 신장을 도모하기 위해 교원양성기관의 교사교육자가 무엇을 어떻게 시작하고 준비해야 하는지에 대한 교육적 예시와 통찰을 제공할 것이다.

제3장은 **"이동성. (2022). 한 성인 학습자의 유튜브 기반 학습경험에 대한 자문화기술지. 질적탐구, 8(4), 179-204"**를 재구성한 글이다. 3장은 한 성인 학습자(저자)의 유튜브 기반 금융 학습경험을 자전적으로 서술함으로써 온라인 플랫폼 기반 금융 학습경험의 특징과 의미를 조명하였다. 첫째, 저자는 주체적인 관점과 시각을 바탕으로 유튜브에서 파편화된 금융정보를 체계적인 자기지식으로 전환하였다. 둘째, 저자는 자기주도성과 상호성을 바탕으로 유튜브 기반 온라인 금융학습에 적극적으로 참여하였다. 셋째, 저자는 유튜브에서의 시간성과 공간성 확장을 통해 금융학습을 둘러싼 물리적 환경의 제약을 극복할 수 있었다. 유튜브 기반 금융 학습경험의 본질은 유튜브에 매개된 학습내용, 학습방법, 학습 환경에 대한 자각과 성찰로 자기지식을 주체적으로 구성하는 무형식 학습이었다. 이 장은 성인 학습자의 유튜브 기반 온라인 금융학습 경험의 특징과 교육적 의미를 자문화기술지로 조명함으로써 성인 학습자의 지속적인 성장과 발달을 도모할 수 있는 무형식 금융학습의 이론적 및 실천적 토대를 제공할 것이다.

제4장은 **"이동성. (2023). 성인 학습자의 금융이해력 발달 경험에 대한 자문화기술지. 질적탐구, 9(4), 1-23"**을 재구성한 글이다. 4장은 자문화기술지를 통해 성인 학습자의 금융이해력 발달 경험을 내부자의 관점에서 조명하였다. 첫째, 저자는 재화와 돈에 대한 욕망의 크기를 조절하였고, 금융자산의 변동성과 손실을 감내했으며, 즐거운 마음으로 투자하였다. 이는 역량기반 교육과정의 자기관리 역량에 해당하였다. 둘째, 저자는 투자 대상에 대한 자기지식을 구성하였고, 투기와 투자를 구분하였으며, 금융지식을 통해 투자행위의 위험성을 관리하였다. 이러한 금융이해력은 지식정보처리 역량과 맞닿아 있었다. 셋째, 저자는 폭넓은 교양과 역발상으로 투자처를 물색하였고, 인문학적 상상력으로 미래사회를 그려보며 투자하였다. 이러한 금융이해력은 역량기반 교육과정의 창의적 사고 및 심미적 감성 역량에 해당하였다. 넷째, 저자는 타자들과 소통하고 기업과 동행하는 투자를 하였으며, 이타적인 투자교육가가 되려고 노력하였다. 이러한 시도는 역량기반 교육과정에서 협력적 소통 및 공동체 역량에 해당하였다. 결국, 저자는 금융이해력과 교육역량의 상호관련성을 자각하며 금융이해력을 개발할 수 있었다. 이 장은 한 성인 학습자의 금융이해력 발달 경험과 의미를 해석적으로 논의함으로써 금융이해력의 제고를 위한 실천적 및 이론적 시사점을 제공할 것이다.

제5장은 **"이동성. (2023). 한 교사교육자의 금융투자 교육경험에 대한 자문화기술지. 교육혁신연구, 33(4), 187-213"**을 재구성한 글이다. 5장은 저자의 금융투자 교육경험의 실체와 의미를 서술함으로써 교사교육을 통한 금융투자교육의 실천적 가능성을 모색하였다. 첫째, 저자는 금융투자교육을 시도하는 과정에서 예비교사와 학교 교사들을 대상으로 금융시장의 변동을 깊게 이해하며 대응하는 금융이해력을 실천하였다. 또한, 냉혹하고 변덕스러운 금융시장을 담대하게 직시하면서도 소중한 교육적 일상을 지켜내는 모습을 보여주려고 노력하였다. 둘째, 저자는 자신만의 투자원칙을 바탕으로 금융투자 결정에 스스로 책임을 지는 모습을 보여주었고, 투자의 과정에서 생각과 인내의 중요성을 강조하였다. 또한, 저자는 교사들을 대상으로 금융투자 결정을 이끌기보다는 안내하였고, 긍정적이고 낙관적인 투자 마인드를 유지함으로써 즐겁고 행복한 금융투자를 실천하는 모습을 보여주었다. 결국, 교사교육자의 금융투자교육은 금융투자 교육의 의미와 본질을 이해하면서 학교 및 교사 기반 금융교육의 실현가능성을 높이는 일이었다. 5장은 저자의 실제적인 금융투자 교육경험에서 비롯된 교육적 통찰과 성찰을 자문화기술지로 조명함으로써 금융투자교육의 의미와 방향을 제시하고, 금융투자교육 관련 교사교육을 실현하기 위한 실천적 자료로써 기여할 것이다.

제6장은 **"이동성. (2023). 한 교사교육자의 학교기반 금융교육 경험에 대한 자문화기술지, 초등교육연구, 36(4), 81-107"**을 재구성한 글이다. 6장은 저자의 학교기반 금융교육 관련 교수경험의 실체와 의미를 교사교육의 관점에서 해석적으로 기술하였다. 첫째, 저자는 학교기반 금융교육의 가치와 의미를 교사들과 함께 공유하고, 금융교육에 대한 교사의 교육역량을 강조함으로써 교사들을 금융교육에 초대하였다. 둘째, 저자는 교사들과 함께 학교기반 금융 교육과정의 개발 방향을 살피고, 학교기반 금융교육을 위한 최적화된 수업방법을 논의하였다. 이러한 금융교육 관련 교수경험은 교사교육의 차원에서 볼 때, 교사들과 함께 학교기반 금융교육의 가능성을 실현하는 일이었다. 이 장은 학교기반 금융교육 관련 교수경험을 교사교육의 관점에서 조명함으로써 교사들의 금융이해력을 증진하고, 금융교육 전문성 개발을 위한 교사연수에 통찰을 제공할 것이다.

제 3 장 교사교육자의 유튜브 기반 금융학습

I. 유튜브로 성인학습자 되기

우리나라 사람들은 학교교육을 벗어나는 순간 공식적이고 체계적인 학습으로부터 점차적으로 멀어지는 경향이 있다. 즉, 한국 성인들 가운데 상당수는 대학이나 대학원에 특별하게 진학하지 않는 한, 학교교육을 중심으로 한 형식교육의 기회를 갖기가 쉽지 않다. 대신, 성인들은 학교교육을 통한 형식교육보다는 일상적인 삶과 일터에서의 연속적인 경험과 성찰을 바탕으로 개인적인 수준의 자기주도적인 비형식 교육(nonformal education)이나 무형식 교육(informal education)을 시도할 가능성이 높다.

특히, 무형식 교육은 학교교육을 벗어난 성인들이 평생교육을 실현하는 데 필수불가결한 교육형식이다(박선미, 2022; 주현식, 2019). 하지만 불행히도, 한국 성인들의 일상적인 삶에서 이러한 무형식 교육이나 무형식 학습이 빈번하게 일어나지는 않는 편이다(최원준, 김천기, 이동성, 2021). 왜냐하면, 개인적인 경험이나 실천에서 무형식 학습이 일어나려면, 그러한 경험이나 실천에 대한 개인적 반성이나 성찰이 수반되어야 하기 때문이다. 또한, 학습자가 학령기(유치원, 초등학교, 중학교, 고등학교, 대학교) 시절에 특수한 영역으로 볼 수 있는 경제교육이나 금융교육을 체계적으로 받지 못했다면, 성인학습자가 되어서도 경제 및 금융 영역의 문외한으로 머무를 가능성이 높다. 즉, 우리가 학교교육에서 체계적인 경제교육이나 금융교육을 받지 못했다면, 성인이 되어서 금융 이해력(financial literacy)을 신장하거나 발휘하기가 쉽지 않다. 하지만 최근에 급부상한 유튜브로 인해 성인학습자의 금융 관련 무형식 학습을 촉진할 수 있는 새로운 지평이 열리고 있다(박선미, 2022; 주현식, 2019; 최원준, 김천기, 이동성, 2021).

동영상 온라인 플랫폼인 유튜브(YouTube)는 세대를 불문하고, 세계에서 가장 영향력 있는 온라인 매체로 부상하고 있다. 우리나라 사람들의 약 40%가 하루 1시간 이상 유튜브를 시청하고 있고, 유튜브는 모든 연령대의 한국인이 가장 선호하는 온라인 플랫폼이다(신희선, 2020: 8-9). 50대에 접어든 저자는 영상 친화적인 세대도 아니고, 디지털 및 온라인 방식의 삶에 익숙하지 않은 '아날로그' 인간이다. 하지만 지금은 유튜브 없이는 단 하루도 온전히 지낼 수 없는 네트워크화된 삶을 살아가고 있다. 이처럼 유튜브에 몰입된 내 삶을 데카르트(Descartes)의 말("Cogito, ergo sum")로 패러디한다면, "나는 유튜브로 학습한다. 고로 존재한다." 라고 할 수 있다. 따라서 유튜브 기반 금융학습을 조명하는 이 글은 기계 속의 인간 존재와 인식을 탐구하는 포스트휴먼 질적 탐구(post-human qualitative inquiry)라 볼 수 있다.

한편, 유튜브에서의 영상 텍스트는 문자 텍스트보다 사용자 중심의 편리성과 접근성이 있기 때문에 학교교육에서 교육적 유용성이 높다(김병선, 2021; 김형진, 정효정, 2021; 이종만, 2021; 신희선, 2020, 2022; 전보라, 2019). 이러한 이유에서 국내 선행연구는 초중등교육과 고등교육 영역에서 유튜브 동영상 자료의 교육적 활용과 효과성에 대한 연구를 수행하였다. 유튜브는 학생들의 수업 집중도와 학습 동기를 유발하는 데 유용하였고, 실시간 의사소통과 피드백이 가능하여 토론수업, 글쓰기 수업 장면에서 유용한 학습자료나 학습공간이 되었다(김병선, 2021; 이종만, 2021; 신희선, 2020, 2022; 전보라, 2019). 이와 같은 맥락에서, 아동이나 청소년을 대상으로 유튜브 영상을 비판적으로 분석하고 해석할 수 있는 유튜브 리터러시 교육(YouTube literacy education)의 중요성이 부상하고 있다(김형진, 정효정, 2021).

이처럼 유튜브가 학생들의 삶과 교육에 깊숙하게 파고들고 있지만, 유튜브 사용자들 중 성인학습자가 금융학습을 위하여 유튜브를 어떻게 활용하고 수용하는지에 대한 교육연구는 흔치 않은 편이다(강명현, 2021; 공민영, 안현철, 2020; 신희선, 2020). 따라서 성인학습자의 내부적 맥락과 관점에서 유튜브를 어떻게 활용하고 수용하는지에 대한 체험적 연구가 필요하다고 볼 수 있다. 특히, 성인학습자 스스로가 금융학습과 관련하여 유튜브에서 어떠한 학습경험을 했는지를 내부자의 관점에서 조명하는 포스트휴먼 자문화기술지(post-human autoethnography)나 디지털 문화기술지(digital ethnography)가 필요하다. 따라서 이 연구의 목적은 한 성인학습자의 유튜브 기반 금융경험을 자문화기술지로 서술함으로써 온라인 플랫폼 기반 성인 학습경험의 특징과 교육적 의미를 조명하는 데 있다. 이러한 연구목적을 위한 연구문제는 다음과 같다. "성인학습자로서 나는 유튜브로 금융을 학습하면서 어떠한 교육적 경험을 하였는가?" 이 연구의 결과는 성인학습자의 유튜브 기반 온라인 금융학습 경험의 특징과 교육적 의미를 조명함으로써 성인학습자의 지속적인 금융 이해력 성장과 발달을 도모할 수 있는 무형식 학습의 이론적 및 실천적 토대를 제공하는 데 기여할 것이다.

Ⅱ. 유튜브 기반 교수학습 동향

유튜브에 대한 국외 선행연구(Chen, 2016; Church, 2010; Hanson, Haridakis, & Sharma, 2011; McKee, 2011; Mosemghvdlishvili & Jansz, 2012; Pantti, 2015; Waldron, 2013; Welbourne & Grant, 2016)는 유튜브 콘텐츠의 특징, 유튜브 사용자의 정체성과 심리적 관계, 유튜브 사용의 동기와 효과를 탐구하였다. 국내 선행연구도 이러한 국외 연구동향과 맥을 같이하면서, 다음과 같은 4가지 연구영역(① 유튜브 그 자체에 대한 기술 및 공학적 접근, ② 유튜브의 정치적 이용과 효과성 분석, ③ 유튜브 동영상 자료의 교육적 활용, ④ 유튜브 사용자의 맥락과 특성에 따른 유튜브 활용경험 분석)으로 구분할 수 있었다. 유튜브에 대한 국내 선행연구 동향을 간략하게 제시하면 다음과 같다.

첫째, 국내 선행연구(공민영, 안현철, 2020; 장성호 외, 2021)는 온라인 동영상 플랫폼인 유튜브 그 자체에 대한 기술 및 공학적 접근을 시도하였다. 예를 들면, 유튜브 콘텐츠의 품질과 신뢰성 정도는 유튜브 사용자(정보 수용자, 소비자)의 측면에서 볼 때, 해당 정보의 유용성 판단과 정보수용 태도에 영향을 미쳤다(공민영, 안현철, 2020). 또한, 유튜버(정보 제공자)와 유튜브 사용자는 유튜브의 올바른 제작과 활용을 위해 정보 및 콘텐츠의 선별, 자기조절 능력, 정보 습득 및 전달 능력, 사용 동기 및 욕구 파악, 사용 시간 조절, 파급효과 등을 세밀하게 고려할 필요가 있었다(장성호 외, 2021). 이러한 연구결과는 기술교육이나 공학교육 차원에서 유튜브 활용의 질을 개선하는 데 의미가 있다고 볼 수 있다.

둘째, 국내 선행연구(강명현, 2021; 오대영, 2018; 장승진, 한정훈, 2021)는 유튜브의 정치적 이용과 효과성을 계량적으로 분석하였다. 매체는 그 자체로 가치중립적으로 존재하기보다는, 그것을 활용하는 사람의 정치적 입장과 성향에 따라 특정한 정치적 메시지나 방향성을 전달하게 된다. 예를 들면, 유튜브의 정치적 이용은 특정한 정치적 신념을 강화는 확증편향성의 증대 효과를 발생시킬 수 있다(강명현, 2021; 오대영, 2018). 또한, 유튜브 이용은 한국사회의 이념적 양극화와 정서적 양극화 그리고 정치사회화에 기여할 수 있다(오대영, 2018; 장승진, 한정훈, 2021). 이러한 연구동향은 유튜브라는 온라인 플랫폼이 가치중립적인 기술공학적 차원을 넘어, 인간의 사고와 행위에 스며들 수 있음을 입증하였다.

셋째, 국내 선행연구는 초중등교육, 고등교육, 성인교육 분야에서 유튜브 동영상 자료의 교육적 활용과 효과성에 주목하였다. 구체적으로, 고등학교 수업에서 유튜브 동영상은 학생들의 수업 집중도와 학습동기를 유발할 수 있는 교육 자료로 유용하였다(전화영, 홍훈기, 2010). 또한, 유튜브는 매체 자체가 갖고 있는 높은 편리성, 접근성, 즐거움으로 인해 교육 자료로서 유용성이 크고, 댓글을 통한 실시간 의사소통과 피드백이 가능하여 대학교에서의 토론수업, 글쓰기 수업, 학업 적응 등에서 유용한 학습 자료 혹은 배움의 장이 될 수 있었다(김병선, 2021; 이종만, 2021; 신희선, 2020, 2022; 전보라, 2019). 그리고 유튜브는 성인학습자가 평생교육, 언어교육, 기술교육 등의 분야에서 개인 맞춤형 학습을 시도할 수 있는 온라인 플랫폼이었다(박선미, 2022; 신유진, 김금란, 2020; 이종현, 2020). 성인학습자들은 유튜브 동영상 자료를 통하여 개인의 심리적, 사회적, 경제적 요구를 충족시킬 수 있었다. 이러한 연구동향은 유튜브가 학교교육뿐만 아니라 평생교육에서도 학습의 자원이나 공간이 될 수 있음을 밝혀주었고, 학생을 포함한 성인학습자에게도 미디어 리터러시 교육이 필요하다는 점을 지적하였다.

넷째, 국내 선행연구는 유튜브 사용자(정보 수용자, 소비자)의 맥락과 특성에 따른 유튜브 활용경험에 주목하였다. 대표적으로, 특정한 유튜브 사용자의 성격적 특성과 이용 동기는 유튜브 사용 방식에 영향을 미쳤다(강민정, 정은주, 조해윤, 2020; 이종만, 2019). 한 가지 흥미로운 점은 거의 모든 세대의 유튜브 사용자들이 단순한 여가선용이나 정보 수집 차원을 넘어서, 비공식적 학습 공간 마련, 동영상 콘텐츠의 공유를 통한 사회적 상호작용, 자신의 역할과 정체성을 재현하는 장치로써 유튜브를 활용하였다는 것이다(권정민, 2021; 김아미, 2020; 송철민, 최낙진, 2022; 이현우, 민현주, 2021; 이효성, 2020; 주현식, 2019; 홍미성, 김가은, 2020; 최원준, 김천기, 이동성, 2021). 이러한 연구동향은 유튜브가 모든 세대를 아우르는 금융학습의 가능성을 내포하고 있음을 경험적으로 증명하였다고 볼 수 있다.

특히, 유튜브 사용자의 활용경험에 대한 선행연구들 가운데 송철민, 최낙진(2022)의 연구는 자문화기술지(자기민속지학)를 통해 유튜브 사용자(PD)의 저널리즘 관련 경험을 자전적으로 서술했다는 점에서 의미하는 바가 있었다. 또한, 권정민(2021)의 연구는 청소년의 관점과 맥락이기는 하지만, 유튜브 기반의 무형식 학습경험을 질적으로 조명한 측면에서 시사한 바가 있었다. 왜냐하면, 성인학습자들은 주로 자신의 일상적인 삶이나 일터에서의 무형식 학습으로 개인적 성장과 발달을 도모하기 때문이다. 그리고 박선미(2022)의 연구는 여러 세대 가운데 중년 남성에 초점을 두어 성인학습자의 유튜브 활용경험을 탐구한 측면에서 의미가 있었다. 결국, 이러한 연구동향은 한 성인학습자의 유튜브 기반 금융 학습경험을 탐구하고자 하는 이 연구와 관련하여 연구방법, 학습방법, 연구대상 차원에서 새로운 통찰을 제공하였다.

Ⅲ. 자기연구로 이야기 만들기

1. 유튜브로 경제와 금융을 배우는 '나'

자서전과 문화기술지의 결합이자 '기억의 예술(art of memory)'로도 불리는 자문화기술지(autoethnography)는 사례연구 혹은 문화기술지의 한 유형이기 때문에 연구사례의 범위를 제한할 필요가 있다. 이 연구의 시간적 배경은 연구자이자 성인 학습자로서의 내가 유튜브를 본격적으로 사용하게 된 기간(2020년 3월부터 2022년 10월까지)이다. 2020년 3월에 코로나19가 창궐함에 따라 대학교수인 나는 대학교 강의실에서 대면수업을 진행할 수 없는 상황에 놓이게 되었다. 갑작스러운 전염병의 등장으로 인해 실제적인 학습공간이 온라인 학습공간으로 대체되자, 교수로서 나의 삶은 송두리째 무너지기 시작했다. 온라인 수업이나 디지털 매체에 익숙하지 않았던 나는 변화된 교육환경을 도저히 수용할 수가 없었다. 왜냐하면, 아날로그 인간이었던 나는 일종의 '테크노포비아(technophobia)'를 갖고 있었기 때문이다.

나는 2020학년도 1학기 초에 온라인 수업방식을 거부하였으나, 끝내 이를 수용할 수밖에 없었다. 코로나19의 맹렬한 확산세보다 더 무서운 것은 대면수업에 대한 대학생들의 강력한 불만과 저항이었다. 당시에도 실시간 화상수업을 할 수 있는 온라인 플랫폼(Zoom)이 있었지만, 나는 매체 기반의 온라인 화상수업 방식을 채택하지 않았다. 새로운 온라인 플랫폼의 조작이 불편하여 두렵기도 했고, 그러한 매체를 활용한 온라인 수업이 교육적으로 어떠한 의미나 가치가 있는지를 확신할 수 없었기 때문이다. 그래서 하는 수 없이 수업동영상을 촬영하여 온라인(대학교 홈페이지 교수·학습 피드백시스템)에 업로드하기로 결심했다. 휴대폰이나 노트북으로 수업을 촬영하는 일은 생각보다 어렵지 않았으나, 대용량의 수업동영상을 업로드하거나 공유하기가 말처럼 쉽지 않았다. 이러한 상황에서 나는 이른바 기술적 구원자인 '유튜브'를 만났다. 가족들과 제자들의 권유로 유튜브에 수업동영상을 올리게 되었고, 수강생들의 반응도 나쁘지 않았다. 코로나19가 아날로그 인간인 나를 순식간에 '유튜버'로 만들어 버렸다.

대학교에서 온라인 교수·학습을 지원하기 위한 프로그램(Zoom)과 사이버 교수·학습 공간(LMS)이 마련되자, 팔자에도 없던 유튜버를 그만둘 수 있었다. 하지만 매체를 기반으로 한 온라인 수업을 극도로 싫어했던 나는 코로나19 덕분에 유튜브의 '맛'을 제대로 알아버렸다. 그동안 문자 텍스트에만 익숙한 나에게 유튜브는 일종의 신세계였다. 그때가 되어서야, 요즘 초등학생들의 꿈이 왜 유튜버인지를 알게 되었다. 성인학습자로서 나는 점차적으로 억지스러운 유튜버(정보 제공자)가 아니라, 유튜브 이용자(정보 수용자)로 변모하기 시작했다. 성인학습자로서 나는 지상파보다 유튜브로 보고 싶고 듣고 싶은 뉴스를 선택적으로 시청하게 되었다. 그리고 나는 더 이상 내가 좋아하는 환경, 스포츠, 영화, 음악, 낚시, 군사 관련 콘텐츠가 지상파에서 나올 때가지 수동적으로 기다리지 않게 되었다.

한편, 갑작스러운 전염병의 출현으로 세계경제가 경색국면을 맞이하게 되었고, 미국 연준(Fed)은 2020년에 낮은 금리를 바탕으로 전례가 없는 돈(팬데믹 머니)을 살포하였다. 당시 나는 경제와 금융 분야에 해박했던 한 지인의 권유와 도움으로 부동산과 금융(주식) 투자를 하게 되었다. 그리고 채 몇 달이 지나지 않아 내 투자금은 어느새 2배가 되어 돌아왔다. 지금까지 근로소득만을 신성시하였던 나에게 팬데믹 머니는 충격 그 자체였다. 한동안 불로소득에 대한 죄책감에 시달리기도 했으나, 자본주의 사회에서 실물자산 및 금융 투자소득에 대한 중요성을 인정할 수밖에 없었다. 그래서 교육학자로서 나는 학교교육에서 투자교육이나 금융교육을 시도하기로 마음을 먹었다. 학교교육을 통한 금융투자교육은 사회경제적 불평등을 해소하고, 청년 및 노인 빈곤의 문제를 해결할 수 있는 묘안처럼 여겨졌다. 하지만 교육학자인 나에게 주식, 부동산, 채권, 가상화폐 등의 경제 및 금융 분야는 미지의 영역이었다. 경제와 금융 분야에 문맹이었던 나에게 유튜브는 경제와 금융을 학습할 수 있는 보물 상자이자 요술 방망이에 가까웠다. 성인학습자로서의 나는 유튜브 통해 경제와 금융을 학습함으로써 근로소득뿐만 아니라 자본소득을 얻게 되었고, 학교와 교사를 중심으로 금융투자교육을 할 수 있는 용기를 갖게 되었다. 유튜브는 내게 경제와 금융을 자유롭게 배울 수 있는 창이 되었다.

2. 자료수집 및 분석

자문화기술자이자 성인학습자로서 나는 지난 3년 동안 유튜브로 경제 및 금융 관련 동영상을 시청했던 경험에 대한 질적 자료를 다음과 같이 수집하였다. 첫째, 구글(Google) 계정에 탑재된 유튜브 동영상 클립이나 썸네일(thumbnail)을 재차 확인하면서 해당 동영상을 시청했던 당시의 개인적 기억자료(memory data)를 소환하고, 관련 메모 내용, 경제/금융교육 관련 도서 자료를 추가적으로 수집하였다. 둘째, 유튜브에 탑재된 경제/금융 관련 동영상을 시청하면서 생겨났던 생각을 기록한 반성적 저널을 수집하였다. 셋째, 유튜브를 기반으로 경제와 금융을 배워나갔던 자아를 대상으로 현재의 시점에서 자기인터뷰(self-interview)와 자기관찰(self-observation)을 여러 차례 시도하였다. 넷째, 개인 내 자료(intrapersonal data)가 가진 한계를 보완하기 위해, 대학원생(1명)과 가족(2명)을 대상으로 나의 유튜브 사용경험과 이야기에 대한 인터뷰(2회)를 수행하였다. 다섯째, 경제 및 금융교육 관련 유튜브 동영상 자료에 첨부되어 있는 구독자들의 댓글이나 의견('구독', '좋아요')을 추가적으로 수집하였다.

한편, 이 글은 유튜브 기반 금융 학습경험을 자전적으로 서술하기에 '자서전적 문화기술지'로 볼 수 있으며, 유튜브 기반 금융 학습경험의 교육적 의미를 재음미하는 측면에서 '성찰적 문화기술지'이기도 하다. 따라서 이 연구는 '새로운 문화기술지'의 방법적 차원에서 수집 자료를 대상으로 지속적인 주제 분석(constant thematic analysis)을 시도하였다.

3. 타당도 확보 및 글쓰기

이 글은 연구결과에 대한 신뢰성과 타당도를 강화하기 위하여 다음과 같은 노력을 하였다. 첫째, 연구자의 개인 내적 자료(기억자료, 자기 성찰자료)에 주목하는 자문화기술지의 방법적 특성을 보완하기 위해 개인 내적 자료뿐만 아니라, 개인간 자료, 문서자료, 동영상 자료 등을 추가적으로 수집하여 자료의 다양성을 확보하였다. 둘째, 사례연구의 방법적 엄격성을 강화하기 위하여 연구기간을 명기하고, 연구대상으로 볼 수 있는 '유튜브 사용자로서 나'에 대한 위치성과 상황을 밝힘으로써 연구의 과정과 결과 측면에서 반영성(reflexivity)을 추구하려 하였다. 셋째, 질적 자료 분석의 타당성을 높이기 위해 대립코딩 중심의 초기코딩을 시도하여, 유튜브 기반 금융 학습경험의 양가성과 다면성을 재현하려고 하였다. 넷째, 자료 분석과 해석에서의 타당성과 적절성을 확보하기 위하여 유튜브 성인 사용자들(대학원생, N=7)을 대상으로 초고에 대한 동료자 검증(peer debriefing)을 받았다. 마지막으로, 성인학습자의 유튜브 기반 금융 학습경험을 생동감 있게 재현하기 위하여 기술적-사실적 글쓰기를 시도하였고, 유튜브 기반 금융 학습경험의 교육적 가능성과 한계를 이야기할 때는 분석적-해석적 글쓰기를 병행하였다.

Ⅳ. 무형식 학습으로 자기지식 구성하기

1. 파편화된 금융정보를 체계적인 자기지식으로 전환하기

성인학습자로서 나는 유튜브로 경제와 금융을 배워나가면서 학습내용 및 지식과 관련하여 양가적이고 대립적인 경험을 하였다. 첫째, 유튜브는 경제와 금융이라는 새로운 학습영역을 발견할 수 있는 기회를 제공하였으나, 경제와 금융에 대한 확증편향성을 증대시켰다. 둘째, 성인학습자로서 나는 유튜브의 알고리즘을 바탕으로 자연스럽게 금융정보를 확장하고 심화할 수 있었지만, 금융정보 자체의 엄격성과 신뢰성이 낮은 경우를 목격하였다. 셋째, 유튜브는 금융과 경제에 대한 정보 전달의 과정에서 간결성과 선명성을 증대시켰지만, 금융정보에서 오류, 파편화, 단순화 문제를 노정하였다. 넷째, 성인학습자로서 나는 유튜브로 경제 및 금융 관련 정보의 취사선택에 자유로웠으나, 금융정보의 체계성과 계열성이 낮음을 경험하였다. 결국, 성인학습자가 유튜브로 금융학습을 시도한다는 것은 주체적인 관점과 시각으로 파편화된 경제 및 금융 정보를 체계적인 자기지식으로 전환하는 일이었다. 자세한 이야기는 다음과 같다.

가. 새로운 영역과 분야 발견 vs 자신의 지식에 대한 확증편향성 증대

유튜브는 다양한 관점에서 비롯된 동영상을 제공하고, 특정한 이슈에 대하여 새로운 정보와 시각을 전달하는 기능을 갖고 있다(Evans, 2016). 성인학습자로서 나는 유튜브의 이러한 기능을 통해 경제와 금융이라는 생경한 영역을 자연스럽게 접할 수 있었다. 교육사회학을 전공했던 나는 지난 20년 동안 교육과 정치, 교육과 사회, 교육과 문화에 대한 교육연구를 수행하였다. 하지만 교육과 경제 혹은 교육과 금융에 대한 연구나 강의를 시도한 적은 단 한 번도 없었다. 왜냐하면, 경제와 금융교육에 대한 사회학적 접근을 하기 위해서는 경제나 금융 자체에 대한 이해가 절대적으로 선행되어야 했기 때문이다. 나는 학창시절에 학교교육을 통하여 경제와 금융을 제대로 배워본 적이 없었으며, 성인이 되어서도 경제와 금융을 배울 기회가 흔치 않았다. 오히려 교육학자로서 나는 경제와 금융의 논리가 학교교육에 침투하는 것을 비판했으며, 돈을 잘 모르는 것이 그리고 돈을 멀리하는 것이 너무나 자랑스러웠다.

교육학자로서 나는 자본주의의 경제논리가 학교교육에 침투하여 사회적 불평등을 재생산한다는 이론적 전제를 암묵적으로 동의하고 있었던 것이다. 그래서 한때는 경제와 돈의 논리에 잠식된 학교교육을 교육의 논리로 바로 세우리라 굳센 다짐을 하기도 하였다. 하지만 이러한 신념은 유튜브를 만나게 되면서 조금씩 변화되기 시작했다. 특히, 유튜브에서 만난 Robert Kiyosaki의 〈부자아빠 가난한 아빠〉는 학자로서의 신념에 괄호를 치기에 충분했다. 그의 주장에 따르면, 나는 박사학위를 갖고 있으면서도 평생 동안 학교에서 가난하게 살아야만 하는 '가난한 아빠'의 전형이었다. 특히, 학교와 교사가 학생들에게 절대로 경제와 금융을 제대로 가르치지 않는다는 그의 주장은 마치 노예의 도덕을 깨부수는 니체의 망치와도 같았다. 그의 동영상 강의를 시청하는 동안 '고장 난 자본주의와 학교교육의 거짓말'이라는 말이 떠올랐다.

따라서 나는 자본주의와 학교교육에 대한 교육사회학자로의 기존 지식과 신념을 내려놓고, 성인학습자로서 경제와 금융 자체를 학습하기로 결심했다. 개인적 차원에서 자산을 증식하는 것도 중요했지만, 경제와 금융이해력을 바탕으로 학교 기반의 금융교육을 제대로 실천하고 싶다는 욕망이 끓어올랐다. 이 지점에서 유튜브는 나에게 완벽한 스승에 가까웠다. 성인학습자로서의 나는 지난 3년 동안 유튜브 동영상 덕분에 주식, 채권, 부동산, 가상화폐 등 새로운 투자영역을 발견하게 되었고, 각각의 투자영역에 대한 나름의 지식과 관점을 형성하게 되었다. 내게 있어서 유튜브에 탑재된 동영상 자료는 경제와 금융이라는 신대륙을 발견하는 데 도움을 주는 일종의 '머니 맵(money map)'이나 내비게이션에 가까웠다.

이처럼 유튜브는 경제와 금융영역을 발견하는 데 도움을 주었지만, 동시에 확증편향성을 증대시키기도 하였다. 여기에서 말한 '확증편향성(confirmation bias)'이란 자신이 알고 있는 지식이나 신념에 부합하는 정보에만 주목하면서, 여타 정보를 무시하는 사고방식을 의미한다(Nickerson, 1998). 확증편향은 특정한 가설이나 신념을 부적절하게 강화할 수 있는 행위이다(Nickerson, 1998; 강명현, 2021). 성인학습자로서의 나는 유튜브로 경제와 금융을 공부하면서 자산증식을 할 수 있는 다양한 방법을 알게 되었고, 노동소득뿐만 아니라 자본소득, 시스템 소득과 현금 흐름의 중요성을 깨닫게 되었다. 하지만 경제와 금융 이해력을 바탕으로 모든 사람을 부자로 만들고 싶다는 나의 욕망은 불가피하게 금융정보의 선택적 노출에 놓이게 되었다. 한마디로, 내가 신봉하는 경제 및 금융 관련 동영상 자료에 자동적으로 포위됨으로써, 나의 금융지식과 관점을 비판적으로 점검할 수 있는 기회를 놓치고 말았다.

나. 금융정보의 자동적 확장과 심화 vs 금융정보의 낮은 엄격성과 신뢰성

유튜브 작동원리 중 자동추천 알고리즘은 특정 분야에 대한 정보의 자동적 확장을 가능케 하여 개인 맞춤형 동영상을 지속적으로 제공한다(강명현, 2021: 263).

성인학습자로서 나는 유튜브의 이러한 작동 원리를 바탕으로 경제와 금융에 대한 양질의 정보를 자동적으로 획득할 수 있었다. 한 편의 동영상을 시청하고 나면, 연이어 그 동영상과 관련성이 있거나 유사성이 있는 다른 동영상이 자동으로 추천되어 경제와 금융 지식을 자동적으로 확장하고 심화할 수 있었다. 한 가지 놀라운 점은 경제와 금융에 대한 나의 안목이 높아질수록 양질의 정보가 자동적으로 제공되었다는 점이다. 유튜브라는 '요물'은 내가 무엇을 알고 싶어 하고, 무엇을 더 배워야 하는지를 이미 알고 있는 듯했다. 특히, 특출한 전문가나 대가를 만나는 순간에 그 사람의 경제지식과 금융지식은 나의 뇌리에 그대로 각인되었다.

> 네이버 증권 토론방 댓글에서 '△△△△'라는 이름을 보게 되었다. 뭔가 좋은 느낌이 왔다. 그래서 유튜브로 '△△△△'를 검색했더니 동영상이 여러 개 있었다. 그분의 투자 철학과 조선 산업에 대한 전망은 상상을 초월했다. 추천 영상이 많지 않아 아쉬웠지만, 그의 분석력과 통찰은 놀라움 그 자체였다. 특히, 기후위기로 인한 친환경 선박 발주의 증가, 코로나19로 인한 해운산업의 수요 전망은 소름을 돋게 했다. 내가 이러한 재야의 고수를 조금이라도 일찍 알았더라면 얼마나 좋았을까? 이 분을 오랫동안 스승으로 삼고 있는 ○○○ 유튜버가 처음으로 부러운 순간이었다. 앞으로 나는 이 분의 투자 철학과 관점을 푯대로 삼아 조선 산업에 대한 주식투자를 해야겠다고 마음을 먹었다. 이 분은 나를 잘 모르겠지만, '△△△△'는 이미 나의 경제/금융 사부이다(2021. 04. 18., 연구자의 투자일지 중 일부).

한편, 유튜브 콘텐츠의 품질과 신뢰성 정도는 정보의 유용성과 정보수용 태도에 영향을 미칠 수 있다(공민영, 안현철, 2020; Sussman & Siegal 2003). 성인학습자로서 나는 한때 유튜브가 정보의 요술 방망이라고 생각했다. 딱딱한 문자 텍스트에 길들여졌던 나는 유튜브로 경제와 금융정보를 여과 없이 수용하였다. 왜냐하면, 내가 그동안 접해왔던 문자 텍스트는 수차례의 동료 검토와 논증을 거친 논문이나 단행본이었기 때문에 지식의 엄격성이나 신뢰성을 크게 의심할 필요는 없었기 때문이다. 하지만 유튜브에 탑재된 경제 및 금융 관련 지식은 옥석이 혼재된 원석에 가까웠다. 따라서 경제/금융 관련 유튜브 동영상을 시청할 때는 조회 수뿐만 아니라, 댓글이나 '좋아요' 등 구독자 반응도 동시에 살피게 되었다. 한 가지 흥미로운 점은 성인학습자로서 내가 정보의 옥석을 가리고자 신경을 쓸수록, 돌보다는 옥에 가까운 정보가 자동으로 추천되었다.

> 나는 요즘 아동과 청소년을 대상으로 왜 디지털 리터러시 교육, 유튜브 리터러시 교육을 해야 하는지 실감하게 된다. 상당수 유튜버는 인기나 돈에 급급하여 '구독, 좋아요'나 조회숫자에만 관심이 있는 듯하다. 내 눈에는 종종 그다지 유익하지 못한 유튜버가 보인다. 그런데 아이들이 여과 없이 정보를 수용하게 된다면 어떤 일이 생길까? 정신을 바짝 차리지 않으면 거짓 정보에 넘어갈 것 같은 두려움이 밀려온다(2022. 01. 21., 연구자의 반성적 저널 중 일부).

다. 정보처리의 간결성과 선명성 증대 vs 지식의 오류, 파편화, 단순화

나는 온라인 기반 유튜브로 금융학습을 하면서 기존에 문자 텍스트로 학습할 때와는 사뭇 다른 학습경험을 하였다. 문자 텍스트로 학습을 할 때는 몇십 페이지나 몇백 페이지에 달하는 내용을 꼼꼼하게 읽고, 중요한 내용을 요약하거나 밑줄을 긋는 등의 학습활동을 하였다. 하지만 50살을 앞둔 나는 최근에 갑자기 노안이 와서 안경을 몇 번이나 쓰고 벗어야 하는 번거로움을 감내해야만 서책을 읽어 낼 수 있다. 시력이 급속도로 나빠지고 나니, 다작을 하지 않는 노년기 교수님들을 이해하기 시작했다. 하지만 65인치가 넘는 스마트 TV에서 나오는 동영상 정보는 나의 시각적 한계를 넘어 금융과 경제에 대한 정보를 간결하고 선명하게 전달하였다.

나는 한때 아동과 청소년들이 유튜브로 학습하는 것에 부정적인 시각을 갖고 있었다. 왜냐하면, 동영상을 통한 지식전달 방식이 학생들의 사고력과 문해력을 저하시킬 것이라 우려했기 때문이다. 하지만 유튜브로 경제와 금융을 공부해 보니, 유튜브 동영상 자료의 정보처리 간결성과 선명성은 학습이 효율성 측면에서 상당한 도움이 되었다. 다만, 상당수의 동영상 자료에는 지식의 오류와 거짓이 있었다. 또한, 무수한 동영상 자료가 파편화되어 있거나, 단순화되어 있어서 명확한 학습목표의 설정과 학습내용에 대한 자기점검이 절대적으로 필요하였다. 따라서 성인학습자로서 나는 경제와 금융 지식을 학교교육에 연결하고자 하는 학습목표를 재차 확인하였고, 학습내용의 파편화와 단순화를 막기 위해 동영상 시청 후 해당 학습내용에 대한 소감문이나 메모를 추가적으로 작성하였다.

라. 금융정보 취사선택의 편리성 증대 vs 금융정보의 낮은 체계성과 계열성

최근의 나는 유튜브에 중독된 것은 아닌지 의심이 들 정도로 유튜브를 즐겨 사용하고 있다. 간혹 유튜브로 동영상을 볼 수 없는 날에는 불현듯 갑갑함이 밀려들기도 하였다. 그렇다면, 반백 년 문자 텍스트에 길들여졌던 내가 어떻게 유튜브와 사랑에 빠진 것일까? 그것은 바로 내가 주체적으로 경제와 금융에 대한 정보를 취사선택(取捨選擇)할 수가 있었기 때문이다. 가끔 나는 지상파로 TV를 보다가도 화면 조작을 시도할 때가 있다. 여기에서 말한 '화면 조작'이란 특정한 동영상에 대하여 정지하기, 되돌리기, 뛰어넘기, 재생 반복하기, 배속 재생하기 등을 시도하는 것을 의미한다. 지상파의 일방향적인 화면을 마음대로 조작할 수 없음을 느낄 때마다, 유튜브 플랫폼의 편리성을 실감하게 되었다. 이처럼 유튜브는 금융정보의 취사선택과 관련하여 편리성을 제공하였지만, 동시에 금융정보의 체계성과 계열성은 낮은 경우가 허다하였다. 왜냐하면, 동영상 콘텐츠 제작자는 나만을 위한 학습내용을 구성하지 않기 때문이었다. 따라서 나는 정보 취사선택의 편리성을 바탕으로 금융정보의 체계성과 계열성을 높이려고 노력하였다.

> TV 화면을 조정해도 말을 듣지 않는다. 앗, 유튜브가 아니라 지상파였구나! 그러고 보니 요즘 나는 유튜브로 지상파 방송을 보고 있는 게 아닌가(2022. 08. 15., 연구지의 메모 지료)?

2. 자기주도성과 상호성을 바탕으로 온라인 금융학습에 적극적으로 참여하기

성인학습자로서 나는 지난 3년 동안 유튜브로 경제와 금융을 학습하면서 학습방법과 관련하여 다음과 같은 경험을 하였다. 첫째, 성인학습자로서 나는 유튜브 동영상 자료의 시청각적 특성으로 높은 학습동기와 흥미를 갖게 되었지만, 동시에 단발적인 금융학습이 늘어나는 것을 경험하였다. 둘째, 나는 유튜브 기반 학습으로 자발적인 금융 학습기회를 얻게 되었으나, 때로는 피동적이고 수동적인 정보수용 태도를 나타내었다. 셋째, 성인학습자로서 나는 유튜브로 금융학습을 하면서 자기주도성과 상호성을 보였지만, 유튜브가 가진 익명성으로 인해 소극적인 학습태도를 보이기도 하였다. 넷째, 유튜브를 통한 금융학습은 온라인에서 지식을 공유하고 확산하는 데 용이하였지만, 지식의 저장, 인출, 체화하는 데는 한계를 드러내었다. 결국, 학습방법 차원에서 성인학습자가 유튜브로 금융학습을 하는 것은 자기주도성과 상호성을 바탕으로 온라인 학습에 적극적으로 참여하는 활동이었다. 자세한 이야기는 다음과 같다.

가. 시청각 기반의 동기와 흥미 유발 vs 단발적 학습경험 증대

학창시절부터 성인기에 이르기까지 나는 문자화된 텍스트에 철저하게 길들여진 존재였다. 그래서 정보기기(컴퓨터, 노트북)에 표상된 전자문자보다, 새하얀 종이에 인쇄된 문자를 볼 때 심리적 안정감과 가독성을 느끼는 쪽이었다. 특히, 스마트폰에 있는 달력 메모 기능으로 일정을 관리하기보다, 종이 달력에 일정을 수기하는 나를 보면 스스로가 할아버지 같은 느낌이 들었다. 그래도 어쩔 수가 없었다. 나는 휴대폰에 전자화된 문자보다 종이에 출력된 문자를 통해 사유하고 학습하는 쪽이 더 편리한 쪽이었다. 하지만 2020년에 코로나19로 반강제적인 유튜버가 되면서, 이러한 나의 아날로그적 본성에 균열이 일어나기 시작했다.

대면수업 장면에서는 주로 지정된 텍스트(교재)를 중심으로 교수자와 학습자

사이의 활발한 상호작용을 추구하는 편이다. 따라서 일반적인 교수・학습 상황에서 시각적 및 청각적 자료가 핵심적인 요소는 아니다. 하지만 유튜브를 기반으로 한 금융학습 장면에서는 시각적 및 청각적 요소가 나의 학습동기와 흥미를 유발하는 데 결정적인 요소가 되었다. 우선 시각적 측면에서 볼 때, 화려한 배색과 색상을 바탕으로 한 화면자료나 동영상은 고도의 집중력이 없이도 경제와 금융정보에 쉽게 몰입할 수 있는 학습조건을 선사하였다. 따라서 동영상 썸네일의 디자인을 보는 것만으로도 해당 자료의 질을 어느 정도 가늠할 수 있었다. 또한, 유튜브 기반 학습은 청각적 측면에서 경제와 금융학습에 집중할 수 있는 장점이 있었다. 금융/경제 콘텐츠의 중요한 내용이나 흐름과 연동된 음악이나 효과음은 학습에 몰입할 수 있는 중요한 요소였다.

> 보기 좋은 떡이 먹기에도 좋다고, 인기가 있는 유튜브 채널의 화면은 현실보다 더 현실적이다. 특히, 내가 즐겨 찾는 ○○○ 채널의 화면은 보고만 있어도 기분이 좋아진다. 게다가 유튜버가 제공하는 아름다운 음악을 듣고 있노라면, 경제와 금융 공부가 저절로 되는 느낌이 든다(2021. 09. 12., 연구자의 반성적 저널 자료).

성인학습자로서 나는 유튜브의 시청각적 장점으로 인해 높은 학습동기와 흥미를 갖게 되었지만, 한편으로는 단발적인 학습경험이 증가하는 것을 경험하였다. 일반적으로, 문자화된 텍스트는 제목, 서문, 목차, 본문, 색인, 참고문헌 등 일정한 논리적 절차에 따라 정보가 구성되는 편이다. 하지만 유튜브에 탑재된 금융 관련 동영상 정보는 논리적 절차나 단계 없이, 시계열 차원에서 단발적으로 제공되는 경우가 허다하였다. 따라서 나는 유튜브로 금융학습을 할 때, 특정한 주제(예를 들면, 주식 정량분석법, 부동산 매매기법)를 중심으로 학습일지나 메모를 작성함으로써 단발적인 학습경험의 한계를 보완하려고 하였다.

나. 자발적인 학습기회 증대 vs 피동적이고 수동적인 정보수용

우리는 국가 차원의 의무교육 기관인 초등학교와 중학교에서 자발적으로 학습에 참여하기가 쉽지 않았음을 기억할 것이다. 왜냐하면, 초중학교와 중학교는 학습방법 차원에서 그 나름의 공고한 문법을 갖고 있기 때문이다. 예를 들면, 초등학교의 1차시 수업은 40분이며, 중학교의 1차시 수업은 45분으로 지정 및 분할되어 있다. 또한, 초등학교와 중학교 교사는 국가가 지정한 교육과정과 교과목을 허가된 상소와 연간 시수 범위 내에서 가르쳐야 한다. 고등학교나 대학의 경우에도 초중등학교의 학습방법과 비교해 볼 때 정도의 차이가 있을 뿐이다. 이른바 '페다고지(pedagogy)'라고 불리는 학교교육에서의 교수·학습 방법은 아동과 청소년의 학습 주체성과 자발성을 이끌어 내기가 쉽지 않은 편이다.

그래서 우리나라 성인들의 일부는 이러한 경직된 학교교육과 학습방법에 질식되어, 형식교육인 학교를 벗어나는 순간 학습을 멈추게 된다. 이러한 부류의 사람들은 성인이 되어서도 평생학습을 해야 한다는 말을 듣는 순간 강한 거부감과 저항감을 드러내기가 일쑤다. 하지만 학교교육을 벗어나 비로소 성인이 되면, 자신만의 교육목표, 교육내용, 교육방법, 교육평가를 자유롭게 추구할 수 있다. 성인학습자로서 나는 유튜브를 통해 경제와 금융에 대한 리터러시를 기르겠다는 목표를 자발적으로 설정할 수 있었으며, 자신의 수준과 관심에 부합하는 동영상 클립을 유튜브를 통해 취사선택할 수 있었다. 무엇보다, 성인학습자로서 나는 유튜브를 통해 내가 가장 좋아하는 학습방법으로 경제와 금융에 대한 학습을 지속할 수 있었다. 내가 가장 선호하는 금융학습 방식은 누군가의 간섭이나 개입 없이 혼자서 조용히 자유롭게 학습하는 방식이었다. 유튜브는 이러한 나의 기괴한 학습방법에 최적화된 온라인 플랫폼이었다.

저는 체질적으로 혼자 있는 게 너무나 좋아요. 여러 사람들과 함께하는 것도 나쁘지 않지만, 혼자 있을 때가 더 행복하거든요. 우리 대학의 교수문화를 생각해 본다면, 저는 대학 사회의 부적응자인지도 모르겠네요. (웃음) 하지만 제가 이렇게 생겨 먹은 걸 어떡해요. 혼자 있을 때, 나에게 말을 걸

> 수도 있고, 나의 내면을 만날 수 있어서 좋아요. 남들을 위한 가면을 쓸 필요도 없고요. 이런 나에게 유튜브는 공부하기에 너무나 좋았어요. 혼자 있으면서도 세상 사람들을 자유롭게 만날 수 있고, 공부하고 싶은 내용을 스스로 선택하고, 나의 속도에 따라 진도를 조절할 수 있다는 게 너무나 좋았어요. 이런 면에서 유튜브는 나에게 '갓튜브'입니다(2022. 09., 동료 교수와의 대화 장면 중 일부, 자기관찰 및 기억자료).

이처럼, 성인학습자로서 나는 유튜브 기반 금융학습으로 자발적인 학습기회를 얻게 되었지만, 때로는 다소 피동적이고 수동적인 정보수용 태도를 보이기도 하였다. 왜냐하면, 유튜브는 내가 주체이고 자발적으로 학습목표와 학습내용을 추구하지 않으면, 어느새 나를 대신하여 엉뚱한 금융정보를 끊임없이 추천하고 제공했기 때문이다. 특히, 말초신경을 자극하는 동영상은 나를 피동적이고 수동적인 성인학습자로 전락시키기도 하였다. 따라서 나는 유튜브에서 자신의 금융학습 방법을 스스로 점검함으로써 자발성을 추구하려고 하였다.

다. 자기주도성 및 상호성 증대 vs 익명성으로 인한 소극적인 학습참여

유튜브에서는 누구나 소비자(학습자)이면서 동시에 생산자(교육자)가 될 수 있다(권정민, 2021; 신희선, 2020). 유튜브 사용자들은 유튜브를 통한 교수·학습 상황에서 참여적인 학습문화를 바탕으로 새로운 콘텐츠를 자기주도적으로 개발하기도 한다(Waldron, 2013). 즉, 유튜브 사용자는 동영상 텍스트 혹은 유튜버를 상대로 한 상호성을 바탕으로 새로운 콘텐츠를 주체적으로 만들 수도 있다(Hanson, Haridakis, & Sharma, 2011). 다음 [그림 3-1]에서 확인할 수 있는 것처럼, 성인학습자로서 나는 유튜브로 경제와 금융학습을 하면서도, 이러한 자기주도성과 상호성을 바탕으로 나만의 독창적인 동영상 자료를 개발하기도 하였다. 유튜브에서의 자기주도성과 상호성을 추구했던 나의 정체성과 역할은 네트워크에서 생산자와 소비자를 겸하는 일종의 '디지털 프로슈머(digital prosumer)'에 해당하였다.

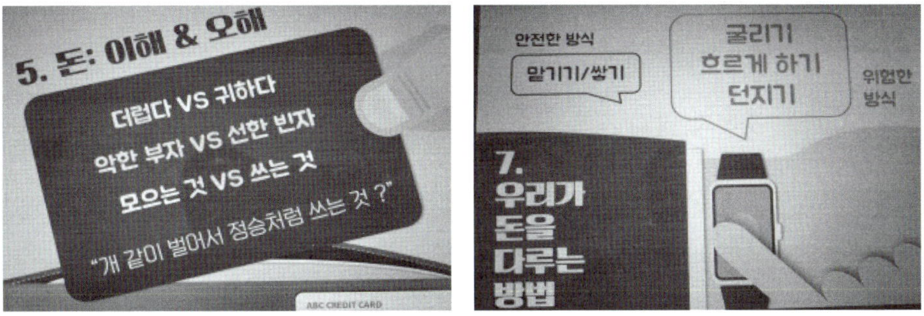

[그림 3-1] 경세/금융교육 동영상 강의자료(저자 제작)

반면, 성인학습자로서 나는 위와 같은 자기주도성과 상호성을 바탕으로 나만의 유튜브 콘텐츠를 제작하고 공유하기도 했지만, 때로는 유튜브의 속성 중 하나인 익명성으로 인해 소극적인 금융학습 태도를 보이기도 하였다. 즉, 타자들이 온라인 네트워크에서 내 존재를 알아차릴 수 없었기 때문에, 학습참여에 대한 심리적 부담감이나 의무감이 낮아서 소극적인 학습태도를 보일 수 있었던 것이다. 온라인 네트워크에서 나의 금융 사부들(유튜버)이 댓글이나 구독, '좋아요'를 아무리 요청해도, 나는 그들의 요청을 아무렇지도 않게도 무시할 수 있었다. 왜냐하면, 나의 금융 사부들은 내 존재를 끝내 모르기 때문이었다.

라. 학습경험 공유 및 확산의 용이성 vs 지식의 저장, 인출, 체화의 한계

성인학습자로서 나는 유튜브 동영상 자료를 시청하면서 금융에 대한 나름의 안목과 관점을 갖게 되었다. 대학 및 대학원에서의 체계적인 교육과정과 전문적 지도를 통해 경제학이나 금융학에 대한 전문적인 자격증을 취득한 것은 아니었으나, 나를 둘러싼 사회경제적 현상을 이해하고 해석하면서 경제활동에 참여할 수 있는 역량을 어느 정도 갖추게 되었다. 그리고 이러한 금융 역량과 리터러시를 확인할 수 있는 척도는 바로 주체적인 경제행위나 투자 행위를 통한 자산 증식의 결과물이었다. 2020년에 유튜브를 처음으로 알게 되었던 나는 2022년 10월 현재 주식 시장, 부동산 시장, 가상화폐 시장에 여전히 살아남아 있다. 요즘처럼 험난한 시장 상황을 고려해 보면, 생존을 넘어 자산 증식에 성공하고 있는 나 자신이 대견스럽기도 하다. 혹여 시장 상황이 더욱 악화되고, 나의 투자대상과 투자관점이 한계에 봉착했을 때, 나는 뜻하지 않게 경제적 어려움을 겪을지도 모를 일이다. 하지만 유튜브 덕분에 투자의 근육이 생기고 있는 나로서는 자본주의 시장의 변동성이 그다지 두렵지만은 않았다.

교사교육자인 나는 이러한 금융지식을 학교교육에 직접적으로 연결하려고 노력하였다. 나는 비록 사회과교육이나 실과교육 분야에서의 경제/금융 교육전문가는 아니었으나, 예비교사나 현장교사를 대상으로 학교 기반 금융교육을 실천하였다. 주식과 부동산을 배우고 싶어 하는 예비교사들을 모집하여 자생적인 동아리를 만들었다. 그리고 현장교사들을 위한 금융교육을 위해 전문적 학습공동체를 만들었고, 초등학생을 위한 금융 교육과정과 교과서 개발을 시도하였다. 유튜브는 내가 학습했던 금융지식을 예비교사들이나 현장교사들에게 공유하고 확산하기에 최적화된 플랫폼이었다. 그리고 나는 각종 SNS를 통해 내가 즐겨보았던 금융 관련 유튜브 채널과 동영상 자료를 그들에게 손쉽게 전수할 수 있었다.

[그림 3-2] 현장교사들과 함께 학습했던 금융학습 자료

한편, 유튜브를 통한 금융학습은 온라인에서 금융지식을 공유하고 확산하는 데 용이하였지만, 지식의 저장, 인출, 체회(體化)와 관련해서는 한계를 드러내기도 하였다. 즉, 서책형태가 아닌 동영상 학습 자료는 언제든지 저장과 인출이 가능했기 때문에, 경제와 금융에 대한 여러 지식들이 나의 뇌리와 마음에 쉽사리 저장되거나

인출되지 않았다. 따라서 성인학습자로서 나는 경제/금융 지식의 체화를 위해 반복적으로 동영상 자료를 시청하고, 중요한 학습내용을 재조직하여 나만의 학습자료를 개발하였다.

3. 시간성과 공간성 확장으로 금융학습을 둘러싼 물리적 환경의 제약 극복하기

성인학습자로서 나는 유튜브로 금융학습을 하면서 물리적 시간 및 공간과 관련하여 다음과 같은 교육적 경험을 하였다. 첫째, 유튜브 기반 금융학습을 통해 과거와 현재의 교차가능성을 증대시킬 수 있었으나, 실시간 학습에서의 동시성이 약화됨을 경험하였다. 둘째, 유튜브 기반 금융학습은 시간적 차원에서 반복적 재생과 편집이 용이했으나, 실시간 학습에서의 생동감이 약화되었다. 셋째, 유튜브 기반 금융학습은 네트워크를 통한 학습공간의 확장이 가능하였지만, 대면학습에서의 현장감이 저하되었다. 넷째, 성인학습자로서 나는 유튜브에서 새로운 사이버 정체성을 구성하였으나, 학습상황에서의 상호작용과 역동성이 저하됨을 경험하였다. 물리적 환경 측면에서 볼 때, 유튜브로 금융학습을 한다는 것의 의미는 시간성과 공간성의 확장을 통해 학습을 둘러싼 물리적 제약을 뛰어넘는 일이었다. 자세한 이야기는 다음과 같다.

가. 과거와 현재의 교차가능성 증대 vs 실시간 학습에서의 동시성 약화

우리는 일반적인 대면수업 상황에서 최대한으로 집중력을 발휘해야만 한다. 왜냐하면, 현재의 시점에서 교수자나 화자의 말을 경청하지 않을 경우, 학습활동에 동참할 수가 없기 때문이다. 그래서 아동과 청소년들은 현재라는 시간성에 적응하고 집중하기 위해 때로는 정숙과 주의집중을 요구받기도 한다. 하지만 유튜브로 금융을 학습했던 나는 이러한 현재라는 시간성에서 해방되어 자유로운 학습을 할 수 있었다. 일상적인 대면수업이 현재라는 시간성에 초점을 둔다면, 유튜브를 통한 온라인 금융학습은 현재 시점에서 과거로 회귀하고, 과거 시점에서 다시 현재로 되돌아 올 수 있는 시간적 교차가능성이 증대되었다. 이러한 시간적 교차가능성은 특정한 유튜버나 금융정보 제공자의 자질과 전문성을 가늠할 수 있는 특질이었으며, 시간적 흐름에 따른 콘텐츠의 계열성과 범위를 포착하는 데도 유용하였다.

> ☆☆☆☆ 선생님의 주식 동영상을 처음 보았을 때, 온몸에 전율을 느꼈다. 한 종목을 사기 위해 2년 동안이나 조사나 기업탐방을 하다니! 그리고 단순한 시세차익이 아니라 기업과 동행하는 마음으로 주식투자를 임한다니! 나는 ☆☆☆☆ 선생님의 첫 동영상을 보고나서, 그가 과거부터 지금까지 강의했던 모든 동영상이 궁금해졌다. 현재의 시점에서 과거로 회귀하면서 그의 투자 철학과 마인드를 조금씩 이해하게 되었다. 과거의 시점에서 현재를 분석해 보고, 현재의 주식시황을 과거에 연결해 봄으로써 투자에 대한 통찰을 얻을 수 있었다. 시간순에 따라 줄줄이 사탕으로 영상이 게시되어 배움이 즐겁다(2021. 09. 14., 연구자의 투자일지 중 일부).

성인학습자로서 나는 유튜브 기반 금융학습을 통해 시간적 교차가능성을 증대시킬 수 있었으나, 실시간 학습에서 추구할 수 있는 동시성이 약화됨을 경험하였다. 학습에서의 동시성은 배움을 위한 활력과 공동체성을 불어넣을 수 있는 요소이다. 지금 나와 함께 실제적으로 호흡하지 않는 교수자와 네트워크에서 동시적으로 교감하는 것은 현실적으로 어려운 일이었다. 따라서 성인학습자로서 나는 온라인 금융학습에서의 동시성을 강화하기 위해 과거의 동영상을 마치 현재의 동영상인 것처럼 간주하면서 금융학습에 참여하였다.

나. 정보의 반복적 재생과 편집 용이 vs 실시간 학습에서의 생동감 약화

우리는 실제적인 대면수업 장면에서 시간을 멈추고 싶거나, 반복하고 싶거나, 아니면 아예 회피하고 싶었던 순간을 경험했을 것이다. 예를 들면, 특정한 학습경험이 너무나 감동적이어서 오래 머물고 싶지만, 환희의 순간은 우리를 기다려 주지 않는다. 반대로, 우리는 특정한 내용에 대하여 학습할 때 최악의 순간을 경험할 때도 있다. 가령, 나는 고등학교 수학시간에 칠판에 적힌 수학 문제를 해결하지 못해 친구들로부터 창피를 당했고, 체벌을 당했던 순간이 뇌리에 희미하게 남아있다. 이처럼 학창시절에 우리가 체험했던 여러 가지 학습경험은 시간적 경과에 따라 뇌리와 신체에서 휘발되어 간다.

하지만 유튜브 동영상을 기반으로 한 금융학습은 나의 의지에 따라 얼마든지 정지, 반복 재생, 배속재생, 앞으로 가기, 뒤로 가기, 뛰어넘기가 가능하였다. 유튜브 기반 금융학습에서의 시간적 유연성은 개인 맞춤형 학습 속도와 진도 조절에 유용하였다. 예를 들면, 성인학습자로서 나는 유튜브에서 만난 금융 사부들의 금융지식을 내 것으로 체화하기 위해 특정한 장면을 정지시키고 메모를 하였다. 그리고 나에게 의미가 있는 내용이지만 이해가 어려운 경우에는 몇 번의 다시 듣기를 통해 그 의미를 이해하려고 노력하였다. 또한, 금융 관련 동영상에서 이전 내용이 궁금해질 경우에는 앞으로 가기를 통해 복습을 하였고, 불필요한 내용이 등장할 때는 2배속 재생이나 뛰어넘기 기능을 통해 금융정보를 쉽게 편집할 수 있었다.

> 최근에 주식시장이 폭락하다 보니 △△△△ 사부의 동영상을 다시 듣게 되었다. 지금 생각해 보니, 2년 전에 유튜브로 △△△△ 사부를 만난 것은 하늘이 준 행운이었다. 그가 추천한 종목을 아직까지도 보유하고 있는데, 남들은 내가 가진 종목을 '노아의 방주'라고 부르고 있다. 그래서 작심을 하고 그의 동영상을 꼼꼼하게 시청해 보니, 알토란과도 같은 투자정보가 곳곳에 숨어 있었다. 나는 예전에 그의 동영상을 보면서, 왜 이러한 투자정보의 가치를 알아채지 못했단 말인가? 몇 번을 다시 돌려보고 나서야 △△△△ 사부의 가르침을 어느 정도 이해할 수 있었다. 역시 아는 만큼 들리는 모양이다(2021. 09. 14., 연구자의 투자일지 중 일부).

이처럼, 유튜브 기반 금융학습은 시간적 측면에서 볼 때 반복적 재생과 편집이 용이하였다. 그러나 유튜브 기반 금융학습은 실시간 대면수업에서의 장점이라 할 수 있는 생동감이 약화되었다. 즉, 유튜브 기반 학습에서의 시간적 유연성은 지식의 습득 차원에서는 편리성을 제공하였다. 그러나 성인학습자로서 나는 유튜브에서 정보 제공자와 직접적으로 교감을 하거나 동료 학습자들과 상호작용을 하는 스타일이 아니었기 때문에, 금융학습의 과정에서 배움의 생동감이 크지 않았다. 이러한 생동감의 저하는 유튜브 플랫폼 자체의 한계라기보다는, 댓글이나 채팅 등의 부가적 기능을 즐겨 사용하지 않는 나의 학습행위에서 비롯된 측면도 있었다.

다. 온라인을 통한 학습공간의 확장 vs 대면학습에서의 현장감 저하

유물론(唯物論)의 철학적 전제에 따르면, 인간의 존재방식은 인간의 사유방식을 결정한다. 따라서 성인학습자가 어떤 공간에서 학습하는지가 학습내용과 학습방식을 결정할 수도 있다. 유튜브 기반 금융학습은 나에게 시간적 교차가능성을 증대시킬 뿐만 아니라, 공간적 확장을 시도할 수 있는 가능성을 열어주었다. 나는 유튜브로 금융을 학습하기 이전에는 글로벌한 지정학적 이슈나 환경문제, 그리고 기술변화에 민감한 사람이 아니었다. 교육학자로서 주된 관심사는 우리나라의 학교교육과 교사를 사회학적 관점으로 탐구하는 일이었고, 일상인으로서는 자연과 여유를 즐기는 안빈낙도의 삶을 지향하였다. 하지만 유튜브로 금융을 학습하게 되면서 내 삶의 공간적 범위는 한국을 넘어 세계로 뻗어나갔다.

주식과 부동산 투자자이자 투자교육에 관심이 있는 나는 매일 아침 일어나자마자 유튜브에 접속을 시도하였다. 왜냐하면, 유튜브를 통해 시시각각 변화하는 시장상황과 투자 요소를 점검했기 때문이다. 특히, 환경과 에너지 섹터에 금융투자를 했던 나는 미국 연준(Fed) FOMC의 금리 변동, IMO 환경규제, 환율 변동, 유가변동, 국가 간 전쟁(러시아-우크라이나 전쟁) 상황을 주시하면서 하루를 시작하게 되었다. 따라서 내가 유튜브에서 체험했던 학습공간은 전국 방방곡곡이 아니라 세계도처였다. 성인학습자로서 나는 유튜브로 금융 분야에 입문하면서, 그리고 마치 정글이나 전쟁터와 같은 투자의 세계에 뛰어들면서, 한국의 경제와 금융이 세계 여러 나라의 경제와 맞닿아 있음을 절감하게 되었다. 그리고 학교교육에서 제대로 된 금융교육을 실현하기 위해서는 경제와 금융을 둘러싼 매크로 환경과 변수를 국제적인 수준에서 종합적으로 이해하고 대응할 수 있는 역량이 필요함을 알게 되었다.

> 저녁 10시 30분이 되면 하루가 다시 시작되는 느낌을 받는다. 그 시각에 미국의 주식시장이 열리기 때문이다. 미국의 주식시황을 애써 무시하고 숙면을 취하고 싶지만, 그것이 말처럼 쉽지가 않다. 미국의 다우, 나스닥 지수가 내일 우리나라 코스피, 코스닥 지수에 영향을 미칠 가능성이 높기 때문이다. 투자를 제대로 하려면, 세계적 수준의 금융 흐름을 읽어내어야 하고, 나름의 전망을 바탕으로 투자 결정을 해야 하는 것이다. 이러한 극한 경험을 학교 아이들에게 어떻게 요구할 수 있단 말인가? 하지만 한 가지 확실한 것은 경제와 금융교육에서 더 이상 국경은 없다는 점이다(2022. 10. 10., 연구자의 반성적 저널 중 일부).

이처럼, 유튜브 기반 금융학습은 세계적인 차원으로 학습공간을 확장하였다. 그러나 유튜브 기반 금융학습은 대면학습에서 강점이라 볼 수 있는 현장감이 저하되기도 하였다. 즉, '지금'이라는 시간적 현재성과 더불어, 바로 '여기'라는 공간적 근접성은 학습에서의 현장감을 더해줄 수 있다. 하지만 유튜브에 탑재된 금융 관련 동영상은 네트워크라고 하는 가상공간에 존재했기 때문에 금융학습에서의 현장감은 낮았다. 따라서 나는 성인학습자로서 유튜브 기반 금융학습에서 현장감을 더하기 위해서 온라인 네트워크라는 가상공간뿐만 아니라, 실제적인 공간에서의 대면학습도 병행할 필요가 있음을 알게 되었다.

라. 사이버 정체성 구성 vs 상호작용 및 역동성 저하

유튜브 사용자는 유튜브에서 디지털 자아와 파라소셜 관계(parasocial relationships)를 형성할 수 있다(Chen, 2016). 여기에서 말한 '파라소셜 관계'란 유튜브 사용자가 자신이 선호하는 인물(유튜버, 혹은 유튜브에 등장하는 인물)에 대하여 감정적 연대, 감정이입, 동질감, 우정 등을 느끼는 심리적 현상을 말한다(Chen, 2016). 또한,

유튜브 사용자는 유튜브 동영상 텍스트를 매개로 한 상호행위 과정 중에서 디지털 자아를 지속적으로 구성한다(전보라, 2019; 주현식, 2019). 이러한 측면에서, 유튜브 동영상 텍스트를 매개로 구성된 자아는 네트워크화된 상호행위 과정에서의 연행적 자아(performative self)라고 볼 수 있다(주현식, 2019).

유튜브로 경제와 금융을 학습했던 나는 유튜브 콘텐츠와의 상호행위 과정에서 새로운 사이버 정체성을 구성하였으며, 금융 관련 유튜버나 유튜브에 등장했던 전문가들과 파라소셜한 관계를 형성하게 되었다. 나는 유튜브에서 익명성이 보장되는 계정으로만 존재하고 싶었다. 그래서 성인학습자로서 나는 온라인 네트워크에서 실제적인 삶에서 요청받았던 정체성과 역할(예를 들면, 아들, 아버지, 남편, 남동생, 제부, 이모부, 옆집 아저씨, 교수, 견주 등)을 유보하고, 디지털 유목민이나 자유인이 되고자 하였다. 내가 좋아하는 유튜버는 나의 존재를 알지 못하겠지만, 나는 매일 유튜브를 통해 '그 사람'을 만날 수 있었다. 성인학습자로서 나는 주식이나 부동산 시황에 따라 여러 가지 소중한 금융정보를 제공하는 유튜버들이 유명한 축구선수나 연예인처럼 슈퍼스타로 여겨졌다. 금융교육에 빠져 있는 나에게 근현대 자본주의 사회를 비판했던 K. Marx나 Habermas는 더 이상 위대한 인물이 아니었다. 또한, 교육학의 대부로 여겼던 J. Dewey보다 아동과 청소년을 대상으로 금융교육을 설파했던 J. Lee가 더 멋있어 보였다. 한 가지 아쉬운 점이 있다면, 나는 그들을 알지만, 그들은 나를 모른다는 점이었다.

> 내가 만일 누구 말처럼 10년 후에 100억 부자가 된다면, 나는 △△△△ 사부님을 만나러 갈 것이다. 그리고 △△△△ 사부님 덕분에 큰 부자가 되었고, 그 돈으로 가족과 이웃을 돕고 있노라고 당당하게 말하고 싶다. 그런데 10년 후에 이것이 실현되더라도 참으로 웃긴 일인 것 같다. 나는 사부님을 10년 동안 짝사랑하겠지만, 아마도 그 유튜브 사부님은 내가 누구인지도 모를 일이기 때문이다. 그렇게 보면, 유튜브라는 온라인 매체는 참으로 요물이기는 하다. 나는 유튜브로 사부님을 짝사랑을 하고 있다. 하지만 훗날 그 누군가가 유튜브에서 나를 짝사랑하는 일이 있을지도 모를 일이다(2022. 08. 15., 연구자의 반성적 저널 중 일부).

이처럼 나는 유튜브 기반 금융학습을 통해 디지털 정체성을 자유롭게 구성하였고, 금융 관련 슈퍼스타들과 파라소셜한 관계를 형성하였다. 하지만 그들과의 직접적인 상호작용이 없다 보니, 온라인 학습에서의 역동성이 저하되었다. 내가 좋아했던 금융 전문가들을 실제로 만날 수 있다면, 내게는 BTS를 만나서 고함을 지르는 청소년들보다 더 기뻐했을지도 모를 일이었다. 하지만 유튜브에서 금융 전문가들을 실제로 만날 수 없다 보니, 그들과 교육적인 상호작용을 시도하거나 의견을 교환하는 기회가 없었다. 어찌 보면, 나는 유튜브에서 금융 전문가들을 일방적으로 짝사랑하는 것에 만족하고 있는지도 모르겠다.

V. 유튜브를 통한 무형식 금융 학습

연구결과에 따르면, 성인학습자의 유튜브 기반 금융 학습경험의 교육적 의미는 유튜브에 매개된 학습내용, 학습방법, 학습 환경에 대한 자각과 성찰을 바탕으로 금융에 대한 자기지식을 주체적으로 구성하는 무형식 학습활동이었다. 결론에서는 이러한 연구결과에 근거하여 평생교육 혹은 성인교육의 차원에서 유튜브 기반 금융 학습경험의 교육적 의미를 강화하고 실현하기 위한 아이디어를 학습내용, 학습방법, 학습 환경 측면에서 제시하고자 한다.

첫째, 성인학습자는 유튜브를 통해 금융학습을 시도할 때 학습내용을 객관적인 사실로 간주하기보다는, 그것의 범위와 전제를 적극적으로 의식하고 의심해야 할 것이다. 왜냐하면, 유튜브에 탑재된 수많은 동영상 자료와 정보는 누군가의 의도와 목적에 따라 제작되었을 것이며, 특정한 관점과 전제에 따라 정보나 지식이 편향적으로 편집되었을 가능성이 높기 때문이다. 따라서 성인학습자는 유튜브로 온라인 금융학습을 시도할 때, 특정한 정보나 지식의 범위와 전제를 확인하여 보다 균형이 잡힌 시각을 갖기 위해 노력해야 할 것이다. 이를 위해서는 유튜브에 탑재된 금융 정보에 대한 예리한 분석, 해석, 종합, 평가를 통해 편향성이 있을 수 있는 금융정보를 자기지식(self-knowledge)으로 전환하는 노력을 지속해야 할 것이다.

둘째, 성인학습자는 유튜브를 통해 금융학습을 할 때 자신의 학습방법에 대한 성찰을 시도할 필요가 있다. 왜냐하면, 성인학습자가 유튜브를 사용하는 자신의 모습을 간파하지 못할 경우에는 피동적이고 수동적인 정보 수용자로 전락할 수도 있기 때문이다. 만일 성인학습자가 유튜브 사용방법에 대한 자각과 성찰을 게을리한다면, 유튜브는 한낱 개인의 즉흥적인 유희나 시간을 때우기를 위한 온라인 플랫폼으로 머물 가능성이 높다. 따라서 성인학습자는 유튜브 기반 금융학습을 시도할 때 수동적이고 피동적인 정보수용자를 넘어서, 보다 주체적이고 능동적인 디지털 유목민으로 거듭날 필요가 있다. 이를 위해서는 온라인 학습상황에서의 학습자 주체성과 상호성을 적극적으로 추구할 필요가 있다. 따라서 성인학습자는 유튜브에서 일방향적으로 금융정보를 수용하기보다는, 자기주도성과 상호성을 바탕으로 양방향적인 학습활동을 지속해야 할 것이다. 예를 들면, 댓글이나 채팅 등의 방법으로 자신의 생각과 의견을 적극적으로 표출하고, 때로는 온라인 금융학습과 더불어 오프라인 금융학습도 병행하며, 자신만의 독창적인 콘텐츠를 제작하고 공유하는 활동을 적극적으로 시도할 필요가 있다.

셋째, 성인학습자는 유튜브를 기반으로 하는 금융학습에서 자신의 학습시간 및 학습공간 사용에 대한 성찰을 시도해야 한다. 왜냐하면, 유튜브의 사용과 관련한 시공간적 장점(시간적 교차가능성, 반복적 재생과 편집, 온라인 학습공간 확장, 사이버 정체성 및 관계 형성)은 성인학습자의 무형식 학습을 실현하기 위한 최적의 조건을 제공할 수 있기 때문이다. 특히, 이 연구는 성인학습에 있어서 유튜브를 기반으로 한 시공간적인 확장이 무형식 학습을 촉진하는 물리적 환경이 될 수 있음을 경험적으로 입증하였다. 그리고 유튜브 기반의 무형식 학습과 관련하여, 유튜브의 시공간적 장점과 특성은 성인학습자가 안드라고지(andragogy)와 더불어 페다고지를 실현할 수 있는 가능성을 열어준다. 즉, 성인은 유튜브를 기반으로 하는 금융학습을 통하여 학교교육을 통해 배우지 못했던 분야나 영역을 개척하여 새로운 직업이나 진로를 모색할 수도 있다. 따라서 유튜브를 기반으로 한 무형식 금융학습은 학교교육의 보완적이고 보조적 기능을 넘어서, 성인교육의 형성적 기능을 실현하는 데 기여할 것이다.

넷째, 성인학습자가 유튜브 기반의 금융학습에서 자기지식을 구성하기 위해서는 디지털 리터러시를 신장할 필요가 있다. 왜냐하면, 유튜브를 기반으로 하는 금융학습에는 교육적 양가성이 도사리고 있고, 교육적 가능성과 아울러 한계도 공존하기 때문이다. 유튜브 플랫폼 그 자체는 성인의 금융학습을 위한 보고(寶庫)가 아니며, 그것을 적절하게 활용할 수 있는 역량이 더 중요하다고 볼 수 있다. 따라서 성인의 성장과 발달을 위한 유튜브 기반 금융학습의 교육적 가능성을 실현하기 위해서는 디지털 리터러시가 관건이라 볼 수 있다. 이러한 이유에서 성인학습자는 유튜브에 매개된 학습내용, 학습방법, 학습 환경에 대한 자각과 성찰을 바탕으로 자기지식을 구성하는 디지털 리터러시에 각별한 주의를 기울일 필요가 있다. 따라서 김형진, 정효정(2021)의 지적처럼, 성인학습자가 유튜브 콘텐츠의 질을 비판적으로 평가하고, 사회적 책임과 개인적 요구에 따라 유튜브 콘텐츠를 자유롭게 활용하고 공유하여 자기발전과 성장을 도모할 수 있도록 디지털 리터러시 교육을 강화해야 할 것이다. 예를 들면, 디지털 리터러시에 대한 양질의 교육 자료를 제작하여 공유하고, 자동추천 알고리즘 등 유튜브의 세부 기능에 대한 이해를 제고하여 성인들이 유튜브를 선용할 수 있는 기회를 마련해야 할 것이다.

다섯째, 이 연구는 성인학습자가 유튜브에 매개된 학습내용, 학습방법, 학습 환경에 대한 자각과 성찰을 바탕으로 특정한 영역(경제 및 금융)에 대한 자기지식을 구성해 나가는 내적 과정을 자문화기술지로 재현하였다. 따라서 이 연구의 결과는 유튜브를 이용하는 수많은 성인학습자가 자신의 학습경험을 비판적으로 재검토하고, 유튜브 기반의 금융 학습경험을 개선하는 데 실제적인 도움을 제공할 것이다. 또한, 이 연구의 결과는 유튜브 기반 금융 학습경험이 성인학습자의 무형식 학습과 자기주도적인 학습을 강화하고 촉진할 수 있음을 입증하였다. 따라서 평생교육 관련 종사자들은 유튜브 기반 성인학습에서 무형식 학습과 자기주도적인 학습을 촉진할 수 있는 교육방법과 환경을 최적화해야 할 것이다.

마지막으로, 유튜브 기반 금융학습에 대한 후속연구의 방향을 제시하고자 한다. 이 연구는 테크노포비아를 갖고 있는 한 성인학습자의 맥락에서 비롯되었기 때문에 유튜브 기반 금융학습의 교육적 양가성이 도드라진 측면이 있다. 그러나 정보매체나 정보기기 그리고 온라인 학습에 친숙한 성인학습자는 유튜브를 통한 금융학습에서 보다 심층적인 교육적 의미와 가치를 발견할 수도 있다. 기술적 능숙함과 친숙함을 갖고 있는 성인학습자가 유튜브에서 정체성과 사회적 관계 형성, 그리고 상호작용과 역동성과 관련하여 어떠한 금융 학습경험을 하는지에 대한 후속연구를 기대하면서 글을 맺는다.

참고문헌

강명현. (2021). 유튜브는 확증편향을 강화하는가?: 유튜브의 정치적 이용과 효과에 관한 연구. 한국소통학보, 20(4), 261-288.

강민정, 정은주, 조해윤. (2020). Z세대가 즐기는 유튜브 채널의 몰입 요인과 특징. 한국콘텐츠학회논문지, 20(2), 150-161.

공민영, 안현철. (2020). 유튜브에서의 정보수용: 유튜브 장르의 영향을 중심으로. 한국컴퓨터정보학회논문지, 25(6), 131-141.

권정민. (2021). 청소년 유튜버는 어떠한 무형식학습을 하는가?. 한국초등교육, 32, 121-141.

김병선. (2021). 한국 대학생들의 자기 주도 영어 쓰기 수정 활동 경험 연구: 유튜브 댓글 읽기와 동료피드백을 중심으로. 교육과학연구, 23(3), 51-73.

김아미. (2020). 초등학생 유튜브 경험 및 인식에 대한 탐색적 연구. 경인교육대학교 교육연구원 교육논총, 40(3), 341-358.

김현진, 정효정. (2021). 유튜브 리터러시 교육 프로그램 개발 및 적용. GCL, 11(2), 31-55.

박선미. (2022). 중년남성의 유튜브 사용 경험 탐색. 학습자중심교과교육연구, 22(17), 229-247.

송철민, 최낙진. (2022). PD저널리즘 실현 수단으로서의 유튜브 경험: 어느 20년 차 지역방송 PD의 자기민속지학. 언론과학연구, 22(1), 250-301.

신유진, 김금란. (2020). 언택드(untact) 시대의 유튜브 활용 교육에 관한 연구: 메이크업 국가자격을 중심으로. 디지털융복합연구, 18(2), 81-86.

신희선. (2020). 토론교육에서 유튜브 텍스트의 의미 고찰: 유튜브 활용에 대한 대학생들의 인식을 바탕으로. 사고와 표현, 13(1), 7-42.

신희선. (2022). 유튜브 플랫폼에 대한 비판적 고찰과 학습자중심 토론교육의 중요성 연구. 교양교육실천연구, 6(1), 101-118.

오대영. (2018). 유튜브 정치동영상 이용이 정치사회화에 미치는 학습효과: 정치효능감, 정치관심도, 정치참여를 중심으로. 교육문화연구, 24(1), 97-115.

이종만. (2019). 유튜브 이용자의 성격 특성과 이용 동기가 강박적 유튜브 사용에 미치는 영향. 한국콘텐츠학회논문지, 19(9), 512-520.

이종만. (2021). 코로나19로 인한 원격 교육에서 유튜브에 대한 인지된 유용성과 인지된 즐거움이 대학생들의 학업 적응에 미치는 영향: 강박적 유튜브 사용을 중심으로. 한국콘텐츠학회논문지, 26(3), 137-142.

이종현. (2020). 외국인 학습자의 유튜브를 활용한 한국어 학습 경험에 대한 연구. 인문사회21, 11(6), 285-300.

이현우, 민현주. (2021). 한 대학생 크리에이터의 진로구성과정 탐색을 위한 내러티브 연구. 인문사회21, 12(5), 475-490.
이효성. (2020). 유튜브의 이용동기에 대한 탐색적 고찰. 커뮤니케이션학 연구, 28(3), 77-99.
장승진, 한정훈. (2021). 유튜브는 사용자들을 정치적으로 양극화시키는가?: 주요 정치 및 시사 관련 유튜브 채널 구독자에 대한 설문조사 분석. 현대정치연구, 14(2), 5-35.
장성호 외. (2021). 올바른 유튜브 사용 언어 및 구성 요소에 대한 델파이 연구. 디지털융복합연구, 19(6), 53-60.
전보라. (2019). 대학생의 유튜브 활용경험 및 인식에 관한 현상학적 연구. 교육문화연구, 25(5), 289-306.
전화영, 홍훈기. (2010). 유튜브 동영상을 활용한 화학I 수업에 대한 학생들의 인식. 대한화학회지, 54(4), 465-470.
주현식. (2019). 네트워크화되는 '나'(me): 유튜브와 대화적 상상력. 문화와융합, 41(5), 687-716.
최원준, 김천기, 이동성. (2021). 유튜브(Youtube) 크리에이터 초등학교 교사들의 정체성과 역할 구성에 대한 생애사 연구. 교육문화연구, 27(3), 219-243.
홍미성, 김가은. (2020). Z세대 무용전공생의 유튜브(YouTube) 이용실태 분석. 한국무용과학회지, 37(2), 1-20.
Chen, C. P. (2016). Forming digital self and parasocial relationships on YouTube. *Journal of Consumer Culture, 16*(1), 232-254.
Church, S. H. (2010). YouTube politics: Youchoose and leadership rhetoric during the 2008 election. *Journal of Information Technology & Politics*, *7*, 124-142.
Evans, M. (2016). Information dissemination in new media: YouTube and the Israeli-Palestinian conflict. *Media, War & Conflict*, *9*(3), 325-343.
Hanson, G. L., Haridakis, P. M., & Sharma, R. (2011). Differing uses of YouTube during the 2008 U.S. presidential primary election. *Electronic News, 5*(1), 1-19.
McKee, A. (2011). YouTube versus the national film and sound archive: Which is the more useful resource for historians of Australian television?. *Television & New Media, 12*(2), 154-173.
Mosemghvdlishvili, L., & Jansz, J. (2012). Framing and praising Allah on YouTube: Exploring user-created videos about Islam and the motivations for them. *New Media & Society, 15*(4), 482-500.
Nickerson, R. S. (1998). Confirmation bias: A ubiquitous phenomenon in many guises. *Review of General Psychology, 2*(2), 175-220.
Pantti, M. (2015). Grassroots humanitarianism on YouTube: Ordinary fundraisers, unlikely donors, and global solidarity. *The International Communication Gazette, 77*(7), 622-636.
Sussman, S. W., & Siegal, W. S. (2003). Information influence in organizations: An

integrated approach to knowledge adoption. *Information Systems Research*, *14*, 47-56.

Waldron, J. (2013). User-generated content, YouTube and participatory culture on the web: Music learning and teaching in two contrasting online communities. *Music Education Research*, *15*(3), 257-274.

Welbourne, D. J., & Grant, W. J. (2016). Science communication on YouTube: Factors that affect channel and video popularity. *Public Understanding of Science, 25*(6), 706-718.

제 4 장 교사교육자의 금융이해력 발달

I. 가난한 아빠에서 부자 아빠로 변하기

금융자본주의의 출현으로 말미암아 국가 및 개인 간 부의 격차는 날로 심화되고 있으며, 이러한 부의 격차는 N포 세대 및 캥거루족 등장, 노인 빈곤 및 자살률 증가, 계층 및 세대 사이의 심각한 갈등과 불평등을 야기하고 있다(Kiyosaki, 2017; 박영옥, 2021; 존 리, 2023). 상당수의 청년들은 금융자본주의에서 비롯된 경제적 어려움으로 연애, 결혼, 출산, 취업, 내 집 마련, 희망 등을 포기하기도 하며, 성인이 되어서도 경제적 독립을 이루지 못하여 부모에게 경제적으로 의존하는 청년들이 10명 중 6명에 이르고 있다(투데이신문, 2023. 03. 13.). 또한, OECD의 2018년 기준 노인 빈곤 비율 조사결과에 따르면, 한국의 노인 빈곤 비율은 43.4%(OECD 평균(13.1%) 세 배가 넘는 수치)로 조사국 대상 전체 1위에 올랐다(국민일보, 2023. 03. 20.). 그리고 Netflix 드라마 〈오징어 게임〉이나 〈기생충〉 등과 같은 영화는 한국사회의 경제적 불평등과 격심한 격차를 여실히 재현하고 있다.

1980년대에서 오늘날까지 신자유주의는 경제적 환경과 조건에 유연하게 대처하지 못하는 학교교육을 비판하였다(김천기, 2023; 이동성, 2022; Bowles, 1988). 따라서 정부와 정책결정자는 의사적인 경제논리에 따라 수차례 학교개혁을 시도하였으나, 우리나라의 교육과정은 경제교육이나 금융교육에 대한 방점을 찍지 않았다. 따라서 오늘날 한국의 학교교육은 산업 자본주의의 유산에 갇혀서 금융자본주의에 대처하지 못하는 '금융문맹자'를 양산하고 있다고 비판받고 있다(Kiyosaki, 2017;

Kostolany, 2015; 박영옥, 2021; 존 리, 2023). 금융감독원과 한국은행의 '2022 전국민 금융이해력 조사' 결과에 따르면 국민들의 소득별로 금융이해 격차가 확대되고 있으며, 복리이자 계산에 대한 이해도가 낮으며, 금융상품을 선택할 때 전문적인 지식보다 타인들의 추천에 의존하는 경향이 강한 것으로 드러났다(한경금융, 2023. 03. 29.).

앞서 지적한 바와 같이, 금융문맹은 개인적 차원의 재무적 문제에 머무는 것이 아니라, 빈부격차의 심화, 출생률 저하, 신용 불량자 증가, 금융기관 부실화와 같은 사회적 문제를 야기할 수도 있다(이종희, 이연숙, 2015). 금융이해력은 부모의 사회경제적 지위(SES)와 관련성이 높으며, 금융이해력의 격차가 세대를 거쳐 대물림될 수도 있다(박형준, 2017, 2022; Grifoni, 2016). 이러한 이유에서 금융교육을 통한 개인의 금융이해력 발달은 주요한 국제적 이슈가 되었고, 학교교육을 중심으로 금융이해력을 신장하기 위한 노력이 있었다(OECD, 2012; 박형준, 2017, 2022; 이소연, 2018; 이종희, 이연숙, 2015). 2000년대 이후 우리나라의 공공기관과 금융기관은 아동과 청소년을 대상으로 금융교육을 하고 있으나, 금융교육 교육과정과 수업의 체계성이 낮은 편이다(박형준, 2017; 이종희, 이연숙, 2015). 한국의 학교기반 금융교육은 미국에 비해 내용이 부족하고, 일부 영역(소비자교육)에 편중되어 있다(박형준, 2017, 2022; 이소연, 2018). 이러한 학교기반 금융교육보다 더욱 심각한 점은 성인을 대상으로 하는 평생교육 차원의 금융교육이나 금융이해력 교육이 여전히 걸음마 단계에 머물러 있다는 점이다.

인간이 지속가능한 삶을 영위하기 위해서는 물질적 기반 혹은 경제적 토대를 스스로 지켜나갈 수 있는 경제적 역량이 필요하다(김한별, 2019: 66). 특히, 성인 학습자의 금융이해력 발달은 평생교육의 차원에서 볼 때, 평생교육의 이념 가운데 하나인 "행위를 위한 학습(learning to do)"에 해당한다고 볼 수 있다. 학교기반 금융교육을 체계적으로 받지 못한 한국의 성인들은 자신의 실제적인 금융투자 경험을 통해 금융이해력을 신장할 가능성이 높다. 즉, 한국의 일부 성인 학습자들은 경제적 이익을 도모하기 위해 특정한 금융기관(증권사, 자산운용사)에서 운용하는 주식, 채권, 지수상장펀드(ETF) 따위의 투자성이 있는 상품에 지속적이고 반복적으로 투자할 가능성이 높다. 하지만 한국의 성인 학습자들이 실제적인 투자경험을 통해 어떻게 금융이해력을 개발하는지에 대한 경험적인 연구가 많지 않은 실정이다. 따라서 이 글의 목적은 자기연구의 일종인 자문화기술지(autoethnography)를 통해 한 성인 학습자의 금융이해력 발달경험을 내부자의 관점에서 조명하는 데 있다. 이러한 연구목적을 달성하기 위한 구체적인 연구문제는 다음과 같다. "성인 학습자로서 나는 금융투자의 과정에서 금융이해력의 발달과 관련하여 어떠한 경험을 하였는가?" 이 연구는 성인 학습자의 금융이해력 발달경험의 실재와 그 의미를 해석적으로 논의함으로써 금융이해력의 제고를 위한 실천적 및 이론적 시사점을 제공할 것이다.

Ⅱ. 금융교육과 금융이해력 신장

금융자본주의의 출현 그리고 세계적 차원의 금융위기 이래로 금융교육을 통한 금융이해력은 개인적 및 국가적 차원의 생존과 번영을 위한 삶의 핵심적인 기술로서 인식되고 있다(Masnan & Curugan, 2016). 우리나라의 금융교육과 금융이해력 교육을 검토하기에 앞서 금융이해력 개념을 명확히 하고자 한다. '금융이해력(financial literacy)'이란 개인이 금융 관련 지식을 얼마나 잘 이해하고 사용할 줄 아는가 하는 능력으로 정의된다. 즉, 금융이해력은 금융에 대한 지식과 이해를 바탕으로 금융 관련 의사결정을 효과적으로 하고, 개인적 및 사회적 차원의 금융복지를 실현하는 데 필요한 기능, 동기, 자신감을 갖는 것을 의미한다(OECD, 2014: 33). 금융이해력 개념은 금융지식의 실제적인 적용 능력을 내포하고 있다는 점에서 단순한 금융지식과는 구분된다(Huston, 2010). 즉, 금융이해력은 금융에 대한 개념적 이해에서 한 걸음 더 나아가 금융계획을 세우며, 금융 관련 서비스와 상품을 주체적으로 취사선택하는 금융 의사결정 능력을 의미한다(Berry, Karlan, & Pradhan, 2015: 2). 이러한 맥락에서 최근에는 금융이해력이라는 용어 대신에 금융

리터러시 혹은 금융역량(financial capability)이라는 개념을 사용하기도 한다. 결국, 금융리터러시나 금융역량이라는 개념은 금융에 대한 지식, 기능, 태도, 행동 간의 상호작용을 포괄하는 넓은 개념으로 볼 수 있다(Kempson, Perotti, & Scott, 2013).

세계 각국은 학생들의 금융이해력을 신장시키기 위하여 학교 안에서의 금융교육 프로그램을 개발 및 실행하고 있다(OECD, 2012). 금융교육은 가능하면 일찍 학교교육과정을 통해 체계적으로 시작할 필요가 있다(OECD, 2012; Berry, Karlan, & Pradhan, 2015; Bover, Hospido, & Villanueva, 2018; Frisancho, 2019; Kaiser & Menkhoff, 2019; Masnan & Curugan, 2016; Sherraden, Johnson, Guo, & Elliott, 2011). 왜냐하면, 학교에서의 금융교육은 금융지식, 금융이해, 기술, 행동, 금융에 대한 태도와 가치 형성을 통해 효율적인 금융의사결정을 하는 데 실질적인 도움을 줄 수 있기 때문이다(OECD, 2012). 하지만 학교기반 금융교육(school based financial education)은 물리적 시간과 자원 부족, 여러 교과목으로 과부하가 걸려 있는 학교교육과정, 금융교육에 대한 낮은 교수 전문성과 노하우, 학습자료 부족, 이해당사자들의 다양성과 상충, 정치적 의지 부족, 낮은 헌신과 책임감 등 현실적 제약들로 인하여 학교교육과정을 통해 체계적으로 시도하기가 쉽지 않은 측면이 있다(OECD, 2012). 따라서 금융이해력을 신장하기 위해서는 학령기 학생을 대상으로 하는 학교기반 금융교육뿐만 아니라, 성인들을 대상으로 하는 금융이해력 신장 교육도 필요하다 볼 수 있다.

한편, 우리나라의 금융이해력 발달에 대한 선행연구(김성숙, 2014; 이윤호, 2015; 조지민 외, 2014)는 주로 경영학 및 경제학, 교과(사회교과)교육학의 관점에서 금융이해력을 측정하거나, 세대별 금융이해력의 발달 정도와 특징을 분석하였다. 이 글은 생애 전반을 아우르는 세대(generation) 개념을 중심으로 우리나라 국민들의 금융이해력 발달과 그 특징을 분석하였다. 세대에 따른 금융이해력 발달의 특징을 정리하면 다음과 같다.

첫째, 국내 선행연구(김은정, 문정숙, 2010; 오영수, 곽영일, 2015; 한진수, 2013)는 학교교육의 차원에서 초중고 학생들의 금융이해력 수준과 결정요인을 계량적 방법으로 분석하였다. 대표적으로, 한진수(2013)는 초등학생을 대상으로 금융이해력 수준과 결정요인을 분석하였다. 연구결과에 따르면, 초등학생의 학업성취도와 독서량, 돈의 사용에 대한 계획과 태도, 경제 관련 독서경험, 통장 보유가 금융이해력 향상에 도움이 되었다(한진수, 2013). 중학생들은 부모의 소비생활 태도에 따라 금융이해력에 차이를 보였으며, 보유하고 있는 통장이나 은행계좌가 있는 경우와 언론매체를 통해 돈 관리방식을 터득한 중학생들이 상대적으로 높은 금융이해력을 나타냈다(김은정, 문정숙; 2010). 고등학생들의 금융이해력은 부모의 학력, 본인의 학교성적, 가정경제에 대한 관심이 높고, 금융활동 경험이 있는 경우에 높게 나타났다. 따라서 학교에서의 금융교육은 고등학생들에게 직간접적으로 다양한 금융 체험 기회를 제공하는 것이 중요하였다(오영수, 곽영일, 2015). 결국, 초중고 학생 대상 선행연구는 학생들의 금융 이슈에 대한 지식과 이해가 자신들의 실제적인 경제적 경험과 가족의 금융 상황에 영향을 받는다는 점을 실증적으로 입증하였다(Masnan & Curugan, 2016: 118).

둘째, 국내 선행연구(김민정 외, 2012; 이윤호, 2018a; 장경호, 2022; 최현자, 조혜진, 2011; 한진수, 장경호, 2022)는 대학생의 금융이해력에 영향을 미치는 요인을 측정하고, 금융이해력 향상에 도움이 되는 활동을 제시하였다. 구체적으로, 대학교에서의 금융교육 관련 수강경험과 실제적인 금융거래 경험은 대학생의 금융이해력을 신장하는 데 도움을 주었다(김민정 외, 2012; 최현자, 조혜진, 2011). 또한, 사회경제적 지위(SES)가 높고, 금융투자 경험이 있는 대학생의 경우 금융투자에 대한 자기 과신이 나타났으며, 경제학 수업을 듣고 가족과의 재무적 대화를 자주 나누며, 주식투자 경험이 있는 경우에 금융지식에 대한 자신감이 높았다(이윤호, 2018a). 또한, 대학생의 금융이해력을 개발하기 위해서는 지역의 특수성을 고려하고, 금융교육을 지속적으로 시도하며, 조기 금융거래와 금융 관련 뉴스에 접근할 수 있는 기회를 제공할 필요가 있었다(한진수, 장경호, 2022). 이러한 연구결과는 금융교육 참여 정도, 가족의 영향력과 배경, 직접적인 금융투자 경험이 금융이해력에 영향을 미친다는 점을 입증하였다.

셋째, 국내 선행연구(김동진, 김지훈, 2021; 윤희정, 김홍배, 2021; 이윤호, 2018b; 한진수, 2017)는 성인을 대상으로 금융이해력 수준을 조사하고 결정요인을 분석하였다. 성인들의 금융이해력은 경제 및 금융활동을 왕성하게 경험하는 20대와 30대에서 빠르게 높아졌으나, 40대 이후부터는 금융이해력 발달에 큰 변화가 없었다(이윤호, 2018b). 윤희정, 김홍배(2021)는 성인의 금융이해력을 결정하는 요인을 분석하였다. 금융이해력 구성요소인 금융지식, 금융행위, 금융태도 사이에는 상관관계가 낮기 때문에 금융지식뿐만 아니라, 금융행위와 금융태도를 개선할 수 있는 교육이 필요하다고 보았다(윤희정, 김홍배, 2021; 한진수, 2017). 특히 교사의 경우, 금융이해력의 차이를 분석한 결과, 경제·금융교육연구회 활동경험, 금융수업, 금융 관련 연수경험이 있는 교사들의 금융이해력이 상대적으로 높게 나타났다(김동진, 김지훈, 2021). 한편, 일부 선행연구(김자봉, 2020; 한진수, 2019)는 우리나라의 금융교육에 대한 동향을 분석하였는데, 성인들은 합리적인 금융 의사결정을 내리지 못하는 경우가 다수이며(한진수, 2019), 금융교육이 성인의 금융 행위와 금융성과 개선에 기여하지 못함을 주장하였다(김자봉, 2020).

결국, 세대에 따른 금융이해력 발달에 대한 국내 연구는 경제학/경영학의 관점에서 금융이해력의 수준과 결정요인을 실증적으로 분석한 측면에서 의미가 있었다. 하지만 국내 연구동향은 주로 외부자의 관점과 계량적 방법으로 금융이해력에 대한 인식을 조사하는 차원에 머문 측면이 있다. 따라서 이 연구는 경제학이나 경영학의 관점보다는, 일반교육학 혹은 평생교육의 차원, 금융투자가라는 내부자의 관점에서 성인 학습자의 금융이해력 발달경험을 서술하고자 한다.

Ⅲ. 금융문맹에서 부자 아빠로의 이행 과정

1. 연구의 배경

사회경제적 및 문화적 자아를 탐구하는 자문화기술지는 문화기술지 혹은 질적 사례연구의 우산 아래 있기 때문에 연구의 배경과 맥락을 제한할 필요가 있다

(Chang, 2008). 여기에서 말한 연구의 배경이란 연구의 과정과 결과에 대한 상황과 맥락성을 강화하기 위해 연구 참여자이자 동시에 저자인 나의 위치성과 상황성을 밝히고, 연구를 에워싸고 있는 시간과 공간을 밝히는 것이다. 교육학자, 성인 학습자, 그리고 자문화기술자로서 나는 지난 3년(2020년 3월부터 2023년 4월까지) 동안 경제와 금융투자 학습에 몰입했던 50대 초반 중년 남성이다. 연구자로서 나는 최근 3년 동안 학교를 중심으로 교육과 교사의 삶을 탐구했던 연구의 궤적을 벗어나, 유튜브(YouTube)를 통한 경제와 금융투자 학습에 몰입하게 되었다.

성인 학습자로서 내가 이처럼 다소 엉뚱한 시도를 하게 된 계기는 2가지 이유 때문이었다. 첫째, 2020년에 지인의 추천과 권유로 주식과 부동산 투자를 감행했던 나는 투자금액 대비 상당한 금융투자 소득을 얻게 되었다. 지난 20년 동안 금융투자를 지속해 왔었지만, 단기간(1년)의 이례적인 큰 투자성과(투자금액 대비 100%)는 금융교육에 대한 관심을 갖기에 충분했다. 즉, 단기간의 금융투자 소득이 장기간의 근로소득을 넘어서는 충격적인 경험을 하게 되면서, 기존 근로소득과 금융소득에 대한 고정관념이 산산조각 났다. 둘째, 지난 20년 동안 교육 관련 소외 계층이나 집단(농어촌 및 원도심 지역 소규모 학교)을 연구했던 나는 이른바 학교와 교사 중심의 교육학연구에 한계를 느끼게 되었다. 학교를 온전히 혁신하거나 개혁하기 위해서는 학교 안에 살고 있는 사람들의 의식이나 행위의 변화뿐만 아니라, 학교를 에워싸고 있는 경제적 맥락과 조건이 동시에 변화될 필요가 있었다. 따라서 학교혁신을 도모하기 위해서는 학교기반의 교육학을 넘어서 경제/금융교육과 금융이해력 발달의 교육적 중요성을 자각하게 되었다. 한편, 금융투자자로서 나는 지난 3년 동안 금융이해력의 발달을 도모하기 위하여 직접적인 금융투자 활동과 경험에 대한 의미해석과 성찰뿐만 아니라, 온라인(YouTube) 콘텐츠 구독 및 오프라인(경제 및 금융 학습을 위한 교사연구회 2개) 공간에서 무형식 기반의 자기주도적인 금융학습을 시도하였다. 따라서 이 글은 성인학습자의 금융교육 관련 경험학습의 산물이라 볼 수 있다.

2. 자료수집 및 분석

이 글은 한 성인 학습자의 금융이해력 발달 경험을 내부자의 관점에서 서술하기 위해 자문화기술지를 채택하였다. 특히, 자문화기술지의 세부 유형 중 자전적 문화기술지와 성찰적 문화기술지를 결합한 분석적 자문화기술지(analytic autoethnography)를 바탕으로 질적 자료를 수집하고 분석하였다(Anderson, 2006; Chang, 2008; Reed-Danahay, 1997). 최종적으로 수집한 원 자료로는 금융투자 관련 개인적인 기억자료, 주식, 채권, ETF, 원유선물, 가상화폐 투자 관련 매매일지 및 메모, 자기/참여 관찰 및 인터뷰 자료, 경제 및 금융 관련 서적(7권), 유튜브 채널(42개) 및 파생 콘텐츠이다. 이 연구는 저자의 금융이해력 발달경험과 그 의미를 서술하기 위해 총 3차례의 주제 분석(초기코딩 2회, 종단적 코딩 1회)을 시도하였다. 초기코딩(2회)을 통해 금융이해력의 발달경험에 대한 10개의 코드를 생성하였고, 종단적 코딩을 통해 핵심범주와 주제를 최종적으로 생성하였다.

3. 타당도 확보

이 글은 타당도를 강화하기 위하여 Anderson(2006: 378-379)의 분석적 자문화기술지 준거를 활용하였다. 첫째, 나는 글에서 완전한 연구 참여자(full participant)로서 금융투자와 관련된 삶의 궤적을 이야기하였다. 둘째, 나는 분석적 반영성(analytic reflexivity)을 위해 저자의 위치성과 상황성을 풍부하게 서술하였다. 셋째, 자전적 글쓰기를 통해 금융투자와 관련한 연구자의 자아에 대한 내러티브 가시성을 드러내었다. 넷째, 개인적인 금융이해력 발달을 사회경제적 및 교육적 맥락에 연결하여 이론적 충실성을 강화하였다.

Ⅳ. 교육역량과 금융이해력의 발달

1. 자기관리를 통해 투자 마인드를 다잡기

금융투자자인 나는 지난 3년 동안 재화와 돈에 대한 욕망의 크기를 조절하였고, 금융자산의 변동성과 손실을 감내해 나갔으며, 경제적 자유와 자아실현을 위한 꿈을 꾸면서 즐거운 마음으로 투자하려 노력하였다. 이처럼 금융투자 행위에 대한 자기관리를 바탕으로 투자 마인드를 가다듬으면서 금융이해력이 점차적으로 발달하였다. 그리고 자기관리를 바탕으로 투자 마인드를 다잡는 금융이해력은 역량기반 교육과정에서의 자기관리 역량에 직결될 수 있음을 깨닫게 되었다. 역량기반 교육과정에서 '자기관리 역량'이란 자신의 삶과 진로를 스스로 설계하며, 삶과 진로에 필요한 기초능력과 자질을 갖추어 자기주도적으로 살아갈 수 있는 능력이다(교육부, 2022). 성인 학습자로서 나는 지난 3년 동안의 금융투자를 통해 현재의 삶뿐만 아니라 준비된 노후를 스스로 그려볼 수 있게 되었고, 금융투자에 필요한 강한 마인드를 형성하여 투자행위를 지속할 수 있는 힘을 갖게 되었다. 이와 관련한 자세한 이야기는 다음과 같다.

첫째, 성인 학습자로서 나는 지난 3년 동안 금융투자를 지속하면서 재화와 돈에 대한 내 욕망의 크기를 제대로 이해하고 조절하는 능력이 무엇보다 중요함을 알게 되었다. 코로나19가 창궐했던 2020년 3월에 내가 그동안 보유하고 있었던 주식들이 폭락하기 시작했다. 당시 1억에 달하는 금융자산은 마치 폭염 속 아이스크림처럼 녹아내리기 시작했다. 더 이상 코로나19 발생 이전의 삶과 세상으로 되돌아갈 수 없다고 언론들은 호들갑을 떨었고, 인류의 경제활동도 멈추거나 위축될 것이라는 공포가 엄습했다. 경제와 금융에 대한 암울한 전망이 지속되자, 나의 투자심리도 위축되기 시작했고, 급기야 주식계좌 손실률이 -45%에 달하자 보유한 주식을 전량 매도하였다. 아내는 손절이 의미 없다며 뜯어말렸지만, 나는 그나마 남아있는 돈을 지키기 위해서라도 모든 주식을 매도했다. 모든 주식을 매도했을 때 손실의 쓰라림과 함께 홀가분한 기분이 들기도 했었다. 이제는 녹아내리는 아이스크림이 더 이상 없었기에. 주식투자를 통해 거액을 벌겠다는 욕망을 내려놓는 순간 마음의 평화가 찾아왔다.

모든 주식을 손절하고 채 한 달이 지나지 않아 매도한 주식들이 일제히 반등하기 시작했다. 미국 연준(Fed)의 양적완화 정책으로 인해 유동성이 풍부했고, 모든 실물자산들의 가격이 오르기 시작했다. 나는 주식투자에서 비롯된 손실을 만회할 생각으로 대출(1억 원)을 받아서 서부 텍사스산 원유(WTI) 선물(ETF)에 투자를 했다. 2020년 4월 초순에 배럴당 20달러를 오가는 원유선물 가격은 고수익을 올릴 수 있는 투자처로 손색이 없어 보였다. 하지만 이게 어떻게 된 일인가? 2020년 4월 20일을 기준으로 원유 선물가격은 0원도 아닌 -40달러를 기록하였고, 2만 원대 ETF 가격은 3천 원대로 급락하고 말았다. 상황이 이 지경이 되고 나니, 나는 인베스팅닷컴(investing.com)에서 밤잠을 설치며 기도매매를 하는 투기꾼으로 전락하고 말았다. 나는 그때서야 선물투자의 위험성을 알게 되었고, 선물은 투자가 아니라 투기의 영역이라는 알게 되었다. 주식투자의 쓴 맛을 본 다음에 연이어 선물투자라는 지옥에 빠졌던 것이다. 다행스럽게도 원유선물 가격이 반등을 하여 본전을 되찾자, 나는 뒤를 돌아보지도 않고 선물시장을 급하게 빠져나왔다. 놀랍게도, 원유선물 시장은 그때를 기점으로 다시 반등하여 원래 가격(2022년 6월 기준, 2만 원)으로 되돌아 왔다. 투자자로서 나는 이러한 투자실패 경험을 통해 재화나 돈에 대한 내 욕망의 크기를 이해하고 조절하는 금융이해력이 중요함을 깨닫게 되었다. 특히, 투자대상에 대한 가치를 뒤로 한 채 단기간에 거액을 벌려고 하는 탐욕을 경계하게 되었다.

둘째, 성인 학습자로서 나는 지난 3년 동안의 금융투자 경험을 통해 금융자산의 변동성과 손실을 감내할 수 있는 인내력을 기르게 되었다. 2020년 초반 2번의 투자실패 경험은 금융자산의 일시적 하락과 변동성을 이겨낼 수 있는 원천이 되었고, 내외부적 변수에 따라 뇌동매매를 하지 않을 수 있는 평정심과 심리적 강건함을 선사하였다. 원유 선물시장을 빠져나온 나는 2020년 6월부터 다시금 금융자산(채권, 가상화폐) 및 실물자산(주식, ETF)에 투자를 하였고, 2020년 12월을 기점으로

6개월 만에 원금 대비 100%에 달하는 수익을 올릴 수 있었다. 나는 그 수익금으로 신차를 구입하였고, 살고 있는 전원주택을 확장하였으며, 대출을 더하여 재투자를 결정하였다. 재투자한 금융자산은 2021년 6월부터 2023년 3월까지 크게 하락하였지만, 금융투자자로서 나는 예전과 같은 심리적 공포에 빠지지 않을 수 있었다. 왜냐하면, 내가 투자한 금융자산의 가치를 믿고 투자를 결정하였고, 가격 변동성과 하락의 공포에 당당하게 마주설 수 있는 심리적 강건함과 무던함을 갖게 되었기 때문이다.

> 주식은 '고통의 사업'이라는 한 슈퍼리치(부자아빠 정재호)의 말을 되새기는 요즘이다. 투자한 자산들이 하락할수록 고통의 양도 늘어나지만, 동시에 투자의 근육이 늘어남을 체감한다. 투자자인 나는 요즘에 손실을 겸허하게 수용할 수 있는 마음의 자세를 조금은 가진 것 같다. 어차피 '투자(投資)'란 내 자본을 어딘가에 던져버리는 위험한 행위가 아니던가? 투자의 근육이 강해진 나는 설사 원금을 잃더라도 후회하지 않을 배짱을 가지려고 애쓴다. 투자의 책임은 언제나 자신에게 있고, 내가 선택한 투자의 실존을 있는 그대로 수용하는 자세가 중요하니까. 앙드레 코스톨라니는 주식가격의 변동성과 하락을 이겨낼 수 있는 방법으로 수면제를 추천했지만, 나는 한여름의 소나기와도 같은 하락장을 피하지 않으려고 한다. 이 또한 돈을 어딘가에 던져버린 내가 온당히 감내해야 하는 실존적 숙명이기에(연구자의 투자일지에서 발췌, 2023. 02. 19.).

셋째, 성인 학습자로서 내가 금융투자의 고통을 감내할 수 있었던 원천은 금융투자로 자아실현을 꿈꾸며 즐거운 마음으로 투자행위를 지속했기 때문이다. 2020년 말미에 상당한 금액의 금융투자 소득을 올렸던 나는 돈은 노동을 통해서 벌어야만 한다는 고정관념에서 벗어날 수 있었다. 즉, 신성한 노동을 통한 근로소득뿐만 아니라 금융 투자행위를 통한 투자소득도 미래의 경제적 자유를 위한 수입원이 될 수 있음을 자각하게 되었다. 비록 교육공무원인 내가 사업소득은 올리지 못할지라도, 노동소득과 더불어 투자소득을 올릴 수도 있다는 가능성을 확인하자, 노동과 일 그리고 돈과 삶의 관계를 새롭게 바라볼 수 있는 의미관점을 생성하였다. 가난한 인간은 돈을 벌기 위해 평생 동안 노동을 하지만, 현명한 금융투자자는 돈이 인간을 위해 일하게 하는 것임을 알게 되었다. 그리고 돈은 인간의 자아실현을 위한 경제적 조건일 뿐이지만, 정작 돈이 부족할 경우 인간의 자아실현을 방해하는 요소가 될 수도 있다. 따라서 금융투자를 통해 금융소득을 얻을 수 있다면, 인간은 원치 않는 노동에서 해방이 되어 자신이 진정으로 원하는 행복한 삶을 살 수도 있다는 생각이 들었다. 이처럼 금융투자와 행복한 삶의 관계에 대한 성찰은 금융이해력의 발달이자 일종의 전환학습이었다.

> 금융투자를 본격적으로 시작한 나는 더 이상 비판적 교육이론가가 아닐지도 모른다. 그리고 청빈한 삶을 꿈꾸는 교육공무원도 아니다. 마르크스는 사적 유물론을 통해 자본주의를 깨부수고 인간의 해방을 꿈꾸었지만, 인간의 본성은 자본주의의 속성을 그대로 닮아 있었다. 그래서 나는 과거 비판이론가들처럼 강의실에서 고상하게 자본주의를 비판할 마음이 없다. 차라리 금융자본주의의 본진에 들어가 금융투자로 내파(內波)를 시도하고 싶다. 남들은 내가 변절했다고, 아니 미쳤다고 말할지도 모른다. 하지만 내가 꿈꾸는 세상은 한 치의 변화도 없다. 단지 금융자본주의를 대하는 방식이 변화되었을 뿐(연구자의 투자일지에서 발췌, 2021. 02. 18.).

2. 지식과 정보로 나만의 투자 관점을 가다듬기

금융투자자로서 나는 지난 3년 동안 투자 대상에 대한 자기지식을 구성하였고, 투기와 투자를 구분하였으며, 금융지식과 정보로 투자행위의 위험성을 관리하였다. 다양한 지식과 정보로 나만의 투자 관점을 가다듬는 이러한 금융이해력은 역량기반 교육과정에서의 지식정보처리 역량과 맞닿아 있었다. 2022 개정 교육과정에 따르면, '지식정보처리 역량'이란 문제를 합리적으로 해결하기 위하여 다양한 영역의 지식과 정보를 깊이 있게 이해하고 비판적으로 탐구하며 활용할 수 있는 능력이다(교육부, 2022). 성인 학습자로서 나는 현명한 금융투자 의사결정을 내리기 위해 다양한 영역의 금융지식과 정보를 깊이 있게 이해하려고 노력하였으며, 금융지식과 정보에 대한 비판적 검토를 통해 나름의 자기지식을 구축함으로써 나만의 투자 관점을 가다듬어 갈 수 있었다. 보다 상세한 이야기는 다음과 같다.

첫째, 나는 다양한 금융지식과 정보를 수집하고 분석하여 투자 대상에 대한 자기지식을 구성하고, 이를 바탕으로 금융투자 의사결정을 해야 함을 알게 되었다. 지난 3년 동안의 금융투자 경험을 되돌아보면, 누구에게서 어떤 금융지식과 정보를 취득했는지에 따라 금융투자 수익률에 큰 차이가 있었다. 2020년에 금융투자에 성공할 수 있었던 이유는 저금리로 인한 통화량의 양적 팽창도 한 몫을 했지만, 한 지인과 사모펀드의 추천에 따라 당시에 상승하지 못했던 종목들(경기순환주 및 가치주)을 중심으로 포트폴리오를 구성했기 때문이다. 2021년부터 2022년까지 금융시장은 대세 하락기를 맞이했지만, 내가 보유했던 종목들은 나름 선방을 하였다. 하지만 2023년 초반기를 맞이하면서 코스닥의 일부 섹터(로봇, AI, 2차 전지)는 급등을 했던 반면에, 내가 2년 넘게 보유했던 종목들은 큰 폭으로 하락하였다. 그동안 정기적으로 금융투자 정보를 주던 사모펀드와 지인에 대한 신뢰와 감사함이 눈 녹듯이 사라지기 시작했다. 투자 수익률에 따라 일희일비하는 나 자신이 부끄러웠다. 무엇보다, 금융전문가나 특정 기관의 금융지식과 정보에 의존했던 나 자신이 문제였다는 사실을 깨닫게 되었다. 그리고 지속가능한 성공투자를 위해서는 금융지식과 정보를 일방적으로 수용하는 차원이 아니라, 그것을 의심하고 또 의심해서 자신만의 투자 관점을 형성해야 함을 알게 되었다.

> 금융투자만큼 냉정한 것이 없는 것 같다. 성공을 하면 달콤한 수익을 얻지만, 실패를 하면 소중한 돈을 크게 잃을 수도 있는 것이다. 투자의 방법은 사람 수만큼이나 다양하고, 각자의 투자 관점은 나름 일리가 있다. 그렇다면 나는 누구의 관점을 채택할 것인가? 누구의 관점에 의존했으나 결국 실패를 했다면 그러한 결과를 어떻게 받아들여야 하는가? 투자의 최종적인 책임은 본인에게 있기 때문에, 투자의 관점 또한 온당히 내 것이어야 하는 것이다. 그리고 투자를 위한 지식과 정보를 아는 것이 중요한 것이 아니라, 그것을 분석하고 해석하여 자기지식으로 처리하는 것이 중요한 것이다. 그

래야 뇌동매매를 하지 않을 수 있는 것이다. 금융투자에 대한 지식과 정보가 범람하는 요즘에, 나는 철학자 데카르트처럼 지식과 정보를 의심하고 또 의심한다(연구자의 메모자료, 2023. 02. 27.).

둘째, 금융투자자로서 나는 직접적인 금융투자 경험에서 비롯된 의미도식의 변화와 새로운 의미관점의 생성을 통해 투자와 투기 행위를 개념적으로 구분할 수 있는 자기지식 혹은 금융이해력을 갖게 되었다. 여기에서 말한 '의미도식의 변화'란 자신의 금융투자 경험을 이해하고 해석하는 데 개입되는 습관적인 기대를 점차적으로 변화시키는 것을 의미한다(김한별, 2019: 102-103; Mezirow, 1990: 2-5). 나는 지난 17년 동안 금융투자를 지속하면서 금융상품을 선택하는 나름의 관점이나 판단준거가 그다지 명료하지 않았었다. 특히, 주식거래는 일종의 제로섬 게임이나 도박과도 같은 위험한 투자행위라는 잘못된 신념과 감정을 갖고 있었기 때문에 가족들이나 학생들에게 함부로 권유할 수 없었다. 하지만 최근 3년 동안 실제적인 금융투자 소득으로 삶이 풍요로워지고, 유튜브로 투자에 대한 자기주도적인 학습을 지속하면서 금융투자에 대한 왜곡된 의미도식을 점차적으로 변화시킬 수 있었다. 나는 오랜 세월 동안 딴딴한 금융투자를 한 것이 아니라, 위험한 금융투기를 금융투자라고 착각을 했던 것이다. 금융투자에 대한 이러한 의미도식이 점차적으로 변화되자 새로운 의미관점이 생겨났다.

금융투자를 둘러싼 새로운 의미관점이란 자신의 금융투자 경험을 해석하고 재구조화하는 과정에서 개입되는 새로운 투자관점 혹은 변화한 사고의 전제를 의미한다. 성인 학습자로서 나는 투자와 투기를 구분할 수 있는 금융지식과 금융투자 기술을 체득함으로써 가족과 지인, 학생들에게 금융투자를 권유하고, 학교기반 금융교육을 시도할 수 있는 용기를 갖게 되었다. 구체적으로, 투기(投機)와 투자(投資) 행위는 투자대상 혹은 재화에 대한 가치에 대하여 다른 전제를 갖고 있었다. 투자는 투자자가 특정한 재화나 투자 상품에 대한 본질적 가치를 매기고, 그러한 가치가 제대로 평가받을 때까지 오랜 시간을 기다리면서 자신의 자본을 투입하는 행위였다. 반면에 투기는 투자대상에 대한 본질적 가치에 주목하기보다는, 단기간에 시세의 차익을 노리는 투자행위였다. 두 행위의 개념적 관계를 고려해 보면 투자의 한 방식으로 투기가 있으며, 투기 행위는 투자대상의 가치에 무관심하기 때문에 그만큼 위험성에 노출되는 한계가 있었다. 나는 지난 17년 동안 금융투자 대상의 본질적 가치에 주목하면서 장기적인 투자를 하기보다는, 잦은 금융거래를 통해 시세차익을 올리는 데만 관심을 두었던 것이다.

> 지금까지 나는 부동산에 투자를 하여 큰돈을 버는 사람을 그다지 존경하지 않았었다. 왜냐하면, 부동산은 투자보다는 투기의 대상이라고 착각했기 때문이다. 그렇다면, 금융자산에 자본을 투입하는 행위는 투자행위인가? 아니면 투기행위인가? 나는 지금까지 주식투기라는 말을 들어본 적이 없다. 우리는 주식에 자본을 투입하는 것을 당연하게 투자행위로 간주한다. 왜냐하면, 주식은 본질적으로 특정한 회사의 가치를 지분으로 대체한 실물자산의 표식이기 때문이다. 하지만 나는 주식을 사고팔면서, 내가 투자한 회사의 본질적 가치에 주목하기보다는 시세차익에 관심이 많았다. 내가 투자한 회사가 어떻든지 간에 돈만 벌면 그만이었던 것이다. 나는 여태까지 투자한 회사의 지분을 쥐고 있는 주주가 아니라, 단순히 주식을 사고파는 주식장사꾼이나 투기꾼이었던 것이다(연구자의 메모자료, 2022. 08. 21.).

셋째, 성인 학습자이자 금융투자자인 나는 자기주도적이고 지속적인 학습에서 비롯된 금융지식으로 금융투자의 위험성을 관리하려고 노력하였다. Taleb(2012)는 금융투자에서 위험성을 적절하게 관리하고 분산시킬 수 있는 안티프래질(anti-fragile) 투자 개념을 강조하였다. '안티프래질'은 투자에 실패했을지라도 재기나 회복을 시도할 수 있는 재무적 안정장치라 볼 수 있다. 성인 학습자로서 나는 금융투자의 위험성을 효율적으로 관리하기 위해 어떠한 경우에라도 투자의 원금을 잃지 않으려고 노력하였다. 구체적으로, 금융투자자인 내가 급격한 하락장에서 투자 원금을 지킬 수 있었던 것은 투자 시간, 투자 장소, 투자 방식, 투자 대상을 적절하게 분산했기 때문이다.

투자 시간의 분산이란 시계열의 확장을 통해 특정한 금융상품의 보유기간(최소 2년 이상)을 늘리거나, 금융상품을 매매할 때 분할 매도와 매수를 하는 방법이었다. 투자 장소의 분산이란 투자 대상국이 한국뿐만 아니라 미국, 중국, 베트남 등 세계 각국을 투자의 장소로 설정하는 방법이었다. 투자 방식의 분산이란 급변하는 금융시장의 상황과 변수에 따라 모멘텀 투자(momentum investing), 매크로 투자(macro investing), 가치 투자(value investing), 적립식 투자(installment investing)를 혼합하는 방식이었다. 예를 들면, 금융투자자로서 나는 연금저축펀드나 IRP 계좌에서 금융상품을 투자할 때는 매크로 및 적립식 투자 방식으로 매매를 하였으며, 개별 종목을 대상으로 금융투자를 할 경우에는 가치 투자를 중심에 두면서 대외 변수나 악재가 발생했을 경우에 모멘텀 투자를 병행하였다. 금융신흥국(emerging market)에 머물러 있는 한국의 투자여건을 고려했을 때, 이러한 탄력적인 투자 방식은 내가 아직까지 투자 원금을 지킬 수 있는 헤지 전략(hedge strategy)이 되었다. 그리고 투자 대상의 분산이란 투자 섹터를 다양화하고, 종목을 분산하며, 종목의 비중을 조절하는 방식이었다. 이러한 투자 대상의 분산 방식은 큰 투자 소득을 올리기에는 한계가 있었지만, 나에게 투자 원금을 잃지 않으면서 지속가능한 금융투자를 할 수 있는 기회를 제공하였다.

> 오마하의 현인이자 투자의 귀재 워런 버핏은 투자의 제1원칙으로 원금을 잃지 않는 것을 강조했다. 그는 제2원칙, 그리고 제3원칙도 원금을 잃지 않는 것이라고 주장했다. 하지만 실제로 주식투자를 해 본 사람이라면 이 원칙을 지키기가 얼마나 어려운지 실감했을 것이다. 분산투자를 하면 투자의 위험성을 낮출 순 있지만, 투자의 이익이 크지 않아 매력적이지가 않다. 하지만 시계열의 확장을 통한 복리의 마법을 생각해 보면, 1년에 15%의 수익도 감사해하려는 투자 자세를 갖추어야 할 것 같다(연구자의 자기 인터뷰 자료, 2023. 01. 14.).

3. 창의적 사고와 심미적 감성으로 투자 전략 모색하기

금융투자자로서 나는 폭넓은 교양과 역발상으로 투자처나 투자대상을 물색하였고, 인문학적 상상력으로 미래사회의 변동을 상상하며 금융투자를 하였다. 특히, 역발상을 통한 창의적 사고와 심미적 감성을 바탕으로 투자 전략을 모색했던 금융투자 전략은 2022 개정 교육과정에서의 창의적 사고 역량 및 심미적 감성 역량에 직결되었다. 2022 개정 교육과정이 추구하는 인간상은 창의적이고 교양이 있는 존재이다. 우선, 창의적인 사람은 진취적 발상과 도전을 통해 새로운 가치를 창출하고 사람이고, 교양이 있는 사람은 문화적 소양과 다원적 가치를 바탕으로 문화를 향유하는 존재이다(교육부, 2022). 이러한 교육적 인간상을 금융투자에 연결해 보면, 금융투자자는 창의적 사고와 도전으로 새로운 가치를 창출하는 대상(기업, 재화 등)에 투자하고, 문화적 소양과 열린 가치를 바탕으로 투자를 향유하는 존재로 볼 수 있다. 창의적 사고와 심미적 감성으로 투자 전략을 모색했던 자세한 이야기는 다음과 같다.

첫째, 성인 학습자이자 금융투자자인 나는 금융투자에 직접적으로 관련이 있는 경영학, 경제학, 회계학을 전공하지는 않았지만, 인문사회과학자로서 폭넓은 교양과 역발상으로 투자대상을 물색하고 금융 의사결정을 내릴 수 있었다. 앞서 밝힌 것처럼, 2022 개정 교육과정은 폭넓은 지식을 바탕으로 다양한 전문분야의 지식, 기술, 경험을 융합적으로 활용하여 새로운 것을 창출하는 창의적 사고 역량을 강조한다(교육부, 2022). 유럽의 전설적인 투자대가 A. Kostolany(2015)의 주장처럼, 금융투자자인 나는 인문사회과학의 폭넓은 지식을 바탕으로 금융 분야의 지식과 기술 그리고 투자경험을 융합하여 새로운 가치를 창출하는 투자 대상을 선정하여 금융투자를 할 수 있었다. 구체적으로, 나는 선입견과 본성을 거스르는 투자를 하려고 노력하였고, 다소 엉뚱한 발상으로 변화하는 금융시장에 대응하였다. 행동경제학(behavioral economics)에 따르면(박범조, 2016), 인간은 금융투자에서 이성적인 경제적 주체라기보다는 감정적이고 인지 편향적인 특징을 보이며, 위험이 닥쳤을 때 그것에 직면하여 합리적인 경제적 판단을 하기보다는 집단화의 경향을 나타낸다고 한다. 실제로, 투자자인 나는 2021년에 다수의 투자자들이 선호하지 않았던 원전과 건설 섹터에 투자하여 2배 정도의 수익을 올리기도 했으나, 최근(2023년 4월)에는 원전과 건설 섹터가 좋아질 것이라는 나의 고집을 내려놓고 뼈아픈 손절(−40%)을 경험하였다.

지난 3년 동안의 집중적인 투자 경험을 반추해 보면, 금융투자는 급변하는 시장의 상황에 따라 투자자의 관점이 유동적일 수밖에 없었다. 어느 영화의 제목처럼, 특정한 시점의 투자는 그때는 맞았지만 지금은 틀려있는 경우가 허다하였고, 3년 전에는 원수와도 같았던 종목이 훗날에 효자로 둔갑하는 경우도 있었다. 또한, 금융시장에서 영원히 존경받는 전문가란 존재하지 않았으며, 투자에는 왕도란 애초에 존재하지 않았다. 다수의 금융투자자들이 집단적인 투자행위를 보일 때, 그들과 동참하지 않으면 시장에서 철저하게 소외되어 FOMO 증후군을 겪을 수도 있다. 하지만 반대로, 집단적인 투자행위에 동참했을 때 그 말로가 좋지 않은 것이 금융시장의 역사이기도 했다. 때로는 과감한 종목교체가 금융시장에서 살아남는 방법이기도 했다가, 또 어떤 때는 아무것도 하지 않는 것이 최고의 투자 전략이기도 했다. 결국, 현명한 금융투자란 폭넓은 식견과 역발상으로 남들과는 다른 선택을 해야 하는 일이었다.

> 주식투자에는 왕도가 없는 것 같다. 3년 전에 유튜브에서 신이라고 불린 투자전문가들은 요사이에 죽일 놈이 되어버렸다. 현명한 투자자는 남들과는 다른 식견으로 미래를 내다보는 눈이 필요한 것 같다. 사회경제적 변화, 인구통계학적 변화, 기후변화, 지정학적 변화, 환경적 변화, 기술의 변화를 육감적으로 읽어내어 피 같은 내 돈을 특정한 종목에 던져야 하는 것이다. 올해 초에는 2차 전지, 로봇, AI, 반도체 섹터가 나에게 손짓을 하고 있다. 나는 이곳에 투자를 할 것인가? 말 것인가? 그것이 문제로다(연구자의 반성적 저널 자료, 2023. 04. 11.).

둘째, 금융투자자로서 나는 인문학적 상상력으로 미래사회를 그려보면서 투자를 하였다. 2022 개정 교육과정이 추구하는 교양이 있는 사람이란 인간과 세계에 대한 공감적 이해와 문화적 감수성을 바탕으로 삶의 의미와 가치를 성찰하고 향유하는 심미적 감성 역량을 갖춘 존재이다(교육부, 2022). 금융투자 행위도 결국은 세상을 살아가고 있는 사람들의 삶과 문화를 반영한 의사결정이었기 때문에, 인문학적 상상력과 심미적 감성 역량은 금융상품의 매매에 대한 의사결정을 내릴 때 중요한 역할을 하였다. 금융투자는 얼핏 보면, 피도 눈물도 없는 숫자 놀음처럼 보일 수도 있다. 따라서 금융투자를 위한 객관적인 지표는 시각화된 차트와 객관화된 정량지표였다. 따라서 나는 특정한 투자 대상의 차트(거래량을 동반한 일봉, 주봉, 월봉 차트)를 면밀하게 분석하였고, 분기 및 연도별 정량지표(매출액, 영업이익, 거래량, 시가총액, 외인소진율, PER, EPS, PBR, BPS, ROE 등 각종 재무제표)를 분석하여 투자에 근거로 삼았다. 그러나 놀랍게도 차트 분석이나 정량분석에 기초한 금융투자는 나의 바람처럼 흘러가지 않았다.

투명하고 객관적인 차트 분석이나 정량분석이 금융투자에 한계가 있었던 이유는 금융자산의 가격변동이 객관적인 경제지표뿐만 아니라 투자자들의 심리에 따라서도 좌우되었기 때문이다. 금융투자의 매력은 바로 객관적인 경제지표를 참조하면서도, 미래를 꿈꾸는 인간의 심리와 이야기를 읽어내는 일이었다. 그래서 금융투자가 서재형은 자신의 유튜브 채널에서 “투자는 경제학적 기초 위에 인문학의 기둥을 세워 짓는 집이다”라고 말하였다. A. Kostolany(2015)도 현명한 투자가가 되기 위해서는 경제학이나 경영학을 공부하기보다는, 심리학, 역사학, 사회학, 문학, 예술 등을 통하여 심미적 감성과 인문학적 소양을 기르는 것이 더 중요하다고 주장하였다. 서재형 금융전문가나 A. Kostolany(2015)의 견해에 따르면, 금융투자는 냉철한 수학 및 과학의 영역과 따스한 인문학 및 예술이 결합된 하나의 결정체라 볼 수 있다. 나의 금융투자 경험에서 비롯된 관점에서 볼 때, 숫자를 통해 표상되었던 정량지표는 이미 지나가 버린 과거의 기록이었다면, 심리와 상상력 그리고 이야기는 특정한 미래 금융자산의 가치를 결정하는 추동력으로 볼 수 있었다. “열 길 물속은 알아도 한 길 사람 속은 모른다.”라는 말처럼, 객관적인 경제지표뿐만 아니라, 투자자들의 변화무쌍한 심리와 감성을 읽어내는 것도 금융이해력이었다.

만일 주식이 사람이었다면, 선생인 나는 주식을 향해 호되게 호통을 쳤을지도 모른다. 주식가격의 변동은 마치 럭비공과도 같아서 어디로 튈지 좀처럼 알 수가 없다. 주가에 대한 예상은 언제나 보기 좋게 빗나가고, 오늘의 기대는 내일의 실망으로 변하기가 일쑤이다. 왜 그런지 고민을 거듭했더니, 도리어 나에게서 답을 찾을 수가 있다. 나도 내일 어떤 생각과 결정을 할지 알 수 없기 때문이다. 이렇게도 요상한 주식투자를 계속해야 할까? 아니면 말아야 할까(연구자의 매매일지 중 메모 자료, 2022. 12. 14.)?

4. 협력적 소통과 공동체 역량으로 투자의 목적과 방향 정립하기

금융투자자인 나는 발전 가능성이 높은 투자 대상을 찾기 위해 타자들과 소통하고 기업과 동행하는 투자를 시도하였으며, 더불어 잘 살아가기 위한 이타적인 투자교육자가 되려고 노력하였다. 협력적 소통과 공동체 역량을 기반으로 투자의 목적과 방향을 정립하려는 이러한 금융이해력은 2022 개정 교육과정에서의 협력적 소통 및 공동체 역량에 직결되었다. 협력적 소통 역량은 타자들의 관점을 존중하고 경청하면서 자신의 생각과 감정을 효과적으로 표현하며, 상호협력적인 관계에서 공동의 목적을 구현하는 역량이다(교육부, 2022). 그리고 공동체 역량은 지역・국가・세계 공동체의 구성원에게 요구되는 포용적 가치와 태도로 인류 공동체 발전에 적극적이고 책임감 있게 참여하는 역량이다(교육부, 2022). 성인 학습자로서 나는 현명한 금융 의사결정을 내리기 위해 여러 금융투자 기관과 전문가들의 조언과 관점을 경청하면서 더불어 살아가기 위한 투자방향을 정립하였다. 또한, 지역, 국가, 세계의 지속가능한 발전을 도모하는 차원에서 ESG(친환경, 사회적 책임 경영, 지배구조 개선) 경영을 추구하는 기업에 금융투자를 함으로써 인류 공동체의 공영에 이바지하고자 하였다. 이와 관련한 보다 자세한 이야기는 다음과 같다.

첫째, 성인 학습자이자 금융투자자인 나는 여러 금융투자 기관과 전문가들의 관점을 경청하면서 기업과 동행하는 투자가가 되기 위하여 노력하였다. 일반적으로, 현명한 금융투자자를 가늠할 수 있는 가장 확실한 기준은 투자기간 및 원금 대비 투자 수익률이었다. 즉, 제아무리 훌륭한 금융투자 전문가라도 자신의 수익계좌를 당당하게 공개하지 못하면, 그 사람은 진정한 금융고수로 인정을 받기가 힘들다. 내 주변(온라인 및 오프라인 공간)에는 투자기간 및 원금 대비 투자 수익률이 압도적인 금융투자자가 가뭄에 콩 나듯 존재하기는 하였다. 이른바 금융시장에서 '슈퍼개미'로 불리는 그들은 현명한 금융투자를 통하여 수백억 원대에서 수천억 원대에 이르는 막대한 부를 일군 사람들이었다. 금융투자자로 나는 이러한 '슈퍼개미들'의 현명한 투자전략과 투자방법을 존중하고 경청하면서 나의 금융투자 의사결정에 참조하였다. 하지만 성인 학습자이자 교육학자인 나는 이러한 슈퍼개미 모두를 존경할 수는 없었다. 왜냐하면, 다수의 성공적인 금융투자자들은 투자처인 기업(가)을 믿고 동행하기보다는, 시세추종의 원리에 따라 그저 시세차익을 올리는 데 열중했기 때문이었다. 쌀 때 사서 비싸게 파는 이러한 시세추종 투자전략은 기업과 개인(가계)이 함께 잘 사는 투자방식은 아니라고 여겨졌다.

개인과 기관 그리고 외인이 제로섬 게임을 펼치는 시세추종 투자전략은 투자 수익률 측면에서는 효율적인 투자방식으로 볼 수 있었으나, 내가 신봉할 만한 투자 방식과 방향은 아니었다. 왜냐하면, 교육학자인 나는 개인, 기관, 외인, 기업(가) 모두가 잘 살 수 있는 당당하고 떳떳한 투자 철학과 투자방식으로 금융투자 소득을 올리는 모습을 학생들이나 교사들에게 몸소 보여주고 싶었기 때문이다. 그래야 내가 꿈꾸는 학교기반 금융교육(school based financial education)을 시작할 수 있는 교육적 정당성을 얻을 수 있다고 생각했다. 운이 좋게도, 나는 온라인 공간(YouTube)과 책에서 개인 투자자가 기업의 주인이 되고, 올바른 마음과 큰 생각으로 기업을 응원하며 동행하는 훌륭한 금융투자자를 만날 수 있었다. '주식농부'로 불리는 박영옥(2021)은 정보매매, 차트분석, 정량분석에 근거한 투자방식의 중요성을 인정하기는 하였다. 하지만 그는 이러한 투자전략에서 한 걸음 더 나아가, 개인 투자자가 사회변동에 따른 메가 트렌드(mega trend)를 읽어 나가면서 기업과 소통하고 동행하는 투자 철학을 주장하였다. 교육학자이자 금융투자자인 나는 학교 교육과정을 중심으로 금융투자 교육을 의무화해야 한다는 그의 주장에 매료될 수밖에 없었다.

> 동료들과 함께 투자에 대한 대화를 나누면 흥미진진하다. 그들과 대화하면 내가 갖고 있는 투자 철학과 방향을 재점검할 수 있기 때문이다. 무엇보다, 나와 상반된 투자의견을 주장하는 동료들을 만나면 할 말이 많아진다. 한국 금융시장에 냉소적인 동료들은 우리나라의 기업과 기업가를 신뢰하지 않았다. 실제로 금융투자를 해 보니, 낮은 배당률과 불공정한 블록딜, 잦은 CB 발행, 물적 상장 등 나쁜 기업과 부도덕한 기업가가 주주인 나를 '멘붕'에 빠트리기도 한다. 하지만 학교에서 금융교육을 꿈꾸는 나는 이러한 현실을 인정하기보다는 개선을 하고 싶다. 그래야 학생과 교사들에게 희망을 노래할 수 있으니까. 나는 주주민주주의를 기반으로 기업과의 동행을 외치는 주식농부라는 사람이 맘에 쏙 든다. 그래서 오늘 교장연수 프로그램에 그를 강사로 추천했다(연구자의 반성적 저널 자료, 2022. 01. 26.).

둘째, 성인 학습자이자 금융투자자인 나는 절약하는 소비자의 정체성을 버리고, 나답고 이타적 투자교육가로 변모하기 위하여 노력하였다. 또한, 공동체의 상생을 꿈꾸는 차원에서 환경보전과 사회적 책임, 그리고 투명한 지배구조를 강조하는 기업을 선택하여 금융투자를 하였다. 교육자이자 학자인 나는 되도록 돈을 멀리한 채 청빈한 삶을 사는 것이 바람직하다고 생각했다. 특히, 국립대에 근무하는 나는 공복(公僕)으로서 가난하고 맑은 삶을 사는 것이 자랑스러웠고, 금융과 경제를 뒤로 한 채 배워서 남에게 주는 삶이 멋있는 삶이라고 생각했다. 하지만 나는 Kiyosaki(2017)의 〈부자 아빠, 가난한 아빠〉를 읽고 나서 큰 충격을 받았다. 왜냐하면, 사농공상(士農工商) 중에서 선비임을 자랑스러워했던 나는 '가난한 아빠'라는 전형임을 깨달았기 때문이다. 가난한 아빠였던 내가 학생교육과 교사교육을 했기 때문에 그토록 많은 이들이 가난을 대물림하고 있을지도 모른다는 두려움과 죄책감이 밀려왔다. 그래서 나는 청빈한 공복의 정체성과 역할을 과감하게 버리고, 벌어서 남에게 주는 투자교육가가 되기로 마음먹었다.

성인 학습자였던 나는 Kiyosaki(2017)를 만나면서 그동안 금융문맹자였던 나를 발견하게 되었고, 부자 아빠의 마인드로 과감한 금융투자를 결심하게 되었다. 그래서 지식노동에서 비롯된 근로소득을 투자소득으로 전환하기 위해 지난 3년 동안 치열하게 경제와 금융을 학습하였다. 솔직히, 나는 금융학자나 교과교육학자가 아니었기에 이러한 시도가 무모하고 부담스럽기는 했다. 하지만 학교교육과 경제(금융)의 관계를 탐구하는 내 전공을 고려했을 때, 투자교육은 그렇게 부도덕한 행위는 아니었다. 따라서 나는 금융교육사회학이라는 학문영역을 개척하기로 결심하였고, 교육대학원 교육과정에 학교기반 금융교육이라는 교과목을 개설하였다. 나는 이 교과목을 운영하면서 노동자와 자본가라는 이분법을 해체할 수 있었고, 고급 지식 근로자를 넘어서 위대한 기업의 주주가 되리라 마음을 먹었다. 특히, 현명한 금융투자로 큰 부를 일구어서 나다운 소비를 즐길 뿐만 아니라 가족들도 챙기는 '투자가'의 모습을 상상하게 되었다.

> 교사가 벌어서 남에게 주는 존재가 된다면 얼마나 좋을까? 아이들이 선생님의 어깨 너머로 부유한 삶을 살아가는 모습을 체득할 수 있다면 얼마나 좋을까? 만일 이러한 상상이 학교를 통한 금융교육으로 현실이 된다면, 한국의 청년들은 다시금 꿈을 꾸지 않을까? 그리고 우리가 금융에 대한 이해력을 높일 수만 있다면, 노동자이면서도 동시에 자본가가 될 수 있지 않을까? (중략) 요즘에 동학개미나 서학개미라는 말이 유행하고 있다. 개인 투자자는 기관이나 외국인들의 기관총에 몰살을 당하는 나약한 곤충이 아니다. 오히려 개인 투자자는 금융투자를 통해 가족과 이웃 그리고 기업을 응원하는 위대한 투자가이다(연구자의 메모 자료, 2022. 22. 18.).

V. 금융이해력 신장을 위한 교육방안

성인 학습자의 금융이해력 발달은 자기관리를 통해 투자 마인드를 다잡고, 폭넓은 지식과 정보로 자기지식을 구성하여 고유한 투자 관점을 가다듬는 것이었다. 또한, 금융이해력 발달은 창의적 사고와 심미적 감성으로 투자 전략을 모색하고, 협력적 소통과 공동체 역량으로 금융투자의 목적과 방향을 정립하는 일이었다.

결국, 실제적인 금융투자 경험에 기초한 성인 학습자의 금융이해력 발달은 2022 개정 교육과정이 강조하는 6가지 교육역량과 깊은 관련성이 있었다. 결론에서는 이러한 연구결과에 근거하여 금융이해력 발달경험의 교육적 의미와 가치를 해석적으로 논의하고, 금융이해력의 제고를 위한 이론적 및 실천적 방안을 제시하고자 한다.

첫째, 이 연구는 자문화기술지로 성인 학습자의 금융이해력 발달경험을 내부자의 관점에서 조명함으로써 금융투자 경험과 학습에 대한 자기사회학적 이해를 도모하였다고 볼 수 있다. 특히, 이 연구는 실제적인 금융투자 경험에서 비롯된 반성과 성찰을 바탕으로 금융이해력을 신장하는 경험학습, 전환학습, 무형식 학습의 과정을 재현함으로써 금융교육사회학(sociology of financial education)이나 성인 금융교육을 정립할 수 있는 이론적 및 방법적 토대를 제공했다고 볼 수 있다. 그리고 이 연구는 교육과 경제의 관계를 설명하는 기존 사회이론(역사적 유물론, 비판이론, 갈등이론)의 한계를 일정 부분 보완한다고 볼 수 있다. 유물론이나 경제구조결정론에 따르면, 인간의 금융 관련 지식, 행위, 의식은 하부구조인 경제적 맥락과 조건에 자유로울 수 없다. 따라서 인간은 이미 결정된 경제구조와 조건 아래서 억압적인 삶을 살아내는 피동적인 존재이다. 하지만 이 연구는 실제적인 투자경험에서 비롯된 반성과 성찰로 금융이해력을 신장하고, 이러한 금융이해력의 발달을 통하여 금융자본주의 사회에 주체적이고 능동적으로 살아가는 삶의 모습을 재현한 측면에서 교육적 의미가 있다고 볼 수 있다.

둘째, 이 연구는 실제적인 금융투자에서 비롯된 성인 학습자의 금융이해력 발달이 오늘날 학교교육(2022 개정 교육과정)이 추구하는 교육역량(자기관리 역량, 지식정보 처리역량, 창의적 사고 역량, 심미적 감성 역량, 협력적 소통 역량, 공동체 역량)과 깊은 관련성이 있음을 이야기하였다. 이러한 연구결과는 수많은 경제 및 금융 전문가들이 학교교육이나 교사가 금융교육의 중요성을 간과하고 있다는 주장에 의문을 제기한다고 볼 수 있다. 즉, 이 연구는 실제적인 투자경험에서 비롯된 성인의 금융이해력 발달이 학교교육에서의 교육역량과 직결되어 있음을 이야기함으로써 금융투자를 둘러싼 학교교육과 평생교육의 비분리성, 상호관련성, 순환성을 나타내었다. 이러한 맥락에서, 아동 및 청소년기에 체득한 교육역량은 청장년 및 노년기에 현명한 금융투자를 위한 금융이해력 발달의 원천이 될 수 있다. 또한, 아동 및 청소년을 대상으로 하는 학교기반 금융교육은 성공적인 금융투자가를 기르기 위한 초석이 될 수 있을 것이다. 따라서 금융자본주의 사회에서 주체적인 삶을 영위하는 경제적 시민을 양성하기 위해서는 유아교육, 초등교육, 중등교육, 고등교육, 평생교육 전반을 아우르는 금융교육을 종합적으로 실현해야 할 것이다.

셋째, 이 연구는 성인 학습자의 금융이해력 발달경험을 내부자의 관점에서 이야기함으로써 한국의 청장년들이 금융투자를 통해 자아의 실현을 위한 조건으로써 경제적 토대를 마련하고, 경제적 자유와 독립을 위한 실제적인 가능성을 제시했다고 볼 수 있다. 오늘날 금융자본주의가 발전함에 따라 계층 간 소득격차뿐만 아니라, 세대 간 소득격차가 심각한 사회문제로 부상하고 있다. 일부 청장년층은 심대한 소득격차를 극복하기 위해 무리한 금융투자를 했다가 경제적 파산에 이르는 경우도 있으며, 금융투기를 통해 벼락부자가 된 극소수의 청장년층(일명, 파이어족)이 삶과 일의 의미를 잃고 불행한 삶을 사는 경우도 있다. 이 연구는 육화된 노동을 통한 근로소득과 더불어 금융투자 행위로 투자소득도 얻는 삶의 모습을 이야기함으로써, 청장년층의 금융이해력 발달이 지속가능하고 행복한 삶을 영위하는 데 필수불가결한 요소가 될 수 있음을 경험적으로 입증하였다. 또한, 이 연구는 성인 학습자의 실제적인 투자경험에서 비롯된 금융이해력의 발달이 학교교육에서의 교육역량과 직결되어 있음을 밝힘으로써, 학교가 미래사회 시민들의 금융이해력 발달을 촉진하기 위한 산실이 될 수 있는 가능성을 열었다.

넷째, 이 연구는 학교교육에서 추구하는 교육역량이 금융투자에서의 금융이해력과 깊은 관련성이 있음을 입증하였다. 따라서 금융이해력의 발달을 도모하기 위해서는 성인기의 경험학습, 전환학습, 무형식 학습뿐만 아니라, 유아, 아동, 청소년을 대상으로 하는 학교기반 금융교육도 중요하고 볼 수 있다. 하지만 학교 교육과정에서 금융교육을 위한 별도의 학교교과목을 신설하거나 금융교육 관련 학습자료의 개발, 선택과목의 시수를 늘리는 데는 현실적인 어려움이 있다(박형준, 2017; 이소연, 2018). 학교기반 금융교육에서 이러한 현실적인 문제를 해결하기 위해서는 교사의 금융교육과정 전문성과 문해력이 필요하다. 즉, 높은 금융이해력을 지닌 교사는 지역사회 및 학교의 여건과 학생의 요구를 고려하여 기본교과 내에서 자연스럽게 금융교육을 실천할 수 있다. 특히, 학교 교사는 기본교과를 가르칠 때 역량기반 교육과정과 수업을 온전히 실현함으로써 학생들이 기본교과의 학습활동 속에서 자연스럽게 금융이해력을 신장할 수 있도록 교수 전문성을 발휘해야 할 것이다. 또한, 유치원, 초등학교, 중학교, 고등학교 교사는 기본교과 안에서의 금융교육뿐만 아니라, 기본교과 교육과정 및 교과서 재구성(금융교육 관련 프로젝트 학습), 교과융합, 창의적 체험활동, 학교자율시간, 자유학기제 및 자유학년제를 통하여 보다 심화된 금융교육을 시도할 수도 있을 것이다. 따라서 교육당국은 학교 교사들이 금융이해력 발달을 도모할 수 있는 학습 및 연수 체계와 교육프로그램을 체계적으로 제공해야 할 것이다.

끝으로, 이 연구는 성인 학습자의 금융이해력 발달경험을 이야기하는 과정에서 금융투자의 긍정적인 측면이나 성공적인 투자경험에 초점을 맞춘 측면이 있다. 연구자로서 내가 현재까지 투자를 지속할 수 있었던 원동력은 안정적인 근로소득과 더불어 금융투자의 위험성을 적절하게 관리했기 때문이다. 따라서 금융교육을 시도할 때, 근로소득에 기초한 금융투자의 가능성과 더불어 금융투자의 위험성도 가르쳐야 할 것이다. 그리고 학습자들이 자신의 금융투자 행위와 결과에 스스로 책임을 지는 태도도 아울러 강조해야 할 것이다.

참고문헌

교육부. (2022). 초 · 중등학교 교육과정 총론. 교육부 고시 제2022-33호[별책 1].

김동진, 김지훈. (2021). 초등교사의 금융이해력 조사 연구. 경제교육연구, 28(3), 119-144.

김민정 외. (2012). 개인재무관리 관련 교양과목의 대학생 금융이해력 증진에 대한 효과. 소비자정책교육연구, 8(4), 71-91.

김성숙. (2014). 금융이해력을 어떻게 측정하는가: 초등학생부터 성인까지 금융이해력 측정도구 개발을 중심으로. 경영경제, 47(2), 177-202.

김은정, 문정숙. (2010). 가정환경, 학생특성, 금융교육 경험에 따른 중학생의 금융이해력 차이검증. 소비자정책교육연구, 6(1), 67-77.

김자봉. (2020). 금융교육의 현황과 과제: 금융교육의 금융소비자보호를 위한 법적 수단으로서의 역할 가능성 검토. 한국경제포럼, 13(2), 19-43.

김천기. (2023). 교육의 사회학적 이해(6판). 서울: 학지사.

김한별. (2019). 평생교육론(3판). 서울: 학지사.

박범조. (2016). 국내 주식시장의 투자자별 무리행동과 변동성의 관계. 경제분석, 22(3), 70-93.

박영옥. (2021). 주식투자 절대원칙. 서울: 센시오.

박형준. (2017). 한국과 미국의 학교 금융교육과정 비교. 교육연구, 70, 83-107.

박형준. (2022). 한국과 미국의 금융교육 표준안 비교. 시민교육연구, 54(3), 187-219.

윤희정, 김홍배. (2021). 금융이해력 결정요인에 기초한 성인 금융교육의 방향. 학습자중심교과교육연구, 21(8), 743-755.

이동성. (2022). 한 성인학습자의 유튜브 기반 학습경험에 대한 자문화기술지. 질적탐구, 8(4), 179-204.

이소연. (2018). 교육과정 변천에 따른 사회과 금융교육 관련 내용 분석. 교육연구, 71, 49-65.

이윤호. (2015). 객관적 금융이해력과 주관적 금융이해력의 설명변수 체계에 대한 실증적 비교 분석. 소비자학연구, 26(2), 65-91.

이윤호. (2018a). 대학생의 금융이해력에서의 과신. 시민교육연구, 50(2), 137-157.

이윤호. (2018b). 우리나라 성인의 연령대별 금융이해력. 경제교육연구, 25(3), 61-85.

이종희, 이연숙. (2015). 중 · 고등학교 교과서에 나타난 금융교육 내용 분석. 한국가정관리학회지, 33(2), 1-20.

조지민 외. (2014). PISA 2012 금융이해력 평가와 한국의 금융관련 학교경제교육과정. 시민교육연구, 46(4), 177-205.

존 리. (2023). 존 리, 새로운 10년의 시작: 개인의 경제독립이 금융강국을 만든다. 서울: 김영사.

최현자, 조혜진. (2011). 금융교육과 금융거래경험이 대학생의 금융이해력에 미치는 영향에 관한 연구. 소비자학연구, 22(4), 55-75.

한진수. (2013). 초등학생의 금융 이해력 수준과 결정 요인. 경제교육연구, 20(2), 39-63.

한진수. (2017). 수도권 거주 성인의 금융 이해력. 기전문화연구, 38(2), 99-120.

한진수. (2019). 금융교육 연구의 동향과 과제. 경제교육연구, 26(1), 1-35.

한진수, 장경호. (2022). 우리나라 대학생의 금융 이해력 결정 요인 분석. 시민교육연구, 54(2), 69-88.

Anderson, L. (2006). Analytic autoethnography. *Journal of Contemporary Ethnography, 35*(4), 373-395.

Berry, J., Karlan, D., & Pradhan, M. (2015). *The impact of financial education for youth in Ghana*. TI 2015-043/V, Tinbergen Institute Discussion Paper.

Bover, O., Hospido, L., & Villanueva, E. (2018). *The impact of high school financial education on financial knowledge and choices: Evidence from a randomized trial in Spain.* IZA DP No. 11265.

Bowles, S. (1988). *Making the future: Politics and educational reform* (김천기 역, 1991). 교육개혁의 정치경제학. 서울: 씨앗출판사.

Chang, H. (2008). *Autoethnography as method*. Walnut Creek, CA: Left Coast Press, Inc.

Frisancho, V. (2019). *The impact of financial education for youth*. Discussion Paper IDB-DP-658.

Grifoni, A. (2016). *Financial education for youth: Empowering youth through schools*. Presented for conference on financial education in the Arab world strategies, implementation and impact at Skhirat, Rabat, Morocco.

Huston, S. J. (2010). Measuring financial literacy. *Journal of Consumer Affairs, 44*(2), 296-316.

Kaiser, T., & Menkhoff, L. (2019). *Financial education in schools: A meta-analysis of experimental studies.* Discussion Paper, No. 187, Ludwig-Maximilians-Universität München und Humboldt-Universität zu Berlin.

Kempson, E., Perotti, V., & Scott, K. (2013). *Measuring financial capability: A new instrument and results from low-and middle-income countries.* International Bank for Reconstruction and Development/The World Bank.

Kiyosaki, R. T. (2017). *Rich dad, poor dad: What the rich teach their kids about money that the poor and middle class do not!* (안진환 역, 2018). 부자 아빠 가난한 아빠(20주년 특별 기념판). 서울: 민음인.

Kostolany, A. (2015). *Die kunst, über geld nachzudenken* (한윤진 역, 2015). 돈, 뜨겁게 사랑하고 차갑게 다루어라. 서울: 미래의창.

Masnan, A. H., & Curugan, A. A. M. (2016). Financial education program for early childhood education. *International Journal of Academic Research in Business and Social Sciences, 6*(12), 113-120.

Mezirow, J. (1990). How critical reflection triggers transformative learning. In J. Mezirow, & Associates (Eds.), *Fostering critical reflection in adulthood: A guide to transformative and emancipatory learning* (pp. 1-20). San Francisco: Jossey-Bass.

OECD. (2012). OECD *NFE guidelines on financial education in schools*.

OECD. (2014). *PISA 2012 results: Students and money-financial literacy skills for 21st century*. Volume VI.

Reed-Danahay, D. (1997). *Auto/Ethnography*. New York: Berg.

Sherraden, M. S., Johnson, L., Guo, B., & Elliott, W. (2011). Financial capability in children: Effects of participation in a school-based financial education and savings program. *Journal of Family & Economic Issues, 32*(3), 385-399.

Taleb, N. N. N. (2012). *Antifragile: Things that gain from disorder* (안세민 역, 2013). 안티프래질: 불확실성과 충격을 성장으로 이끄는 힘. 서울: 와이즈베리.

http://www.ntoday.co.kr/news/articleView.html?idxno=96571 (2023-03-13 출력)

https://news.kmib.co.kr/article/view.asp?arcid=0924292461&code=11151100&cp=du (2023-03-20 출력)

https://www.hankyung.com/economy/article/202303291026i (2023-03-29 출력)

제 5 장 교사교육자의 금융투자 교육 경험

I. 금융투자교육의 새로운 가능성

오늘날 금융자본주의가 번창하고 고도화됨에 따라 금융 주체들의 금융투자 및 의사결정을 향상시킬 수 있는 금융교육과 금융이해력의 중요성이 날로 증가하고 있다(최현자, 조혜진, 2011; OECD, 2014). 금융교육(financial education)은 금융자본주의의 주체가 금융에 대한 올바른 태도를 바탕으로 금융지식을 이해하여, 건전한 금융 행위를 하도록 지원하는 활동이다(금융교육협의회, 2020). 이러한 금융교육의 목적은 금융 주체가 자발적으로 금융교육 활동에 참여하여 금융이해력을 높이고 합리적인 금융 의사결정을 내리는 데 있다. 하지만 우리나라의 현실 속 금융 주체들은 소극적인 금융 소비자의 입장과 맥락에서 금융교육에 자발적으로 참여하지 않는 경향을 보이고 있다(김자봉, 2020; 양혜경, 2018).

2018년 OECD의 금융이해력 조사결과에 따르면, 한국 성인의 상당수는 OECD가 제시한 최소 요구 수준의 금융이해력에 미치지 못하였으며, 금융문제를 스스로 해결해 나갈 수 있는 역량이 부족한 것으로 나타났다(금융교육협의회, 2020). 2020년 COVID-19 이후 증권시장에서 유동성이 증가하고, 코스피(KOSPI)와 코스닥(KOSDAQ) 지수가 급등하자 투자경험이 부족한 많은 개인 투자자들이 증권시장에 참여하고 있다(이한경, 2021). 개인 투자자들이 금융자본주의 사회에서 자발적으로 금융시장에 가담하여 부를 축적하는 일은 긍정적이고 고무적인 현상이라 평가할 수 있다. 하지만 '개미'라고 불리는 개인 투자자들의 상당수는 금융투자의 본질과 위험성을 제대로 간파하지 못한 채로 금융투자에 뛰어들었다가 큰 손실을 입기도 하고 금융투자 자체를 기피하거나 거부하는 부정적 사례가 나타나고 있다(이한경, 2021).

특히, 최근에는 금융투자를 시도하는 청년들이 증가하고 있지만(10대 주식계좌 326만 개, 3년 기준 3.7배 증가), 초·중·고 시절에 체계적인 금융교육이나 금융투자교육이 이뤄지지 않아서 청소년의 금융이해력이 노년층 다음으로 낮은 것으로 나타났다(경향신문, 2023. 09. 05.). 한국의 초등학생들은 실과 교과(단원 수준)를 통해 합리적 소비(용돈관리 등) 차원에서 제한적인 금융교육을 받고 있으며, 중·고등학생은 생애 재무 설계(금융상품 유형별 특징, 자산관리 원칙)에 한정하여 금융교육을 받고 있다(금융교육협의회, 2020). 또한, 부모의 소득수준 따라 금융교육의 양극화가 심각하기 때문에(Atkinson & Messy, 2012; OECD, 2014), 세계 선진국은 국가수준 교육과정에서 금융과목 개설을 의무화하고 있으며, 이론 중심의 경제교육보다 현실성이 높은 금융교육과 금융투자교육을 시행하고 있다(경향신문, 2023. 09. 05.).

우리나라의 금융교육은 그동안 민(民)을 중심으로 양적인 성장을 거듭했으나, 이제는 국가 및 공교육 차원에서 체계성과 실효성이 있는 금융투자교육을 시도할 필요가 있다(금융교육협의회, 2020). 그리고 학교교육에서 보다 실효성이 담보된 금융교육이나 금융투자교육을 실현하기 위해서는 교사의 금융이해력과 금융교육 전문성이 절대적으로 필요하다. 즉, 학교교사를 중심으로 한 금융투자교육을 통해 개인 투자자들이 합리적이고 현명한 금융투자를 실천할 수 있는 교육여건을 조성할 필요가 있다. 그러나 우리나라의 현행 금융교육은 청소년과 대학생 등 미래세대 금융소비자를 주요한 교육대상으로 간주하는 반면에(김자봉, 2020: 20), 그들을 체계적으로 가르쳐야 하는 학교교사들의 금융이해력 신장과 금융교육 전문성 발달을 도모하는 교육적 노력이 부족한 실정이다(염태근, 차우규, 우주현, 2021). 따라서 학교교사들은 금융이해력과 전문성을 신장하기 위해 금융교육이나 금융투자교육에 대한 개별적이고 단편적인 금융지식보다는, 금융교육 전반에 대한 기초지식과 금융이해력을 신장할 필요가 있다(오영수, 도규태, 2005). 학교교사는 학생들에게 금융교육의 중요성을 전파하고, 금융교육 및 금융투자에 대한 동기를 부여하며, 학생들의 금융이해력 신장을 위한 교육과정과 수업을 담당하는 핵심적인 존재라고 볼 수 있다(OECD, 2014: 37-38). 따라서 학교교사들의 금융이해력과 금융교육 전문성을 제고하기 위해서는 예비교사에서 학교교사를 아우르는 생애 전반의 평생교육 차원에서 금융교육에 대한 관심과 전문성을 강조하고, 학교기반 금융교육을 실현하기 위한 학습체계와 교육방법에 대한 금융교육 정책과 연수가 필요하다(OECD, 2014: 37-38).

한편, 한국인의 자산은 선진국에 비하여 현금과 예금 비중이 높기 때문에, 금융투자를 통한 수익률이 상대적으로 저조할 가능성이 높다(최정일, 이옥동, 2008). 따라서 한국도 과도한 현금비중과 부동산 투자 등에 대한 재무적 위험성을 분산하고, 은퇴 이후의 안정된 자금을 확보하기 위해 미국처럼 주식 등 금융투자에 대한 비중을 확대하고(최정일, 이옥동, 2008), 모든 세대를 아우르는 금융투자교육에 각별한 관심을 기울일 필요가 있다. 하지만 한국의 금융투자교육은 모든 세대를 아우르기보다 미래세대 금융소비자(초중등학교 학생 및 대학생)를 주요한 교육대상으로 한정하고 있다. 또한, 한국의 금융투자교육은 금융 의사결정이나 실제적인 투자경험보다는 경제이론을 강조하는 측면이 있다. 이러한 맥락에서, 금융투자교육에 대한 국내 선행연구는 상당히 고무적이라 평가할 수 있다. 국내 선행연구는 모의투자 및 실제 주식투자 경험을 분석하고(박래운, 2017; 신현범, 김효정, 2011; 한진수, 2019), 금융투자교육 프로그램의 개발 및 효과를 검증하였으며(고순화, 차경욱, 2008; 손정국, 유진, 김영민, 2017; 이의선, 문정숙, 2014; 최정원, 이연준, 2023), 금융투자자의 투자행위 유형과 사례를 보고하였다(백은영, 고화정, 2015; 이동준, 한창근, 2021). 하지만 예비교사나 학교교사를 가르치는 교원양성기관 교사교육자의 금융투자 교육경험을 탐구한 교육연구는 전무하였다.

따라서 이 연구의 목적은 교사교육자의 금융투자 교육경험의 실체와 의미를 내부자의 관점에서 서술함으로써 교사교육을 중심으로 한 금융투자교육의 실천적 가능성을 모색하는 데 있다. 이러한 연구목적을 달성하기 위한 연구문제는 다음과 같다. "교사교육자로서 나는 예비교사와 학교교사를 대상으로 금융투자교육을 시도하면서 어떠한 교육적 경험을 하였는가?" 이 연구의 결과는 교사교육자의 실제적인 금융투자 교육경험에서 비롯된 교육적 통찰과 성찰을 조명함으로써 학교 및 교사 기반 금융투자교육의 의미를 논의하고, 금융투자교육에 대한 교사교육을 활성화하기 위한 자료로서 기여할 것이다.

Ⅱ. 금융투자교육의 이론적 맥락

1. 금융이해력과 금융투자교육

금융시장의 급격한 변화와 다양한 금융상품의 출현으로 합리적인 금융투자를 위한 금융이해력(financial literacy)의 중요성이 점증하고 있다(양혜경, 2018: 29). 금융이해력은 금융투자를 결정하는 중요한 촉매제가 될 수 있다. 왜냐하면, 금융실천과 의사결정에 토대가 되는 금융이해력은 금융투자에 대한 진입장벽과 거부감을 낮출 수 있는 요소가 될 수 있기 때문이다. 실제로, 금융이해력이 높은 금융주체는 주식투자와 같은 금융투자에 적극적으로 가담할 가능성이 높다(양혜경, 2018; Lusardi & Mitchell, 2011; Van Rooij, Lusardi, & Alessie, 2011). 금융이해력이 높은 사람은 주식투자를 통해 안정적인 수익을 올리는 반면에, 그렇지 못한 사람은 타인이나 기관에 수동적으로 의지하거나, 금융투자 자체를 아예 하지 않을 수도 있다(Abreu & Mendes, 2010; Atkinson & Messy, 2012; Van Rooij, Lusardi, & Alessie, 2011).

이러한 금융이해력에 바탕을 둔 금융투자교육은 금융지식의 습득에 초점을 두기보다는, 금융 주체의 금융역량을 키워서 금융투자 관련 의사결정에서의 실질적인 변화와 개선에 초점을 둔다(양혜경, 2018). 인구통계적 상황, 소득 수준, 자격, 금융지식, 금융투자 경험, 금융투자교육 등과 같은 요인들은 투자자의 금융 의사결정에 영향을 미친다. 이들 요인들 가운데 금융투자교육은 금융투자 의사결정에서 우선적으로 고려해야 하는 요소 중의 하나이다(Hani, Heru, & Isworo, 2020). 왜냐하면, 금융 투자자는 금융투자교육을 통하여 투자에서 비롯될 수 있는 리스크(risk)를 적절하게 관리하고 감내할 수 있는 금융이해력을 기를 수 있기 때문이다(Awais, Laber, Rasheed, & Khursheed, 2016; Hani, Heru, & Isworo, 2020). 즉, 금융이해력이 높은 금융투자자는 주식투자에서 높은 수익을 안정적으로 창출하고, 위험을 감지하여 피하거나 위험에 대하여 보다 관대해질 수 있다(Hani, Heru, & Isworo, 2020).

2. 금융투자교육에 대한 선행연구 분석

지적한 바와 같이, 한국의 금융교육은 초등학생, 청소년과 대학생 등 미래세대 금융소비자를 주요한 교육대상으로 설정하였고, 금융 의사결정과 같은 실제적인 금융투자보다는 합리적 소비나 생애 재무 설계에 한정한 측면이 있다. 하지만 이러한 제한에도 불구하고, 금융투자교육을 탐구한 국내 연구물이 더러 있었다. 금융투자교육에 대한 연구는 ① 모의투자 및 실제적인 주식투자 경험 분석, ② 금융투자 교육 프로그램의 개발 및 효과 분석, ③ 금융투자자의 투자행위 유형화 및 사례분석, ④ 교사교육자의 금융교육 경험으로 구분할 수 있었다.

첫째, 국내 선행연구(박래운, 2017; 신현범, 김효정, 2011; 한진수, 2019)는 모의투자나 실제적인 주식투자 경험이 학습자의 금융지식 습득과 금융이해력에 미치는 효과를 분석하였다. 한진수(2019)의 연구에 따르면, 모의 주식투자 경험은 대학생의 투자 관련 지식을 확장하는 데 기여하였다. 또한, 모의 주식투자를 통한 금융교육은 금융시장에 대한 이해와 문제해결능력에 효과가 있었다(신현범, 김효정, 2011). 또한, 박래운(2017)도 모의 주식투자의 교육적 효과를 검증하였다. 모의 주식투자를 통한 금융교육은 낙관적인 투자심리를 유발하고, 경제 및 금융교육의 유용성을 높이며, 주식투자에 필요한 지식습득과 기법획득에 유의미한 영향을 미쳤다(박래운, 2017). 한편, 박정윤(2013)은 학습자의 실제적인 주식투자 기반 대학 강의 사례와 그러한 강의의 교육적 효과를 조사하였다. 실제적 주식투자 강의에 참여했던 대학생들은 용돈을 절약하여 투자하는 것을 긍정적으로 생각했으며, 취업 후에도 주식투자를 지속하겠다고 응답하였다(박정윤, 2013). 또한, 수업에 참여한 대학생들의 다수가 실제 주식투자 기반 투자론 학습이 유익하다고 생각하였다(박정윤, 2013). 이러한 연구동향은 모의 및 실제적인 주식투자가 금융투자교육의 효과를 배가하는 데 효과적임을 의미하였다.

둘째, 국내 선행연구(고순화, 차경욱, 2008; 손정국, 유진, 김영민, 2017; 이의선, 문정숙, 2014; 최정원, 이연준, 2023)는 특정한 금융투자교육 프로그램이 학습자들의 금융이해력과 투자행동 개선에 효과가 있는지를 탐구하였다. 이의선, 문정숙(2014)에 따르면, 학습자 주도형 금융교육 프로그램은 지식 전달형 금융교육보다 금융이해력 발달에 긍정적인 효과를 나타내었고, 비합리적인 투자행동을 변화하는 데 기여하였다. 또한, 손정국, 유진, 김영민(2017)은 한국의 투자교육 프로그램이 투자자의 금융역량에 유의미한 차이를 가져오는지를 분석하였다. 그들의 결과에 따르면, 한국의 기존 투자교육 프로그램은 금융지식, 금융태도, 금융행동 개선에 실제적인 영향을 미치지 못하였다. 이러한 두 편의 선행연구는 연구결과가 상반되기는 하였으나, 금융투자자의 금융이해력 증진과 투자행동의 변화를 위해 금융투자교육 프로그램의 개발과 개선이 필요함을 시사하였다. 한편, 최정원, 이연준(2023)은 학생과 부모가 함께 금융활동을 체험할 수 있는 프로그램(모바일 서비스)을 개발하여 학습자가 안전하게 금융이해력을 향상할 수 있는 서비스를 개발하였다. 이 연구는 기존 금융지식 중심의 금융교육을 보완하여, 학생과 부모가 함께하는 가정용 금융교육, 금융투자교육 서비스를 실제적으로 개발하고 적용한 측면에서 의미가 있었다.

셋째, 국내 선행연구는 금융소비자들의 투자 행위를 유형화하거나(백은영, 고화정, 2015), 실제적인 투자 행위에 대한 질적 사례연구를 수행하였다(이동준, 한창근, 2021). 백은영, 고화정(2015)은 우리나라의 금융소비자를 3가지 유형으로 범주화하였는데, 투자 경험이나 금융지식이 부족하여 투자에 관심이 없는 의존투자형은 안전 금융자산(예금, 적금)을 보유하는 반면, 자립투자형은 직접적인 금융투자로 수익을 거두었으며, 안정투자형은 간접투자를 중심으로 금융투자를 배우면서 자산을 증식하였다. 이 연구는 한국의 다양한 금융 주체를 투자태도와 투자전략을 중심으로 범주화한 측면에서 의미가 있었다. 한편, 이동준, 한창근(2021)은 질적 사례연구를 통하여 청년 주식투자자들의 신용대출 경험을 분석하였다. 이 연구는 청년들의 주식투자 경험을 단계별로 특징화하면서, 청년들의 주식투자에 대한 위험성 경고, 신용거래 주식에 대한 규제, 청년세대를 위한 자산형성 프로그램 개발을 제안하였다. 무엇보다, 이 연구는 질적 연구방법을 통하여 청년 주식투자자들의 실제적인 금융투자 경험과 목소리를 학술적으로 재현한 측면에서 의미가 있었다.

넷째, 국내 선행연구(이동성, 최송이, 2023)는 교사교육의 관점에서 금융교육 교수경험을 자문화기술지로 이야기하였다. 이 연구는 교사교육자가 교사들과 함께 학교기반 금융교육의 가치와 의미를 공유하는 경험을 재현함으로써 교원양성기관의 교수와 단위학교의 교사들이 금융교육의 주체가 될 수 있음을 주장하였다. 또한, 이 연구는 학교에서 금융교육을 활성화하기 위한 교육과정과 교과서의 개발 방향을 제시하고, 이를 실현하기 위한 수업방법을 제시한 측면에서 이 연구에 의미하는 바가 있었다. 특히, 이 연구는 자문화기술지의 한 유형인 현지인 문화기술지(native ethnography)로 교사교육자와 학교 교사들의 금융교육 관련 교수·학습 경험을 내부자의 관점에서 서술한 측면에서 방법적 시사점이 있었다. 다만, 이 연구(이동성, 최송이, 2023)는 교사교육자의 금융투자교육보다는 학교기반 금융교육을 둘러싼 교수와 교사들의 교수·학습 경험에 초점을 두었고, 현지인 문화기술지로 질적 사례연구를 수행하였기에 이 연구와 약간의 차이가 있다고 볼 수 있다.

Ⅲ. 어쩌다 금융투자교육자

1. 연구의 배경과 맥락

자서전과 문화기술지의 결합에서 생겨난 자문화기술지는 사례연구의 한 유형이기 때문에 연구의 기간과 장소 그리고 연구자(자문화기술자)의 위치와 상황을 구체화하고 제한할 필요가 있다(Chang, 2008). 저자인 나는 초등 교원양성기관(학부 및 교육대학원)에서 예비교사와 학교교사들에게 교육학을 가르치고 있는 12년 차 교사교육자이다. 교육학자인 나는 20년 동안 학교교육과 사회와의 관계에서 비롯된 교육 불평등을 가르치고 배우는 과정에서, 사회경제적 불평등이 교육 불평등의 근본적인 원인이라는 갈등론적 전제를 부정할 수 없었다. 이른바 사회경제적 혹은 사회구조적인 불평등이 해소되지 않으면, 학교교육을 통해 사회적 평등을 실현하기가 쉽지 않다는 논리다. 하지만 교육학자로서 나는 2020년에 '팬데믹 머니(pandemic money)'라는 뜻밖의 행운을 만나면서, 암울한 유물론적 전제를 벗어날 수 있는 희망을 갖게 되었다. 여기에서 말한 '희망'이란 학교와 교사를 중심으로 한 금융투자교육을 통해 교사뿐만 아니라 미래 세대들이 경제적 자유나 독립을 달성하는 것을 말한다.

연구자로서 나는 2000년대 초반부터 주식투자를 지속해 오고 있는 금융투자자이다. 20년 남짓의 주식투자 여정에서 크고 작은 손익을 거두다가, 2020년에 한 금융전문가를 만나면서 새로운 전환점을 맞이하게 되었다. 오늘날 나의 금융투자 스승이자 파트너인 그는 내가 지난 20년 동안 수행해 왔던 금융투자 행위와 태도가 주먹구구식이며, 심각한 위험에 노출되어 있다는 점을 일깨워 주었다. 그리고 그는 자신의 해박한 금융지식과 치밀한 투자전략을 바탕으로 위험을 낮추면서 투자수익을 높일 수 있는 포트폴리오를 추천해 주었다. 놀랍게도, 그의 가르침과 조언을 받아들인 이후로 놀라운 투자성과를 거둘 수 있었다. 즉, 금융투자자로서 나는 그 스승과의 지속적인 교류와 만남을 통해 그동안의 잘못된 금융투자 행위와 태도를 되돌아보게 되었고, 이러한 금융투자교육이 학교교육에 필요하다는 점을 체감하게 되었다. 이러한 전환학습으로 말미암아 교사교육자로서 나는 학교교사를 중심으로 한 금융투자교육의 새로운 가능성을 발견하게 되었고, 이듬해(2021년)부터 오늘날에 이르기까지 맹렬하게 금융투자교육을 시도하였다. 금융투자교육자로서 나는 금융학자나 금융교과교육 전문가는 아니었으나, 금융투자교육을 사회학적으로 연결하는 '금융교육사회학자'로서 전문성을 담금질하였다.

교사교육자로서 나는 2022년 1월부터 2023년 9월까지(약 2년 동안) 예비교사와 학교교사들을 대상으로 금융투자교육을 시도하였다. 2022년에는 예비교사(7명)를 대상으로 한 학기 동안 금융투자교육 동아리를 운영하였고, 학교교사들(학습연구년제 초등학교 교사 5명, 초등 파견교사 2명, 초등학교 일반 교사 1명, 총 8명)을 대상으로는 금융투자 관련 교사학습공동체(teacher study group)를 운영하였다. 2022년에 금융투자교육 관련 동아리와 교사학습공동체를 운영할 때는 금융투자 고전이나 명저를 함께 읽고 토론을 하거나, 유튜브 동영상 자료를 바탕으로 서로 가르치고 배우면서 금융투자(주식, 채권, ETF, 가상화폐 등)를 이해하고 실천하도록 안내하였다. 그리고 이듬해인 2023년 1학기에는 소속 기관 교육대학원의 교육과정에 '학교기반 금융교육'이라는 교과목을 개설하여 석사 과정생들(초등학교 교사 6명, 유치원 교사 1명)과 학습연구년제 교사들(초등학교 교사 1명, 중학교 교사 1명)을 대상으로 금융투자교육을 전개하였다. '학교기반 금융교육' 강좌에서는 교사들이 직접적인 금융투자를 시도할 뿐만 아니라, 학교와 교실에서 금융투자교육을 구체화할 수 있는 교육과정과 수업방법을 서로 가르치고 배웠다.

2023년도 1학기부터 시도한 학교기반 금융교육 강좌는 교사들의 금융이해력 신장과 교육과정 및 수업 전문성 개발에 초점을 두었다(이동성, 최송이, 2023: 88-89). 구체적으로, 이 강좌는 금융교육 전개하기 위한 학교와 교사의 역할을 탐색하였고, 금융현상을 이해할 수 있는 금융지식을 다루었다(이동성, 최송이, 2023). 그리고 이 강좌는 국내외 금융 교육과정 분석 및 개발, 교과서 및 학습자료 분석 및 개발, 교수·학습 방법을 학습함으로써 학교기반 금융교육의 실천적 측면을 강조하였다(이동성, 최송이, 2023). 또한, 이 강좌는 교사들이 금융지식과 금융행위를 바탕으로 합리적인 의사결정을 내릴 수 있는 금융태도를 강조하였다(이동성, 최송이, 2023). 이러한 학교기반 금융교육 강좌의 개요는 다음 〈표 5-1〉과 같다.

〈표 5-1〉 금융교육 강의계획서(이동성, 최송이, 2023: 89 재구성)

강좌명	학교기반 금융교육	강의 형태 / 학점	야간제 / 3학점
목표	학교기반 금융교육을 통해 교사의 금융이해력, 교육과정 문해력, 수업전문성을 기른다.		
참고문헌 학습자료	박영옥. (2021). 주식투자 절대원칙. 서울: 센시오. 앙드레 코스톨라니. (2015). 돈, 뜨겁게 사랑하고 차갑게 다루어라. 서울: 미래의창. 유튜브 동영상, 금융교육 관련 학술논문		
수강인원	총 9명(유・초・중학교 교사)		
주별 주요 강의 내용	• 학교교육과 금융자본주의: 정치와 경제의 결합구조 • 청년(MZ)세대 자본주의 혐오와 체념: N포 세대의 등장과 사회문제 • 금융자본주의: 돈에 대한 오해와 이해, 한국과 미국의 금융교육 표준안 비교 • 중・고등학교 교과서에 나타난 금융교육 내용 분석 • 초・중・고 학교 소비자교육 내용체계안 개발 및 활용 방안 연구 • 시뮬레이션 원리 적용 금융교육 프로그램 개발 방향 • 경험중심 경제교육: 미국 고등학교 금융교육 수업 사례연구 (이하 생략)		

2. 자료수집 및 분석

문화기술지의 변종으로 볼 수 있는 자문화기술지는 문화기술지에서의 일반적인 자료수집과 분석 방법을 따르면서도 약간의 방법적 차별성을 갖고 있다(Chang, 2008). 자문화기술지의 방법적 차별성이란 문화기술지와는 달리 연구자의 개인적인 자의식과 주관성, 성찰, 기억, 내성(introspection) 등 개인 내적 자료(intrapersonal data)를 집중적으로 수집하고 분석하는 경향성을 의미한다(Chang, 2008). 따라서 자문화기술자로서 나는 지난 2년 동안 예비교사와 학교교사의 금융이해력과 전문성을 신장하고, 직접적인 금융투자를 안내하는 과정에서 어떠한 교육적 경험을 했는지에 대한 기억을 소환하기 위해 자기인터뷰(self-interview)를 하고, 자기인터뷰에서 비롯된 기억자료를 수집하여 관리하였다. 그리고 개인 내적 자료의 신빙성을 더하기 위하여 기억자료뿐만 아니라, 금융투자 교육활동에서 비롯된 교수학습 자료(강의용 PPT 1부, 대학원 강의계획서 2부), Zoom을 활용한 금융수업 동영상

(13개), 금융수업 사진(48장), 연구자의 반성적 저널(20장) 및 금융교육 관련 학술 논문(3편)을 수집하여 분석하였다. 또한, 개인 내적 자료의 제한점을 보완하기 위해 금융투자교육에 참여했던 교사들을 대상으로 인터뷰(7명 대상, 2회)를 수행하여 개인 간 자료(interpersonal data)를 추가적으로 확보하였다.

자문화기술지는 연구문제에 대한 결과를 도출하기 위해 주제 분석, 구조 분석, 담화 분석을 시도한다(Chang, 2008). 이 연구는 저자의 개인적 기억을 중심으로 교사교육자의 금융투자 교육경험을 해석적으로 서술하는 자서전적 문화기술지(autobiographic ethnography)이자 성찰적 문화기술지(reflective ethnography)이기 때문에 주제 분석을 적용하였다. 한편, 질적 연구에서 자료 수집과 자료 분석은 순차적이거나 선형적이 아니라, 순환적인 속성을 갖고 있다(Chang, 2008). 따라서 자문화기술자로서 나는 자료 수집과 동시에 자료 분석을 시도하였고, 자료 분석의 결과를 바탕으로 자료를 재수집하는 연속적이고 순환적인 과정을 통해 인비보 코드(invivo codes), 하위 범주(sub-categories), 범주(categories), 주제(theme)를 생성하였다.

3. 타당도 확보 및 글쓰기 전략

이 글은 연구의 과정과 결과에 대한 타당성을 확보하기 위하여 Chang(2008)이 제시한 자문화기술지 타당도 확보 및 글쓰기 전략을 활용하였다. 첫째, 자문화기술지는 주로 개인 내적 자료에 의존하기 때문에, 분석 및 해석의 과정에서 연구자의 자의적 해석과 편견이 개입될 수도 있다. 따라서 이 글은 자료의 분석과 해석에서의 엄격성을 강화하기 위해 3가지 차원의 삼각측정법(triangulation)을 활용하였다. 우선, 자료 수집에서 개인 내적 자료뿐만 아니라, 다양한 보조 자료(교수·학습 자료, 금융수업 동영상 및 사진, 학술논문)와 개인 간 자료(수업 참여교사 대상 인터뷰)를 추가적으로 수집하였다. 그리고 연구자 차원에서는 초고에 대한 동료자 검증(교육학 박사 2명)과 구성원 검증(2023학년도 1학기, 학교기반 금융수업 참여 교사 9명)을 통해 분석과 해석의 적절성을 확인하였다. 또한, 이론적 차원에서는 금융투자교육에 대한 기존 선행연구를 연구결과에 연결함으로써 학술적 함의와 시사점을 찾으려 하였다. 둘째, 자문화기술지의 세부 유형인 자서전적 문화기술지와 성찰적 문화기술지의 특성을 고려하여 금융투자교육과 관련한 저자의 반성과 성찰을 풍부하게 서술함으로써 반영성(reflexivity)을 추구하려 노력하였다. 셋째, 개인적인 기억과 이야기에 주목하는 자문화기술지의 방법적 특성을 고려하여 금융투자 교육경험과 관련한 연구의 배경과 맥락을 상세하게 제시하고, 저자의 위치성과 상황성을 생동감 있게 표현하고자 노력하였다. 넷째, 교사들을 대상으로 금융투자교육을 시도했던 개인적 이야기를 한국의 사회경제적 맥락과 조건에 연결함으로써 학교와 교사를 중심으로 한 금융투자 교육경험의 학술적 의미와 가치를 해석하고자 노력하였다.

Ⅳ. 금융투자교육자의 고군분투기

1. 금융시장의 변동성을 온전히 이해하고 대응하는 모습을 견지하기

교사교육자로서 나는 금융투자교육을 시도하는 과정에서 예비교사와 학교교사들에게 금융시장의 변동성을 깊게 이해하며 대응하는 투자행위를 강조하였다. 또한, 냉혹하고 변덕스러운 금융시장을 담대하게 직시하면서도 소중한 일상을 지켜내는 금융투자 실천을 교사들에게 보여주려고 노력하였다. 자세한 이야기는 다음과 같다.

가. 제정신으로 버티기 힘든 금융시장의 변동성을 이해하기

“상대방을 파멸로 내몰고 싶다면, 주식투자를 권하라”라는 우스갯소리가 있다. 이 말은 주식투자와 같은 금융투자가 실제적으로 얼마나 어렵고 두려운 것인지를 잘 나타낸다. 우리 주변에는 주식투자 실패로 소중한 재산을 탕진하거나, 평생

동안 경제적 고통에 시달리는 이웃이나 가족을 어렵지 않게 만날 수 있다. 우리들의 이웃이나 가족은 왜 지금까지 금융투자에서 고배를 마셨던 것일까? 그들의 푸념처럼 지지리 운이 없거나, 돈복이 없어서 그랬을까? 부자는 정말로 하늘이 내리는 것일까? 나의 투자경험을 되돌아보니, 금융투자의 직접적인 실패 원인은 제정신으로는 도저히 버티기 힘든 금융시장의 변동성 때문이었다. 따라서 예비교사와 학교교사를 대상으로 금융투자교육을 시도했던 나는 그들이 금융시장의 변동성을 제대로 이해하고 대응할 수 있는 금융역량을 기를 수 있도록 애썼다.

안타깝게도, 최근 4년(2020년-2023년) 동안 내가 체험했던 한국 금융시장의 변동성은 인간으로서 도저히 감내하기 힘든 수준이었다. 이는 코스피(KOSPI)와 코스닥(KOSDAQ)의 종합지수 변동 폭을 통해 금방 확인할 수도 있고, 코스피 및 코스닥의 시가총액 상위 종목들(10위 이내)의 주봉과 월봉 차트로도 확인이 가능하다. 누구의 주장처럼, 시시각각 널뛰기를 하는 신흥시장(emerging market)에서 피와 땀 그리고 눈물로 얼룩진 내 돈을 금융시장에 던지는 일은 무모한 도전에 가깝다고 볼 수도 있었다. 금융투자에서의 난제는 이러한 금융시장 및 금융상품의 변동성이 어떻게, 왜 나타나는지를 누구도 예측하고 설명하기가 쉽지 않았다는 점이다. 금융시장을 둘러싼 지정학적 변화, 세계경제의 변동, 국제 통화정책에 따른 금리와 환율의 변동, 각종 원자재 가격의 등락, 기술의 변화, 투자섹터의 전망과 기업의 펀더멘털(fundamental) 변화, 주식거래의 수급 상황과 투자심리 등을 고려하여 변동성을 해석할 수는 있었다. 그러나 아무도 당장 내일의 금융자산 가격을 예측할 수는 없었다. 따라서 나는 예비교사와 학교교사들이 럭비공처럼 움직이는 '미스터 마켓(Mr Market)'과 동행을 하면서, 금융 투자자산의 변동성을 이해하고 대응할 수 있는 투자근육을 키울 수 있도록 조언하였다.

> 금융시장의 변동성은 마치 변화무쌍한 날씨와도 비슷한 것 같아요 나름 예측을 해 보지만 예상을 빗나가기가 일쑤이죠. 투자의 본질은 금융자산의 변동성을 제대로 이해하고 대응을 하는 것이라고 생각해요. 금융투자의 전설인 앙드레 코스톨라니는 이러한 증권시장의 변동성을 견주와 개의 산책으

> 로 비유를 한 것 같아요. 천방지축 제멋대로 날뛰는 개처럼, 주가(개)는 어차피 기업(주인)의 이익과 가치에 수렴할 가능성이 높다는 말이죠. 그래서 금융시장에 오래 머무르기 위해서는 가격의 급등락을 다반사로 여겨야 할 것 같아요. 우선, 주가의 등락에 따라 일희일비(一喜一悲)하지 않는 투자의 근육을 키우면서 미스터 마켓과 동행을 하는 것이죠. 그래서 앞으로는 주가의 등락보다는 투자섹터의 전망과 투자한 기업의 펀더멘털에 주목을 했으면 합니다(금융교육 수업장면, 2023. 03. 14., 기억자료).

나. 욕망과 탐욕이 소용돌이치는 금융시장을 직시하기

교사교육자로서 나는 여러 교사들과 함께 금융투자를 시도하면서, 금융시장이 인간의 욕망과 탐욕이 소용돌이치는 곳이라는 점을 깨닫게 되었다. 따라서 나는 교사들이 다양한 사람들의 욕망과 탐욕이 점철된 금융시장의 특성을 부정하거나 회피하기보다는 있는 그대로를 직시할 수 있도록 안내하였다. 인간은 때때로 물질적으로 욕망하는 존재라서, 금융시장에 자신의 돈을 내던지는 순간 공포와 탐욕에 빠질 가능성이 있다(강준혁, 맹성준, 2018). 따라서 돈이 오가는 살벌한 금융시장에서 투자를 지속하기 위해서는 투자대상에 대한 흔들리지 않는 식견과 관점이 절대적으로 필요하였다. 따라서 나는 예비교사와 학교교사들이 투자의 관점을 가다듬고, 금융이해력을 높일 수 있도록 다양한 투자정보와 지식을 안내하였다. 구체적으로, 나는 금융투자 관련 동아리, 교사학습공동체, 대학원 수업장면에서 교사들의 금융투자에 실제적인 길라잡이가 될 수 있는 투자전문가, 투자 관련 도서, 유튜브 추천 동영상, 각종 금융기관 및 자산운용사의 리포트를 소개하였다. 내가 교사들에게 소개했던 소수의 전문가들과 일부 정보가 금융투자에 실제적인 도움이 되기는 하였다. 그러나 일부 전문가들의 투자식견과 투자정보는 자신들의 욕망과 탐욕을 채우기 위한 수단에 불과했다.

불행하게도, 투자교육자로서 나는 교사들과 함께 금융투자를 지속하면서 금융투자 관련 슈퍼스타들의 배신과 몰락 그리고 사회경제적 사망선고를 목격해야 했다. 한때 금융문맹이었던 나를 투자교육자로 변모시켰던 위대한 투자대가는 가족

차명계좌 투자 의혹으로 사회적 매장을 당하고 나락으로 떨어졌다. 그리고 한국 금융시장에서 투자의 관점과 가치투자를 설파했던 한 자산운용사의 대표도 차명계좌 투자 의혹으로 금융당국으로부터 중징계 처분을 받았고, 급기야 한국의 '워런 버핏(Warren Buffett)'에서 금융 사기꾼으로 내몰리고 말았다. 또한, 개인 투자자들의 '형' 혹은 '워너비'로 불렸던 한 금융투자 전문가는 수십억 원대 선행매매 혐의로 재판에 넘겨졌으며, 수많은 개인 투자자들의 재무적 및 심리적 안식처였던 한 대형 유튜브 채널은 후원하는 기업들의 이익을 대변한다는 대중의 의심을 받기도 하였다. 이처럼 신문과 방송 그리고 각종 유튜브 채널 등에서 흘러나왔던 수많은 투자 정보와 지식은 금융투자에 도움이 되기보다는 욕망과 사심과 편견이 가득한 함정이자 소음에 가까웠다. 결국, 금융투자에 방해가 되는 소음에 귀를 막고, 사심과 편견이 가득한 투자정보를 원천적으로 차단하기 위해서는 탐욕을 억누르면서 자신만의 주체적인 투자관점을 가다듬는 금융투자 태도가 필요하였다. 따라서 나는 교사들에게 금융투자를 위한 지식과 정보를 제공함과 동시에, 그들이 자신만의 관점으로 투자정보와 지식을 처리할 수 있는 금융역량을 강조했다.

> 저는 최근 4년 동안 누구보다도 맹렬하게 금융투자를 했다고 자부해요. 투자성과를 떠나서요. 진심으로 투자하면서 한 가지 깨달은 바가 있는데, 그것은 바로 증권시장에서 '믿을 놈'이 아무도 없다는 겁니다. 수많은 금융 전문가들이 왜 그토록 많은 투자정보를 우리들에게 제공할까요? 그들이 과연 우리를 위해 노력봉사를 하는 것일까요? 믿는 도끼에 발등을 찍히면 아픈 정도가 아니라, 경제적으로 큰 위기에 빠질 수도 있어요. 최근에 여러 명의 금융투자 전문가들이 몰락하는 것을 보면서 인간의 탐욕과 비도덕성을 온몸으로 체험할 수 있었어요. 그래서 선생님들은 주변에서 흘러나오는 투자정보를 의심하면서 냉정하게 금융투자를 해야 한다고 생각해요. 투자의 최종적인 책임은 오롯이 자신에게 있는 것이니까요. 그리고 선생님들은 학교에서 금융교육을 할 때에도 학생들이 자신만의 투자관점으로 금융시장에 참여하도록 지도를 하셔야 합니다(금융교육 수업장면 중 일부, 2023. 05. 30., 기억자료).

다. 정글과도 같은 무서운 금융시장에서 살아남기

예비교사와 학교교사들에게 금융투자를 가르칠 때 가장 우선적으로 고려해야 할 일은 금융투자에 대한 교사들의 심리적 거부감과 불신을 불식시키는 일이었다. 내가 최근 2년 동안 만났던 다수의 예비교사나 현장교사들은 학교나 교사를 중심으로 한 금융투자교육의 당위성이나 필요성에는 일부분 공감을 하였다. 하지만 그들 중 일부는 자신의 낮은 금융이해력 때문에 금융투자에서 비롯되는 경제적 손실과 위험(risk)을 관리하고 감당하기가 말처럼 쉽지 않다고 고백하였다. 교사교육자인 내가 그들에게 투자금을 빌려줄 수도 없는 노릇이었고, 실제적인 금융투자로 손실이 발생했을 경우 내가 그 돈을 보전해 줄 방법도 없었다. 그래서 금융투자교육자인 나는 마치 정글과도 같은 금융시장에서 높은 금융이해력을 바탕으로 슬기롭게 금융투자를 하는 모습을 몸소 보여주기로 결심했다.

우선, 나는 예비교사와 학교교사들에게 특정한 산업과 회사가 어떠한 이유에서 투자가치가 있는지 예를 들어 설명하였다. 특히, 금융투자 포트폴리오를 구성할 때 종목 및 섹터별 차트 분석이나 정량지표(재무제표)를 참고할 뿐만 아니라, 지정학적 이슈, ESG(Environmental, Social and Governance), 기술과 문화, 인구통계 변화 등을 종합적으로 고려하여 포트폴리오(개별 종목 투자, IRP 및 연금저축펀드를 통한 채권 및 ETF 거래)를 구성하였다. 예를 들면, 2022년에는 기후위기에 대응하기 위한 산업으로 조선(조선 부품 및 기자재 포함) 섹터와 원자력 섹터에 집중투자를 하는 포트폴리오를 교사들에게 공개하였다. 그리고 2023년 전반기에는 기후위기와 미중 패권 경쟁에 따른 IRA(Inflation Reduction Act)와 CRMA(Critical Raw Materials Act)라는 지정학적 이슈를 고려하여 2차 전지(소재, 장비, 부품 회사) 산업을 중심으로 포트폴리오를 구성하여 금융자산을 운용하는 투자실천을 보여주었다.

안타깝게도, 하늘은 금융투자교육을 시도했던 나에게 무심함을 넘어 고난을 선사하였다. 나는 하늘이 때로 스스로 돕는 자를 돕지 않을 수도 있음을 체감하였다. 왜냐하면, 2021년 1월 이후 현재(2023년 9월)까지 국내 금융시장은 기록적인 약세장을 보였기 때문이다. 따라서 나는 2023년 전반기에 그토록 선호했던 조선 및 원자력 섹터 기반 포트폴리오를 2차 전지 중심으로 변경하였다. 투자한 지 채 2년이 되기도 전에 교사들 앞에서 공개적으로 투자 포트폴리오를 개편(rebalancing)하는 작업은 교사교육자나 투자교육자로서 대단히 부끄럽고 민망한 일이었다. 투자교육과 관련하여 모범을 보여야 하는 내가 기존의 투자 의사결정이 그다지 옳지 않았음을 인정하는 꼴이었다. 이러한 의사결정으로 말미암아 큰 투자수익을 올리지는 못했으나, 그동안의 투자 손실을 만회하고 소정의 투자소득도 거둘 수 있었다. 투자교육자로서 내가 2022년의 투자관점을 수정하지 않고 올해도 고집을 부렸다면 큰 투자손실을 볼 수도 있었다. 결과적으로, 예비교사들과 학교교사들은 나의 금융투자 의사결정과 그에 따른 투자성과를 보면서 금융시장에 살아남는 법을 간접적으로 체험하였다.

> 우리나라의 주식시장은 넷플릭스 드라마 〈오징어 게임〉이나 공포영화 〈곡성〉 같은 느낌이 든다. 극소수의 투자자(5% 정도)만이 살아남는 극한의 생존게임! 초심자의 행운이 끝나고 나면 투자금을 모두 잃고 깡통을 차게 되는 한국의 주식시장은 공포영화보다 더욱 잔혹한 것 같다. 이런 극한의 체험을 교사와 학생들에게 안내하는 것이 교사교육자로서 바람직한 것일까? 주식시장에는 마을의 수호신과도 같은 '무명(천우희 역)'은 온데간데없고, 악마의 편인 '일광(황정민 역)들'이 넘쳐나고 있다. 교사교육자이자 투자교육자인 나는 참으로 인간적이지도, 규범적이지도, 도덕적이지도, 교육적이지도 않은 이러한 주식시장을 어떻게 봐야 할까? 투자할까? 아니면 투자하지 말까? 그것이 문제로다(연구자의 반성적 저널, 2022. 02. 03.).

라. 전쟁과도 같은 금융시장에서 사자의 심장으로 대응하기

나는 금융투자를 소리 없는 총성이 오가는 '전쟁'으로 비유하는 이들을 만날 수 있었다. 예를 들면, 그들은 투자금을 '총알'로 부르거나 실제적인 주식투자 행위를 '실전 매매 전략'으로 칭하기도 했다. 내가 체험했던 한국의 금융시장도 돈이 오가는 전쟁을 방불케 했다. 전쟁은 무력을 통해 타자나 타국의 주권이나 영토를 병탄하거나, 자국민의 주권이나 영토를 지켜내는 과정에서 불가피하게 타자의 부상이나 죽음을 초래할 수 있다. 따라서 전쟁의 속성은 대단히 폭력적이며 위험하다고 볼 수 있다. 금융투자를 전쟁에 비유할 수 있다면, 금융투자도 폭력적이고 위험할 수 있었다. 따라서 나는 전쟁과도 같은 금융시장의 도전에 응전하기 위해 '사자의 심장'으로 금융투자에 임하는 모습을 교사들에게 보여주었다. 일부 예비교사들과 학교교사들은 이러한 나의 담대한 투자 마인드에 공감하였으나, 일부는 고개를 절레절레 흔들었다. 이처럼 금융시장의 위험성과 관련하여 대응의 차이가 있는 것은 개인별 금융지식의 차이뿐만 아니라, 투자위험의 수용과 관련한 개인 간 차이 때문이었다.

투자위험 수용성향, 투자성향, 투자위험 감수도, 투자위험 회피도 등으로 불리는 '투자위험 감수성향'은 금융투자 의사결정 상황에서 개인 투자자가 위험을 감내하는 정도를 의미한다(Grable & Lytton, 1999, 2001). 개인 투자자별로 상이한 투자위험 감수성향은 개인 투자자의 투자 행위와 태도에 영향을 미친다(이한경, 2021). 따라서 금융투자교육자로서 나는 예비교사와 학교교사들이 금융투자 의사결정에서 비롯될 수 있는 위험성을 간파하고, 그러한 위험성을 담대하게 직면할 수 있는 투자태도가 금융지식만큼 중요하다는 점을 강조하였다. 그리고 학교에서 아동 및 청소년을 대상으로 금융교육을 시도할 때, 이러한 금융투자에서 파생될 수 있는 위험성을 적절하게 관리하는 것이 절대적으로 필요하다고 주장하였다. 또한, 금융투자 의사결정에서 비롯된 위험성을 끈기 있게 인내할 수만 있으면, 금융투자는 서로를 죽이는 전쟁이 아니라 서로를 살리는 금전적 수단이 될 수 있음을 가르쳤다.

> 사람들은 주식투자를 전쟁이라고 한다. 과도한 '빚투'로 가산을 탕진하거나 일가족이 자살을 선택하는 걸 보면, 완전히 틀린 말은 아닌 듯하다. 하지만 누구는 금융투자의 위험에 돈이 숨어 있다고 말한다. 이른바 '하이 리스크, 하이 리턴'인 셈이다. 교사교육자로서 나는 금융투자를 하고 있는 나

> 를 하늘 위에서 슬며시 내려다본다. 그리고 내게 묻는다. "너는 그동안 주식투자 하면서 안녕했니?" 하루에 한 달 치 월급, 아니 1년 연봉이 오르내리는 주식계좌를 보고 있노라면 때론 심장이 쫄깃하기도 하다. 그러나 나는 사자의 심장으로 금융위험에 직면하고 있다. 어차피 원금 따위는 생각지 않고 과감하게 던져버린 돈이니까! 이러한 나에게 가족이나 선생님들은 불안한 눈초리를 보낸다. 그러나 나는 담대한 마음으로 금융투자의 위험에 기꺼이 직면하고자 한다. 가까이서 바라본 금융투자는 서로를 죽이는 전쟁이나 제로심(zero-sum)이지만, 멀리서 보면 서로를 살리는 행복한 플러스섬(plus-sum)임을 알기에(연구자의 반성적 저널, 2023. 07. 26.).

마. 소중한 일상을 지키기 위해 몸부림치기

교사교육자인 내가 금융교육사회학자로 변모하기 위해서는 경제학, 금융학, 금융교육학, 금융교과교육학에 대한 학문적 전문성이 절대적으로 필요하였다. 따라서 나는 2020년을 기점으로 하여 전공영역인 교육학뿐만 아니라 금융 관련 제 학문에도 관심을 기울이면서 금융투자 관련 전문성을 쌓아 나갔다. 나는 금융투자를 둘러싼 형식적인 학교교육(석사 및 박사학위 과정)을 받을 수는 없었으나, 각종 매체(도서, 논문, 기사, 유튜브 동영상 강의 등)를 통한 비형식적 및 무형식적 학습을 통해 금융투자에 필요한 금융이해력을 신장할 수 있었다. 또한, 금융투자교육자가 되고 싶었던 나는 내실이 있는 학교 및 교사 기반 금융투자교육을 전개하기 위해서는 실제적인 금융투자 경험과 더불어 성공적인 투자실적이 필요하다고 생각하였다. 따라서 나는 최근 4년 동안에 누구보다도 맹렬하게 금융투자를 하였다.

늦게 배운 도둑이 날 새는 줄을 모르는 것처럼, 나는 교육학을 뒤로 하고 미친 듯이 금융학을 학습하고 실제적인 금융투자에 몰입하면서 교육보다 돈의 매력에 빠져들었다. 금융을 학습하고 금융투자를 맹렬하게 지속할수록 과거의 교육학과 학교교육이 시시하게 다가오기 시작했다. 로버트 키요사키(R. Kiyosaki)의 주장처럼, 나는 더 이상 '가난한 아빠'가 아니라 '부자 아빠', 그리고 부자 교사교육자가 되고 싶어졌다. 강준혁, 맹성준(2018)은 과도한 주식투자 경험자들에 대한 내러티브 탐구를 통해 금융투자의 도박성과 중독성을 경고한 바 있다. 최근 4년 동안 맹렬하게 금융투자를 했던 나는 금융자산의 격심한 가격등락으로 불면증과 불안감을 겪기도 했으며, 평생 동안 소중하게 여겼던 교육이라는 일상을 멀리하기도 하였다. 하지만 교사교육자로서 나는 학교교육과 교사교육이라는 소중한 본업과 일상을 지켜내기 위해 금융투자에서 수반되는 도박성과 중독성을 경계하는 자신의 투자태도를 교사들에게 강조하였다.

> 키요사키가 말하는 부자 아빠는 아무나 되는 게 아닌 것 같다. 특히나 대학교수가 부자 아빠가 되는 일은 더더욱 어려운 일이라는 생각이 든다. 그래서 교사교육자인 나는 자꾸 앙드레 코스톨라니의 투자 격언을 떠올린다. “돈, 뜨겁게 사랑하고 차갑게 다루어라” 그의 말처럼, 돈을 뜨겁게 사랑하지만 차갑게 다루어야 교수로서 투자를 하면서도 소중한 교육과 일상을 지켜나갈 수 있을 것이다. 그리고 내가 이러한 균형이 잡힌 투자태도를 보여야 선생님들도 나를 따라 학교에서 금융을 제대로 가르칠 수 있을 것이다 (연구자의 반성적 저널, 2023. 01. 26.).

2. 즐겁고 행복한 금융투자를 실천하는 모습을 몸소 보여주기

교사교육자로서 나는 교사들에게 나만의 투자원칙을 바탕으로 금융투자 의사결정에 스스로 책임을 지는 모습을 보여주었고, 금융투자의 과정에서 생각과 인내의 중요성을 강조하였다. 또한, 나는 예비교사들과 학교교사들의 금융투자 의사결정을 이끌기보다는 안내를 하였고, 긍정적이고 낙관적인 투자 마인드를 바탕으로 즐겁고 행복한 금융투자를 지속하는 모습을 보여주었다. 자세한 이야기는 다음과 같다.

가. 투자원칙을 고수하면서도 투자전략은 변경하기

나는 교사들을 대상으로 금융투자교육을 시도하면서 자신만의 투자원칙을 고수하는 것이 중요함을 강조하였다. 왜냐하면, 금융투자 의사결정에서 나만의 투자원칙이 존재하지 않는다면, 개인 투자자는 시시각각 변화하는 금융시장의 분위기에 휩쓸려 뇌동매매(雷動賣買)를 하기가 십상이기 때문이었다. 지난 20년 동안의 투자여정을 되짚어보면, 금융시장에는 늘 우레와도 같은 큰 위기가 닥쳤고, 나는 그때마다 어쩔 줄을 모르고 공포에 허둥대다가 큰 낭패를 당하기도 하였다. 지나고 보면 당시의 금융위기는 일순간의 소나기였다. 하지만 소중한 내 돈을 금융시장에 내던지는 당사자가 되었을 때 평정심을 유지하기란 말처럼 쉽지 않았다. 따라서 오랫동안 금융투자를 지속했던 나는 점차적으로 투자원칙의 중요성을 깨닫게 되었고, 나의 투자성향에 맞는 투자원칙을 정립해 나가게 되었다.

나만의 금융투자 원칙을 정립해 가는 과정은 자신의 투자경험에 대한 반성과 성찰을 바탕으로, 그에 부합하는 대가들의 투자관점을 나만의 확고부동한 투자원칙으로 채택하여 체화하는 일이었다. 교사교육자로서 나는 교사들이 아동과 청소년을 대상으로 당당하고 떳떳하게 금융투자를 시도할 수 있는 교육적인 투자원칙을 찾아 나섰다. 주변에는 탁월한 투자 대가들이 많기는 하였으나, 교육적인 금융투자원칙을 제시하는 이는 흔치 않았다. 그러던 차에 나는 학교와 교사를 중심으로 금융투자교육을 할 수 있는 용기를 준 사람을 만나게 되었다. 이른바 '주식농부'로 불리고 있는 이 금융투자 대가는 금융투자 행위를 농사일에 비유하면서 상당히 규범적이고 교육적인 투자원칙을 제시하였다.

교사교육자로서 나는 주식농부의 10가지 투자원칙(투자자의 시선 갖기, 부화뇌동하지 않기, 아는 범위에서 투자하기, 투자의 대상은 기업, 주주는 기업의 주인, 투자한 기업과 동행하며 소통하기, 기업의 성장주기에 투자하기, 주식투자는 농사, 항상 있는 투자기회, 올바른 마음으로 크게 생각하기)을 나의 투자원칙으로 삼았고, 예비교사와 학교교사들에게도 주식농부의 투자원칙을 적극적으로 소개하고 추천하였다. 하지만 나는 최근의 금융시장에서 주식농부의 투자원칙을 고수하기가 쉽지 않음을 체감하였다. 따라서 나는 예비교사와 학교교사들에게 금융투자의 원칙을 지키면서도 동시에 금융시장에 유연하게 대응하는 투자전략도 강조하였다. 예를 들면, 특정한 산업섹터의 성장주기가 예상을 벗어날 때 구조적 성장주로 교체매매를 하거나, 투자 비중을 줄이는 투자전략을 교사들에게 안내하였다.

> 금융수업 중에 말했던 약속을 어기고 말았다. 조선섹터의 성장가능성을 강조하며 6년 동안 장기투자를 지속하겠노라 교사들에게 선언을 했었다. 하지만 채 몇 년이 경과하기도 전에 나는 조선 섹터의 주식을 매도하여 이른바 구조적 성장주로 불리는 2차 전지 섹터로 교체매매를 했다고 고백하였다. 기업의 성장주기에 투자한다는 원칙을 어긴 것은 아니었으나, 업황에 따라 가끔씩 투자전략을 변경하는 나를 교사들이 신뢰하지 못할까봐 걱정이 앞선다. 그런데 어쩌겠는가? 어제는 맞았지만 오늘은 틀릴 수도 있는 것이 주식투자의 현실인 것을! 혹여 교사들이 내 말을 듣고 조선섹터의 ETF나 종목을 매수했다면 배신감을 느꼈을지도 모를 일이다. 뜻하지 않게 교사들을 손실로 내몰지 않았는지 후회도 해보지만, 내가 신이 아닌 이상 수익만 나는 투자로 교사들을 안내할 수는 없는 노릇이다(연구자의 반성적 저널, 2023. 06. 25.).

> 나만의 투자원칙과 참신한 투자전략을 만들기 위해 질 높은 세미나에 참석하려고 합니다. 그리고 많은 사람들과 소통을 하며, 금융에 대한 정보도 공유고 싶어요. 예를 들면, 여가시간에 유튜브를 시청하면서 새로운 정보도 수집하고, 수집한 정보를 바탕으로 새로운 투자시도도 해보고 싶어요. 새로운 투자기법들을 익혀서, 나에게 맞는 기법들을 찾고, 안정적으로 수익을 내는 거죠(꽃미남 교사(가명), 학교기반 금융 수업, 인터뷰 자료, 2023. 03. 28.).

나. 금융투자 의사결정에 스스로 책임지는 모습 보이기

금융투자자로서 투자 관련 자료나 콘텐츠를 활용할 때 자주 목격하는 문구가 있다. 그것은 바로 “금융투자 의사결정에서 비롯된 최종적인 책임은 투자자 자신에게 있다”는 경고문구이다. 개인 투자자로서 나는 한때 금융투자로 큰 수익이 났을 때, 내가 마치 투자의 귀재가 된 것처럼 우쭐거렸다. 그러나 지난 세월의 투자경험을 반추해 보면, 일시적인 투자수익으로 인한 자만심보다는 투자손실로 인한 자괴감이 더 컸었던 것 같다. 예를 들면 1년이라는 시간단위로 볼 때, 주식가격은 거의 1년 내내 보합 수준에 머물거나 하락을 거듭하다가 단 며칠 만에 급격한 상승을 하는 경우가 허다하였다. 따라서 교사교육자로서 나는 자신의 금융투자 경험을 바탕으로 금융투자의 의사결정 과정에서 발생할 수도 있는 투자손실을 '다반사'로 받아들일 수 있는 심리적 무던함과 강건함을 교사들에게 강조하였다. 특히, 나는 시황에 따라 급등락을 거듭하는 금융계좌(수익률, 손실률)를 교사들에게 여과 없이 공개함으로써 금융투자 의사결정에 스스로 책임을 지는 교육자의 모습을 몸소 보여주었다.

내가 가르쳤던 일부 예비교사들이나 학교교사들은 최근 3년(2021년부터 2023년까지) 동안 지속된 금융시장의 하락 장세에서 투자의욕이나 투자심리가 급격하게 저하되었다. 그들은 눈만 뜨면 매일같이 하락하는 금융시장을 목도하면서 자신의 금융투자 의사결정을 후회하고 또 후회하는 것처럼 보였다. 그리고 그들 중의 상당수는 투자수익이나 투자손실을 떠나, 주가의 등락에 따라 일희일비하는 자신의 모습이 싫어서 금융시장을 아예 떠나기도 하였다. 특히, 나의 투자교육으로 금융투자에 뛰어들었던 일부 예비교사들은 2021년부터 2022년까지 지속된 하락장을 버티지 못하고 투자 비중을 급격하게 줄이거나 금융시장을 떠나갔다. 따라서 교사교육자로서 나는 예비교사와 학교교사들에게 금융투자 의사결정에 따른 일시적인 투자손실과 투자이익은 병가지상사(兵家之常事)일 수 있으며, 설사 투자손실이 지속되거나 확정되더라도 자신의 금융투자 의사결정에 스스로 책임을 져야 함을 강조하였다.

> 주식투자를 맹렬하게 하다 보니 '병가지상사'라는 말이 떠오른다. 전쟁을 업으로 삼는 집안에서 이기고 지는 것은 당연한 일이었을 것이다. 주식투자라는 전쟁을 치렀던 학부 제자들은 자신들이 전쟁에서 패할 수도 있음을 생각하지 못한 것 같다. 그들은 금융투자의 최종적인 책임이 언제나 그리고 온전히 자신에게 귀속된다는 말을 그제야 실감을 했을 것이다. 앙드레 코스톨라니의 주장처럼, 현명한 투자자가 되기 위해서는 상승장에서는 냉정함을 찾고 하락장에서는 열정을 유지하는 마음가짐이 필요한 것이다(연구자의 반성적 저널, 2022. 01. 26.).

한 학기 동안 학교기반 금융교육 수업을 들으면서 교사로서 금융에 대한 무지를 깨달았어요. 교육받을 기회조차 주어지지 않아서 몰랐던 금융교육을 알게 된 것이죠. 현재의 학교교육은 경제 주체로서의 금융교육보다는, 소비자로서의 금융교육에 머물러 있는 것 같아요. 이러한 교육방식으로는 아이들이 금융투자에서 주체가 되기는 힘들 것 같아요. 지금이라도 금융투자에 대한 배움을 통해 아이들이 금융의 사결정에 책임을 지는 존재가 되면 좋겠다고 생각합니다(한송이 교사(가명), 학교기반 금융 수업, 인터뷰 자료, 2023. 05. 30.).

다. 금융투자교육자로서 생각과 인내의 힘을 보여주기

오늘날 유럽의 전설적인 투자자로 칭송받고 있는 앙드레 코스톨라니는 성공적인 주식투자를 위한 4가지 요소로 행운, 돈, 인내, 생각을 지목하였다. 교사들과 함께 금융투자교육을 시도하고자 했던 나는 이러한 4가지 요소들 가운데 생각과 인내의 위력에 주목하였다. 왜냐하면, 행운과 돈은 교사교육자로서 내가 예비교사들이나 학교교사들에게 어찌할 수 있는 것이 아니었기 때문이다. 흥미롭게도, 오랜 투자경험과 금융이해력을 갖고 있는 나는 생각과 인내가 분리된 것이 아님을 깨닫게 되었다. 우리는 '엉덩이의 힘'으로 불리는 투자자의 인내력을 개인의 기질적인 측면이나 개인적 마인드로 치부하는 경향이 있다. 이러한 이유에서 앙드레 코스톨라니는 개인 투자자들이 실제적인 금융투자에서 이러한 인내력을 발휘하기가 힘들기 때문에 수면제를 추천하기도 하였다. 하지만 개인적 투자경험이나 교육학자의 관점에서 볼 때, 개인의 인내력을 결정하는 요인은 투자자의 기질적 요인이나 투자경험뿐만 아니라, 투자대상에 대한 생각의 깊이 차이였다. 따라서 나는 예비교사와 학교교사들에게 투자대상의 본질적 가치에 주목하면서 인내력을 발휘하는 모습을 보여주려 노력하였다.

내가 가르쳤던 교사들의 일부는 금융투자에서 생각의 중요성을 인정하기는 하였으나, 생각을 바탕으로 인내력을 발휘하는 수준으로 쉽사리 나아가지는 못하였다. 그들은 개념적 차원에서 금융투기(speculation)와 금융투자(investment)

를 구분하지 못했으며, 투자대상에 대한 가치와 펀더멘털을 가늠하는 데 어려움을 겪었다. 따라서 나는 그들을 대상으로 금융투자와 금융투기의 차이를 설명하였고, 투자대상에 대한 가치와 펀더멘털을 제대로 가늠할 수 있는 학습방법과 자료를 제공하였다. 구체적으로, 금융투기는 투자대상의 가치보다 단기간의 시세 차이에 집중하는 거래방식이며, 금융투자는 장기적 관점에서 투자대상의 본질적 가치와 성장에 주목하는 투자행위임을 강조하였다. 또한, 투자대상의 본질적 가치를 제대로 가늠하기 위해서는 투자대상에 대한 나름의 이해와 시견이 필요함을 강조하였다.

> 인내의 원천은 생각의 힘이라고 생각해요. 엉덩이의 힘은 마음뿐만 아니라 머리에서도 나온다는 이야기죠. 금융투자에서 수반되는 공포와 고통의 시간을 묵묵히 흘려보내기 위해서는 뭔가 믿는 구석이 있어야 해요. 그것이 바로 투자대상에 대한 자신만의 확고한 생각이라고 생각합니다. 투자대상의 가치와 성장에 대한 나만의 믿음이 생긴다면, 남들과는 달리 오래 투자를 할 수 있다고 생각해요. 그래서 금융투자에 대한 나름의 관점을 획득하기 위해서는 실제적인 투자경험과 더불어 투자처에 대한 지속적인 학습이 절대적으로 필요하답니다(학교기반 금융교육 수업, 자기관찰 자료, 2023. 04. 24.).

> 저는 주식투자를 하면서 나름 회사의 가치를 평가했어요. 하지만 겉으로 보이는 회사의 가치에 주목했던 것 같아요. 주식농부가 강조하는 '성장성'에 대한 고려가 부족했고, 기업의 적정 목표 주가를 설정하지 않았죠. 그냥 주가를 지켜보다 매도하지 못한 채 지금까지 시간이 흘렀어요. 남들과 똑같은 걸 보는 것이 아니라, 나만의 시선으로 바라보고 자세히 공부할 때 선택의 폭이 넓어진다는 말에 공감해요. 나의 시선, 그리고 기준을 만들기 위해서는 기업에 대한 공부가 필수적이라는 생각이 들어요(문희란 교사(가명), 학교기반 금융 수업, 인터뷰 자료, 2023. 03. 28.).

라. 융투자 의사결정을 이끌기보다는 안내하기

일반적으로, 남자, 고학력자, 고령자, 재산이 많다고 생각하고, 자신의 재무태도에 긍정적이며, 주식투자를 활발히 하는 사람의 경우 자신의 금융지식을 상대적으로 높게 평가하여 자기과신(overconfidence)을 하는 경향이 있다(이윤호, 2018; 이윤호, 문세영, 2020; 한진수, 2023). 금융투자교육자로서 나는 박사학위가 있는 50대 남성으로서, 낙관적인 재무태도와 축적된 가계자산 그리고 레버리지를 바탕으로 맹렬하게 주식투자를 시도했던 개인 투자자였다. 또한, 교사교육자로서 나는 금융이해력과 금융역량을 신장하기 위해 지속적으로 금융과 경제를 학습하였기 때문에 금융투자에 대한 높은 자신감을 갖고 있었다. 특히, 세계적으로 통화량이 급증했던 2020년에 실물자산과 금융자산에 투자를 하여 나름 의미가 있는 투자수익을 거두었기 때문에 금융투자에 대한 확고한 자신감이 있었다. 특히, 2020년에 금융투자를 하지 않았던 이웃들이 '벼락거지(투자에 동참하지 않아서 순식간에 가난해지는 사람)'가 되거나, FOMO 증후군(Fear Of Missing Out Syndrome)을 겪는 것을 보면서, 투자는 이제 선택이 아니라 필수라는 사실을 온몸으로 느끼게 되었다. 이른바 "아무것도 하지 않으면, 아무 일도 일어나지 않는다."라는 신념을 바탕으로 교사들을 금융교육에 초대하기로 결심했다.

하지만 최근에 미국 연준(FED)의 연속적이고 지속적인 금리상승에 따른 통화량의 감소, 위축된 투자심리는 국내 금융시장을 얼어붙게 만들었다. 그때서야 나는 금융투자에 대한 자기과신을 하고 있지 않은지를 되돌아보게 되었다. 다행스럽게도, 교사교육자인 나는 일정한 근로소득으로 레버리지를 감당할 수 있었고, 이미 획득한 투자수익금이 있었기 때문에 금융시장의 하락을 버틸 수 있었다. 하지만 금융투자에 가담했던 일부 예비교사나 학교교사들은 상대적으로 적은 근로소득과 낮은 금융이해력으로 인해 금융시장에 머무는 것을 괴로워했고, 급기야 투자손실을 확정하고 금융시장을 일시적으로 떠나기도 했다. 따라서 교사교육자로서 나는 교사들에게 금융투자교육을 할 때 과도한 자기확신을 경계해야 하고, 학습자의 금융투자 의사결정을 적극적으로 이끌기보다는 세심하게 안내해야 함을 깨닫게 되었다.

내가 수업 중에 언급했던 종목 때문에 투자손실을 입지 않았을까 걱정이 앞선다. 나는 자신에게 묻는다. "당신은 왜 교사들이 학교에서 금융을 가르치기를 원하는가?" 교사와 아이들이 부자가 되기 위해 금융투자를 하라고? 무서운 거니까 알고 나서 절대로 하지 말라고? 아니면 원래 그런 거니까 각자 알아서 하라고? 한 가지 확실한 것은 교사교육자나 교사가 학교에서 금융투자교육을 시도할 때 학생들의 투자결정을 적극적으로 이끄는 것이 아니라, 주체적으로 의사결정을 하도록 세심하게 안내해야 한다는 점이다(자기성찰 자료 중 일부, 2022. 12. 11.).

앙드레 코스톨라니는 "투자는 과학이 아닌 예술이다"라고 말했다. 주식투자는 언제나 수익이 나는 것도 아니고, 기꺼이 위험을 감수해야 하기 때문에 여전히 주식투자가 망설여진다. 그러나 금융투자를 하든지, 하지 않든지 간에 교사는 세계의 정치, 경제의 흐름에 상응하는 금융교육을 펼쳐야 한다는 점에서, 교사의 금융이해력과 전문성은 교직에서 꼭 필요한 소양이지 않을까 생각해 본다(다정이(가명) 교사, 학교기반 금융수업, 반성적 저널, 2023. 03. 21.).

마. 긍정적이고 낙관적인 투자 마인드를 몸소 실천하기

교사교육자로서 나는 예비교사와 학교교사들에게 금융투자를 가르칠 때 긍정적이고 낙관적인 마음가짐을 강조하였고, 이러한 투자 마인드를 실제적인 금융투자에서 몸소 실천하는 모습을 보여주려고 노력하였다. 지난 20년 동안의 금융투자 여정을 되돌아보니, 현명한 투자자가 되기 위해서는 그리고 전쟁과도 같은 금융시장에서 오랫동안 머무르기 위해서는 돈을 뜨겁게 사랑할지라도 과도한 욕심과 욕망을 억누르는 극기복례(克己復禮)와 수기치인(修己治人)의 정신이 필요함을 깨닫게 되었다. 왜냐하면, 금융투자는 투자한 기업이 잘되기를 바라는 선한 마음으로 기다림을 지속하는 일이었고, 자신의 마음을 갈고닦아 가계와 기업이 더불어 잘 살아가는 세상을 만드는 일이었기 때문이다. 따라서 나는 예비교사와 학교교사들에게 금융투자야말로 모두가 행복한 세상을 만드는 첫걸음이 될 수 있음을 강조하였다. 그리고 당장의 투자손실이나 투자실패에 일희일비하거나 의기소침하기보다는, 크고 바른 마음으로 담대하고 이타적이며 지속적인 금융투자교육에 동참하자고 그들을 설득하였다.

> 금융투자를 하다보면 영화 '박하사탕'이 생각날 때가 있어요. 영화의 마지막 장면에 주인공이 지난날을 후회하며 "나, 돌아갈래!"라고 외치죠. (모두 웃음) 그때로 돌아갈 수만 있다면 원수와도 같은 투자를 절대로 하고 싶지 않으시죠? 하지만 저는 자신을 이렇게 타이릅니다. "내 돈을 잃어도 괜찮아, 어차피 남도 잘되라고 내던진 돈이니깐", "크고 바른 마음으로 탐욕과 공포에 맞서 보자, 언젠가는 좋은 날이 오겠지"(교사연구회 대화 장면, 자기관찰 자료, 2023. 06. 13.).

> 우리 아이들은 금융투자를 배울 수 있기를 바란다. 학교에서 아이들을 가르치는 나는 금융교육에 기여한다는 사실에 뿌듯함과 막중한 책임감을 느낀다. 우선, 나부터 열심히 금융투자를 공부하여, 내가 맡은 아이들은 거대한 벽에 가로막힌 듯한 무력감에서 벗어나 뭐라도 해볼 수 있겠다는 생각이 들도록, 그리고 자본주의에 지배당하는 느낌에서 벗어나 더 나은 세상을 함께 꿈꿀 수 있도록 가르칠 것이다(은하수(가명) 교사, 학교기반 금융수업, 반성적 저널, 2023. 04. 11.).

Ⅴ. 학교기반 금융투자교육 활성화 방안

이 글은 금융투자 교육경험을 내부자의 관점에서 서술함으로써 교사교육을 중심으로 한 금융투자교육의 실천적 가능성을 모색하고자 하였다. 교사교육자이자 금융투자교육자였던 나는 예비교사와 학교교사들에게 금융시장의 변동성을 이해하고 대응하면서, 즐겁고 행복한 금융투자를 실천하는 모습을 몸소 보여주었다. 이러한 금융투자 교육경험은 교사교육자로서 금융투자교육의 의미와 가치를 이해하면서 학교 및 교사 기반 금융교육의 실현가능성을 높이는 일이었다.

결론에서는 이러한 연구결과를 기존 선행연구에 연결하여 학술적 의미와 가치를 논의하고, 금융투자교육을 보다 활성화하기 위한 교육목표 및 교육내용, 교육방법, 교육대상 및 형식, 교육방향을 제안하고자 한다. 그리고 학교 및 교사 기반 금융투자교육을 활성화하기 위한 방안을 교육연구의 측면에서 추가적으로 제언하고자 한다.

첫째, 금융투자교육에 대한 선행연구는 모의투자나 실제적인 주식투자 경험을 분석하고, 금융투자교육 프로그램을 개발하거나 효과성을 분석하였으며, 금융투자자의 투자행위를 유형화하거나 그 사례를 분석하였다. 하지만 이 연구는 예비교사나 학교교사를 가르치는 교사교육자의 금융교육 연구동향(이동성, 최송이, 2023)을 투자교육의 관점과 차원에서 확장함으로써, 학교기반 금융투자교육의 가능성을 천착했다고 평가할 수 있다. 즉, 이 연구는 교사교육자의 금융투자 교육경험을 내부자의 관점에서 서술함으로써 학교기반 금융투자교육의 실천사례를 예시하였다고 볼 수 있다. 따라서 이 연구의 결과는 교원양성기관 교사교육자의 실제적인 금융투자 교육경험에서 비롯된 교육적 통찰과 성찰을 조명함으로써, 향후에 학교기반 금융투자교육을 시도할 수 있는 학술적 단초로서 기여할 것이다.

둘째, 이 연구의 결과는 금융이해력을 신장하기 위해 실행해 왔던 기존 금융교육의 목표 및 내용과 차이가 있다. 기존 금융교육의 목표는 금융이해력을 구성하는 금융지식, 금융행동, 금융태도 중 이론적 수준의 금융지식에 한정된 측면이 있었다. 하지만 이 연구는 이론 기반의 금융교육을 벗어나 건전한 금융태도를 바탕으로 실제적인 금융투자 의사결정을 강조하였다. 특히, 교원양성기관의 교사교육자가 자신의 실제적인 금융투자 관련 태도와 의사결정 과정을 교사들에게 솔직하게 공개함으로써 금융투자교육의 실제성과 현실가능성을 강화하였다고 볼 수 있다. 또한, 이 연구는 기존 학교기반 금융교육의 내용 차원에서 진일보했다고 평가할 수 있다. 왜냐하면, 서론에서 지적한 바와 같이 기존 학교에서의 금융교육 내용은 특정한 교과를 중심으로 합리적 소비(초등)나 생애 재무 설계(중등)에 초점을 두었다. 하지만 이 연구는 금융교육의 내용으로 투자, 위험관리, 금융 의사결정을 포함함으로써 실제적인 금융생활을 위한 금융역량을 신장하는 데 기여했다고 볼 수 있다.

셋째, 이 연구는 교사의 금융역량과 금융이해력을 신장하기 위한 방법적 차원에서 차별성이 있다고 볼 수 있다. 학교교사의 금융역량과 금융이해력을 신장하기 위한 교육방식은 주로 민간 금융기관 전문가들의 연수에 의존하였다. 하지만 민간의 전문가를 중심으로 한 교사연수는 학교교사라는 직업적 특수성과 맥락을 고려하여 정교하게 설계 및 실행되기보다는, 금융전문가의 개인적 교수 전문성이나 역량에 좌우되는 측면이 있었다. 하지만 이 연구는 학교교사의 재교육과 연수를 전문으로 하는 교원양성기관의 교사교육자가 학교와 교사의 맥락과 조건을 고려한 금융투자교육을 실제적으로 시도한 측면에서 나름의 교육적 의미가 있다고 볼 수 있다. 특히, 교원양성기관의 교사교육자가 금융학, 금융교육사회학, 금융교과교육학을 결합한 투자교육 방법을 개발하고, 예비교사 및 학교교사와 함께 금융투자를 시도함으로써 현장성이 있는 금융교육을 실현했다고 볼 수 있다.

넷째, 이 연구는 금융이해력을 높이고, 금융 의사결정을 개선하기 위한 금융교육의 대상과 형식을 확대하였다고 평가할 수 있다. 서론에서 밝힌 바와 같이, 한국 금융교육의 주요한 대상은 아동과 청소년으로 한정되었다. 따라서 한국의 성인들이 체계적으로 금융교육을 받을 수 있는 기회가 상대적으로 흔치 않았다. 결과적으로, 금융이해력이 낮은 한국 성인들의 다수는 금융투자에 대한 이해가 결여된 채 금융투자에 섣불리 뛰어들었다가 금전적 낭패를 보기가 일쑤였다. 이러한 상황은 학교교사들도 마찬가지여서, 학교교사가 학생들에게 체계적이고 전문적인 금융교육을 시도하는 일은 현실적으로 불가능에 가까웠다. 하지만 이 연구는 교원양성기관의 교사교육자가 미래에 교사가 될 예비교사들이나 학교교사들을 주요한 교육 대상자로 설정함으로써 금융투자교육의 대상을 확대하였다고 볼 수 있다. 또한, 민간을 중심으로 한 종전의 금융교육 관련 교사연수는 특정한 금융기관의 전문가가 제공하는 교육프로그램을 중심으로 비형식적 교육(nonformal education)으로 이뤄졌다. 하지만 이 연구는 교육대학원의 공식적인 교육과정에 금융교육을 포함시킴으로써 형식적 교육(formal education)으로 금융투자교육을 실현하였다고 평가할 수 있다. 또한, 예비교사들을 중심으로 금융투자 동아리를 만들고, 금융투자 교육 관련 교사연구회를 운영함으로써 형식교육뿐만 아니라 무형식교육(informal education) 차원의 금융투자교육을 전개했다고 볼 수 있다.

다섯째, 이 연구는 학교 및 교사 기반 금융투자교육의 방향을 제시한 측면에서 학술적 의미가 있다. 학교 및 교사 기반 금융투자교육을 실현하기 위해서는 교사들의 금융역량과 금융이해력을 신장하기 위한 교사교육자의 전문성이 전제되어야 한다. 따라서 교원양성기관의 교사교육자들은 교육학, 금융내용학, 금융교육학의 연결을 통한 학제적 접근을 통해 교사교육을 위한 금융 전문성을 연마해야 할 것이다. 또한, 교사교육자는 학습자들을 대상으로 금융투자교육을 전개할 때 금융투자 교육의 목적과 가치를 명료화해야 한다. 즉, 금융투자교육의 목적은 무조건적으로 금융투자를 종용하는 것이 아니라, 학습자가 금융이해력을 바탕으로 합리적인 금융투자 의사결정을 내릴 수 있도록 도움을 제공하는 데 있다. 그리고 학교와 교사를 중심으로 하는 금융투자교육의 본질은 개인적 차원의 부의 축적이나 노후대비뿐만 아니라, 개인과 가정 그리고 기업이 더불어 잘 살아가는 공동체를 만드는 것임을 유념해야 한다.

끝으로, 학교 및 교사 기반 금융투자교육을 활성화하기 위한 방안을 제언하고자 한다. 이 글은 한 교사교육자의 실제적인 금융투자 교육경험을 중심으로 금융투자 교육의 실체와 그 의미를 해석적으로 논의하였다. 하지만 학교 및 교사 기반 금융투자교육을 확장하기 위해서는 교사교육자의 교육경험뿐만 아니라, 예비교사 및 학교교사들의 금융투자교육 관련 학습경험에 대한 후속연구가 수행될 필요가 있다. 따라서 금융투자교육에 직접적으로 참여했던 예비교사나 학교교사들의 체험과 목소리에 주목하는 교육연구가 수행되길 기대한다. 더불어, 금융투자교육을 보다 내실화하기 위해서는 학교교사의 교수경험뿐만 아니라 학생들의 실제적인 금융투자 학습경험도 조명을 해야 할 것이다. 결과적으로, 이 연구의 결과는 학교교사들과 학생들의 현명한 금융투자 의사결정을 유도하는 촉매제로서 기여할 것이다.

참고문헌

강준혁, 맹성준. (2018). 문제성 주식투자 경험에 관한 내러티브 탐구: 주식의 도박성에 관한 고찰. 생명연구, 49, 191-239.

경향신문. (2023. 09. 05.) 투자하는 청년 늘어나는데 금융 이해력은 떨어진다. https://www.khan.co.kr/economy/finance/article/202309050600035에서 2023. 09. 10. 인출

고순화, 차경욱. (2008). 학교 외 금융소비자교육 프로그램 내용분석. 소비자정책교육연구, 4(4), 61-80.

금융교육협의회. (2020). 국민의 금융역량 강화를 위한 금융교육 개선 기본방향. 금융교육협의회.

김자봉. (2020). 금융교육의 현황과 과제: 금융교육의 금융소비자보호를 위한 법적 수단으로서의 역할 가능성 검토. 한국경제포럼, 13(2), 19-43. DOI: 10.22841/kefdoi.2020.13.2.002.

박래운. (2017). 주식모의투자의 금융교육 효과와 리스크 선호도 변화 효과. 경제교육연구, 24(1), 99-128.

박정윤. (2013). 실제 주식투자를 통한 투자론 교육 사례. 로고스경영연구, 11(4), 185-204.

백은영, 고화정. (2015). 금융소비자 유형화 및 유형별 포트폴리오 분석. 소비자학연구, 26(6), 207-234.

손정국, 유진, 김영민. (2017). 투자자교육 여부가 금융역량에 미치는 영향 분석. 금융연구, 31(4), 103-131.

신현범, 김효정. (2011). 주식모의투자의 투자심리 효과와 경제교육 효과. 경제교육연구, 18(2), 129-151.

양혜경. (2018). 금융이해력과 재무행동: 금융소비자의 내재적 특성을 중심으로. Financial Planning Review, 11(3), 29-55.

염태근, 차우규, 우주현. (2021). 범교과 학습 주제에 맞는 경제교육 자료 활성화 방안. 교원교육, 37(2), 691-713.

오영수, 도규태. (2005). 고등학생의 금융 이해도와 바람직한 금융교육 방향 탐구. 중등교육연구, 53(1), 283-300.

이동성, 최송이. (2023). 한 교사교육자의 학교기반 금융교육 경험에 대한 자문화기술지. 초등교육연구, 36(4), 81-107.

이동준, 한창근. (2021). 청년 주식투자자들의 신용대출 경험에 관한 탐색적 연구. 한국콘텐츠학회논문지, 21(9), 771-789.

이윤호. (2018). 대학생의 금융이해력에서의 과신. 시민교육연구, 50(2), 137-157.

이윤호, 문세영. (2020). 금융이해력 자기과신의 추정과 판별. 소비자학연구, 31(3), 269-295.

이의선, 문정숙. (2014). 금융교육프로그램이 금융역량에 미치는 효과 연구. 여성경제연구,

11(1), 241-269.

이한경. (2021). 잠재적 금융투자자의 투자 위험감수성향에 관한 연구. 금융공학연구, 20(1), 123-142.

최정원, 이연준. (2023). 어린이 금융이해력 향상을 위한 교육용 핀테크 서비스 제안 연구. 디자인융복합연구, 22(2), 51-67. http://dx.doi.org/10.31678/SDC99.4

최정일, 김옥동. (2008). 세계에서 가장 빠른 한국의 노령화 진행: 인구구조 변동에 따른 자산운용의 변화. 유라시아연구, 5(3), 1-19.

최현자, 조혜진. (2011). 금융교육과 금융거래경험이 대학생의 금융이해력에 미치는 영향에 관한 연구. 소비자학연구, 22(4), 55-75.

한진수. (2019). 모바일 모의 주식 투자 활동의 경제교육 효과. 교육문화연구, 25(2), 725-744.

한진수. (2023). 금융 지식의 과신이 금융 행위에 미치는 영향. 경제교육연구, 30(1), 53-75.

Abreu, M., & Mendes, V. (2010). Financial literacy and portfolio diversification. *Quantitative Finance, 10*(5), 515-528.

Atkinson, A., & Messy, F. (2012). Measuring financial literacy: results of the OECD/International Network on financial education (INFE) Pilot Study. In OECD (Ed.), *OECD Working Papers on Finance, Insurance and Private Pensions* (Vol. 15). OECD Publishing.

Awais, M., Laber, M. F., Rasheed, N., & Khursheed, A. (2016). Impact of financial literacy and investment experience on risk tolerance and investment decisions: empirical evidence from Pakistan. *International Journal of Economics and Financial Issues, 6*(1), 73-79.

Chang, H. (2008). *Autoethnography as method.* Walnut Creek, CA: Left Coast Press, Inc.

Grable, J., & Lytton, R. H. (1999). Financial risk tolerance revisited: the development of a risk assessment instrument. *Financial Services Review, 8,* 163-181.

Grable, J., & Lytton, R. H. (2001). Assessing the concurrent validity of the survey of consumer finances risk tolerance question. *Journal of Financial Counseling and Planning, 12*(2), 43-53.

Hani, S., Heru, S. S., & Isworo, E. S. (2020). The effect of investment education and investment experience on investment decision with financial knowledge as intervening variable. *RJOAS, 3*(99), 143-150. DOI: 10.18551/rjoas.2020-03.16.

Lusardi, A., & Mitchell, O. S. (2011). Financial literacy and planning: implications for retirement wellbeing. In A. Lusardi, & O. Mitchell (Eds.), *Financial literacy: Implications for retirement security and the financial marketplace,* 17-39. Oxford: Oxford University Press.

OECD. (2014). *Financial education for youth: the role of school.* OECD Publishing.

http://dx.doi.org/10.1787/7989264174825-en.

Van Rooij, M., Lusardi, A., & Alessie, R. (2011). Financial literacy and stock market participation. *Journal of Financial Economics, 101*(2), 449-472.

제 6 장 교사교육자의 학교기반 금융교육 실천

I. 학교기반 금융교육과 교사교육자의 역할

금융자본주의의 출현으로 말미암아 학교교육과 금융은 점차적으로 밀접한 관계를 나타내고 있다. OECD를 비롯한 세계 각국은 새로운 세대인 아동과 청소년의 금융역량이나 금융이해력을 신장하기 위해 학교교사의 금융이해력과 금융역량이 필수적임을 강조하고 있다. 왜냐하면, 아동 및 청소년의 금융역량이나 금융이해력은 바로 학교에서 금융교육을 실천하는 교사들의 금융이해력과 전문성에서 비롯되기 때문이다(Sherraden et al., 2011; Rinaldi, 2013). 금융역량(financial capability)은 금융지식, 금융태도, 금융행동을 포괄하는 개념으로, 금융교육을 바탕으로 합리적인 금융 의사결정이나 투자 판단을 하는 능력을 의미한다(이소연 외, 2020; 손정국, 유진, 김영민, 2017). 그리고 금융역량의 하위 개념인 금융이해력(financial literacy)은 21세기 시민들이 갖추어야 할 핵심역량으로 주목받고 있다(이소연 외, 2020; 조지민, 임해미, 천규승, 김경모, 2014). 금융이해력은 건전한 금융 의사결정을 위한 인식, 지식, 기술, 태도 및 행동을 포괄하는 개념인데(INFE, 2011), 금융현상에 대한 비판적 이해를 강조한다. 이 글은 금융역량과 금융이해력을 개념적으로 구분하기보다는 유사 개념으로 간주하고 한다. 왜냐하면, 두 개념 모두가 금융에 대한 지식, 기능, 가치 및 태도를 바탕으로 금융 의사결정을 강조하기 때문이다.

금융역량 및 금융이해력은 미래사회를 살아갈 아동이나 청소년들이 경제적 자유인이나 민주시민으로 성장하는 데 필수적인 역량이라 볼 수 있다(Miller & VanFossen, 2008; Schug & Lopus, 2008; Wagner, 2019). 왜냐하면, 금융역량이나 금융이해력은 개인의 생존과 안전뿐만 아니라, 국가 차원의 지속가능한 발전을 도모하기 위해 중요하기 때문이다. 학생들의 금융역량이나 금융이해력 증진이 금융자본주의 사회에서 중요함에도 불구하고, 기존 교사교육은 체계적인 금융교육을 시도하지 않고 있다(박영옥, 2021; Kiyosaki, 2017). 근대학교는 정치 영역에서의 인권과 경제 영역에서의 재산권이 모순적으로 충돌하는 장으로 볼 수 있는데(Bowles & Gintis, 1986), 오늘날 교사교육은 인권을 강조하는 민주시민 양성에 주목하고 있으나, 경제적 주체 양성에는 다소 소홀하다는 비판을 받고 있다.

아동기 및 청소년기에 형성된 금융역량이나 금융이해력은 성인기 이후 경제적 삶에 영향력을 발휘하기 때문에, 학교와 교사를 기반으로 하는 체계적인 금융교육이 중요하다(Bernheim & Garrett, 2003; 홍현의, 최정민, 2021). 최근에는 학교와 교사를 기반으로 하는 금융교육의 중요성에 대하여 사회적 공감대가 형성되고 있어 고무적이기는 하다. 하지만 학교기반 금융교육의 목표, 교육내용, 교수학습 등 금융교육과정과 수업방법에 대한 교사교육이 미진한 편이다(이소연 외, 2020). 왜냐하면, 현행 학교기반 금융교육은 정규 교육과정에서 기본교과가 아닌 범교과 학습 주제로 다뤄지고 있어서 학교급별로 교육내용의 체계성과 연계성이 낮으며, 수업시수의 확보도 어렵고, 실제적인 금융생활에 필요한 수업 방법과 학습자료도 마련되어 있지 않기 때문이다(이소연 외, 2020; 천규승, 2012).

특히, 한국의 학교기반 금융교육은 양적인 측면에서 빈약하며, 구체적이고 실용적인 교육내용보다는 기초적인 금융지식 및 영역(소비, 저축)을 강조하거나, 소비자교육에 편중된 경향이 있다(이종희, 이연숙, 2015: 4). 유・초・중학교 교사들은 기존 교원양성기관이나 교육연수기관에서 금융에 대한 체계적인 교육을 받기가 힘든 상황이다. 학교교사의 금융이해력과 금융교육 전문성은 체계적이고 실효성이 있는 학교기반 금융교육을 실현하기 위한 전제조건으로 볼 수 있다. 따라서 교원양성(연수)기관의 교사교육자는 학교기반 금융교육을 실천할 교사들을 대상으로 금융역량이나 금융이해력을 증진하기 위한 금융 관련 교사교육을 보다 적극적으로 시도할 필요가 있다(이종희, 이연숙, 2015; 최윤정, 김예지, 2015; Mandell, 2009; Peng et al., 2007).

우리나라의 학교기반 금융교육에 대한 선행연구는 금융교육 관련 교육과정 및 교과서를 대상으로 내용분석을 시도하고(김하민, 2022; 이소연, 2018; 조지민, 임해미, 천규승, 김경모, 2014), 금융 교육과정과 수업방법을 개발하며(성경희 외, 2022; 최윤정, 김예지, 2015; 한진수, 2017), 학생과 교사들의 금융교육 경험을 질적으로 탐구하였다(김동진, 김지훈, 2021; 장혜숙, 한경근, 2022). 하지만 학교기반 금융교육을 실현하는 교사들을 가르치는 교사교육자의 금융교육 관련 교수경험의 실체와 의미를 당사자의 맥락과 입장에서 생동감 있게 조명한 교육연구는 흔치 않았다. 학교기반 금융교육을 활성화하기 위해서는 교사 대상 금융교육 경험뿐만 아니라, 교사를 가르치는 교사교육자의 금융교육 교수경험도 주목할 필요가 있다. 왜냐하면, 교사교육자는 교사들과의 상호작용을 통해 교사의 금융이해력과 금융역량을 신장하는 데 중요한 교수적 존재이기 때문이다. 특히, 자문화기술지의 유형인 현지인 문화기술지(native-ethnography)는 특정한 집단의 내부자인 연구자(저자)의 개인적 경험뿐만 아니라 연구자를 둘러싼 집단 구성원들(교사들)의 경험을 아울러 이야기함으로써, 그러한 경험의 사회문화적 의미를 해석하는 데 유용한 질적 연구방법론이다(Reed-Danahay, 1997). 따라서 이 글은 자문화기술지를 통해 교사교육자의 학교기반 금융교육 교수경험의 실체와 의미를 교사교육의 관점에서 해석적으로 기술하고자 한다.

이러한 연구목적을 달성하기 위한 연구문제는 다음과 같다. “교사교육자로서 나는 학교기반 금융교육 수업에서 유・초・중학교 교사들을 가르치면서 어떠한 교수경험을 하였는가?” 이 연구는 교사교육자의 학교기반 금융교육 관련 교수경험을 교사교육의 관점에서 조명함으로써 교사의 금융이해력과 금융역량을 증진하고, 금융교육 전문성 신장을 위한 교사연수에 새로운 통찰을 제공할 수 있다.

Ⅱ. 학교기반 금융교육과 금융이해력

1. 학교기반 금융교육

우리나라의 금융교육 개념은 개인적 재무교육(personal finance education), 금융소비자교육(financial consumer education), 금융이해력교육(financial literacy education) 등 다양한 용어로 사용되어 왔다(이종희, 이연숙, 2015: 2). 금융감독원과 한국교육과정평가원은 금융소비자의 개인적 차원의 금융교육뿐만 아니라, 금융현상에 대한 종합적 이해가 필요하다는 측면에서 이러한 3가지 용어를 포괄하는 '금융교육'을 공식용어로 사용하였다(이종희, 이연숙, 2015). 따라서 이 글에서 사용하는 '학교기반 금융교육'은 학교교육과 학교교사의 공식적인 교육과정과 수업을 통해 금융이해력을 신장하는 교육활동을 지칭한다.

학교기반 금융교육은 교사의 금융이해력이나 금융역량을 바탕으로 금융 교육과정과 수업을 실현함으로써 학생들이 스스로 책임감 있는 금융활동을 영위할 수 있도록 돕는 것을 목적으로 한다(이소연 외, 2020). 학생들은 학교와 교사가 제공하는 금융교육을 통하여 가정(부모)과 사회가 시도할 수 없었던 금융교육을 단계적이고 체계적으로 받을 수 있다. 또한, 교사는 학교기반 금융교육을 통하여 미래사회에 금융소비자 혹은 주체가 될 학습자들에게 건전한 금융문화와 행동양식을 가르칠 수 있다(이종희, 이연숙, 2015). 특히, 교사교육의 맥락에서 볼 때 학교기반 금융교육은 계층이나 세대 사이의 사회경제적 불평등을 해소할 수 있는 교육적 기폭제가 될 수 있다(한진수, 2017; Elliott, Sherraden, Johnson, & Guo, 2010).

이러한 학교기반 금융교육이 지향하는 핵심적인 역량은 금융역량(financial capability)과 금융이해력(financial literacy)이다. 금융역량은 자신의 금융환경에 맞는 합리적인 금융 의사결정 능력이며, 이용 가능한 금융서비스를 적절하게 활용할 수 있는 능력이다(한진수, 2019). 즉, 금융 지식, 금융 행동, 금융 태도를 포괄하는 금융역량은 금융교육을 바탕으로 합리적인 금융 의사결정이나 투자 판단을 하는 능력을 의미한다(박형준, 2022; 이소연 외, 2020; 손정국, 유진, 김영민, 2017). 그리고 금융이해력은 건전한 금융 의사결정을 위한 인식, 지식, 기술, 태도 및 행동을 포괄하는 개념인데(INFE, 2011), 우선적으로 금융과 리스크(risk)라는 개념적 지식을 습득하고 이해하는 것을 의미한다(조지민, 임해미, 천규승, 김경모, 2014; OECD, 2014). 즉, 금융이해력은 금융지식과 이해를 바탕으로 효과적인 의사결정을 내리고, 개인과 사회의 금융복지를 개선하는 데 필요한 기능, 동기, 자신감을 갖는 것을 의미한다(OECD, 2014: 33). 이러한 금융이해력은 시민들이 갖추어야 할 핵심역량으로 주목을 받고 있다(이소연 외, 2020; 조지민, 임해미, 천규승, 김경모, 2014).

한편, 금융자본주의의 출현으로 인해 새로운 세대는 과거 어느 세대보다 심화된 금융역량과 금융이해력이 필요하며, 이러한 금융이해력을 바탕으로 합리적인 금융 의사결정을 내려야만 생존이 가능하다(Rinaldi, 2013; Sherraden et al., 2011). 하지만 아동과 청소년은 사회나 가정 내 부모들로부터 금융역량이나 금융이해력을 체계적으로 학습할 기회가 충분치 않다. 불행하게도, 이러한 금융역량과 금융이해력의 격차는 개인이나 세대 간 경제적 불평등을 심화시키고 있다(Miller & VanFossen, 2008; Schug & Lopus, 2008; Wagner, 2019). 이러한 이유와 맥락에서 교사교육자와 학교교사가 주도하는 금융교육은 개인 및 집단 간 금융 격차와 경제적 불평등을 완화할 수 있는 교육적 시도가 될 수 있다(Elliott, Sherraden, Johnson, & Guo, 2010).

2. 선행연구 검토

우리나라의 학교기반 금융교육은 2015 개정 교육과정과 2022 개정 교육과정(창의적 체험활동)에서 범교과 학습주제로 다뤄지고 있다. 또한, 우리나라는 고등학교 교육과정 중 융합선택과목으로 '금융과 경제생활' 과목을 신설하여 학생의 금융이해력을 도모하였다(박형준, 김주현, 2023). 금융교육협의회는 2020년에 금융교육 표준안의 성취기준을 학교교육과정의 성취기준과 유사한 형태로 만들었다(이소연 외, 2020). 이는 학교교육과정의 성취기준에 금융교육 표준안의 성취기준이 일정 부분 반영됨을 의미하기에 고무적이라 볼 수 있다. 또한, 2021년에는 금융소비자보호법이 시행되면서 금융교육협의회는 금융교육 표준 교재를 개발하고 보급하는 노력을 지속하고 있다. 하지만 이러한 노력에도 불구하고, 유・초・중학교 수준에서의 금융교육은 기본교과나 단일교과가 아니기 때문에 체계적이라 보기 힘든 측면이 있다. 또한, 학교기반 금융교육은 학교교사보다는 민간기관(은행, 증권사)의 전문 인력을 중심으로 간헐적으로 이뤄지고 있다(이소연 외, 2020: 22-23).

우리나라의 학교기반 금융교육에 대한 선행연구를 살펴본 결과 ① 금융교육 관련 교육과정 및 교과서 내용분석, ② 금융 교육과정 개발 및 수업방법 연구, ③ 학교 주체별 금융교육 경험연구로 구분할 수 있었다. 첫째, 국내 선행연구는 금융교육 관련 교육과정을 국가 간 비교・분석을 하거나(박형준, 2022), 특정 교과(사회과, 도덕과 등)의 교육과정이나 교과서를 대상으로 내용분석을 시도하였다(김하민, 2022; 이소연, 2018; 조지민, 임해미, 천규승, 김경모, 2014). 대표적으로, 박형준(2022)은 우리나라의 초・중・고 금융교육 교육과정과 미국의 CEE 및 Jump$tart의 교육과정을 비교・분석하였다. 연구결과에 따르면, 한국의 금융교육 교육과정은 학교급별로 뚜렷한 특징이 없고, 지출과 신용을 상대적으로 강조하였다. 반면, 미국의 금융교육은 저학년일수록 소득(수입), 지출, 저축을 강조하였고, 고학년일수록 투자, 신용, 위험을 강조하는 특징을 보였다(박형준, 2022).

한편, 조지민, 임해미, 천규승, 김경모(2014)는 PISA의 금융이해력 평가 문항을 중심으로 우리나라 사회과 내 금융교육 관련 내용분석을 시도하였다. 연구결과에 따르면, 초등학교 사회과에서는 금융교육과 직접적으로 관련된 내용이 없었다. 이소연(2018)은 통시적 관점에서 사회과 금융교육 관련 내용분석을 시도하였는데, 사회과 교육과정 내 금융교육은 전반적으로 금융교육보다는 소비자교육에 가까웠다(이소연, 2018). 김하민(2022)은 금융교육 관련 교육내용을 중심으로 도덕과 교육과정 및 교과서를 분석하였다. 연구결과에 따르면, 교육과정의 성취기준 측면에서는 학교급별로 차이가 있었으나, 교과서 차원에서는 교과내용의 계열성이 낮고, 교과 간 학습내용이 중복되었다. 학습내용 측면에서 볼 때, 한국의 학교기반 금융교육과정이나 교과서는 적절성과 체계성을 보강할 필요가 있었다.

둘째, 국내 선행연구는 학교기반 금융교육을 실현하기 위한 교육과정(내용체계)을 개발하거나(성경희 외, 2022), 수업방법을 연구하였다(최윤정, 김예지, 2015; 한진수, 2017). 대표적으로, 성경희와 동료들(2022)은 초·중·고 학교교육에서 소비자교육을 위한 내용체계를 개발하였다. 그들은 학교교육의 목표에 부합하는 소비자교육의 목표를 설정하고, 학습내용의 통합성과 계열성을 고려하여 학교급별로 목표를 구체화하였으며, 학습내용의 연계성과 위계성 고려하여 소비자교육의 내용체계와 영역을 도출하였다. 이 연구는 학교급별로 차별화된 교육목표를 설정하였고, 그에 따른 학습내용을 체계적으로 개발한 측면에서 이 연구에 시사하는 바가 컸으나, 금융교육 전반보다는 소비자교육에 한정되었다.

한편, 한진수(2017)는 학교기반 금융수업의 효과성을 높이는 수업방법을 제안하였다. 교사는 학생들에게 과도한 학습내용을 제시해서는 안 되며, 금융지식뿐만 아니라 태도 및 가치, 기능, 습관, 행동을 균형적으로 지도해야 하고, 교과 간 융합을 통해 실제적인 금융교육을 시도해야 한다(한진수, 2017). 그리고 최윤정, 김예지(2015)는 미국 고등학교 경제교사의 금융교육 우수 수업사례를 분석하여 수업방법에 대한 시사점을 제시하였다. 미국의 경제교사는 학생들이 비판적이고 분석적인 사고를 통해 실제적인 금융 의사결정을 주체적으로 내릴 기회를 제공하였다. 또한, 효과적인 금융수업은 학생들이 자기주도적인 학습과 협동학습을 통해 금융에 대한 지식, 기능, 가치·태도를 균형적으로 함양할 기회를 제공하였다(최윤정, 김예지, 2015). 이 연구는 미국 교사의 우수한 금융수업 사례를 바탕으로 학생들의 금융이해력 발달을 도모한 측면에서 의미가 깊다고 볼 수 있다.

셋째, 국내 선행연구는 질적 연구를 통하여 교사와 학생들의 금융교육 경험에 대한 교육적 의미를 서술하였다. 대표적으로, 정영선(2015)은 청소년들의 금융교육과 금융행위에 대한 내러티브를 분석하였는데, 효과적인 금융교육은 학생들에게 직접적으로 금융을 경험할 기회를 제공하고, 교사와 학생과의 관계성이 중요하였다. 그리고 학교기반 금융교육의 활성화를 도모하기 위해서는 교사의 금융수업 경험의 축적과 수업실천 사례의 공유를 위한 교사연수가 확대될 필요가 있다(김동진, 김지훈, 2021; 장혜숙, 한경근, 2022). 정영선(2015)의 연구는 교사의 눈을 통해 학생들의 금융교육 참여경험을 탐구한 측면에서 의미가 있었으나, 참여 학생들이 계약계층(아동복지시설 청소년)으로 제한되었다. 또한, 장혜숙, 한경근(2022)도 발달장애 청소년들의 금융교육에 대한 특수교사의 경험에 제한되어 일반 학생들을 대상으로 한 교사의 금융교육 경험에 대한 교육연구가 부족하였다. 특히, 학교기반 금융교육에서 교사의 금융역량이나 수업 전문성 개발이 중요함에도, 교사들을 가르치는 교사교육자가 교사들의 금융이해력을 증진하는 과정에서 어떠한 교육적 경험을 하는지에 대한 경험적 연구가 부족하였다. 따라서 이 글은 질적 사례연구의 하나인 자문화기술지를 통해 한 교사교육자의 학교기반 금융교육 관련 교수경험의 실체와 의미를 교사교육의 관점에서 해석적으로 기술하고자 한다.

Ⅲ. 이야기의 배경과 맥락

1. 연구의 배경

가. 교사교육자이자 자문화기술자로서의 ‘나’

질적 사례연구 혹은 자기 연구(self-study)의 한 유형으로 볼 수 있는 자문화기술지(autoethnography)는 개인(들)의 경험과 목소리를 사회문화적 맥락과 조건에 연결하여 공유된 의미를 분석하고 해석하는 연구방법이다(Chang, 2008). 이 글은 한 교사교육자의 학교기반 금융교육 경험을 교사교육의 관점에서 학술적으로 이야기하기 위하여 자문화기술지를 채택하였다. 특히, 이 글은 연구자의 금융교육 교수경험이 교사들과의 상호작용에서 비롯되었기에, 자전적 문화기술지(autobiographic ethnography)보다는 현지인 문화기술지(native ethnography)를 채택하였다.

자문화기술지에서 연구자(저자)는 연구의 대상이자 배경이기 때문에, 연구 주제와 관련한 연구자의 개인적 상황성과 위치성을 나타낼 필요가 있다(Chang, 2008).

자문화기술자(autoethnographer)로서 나는 초등교원 양성기관에서 예비교사와 학교교사를 가르치고 있는 12년 차 교사교육자이다. 지난 10년 가까이 다문화교육과 소규모 학교를 연구했던 나는 사회적 약자들의 삶과 교육을 개선하고, 불평등을 해소하기 위해서 학교 밖 삶의 방식을 제대로 이해해야 함을 자각하게 되었다. 특히, 사회적 약자나 소수자의 실제적인 문제는 학교교육보다는 경제나 금융 불평등에서 비롯되었다. 하지만 나는 쉰이 넘도록 학교 밖의 삶을 제대로 경험하지 못한 존재였고, 금융에는 관심조차도 없는 그야말로 백면서생(白面書生)이었다. 교사교육자로서 나는 이러한 교육적 한계를 극복하기 위해 지난 3년 전부터 금융투자와 금융교육을 학습하였다. 그리고 지난해(2022년)에 미래교육을 실현하는 방안으로 시도교육청과 협력하여 교육대학원에 '혁신미래교육'이라는 전공을 신설하였다. 그리고 올해(2023년)는 국립대학 혁신지원사업의 일환으로 '학교기반 금융교육'이라는 교과목을 새롭게 개설하여 운영하였다. 이 글은 바로 저자가 한 교육대학원에서 '학교기반 금융교육'이라는 강좌를 개설하여 운영했던 개인적 교수경험(2023학년도 1학기: 2023학년도 3월부터 7월까지)에서 비롯되었다.

나. 학교기반 금융교육과 수업참여 교사들

학교기반 금융교육 강좌는 개인적 재무교육이나 금융소비자교육보다 교사의 금융이해력 신장에 방점을 두었다. 첫째, 미래사회를 주도할 경제적 자유인을 육성하기 위해 금융교육을 위한 학교와 교사의 역할을 이해하고, 금융이해력을 높일 수 있는 금융지식(금융자본주의, 화폐, 금리, 환율, 복리, 금융거래 방식 등)을 다루었다. 둘째, 이 강좌는 학교기반 금융교육을 실현하기 위한 교육과정 분석 및 개발, 교과서 및 학습자료 분석 및 개발, 교수·학습 방법을 탐색함으로써 금융교육 실천을 강조하였다. 셋째, 이 강좌는 금융지식과 금융교육 실천을 바탕으로 합리적인 금융 의사결정을 내릴 수 있는 금융태도를 강조하였다. 한편, 학교기반 금융교육에 참여했던 교사들의 인적 특성과 강의계획서 개요는 다음 〈표 6-1〉, 〈표 6-2〉와 같다.

〈표 6-1〉 수업참여 교사들의 인적 특성

가명	학교 / 직급	성별	교육경력	수업 참여 형태	담당과목
한송이	초등학교 교사	여	16년 차	석사과정 2년 차	초등교과
은하수	초등학교 교사	여	05년 차	석사과정 2년 차	초등교과
다정이	초등학교 교사	여	17년 차	석사과정 2년 차	초등교과
문희란	초등학교 교사	여	10년 차	석사과정 2년 차	초등교과
꽃미남	초등학교 교사	남	10년 차	석사과정 2년 차	초등교과
김연꽃	초등학교 교사	여	19년 차	박사과정(수료) 청강	초등교과
여울목	초등학교 교사	여	11년 차	학습연구년 사사	초등교과
데이지	유치원 교사	여	06년 차	석사과정 2년 차	유아교과
채송화	중학교 교사	여	20년 차	학습연구년 사사	일본어

〈표 6-2〉 혁신미래교육전공(학교기반 금융교육) 강의계획서

강좌명	학교기반 금융교육	수업형태/학점(시간)	야간제/3학점(3시간)
목표	학교기반 금융교육을 통해 금융자본주의 사회에 조응할 수 있는 금융이해력, 교육과정 문해력, 수업 전문성을 기른다.		
참고문헌 학습자료	박영옥. (2021). 주식투자 절대원칙. 서울: 센시오. 앙드레 코스톨라니. (2015). 돈, 뜨겁게 사랑하고 차갑게 다루어라. 서울: 미래의창. 금융 관련 유튜브 동영상 4편, 학교기반 금융교육 관련 학술논문(8편)		
과제	지정 분량의 학습내용에 대한 예습 및 리뷰 작성(A4 1매) 및 제출		
평가	출석(20%), 과제발표 및 토론(20%), 저널 및 리뷰(60%)		
수강인원	총 9명(유치원 교사 1명, 초등학교 교사 7명, 중학교 교사 1명)		
강의내용	이하 생략		

2. 자료수집 및 분석

자문화기술지는 질적 사례연구와 자기연구(self-study)의 우산 아래 놓여 있어서 두 연구방법의 특징에 부합하는 자료수집 방법을 채택할 필요가 있다(Chang, 2008). 자기연구에서 주요한 원자료는 탐구주제와 관련한 연구자 자신의 의식과

실천이다. 따라서 저자는 학교기반 금융교육 강좌를 운영하면서 파생된 개인적 기억자료, 반성적 저널 및 메모(12부), 자기관찰 및 자기인터뷰 자료(12회), 강의계획서(1부), 수업자료(유튜브 동영상 4편, 단행본 2부, 학술논문 8편)를 수집하였다. 한편, 질적 사례연구는 연구의 범위(시간, 공간, 인원)를 제한한다. 따라서 연구의 주요 기간을 2023년도 3월부터 7월까지로 한정하였고, 유・초・중학교 교사들(N=9)을 가르쳤던 교수경험(대면 및 비대면 수업)과 수업자료(교사 저널 및 리뷰 108부, 발표자료 14부)를 수집하여 분석하였다.

이 글은 교사교육의 관점에서 학교기반 금융교육 교수경험의 실체와 의미를 도출하기 위해 자료수집과 자료분석을 오가면서 연구결과를 도출하였다. 총 5차례에 걸친 주제 분석(thematic analysis)을 통해 8개의 코드(① 학교기반 금융교육의 필요성과 중요성을 설득하기, ② 금융교육을 위한 교사의 정체성과 역할을 다시 정의하기, ③ 금융교육을 위한 교사의 금융이해력 신장을 유도하기, ④ 금융교육학적 이해를 넘어 실제적인 금융투자 경험을 공유하기, ⑤ 금융교육을 위한 세부 교육목표와 내용을 논의하기, ⑥ 금융 교육과정 개발 시 고려해야 할 점을 파악하기, ⑦ 금융교육을 위한 차별화된 수업방법을 상상하기, ⑧ 학습자료(교과서) 개발 방법에 대하여 의견 나누기), 4개의 하위범주, 2개의 범주, 1개의 핵심범주를 생성하였다.

3. 타당도 및 신뢰성 확보

이 글은 연구의 과정과 결과에 대한 타당도와 신뢰성을 확보하기 위해 다음과 같은 시도를 하였다. 첫째, 개인적 기억자료에 의존하는 자문화기술지의 방법적 특성을 보완하기 위하여 개인 내 자료(기억자료, 저널 및 메모, 자기관찰 및 자기인터뷰)뿐만 아니라, 다양한 보조 자료(수업자료, 학습자들의 저널 및 리뷰)를 추가로 수집하여 자료의 신뢰성을 강화하려고 하였다. 둘째, 자료 분석과 글쓰기 과정에서 연구결과의 타당성과 적합성을 강화하기 위해 학교기반 금융교육 수업참여 교사들(교사 9명)에게서 구성원 및 동료자 검증(2023. 07. 14.)을 받았다. 셋째,

자문화기술지가 개인적 경험이나 기억에 의존할지라도, 글 속에 등장하는 타자들에 대한 윤리를 준수할 필요가 있다. 따라서 논문에 등장하는 교사들의 이름을 가명 처리하고, 그들의 반성적 저널이나 학습자료를 수록할 경우 사전 동의와 허락을 구하였다. 넷째, 개인적 이야기를 학술적인 이야기로 전환하기 위해서는 개인적 이야기에 대한 사회문화적 의미와 가치를 가미할 필요가 있다. 따라서 이 글은 교사교육 차원에서 학교기반 금융교육을 둘러싼 개인적 교수경험을 사회경제적 맥락과 조건에 연결하기 위해 분석적 및 해석적 글쓰기 방식을 채택하였다.

Ⅳ. 교사들과 함께 금융교육의 가능성을 실현하기

교사교육자로서 나는 학교기반 금융교육의 가치와 의미를 교사들과 함께 공유하고, 금융교육에 대한 교사의 교육역량을 강조함으로써 교사들을 금융교육에 초대하였다. 또한, 교사교육자로서 나는 교사들과 함께 학교기반 금융 교육과정의 개발 방향을 살피고, 금융교육을 위한 최적화된 수업방법을 논의하였다. 결과적으로, 이러한 금융교육 교수경험은 교사교육의 차원에서 볼 때 교사들과 함께 학교기반 금융교육의 가능성을 실현하는 일이었다. 자세한 이야기는 다음과 같다.

1. 교사들을 금융교육에 초대하기: “왜 학교에서 금융을 가르쳐야 하는가?”

가. 학교기반 금융교육의 교육적 가치와 의미를 공유하기

첫째, 교사교육자로서 나는 학교기반 금융교육의 교육적 가치와 의미를 공유하기 위하여 수업참여 교사들을 대상으로 학교와 교사를 중심으로 한 금융교육의 필요성과 중요성을 설득하였다. 왜냐하면, 학교기반 금융교육의 교육적 필요성과 중요성을 자각했을 때 비로소 학교에서의 금융교육이 정당화될 수 있었기 때문이다. 앞서 고백한 바와 같이, 교사교육자인 나조차도 지난 세월 동안 금융에 무관심한 존재였다. 좀 더 솔직히 말하면, 경제와 금융을 잘 몰라도 현재의 경제생활이나 노후 생활을 걱정할 필요가 없는 안정적 존재였다. 학력을 통한 지위 경쟁에서 살아남았던 나와 아내는 1990년대 말에 부부 공무원이 되었고, 두 사람 모두가 50대에 접어들면서 국가가 다박다박 주는 월급으로 안정적인 삶을 살 수 있었다. 돈 걱정이 없는 삶이 참으로 감사했다. 하지만 3년 전에 '팬데믹 머니(pandemic money)'를 만나면서, 이러한 이기적인 생각에 균열이 일어났다.

국가가 지급하는 봉급만으로 안정적이고 청빈한 삶을 살았던 나는 상당히 이기적인 존재임을 깨닫게 되었다. 이러한 자각을 하고 나서야 일부 국민들이 왜 공무원 연금제도에 불편한 심기를 드러내는지 이해하게 되었다. 국립대 교원이었던 내가 이기적이었던 이유는 학력을 통한 지위 경쟁에서 내밀린 사람들의 고통스러운 삶과 목소리에 무관심했기 때문이다. 살인적인 학력 경쟁에서 살아남은 나 자신이 대견했고, 경쟁에서 뒤처진 사람들은 자본주의 사회에서 어쩔 수 없는 일이라 생각했다. 따라서 나름 자수성가했다고 자부한 나였기에 나의 두 아들들도 나처럼 학력 경쟁에서 살아남아 경제적으로 안정적인 삶을 살기를 기대했다. 그래서 나는 자식들에게 이른 경제적 자립과 독립을 강조했었다. 이른바 나는 아들들에게 '짠돌이 아빠'였다. 내가 그들에게 경제적 자립과 독립 그리고 학력을 강조했던 이유는 내 부모들처럼, 나도 자식들에게 증여해 줄 만한 큰돈이 없었기 때문이다. 부모들로부터 특별한 경제적 후원을 받지 못한 내 삶은 딱 여기까지였던 셈이다.

한 지인의 권유와 도움으로 금융투자를 했던 나는 2020년에 뜻밖의 행운을 잡게 되었다. 육체적 및 정신적 노동이 없는 금융소득을 얻고 나서야 기존 학교교육과 근로소득의 관계를 새롭게 보게 되었다. 나는 학교라는 다소 폐쇄적이고 협소한 사회에서 나름대로 유능한 존재였을지는 몰라도, 학교 밖 넓은 사회에서는 평생 동안 안정적으로 '가난한 아빠'였던 것이다. 나는 돈을 충분하게 벌어서 내 식솔들과 일가친척 그리고 이웃들을 경제적으로 도울 수 있다고 생각조차 하지 못했다. 왜냐하면, 국가공무원의 근로소득으로는 이러한 이타적 삶이 애초에 불가능했기 때문이다. 하지만 운이 좋게도 뜻밖의 금융소득을 얻게 되면서, 나도 자신뿐만 아니라 타자들의 경제적 삶을 돌볼 수 있겠다는 꿈을 꾸게 되었다. 그래서 나는 배워서 남에게 주는 교육적 존재뿐만 아니라, 벌어서 남에게 주는 경제적 존재도 되어보기로 결심했다. 마치 돈키호테와도 같은 생각을 현실화하기 위해 지난 3년 동안 치열하게 금융학습을 하였고, 교사들이 학교기반 금융교육에 동참하기를 기대하였다. 바로 이러한 시도에서 '학교기반 금융교육'이 비롯되었다.

> 오늘 저녁에 둘째 아들과 복리의 마법에 대해 논쟁했다. 둘째 아들은 금융교육을 통해 모든 경제 주체들이 복리의 마법을 누릴 수 있다는 내 주장을 반박하였다. 그의 말에 따르면, 자본주의 사회에서 승자독식의 경제적 구조와 사회적 불평등은 어쩔 수 없는 일이며, 모든 사람이 금융투자를 통해 복리의 수혜를 거두는 일은 현실적으로 불가능하다고 주장하였다. 어린 놈이 왜 그렇게 싹수가 없냐고 짜증을 냈지만, 내심 미안한 생각이 들었다. 내 아들이 이처럼 경제적 꿈을 꾸지 못하는 것은 내가 지금까지 가정에서 금융교육을 하지 않은 탓이었고, 학교와 선생님들도 금융을 제대로 하지 않았기 때문이다(연구자의 반성적 저널 중 일부, 2023. 03. 23.).

학교기반 금융교육 강좌를 수강했던 참여 교사들은 왜 학교에서 교사가 금융을 가르쳐야 하는지를 의아해했다. 교사 대부분은 학교가 세속적인 돈을 좇는 일에 거리를 두면서, 학생들이 민주시민으로서 자질과 역량을 기르는 공적 공간이라 생각하였다. 그래서 그들은 강의 초반부에 미래교육이나 혁신교육의 일환으로 학교기반 금융교육을 주장하는 나의 의도에 선뜻 동의하지 않는 눈치였다. 금융을 대하는 그들의 미온적인 학습 태도는 마치 3년 전 내 모습과 같았다. 그래서 나는 '유튜브'라는 온라인 플랫폼과 학습자료를 통해 수업참여 교사들이 금융에 대한 관점의 전환을 시도할 수 있도록 기회를 제공하였다. 구체적으로, '부자 아빠 가난한 아빠'로 유명한 R. Kiyosaki의 아이디어를 소개하였고, 금융투자로 큰 부를 일군 투자가들(A. Kostolany, 주식농부 박영옥)의 관점을 안내했으며, 자본주의와 금융에 대한 EBS 교양 다큐멘터리(자본주의 1부, 2부)를 시청하면서 글을 쓰고 대화를 나누었다. 놀랍게도, 대부분의 수업참여 교사들은 학교교육과 금융자본주의를 연결하여 모두가 더불어 잘 살기를 희망하는 나의 도전에 공감해 주었고, 학교에서 동료들과 함께 금융교육을 시도하려는 의지를 내비쳤다.

> 금융 문맹이라는 용어가 크게 와 닿았다. 글을 모르거나, 문해력이 낮으면 문학작품을 이해하지 못하는 것처럼 금융 문맹으로 현시대를 살아가면 사회의 현상, 경제의 흐름에 대한 민감도가 떨어질 것이 분명하다. 금융 문맹 정의에서 소비자로서 해야 할 역할을 제대로 수행하지 못한다는 부분이 의아하다. 금융 주체로서 소비만 가능한 것인가? 금융 행위, 금융 생활로 대체하면 좋겠다는 생각이 든다(문희란 교사, 저널에서 발췌, 2023. 04. 25.).

둘째, 교사교육자로서 나는 수업참여 교사들이 학교기반 금융교육을 실현하기 위한 교사로서의 정체성과 역할을 다시금 정의할 수 있도록 도움을 주었다. 여기에서 말한 교사의 정체성과 역할 재정의란 학교교사가 국가 수준의 공통교육과정과 기본교과를 가르칠 뿐만 아니라, 학교기반 금융교육에서 학생들의 금융이해력 발달을 지원하고 촉진하기 위한 교수 주체로서 거듭나는 것을 의미한다. 즉, 학교기반 금융교육을 실천하는 교사는 아동과 청소년을 대상으로 국가 수준의 공통교육과정과 기본교과를 가르칠 뿐만 아니라, 학생과 지역사회의 요구와 특성을 고려한 학교기반 금융교육을 실천하는 주체로 변모하는 것이다. 수업참여 교사들은 학교기반 금융교육 수업을 통하여 금융에 대한 생경함과 거리감을 좁혀 나갔으며, 자신들의 학교와 교실에서 금융교육을 실천할 수 있는 용기를 갖게 되었다.

> 한 학기 동안 학교기반 금융교육 수업을 들으면서 교사로서 나의 금융에 대한 무지를 깨달았다. 교육받게 기회조차 주어지지 않았기 때문에 몰랐던 금융교육 분야를 인지하게 되었으며, 경제 주체로서 금융교육의 목표보다는 소비자로서 금융교육에 머물러 있는 현재 나의 교육 수준을 직시하게 되었다. 처음에는 개인적인 무지이기 때문에 금융에 대한 자기 연찬을 게을리 하지 않았나 하는 반성을 하게 되었다(한송이 교사, 반성적 저널, 2023. 05. 30.).

'주주는 기업의 주인이다.'라는 점을 강조한 교육의 효과에 대해서도 생각해 본다. 기업의 성장 가능성을 따져보고, 경영 철학에 따른 경영 과정 등을 냉철하게 판단하고 투자하며 동행한다는 소비자나 투자자로서 해야 할 역할과 권리를 강조하는 금융교육이 필요하다고 생각한다. 또한 금융교육을 통해 체계적이고 과학적으로 접근하는 투자자의 눈을 길러준다면, 아이들에게 부자가 될 수 있다는 구체적인 꿈과 가능성을 심어줄 수 있지 않을까 생각해 보았다(다정이 교사, 반성적 저널, 2023. 03. 28.).

나. 학교기반 금융교육을 위한 교사의 교육역량 기르기

첫째, 교사교육자로서 나는 학교기반 금융교육을 위한 교사의 금융교육 역량을 기르기 위해 교사들의 금융이해력 신장에 주목하였다. 금융이해력은 개인 혹은 가족의 웰빙(wellbeing)에서 중요한 역할을 함에도, 사회학, 교육학, 사회복지학 분야에서 주요한 연구 주제로 간주하지 못했다(Rinaldi, 2013: 249). 따라서 교사교육자로서 나는 금융 자체에 대한 내용학, 금융을 가르치기 위한 교과교육학, 금융과 학교교육을 연결하는 금융교육학에 교사들을 초대하였다.

구체적으로, 교사교육자로서 나는 수업참여 교사들이 내용학적 차원에서 금융에 대한 전문적 지식과 식견을 갖도록 노력하였다. 그리고 교과교육학 차원에서는 이러한 금융지식을 바탕으로 능숙하고 자신감 있게 금융교육을 시도할 수 있는 금융 수업 전문성을 강조하였다. 수업참여 교사들의 다수는 학창 시절에 금융 혹은 금융교육을 체계적으로 학습한 경험이 없었다. 그래서 교사교육자로서 나는 수업참여 교사들이 금융 자체에 대한 내용학적 이해에 도달하도록 도움을 주었다. 예를 들면, 참여 교사들이 금융을 쉽게 이해할 수 있는 금융교육 콘텐츠를 직접 제작하여 수업에 활용하였으며, 유튜브 온라인 플랫폼을 통해 금융이해력을 신장해 나갔던 나의 금융학습 경험을 교사들과 함께 공유하였다.

우리 선생님들은 금융 자체에 대한 내용학적 이해가 턱없이 부족하다. 몇 년 전 나의 모습을 보는 듯하다. 학교교사가 아이들에게 제대로 금융을 가르칠 수만 있다면 직업진로 교육에도 도움이 되고, 빈부격차, 청년실업, 노인 빈곤 등의 사회문제를 해결할 수 있는 실마리가 될지도 모를 일이다. 교육학자인 나는 교과교육학자도 아니고, 그렇다고 금융학자도 아니기에 금융교육학이라는 새로운 학문영역을 개척해야 한다. 내가 하는 이 일을 '금융교육사회학'이라 부를 수 있지 않을까(연구자의 반성적 저널, 2023. 03. 14.).

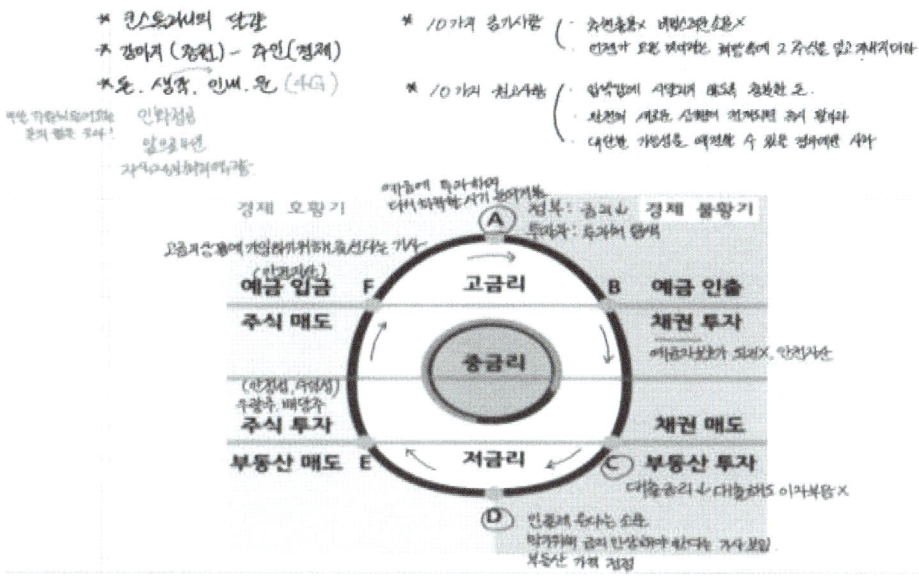

[그림 6-1] 금융투자교육 관련 메모 중 일부(은하수 교사)

둘째, 교사교육자로서 나는 수업참여 교사들이 금융교육학적 이해를 넘어서 실제적인 금융투자를 하도록 권장하였다. 왜냐하면, 수업참여 교사들이 실제적인 금융투자를 경험해야 금융에 대한 지식뿐만 아니라 기능, 가치 및 태도를 바탕으로 실제적인 금융 의사결정을 내릴 수 있기 때문이다. 한마디로 행함을 통한 배움을 추구했다. 다수의 수업참여 교사들은 학기 초에 실제적인 금융투자에 참여하는 것을 주저하였다. 따라서 나는 실제적인 금융투자 경험과 노하우를 그들에게 전수하기로 결심하였다. 우선, 수업참여 교사들에게 내가 손수 운용하고 있는 금융자산의 내역(가계 저축/부채 내역, 연금저축펀드 내역, IRP 계좌, 주식 포트폴리오, 채권, 가상화폐)을 공개하였고, 금융 의사결정에 따른 최근 3년 동안의 수익률을 가감 없이 공개하였다. 그리고 금융자산을 운용할 때 수반되었던 재무적 및 심리적 문제를 어떻게 해결했는지에 대한 개인적인 경험을 이야기하였다. 최근 2년 동안 금융시장의 하락세로 금융투자 결과가 신통치 않았음에도, 수업참여 교사들은 나의 권유에 따라 조심스럽게 금융투자를 시작하였다. 수업참여 교사들은 자신의 금융 의사결정에 따른 손익의 정도를 떠나서, 무엇인가를 새롭게 시도하는 것 자체에 자부심을 느낀다고 말하였다. 대부분의 교사들은 학기 말에 다다르자 금융이해력을 바탕으로 금융 의사결정을 내리고, 학교에서 금융을 가르칠 수 있는 용기를 갖게 됐다고 말했다.

> 이번 학기에 금융수업을 들으면서 이런저런 생각을 하게 되었어요. 무엇보다, 금융투자를 하지 않는 것도 투자의 한 형태라는 것을 알게 되었죠. 제가 수업 중에는 주식투자를 안 하겠다고 했죠? 그런데 사실은 이 수업을 계기로 주식투자를 시작하게 되었어요. 주식의 변동성이 두려워서 잠시 매도했고, 작은 수익을 올리기도 했어요. (중략) 하지만 얼마 전부터는 용기를 갖고 금융투자를 제대로 해보기로 했어요. 잘 될지는 모르지만요(기억자료, 수업 중 채송화 교사의 내러티브 중 일부, 2023. 05. 30.).

2. 학교기반 금융교육을 위한 교육과정과 수업방법 논의하기

가. 학교기반 금융 교육과정 개발 방향 살피기: "무엇을 어느 정도 가르칠까?"

첫째, 교사교육자로서 나는 수업참여 교사들과 함께 금융교육의 목표와 교육내용을 논의하는 활동을 중심으로 유・초・중 학교기반 금융 교육과정 개발의 방향을 살펴보았다. 학교기반 금융 교육과정 개발의 방향을 논의할 때 핵심은 금융에 대한 내용학적 지식을 학교급별 교육목표와 학습자의 발달 수준에 따라 교수학적 내용지식(pedagogical content knowledge)으로 전환하는 일이었다. 우선, 교사교육자로서 나는 교수학적 내용지식을 검토하기에 앞서, 수업참여 교사들과 함께 학교기반 금융교육의 목표를 명료화하고자 하였다. 왜냐하면, 학교기반 금융교육을 위한 교수학적 내용지식은 교육목표를 달성하기 위함이기 때문이다. OECD와 PISA, 그리고 세계 각국의 학교기반 금융교육의 목표는 한 곳을 향하고 있었다. 그것은 바로 금융 관련 지식, 기능, 가치 및 태도를 고루 포함하는 금융이해력을 바탕으로 학생들의 금융 의사결정 역량을 신장하는 것이었다. 최근에 우리나라의 금융감독원과 한국교육과정평가원의 초・중・고 금융교육 표준안도 학교기반 금융교육의 목표로서 학습자의 금융이해력 발달에 초점을 두고 있었다(이소연 외, 2020).

> 미국교육은 개인이 노력해서 부를 축적할 수 있는 시스템을 중시하기 때문에 개인들에게 금융이해력(금융지식, 금융행위, 금융태도)을 심어주기 위해 노력하고 있다. 그리고 본인의 금융 의사결정에 대한 책임은 자신에게 있다. 그에 반해 한국의 금융교육은 다소 소극적이고 통제적이다. 예금과 저축 등 안정적이고 위험도가 낮은 금융활동을 중요시하고 있다. 개인의 금융이해력보다는 학생이 전반적인 경제 질서에 적응하고 순응하도록 교육하고 있다. 이러한 한국의 금융교육의 배경에서는 공격적인 투자가 이루어지기 어렵고, 소극적이고 안정적인 투자 위주로 투자가 진행되어 경제가 활성화되기 어렵다. 미국의 금융교육 제도가 무조건 좋은 것은 아니다. 하지만 개인의 금융이해력을 강조하고, 금융투자와 그 책임을 다할 수 있는 교육목표와 내용을 학생들에게 제공하여야 한다고 생각한다(꽃미남 교사, 저널 중 일부, 2023. 05. 23.).

한편, 나를 포함한 수업참여 교사들은 유・초・중학교에서 학습자들의 금융이해력을 신장하기 위해 무엇을 어느 정도 가르쳐야 하는지에 대한 교수학적 내용지식을 탐색하였다. 나는 학교기반 금융교육을 실현하기 위한 교수학적 내용지식을 탐색하기 위해 비교교육학적 접근을 시도하였다. 그래서 수업참여 교사들과 함께 한국과 미국의 금융교육 표준안을 비교・분석하였고, OECD와 PISA의 금융이해력

평가기준을 중심으로 한국의 금융 관련 교육과정을 비교・분석하였다. 또한, 한국의 학교기반 금융 교육과정과 교과서(사회, 실과, 도덕, 기술/가정, 경제)에 대한 내용분석을 시도함으로써 공통의 5대 영역과 그에 따른 교수학적 내용지식을 획득할 수 있었다. 그것은 바로 소득/소비(예산, 수입, 지출), 저축/투자, 신용/부채(신용관리와 대출, 부채관리), 위험관리/보험, 금융 의사결정(합리적 금융생활, 개인재무관리, 금융환경의 변화와 금융소비자 보호)이었다.

> 교원양성기관의 교육사회학자인 나는 학교기반 금융교육에서 교과교육학자와는 달리 무엇을 해야 하는 것일까? 교사들과 함께 금융교육 관련 교과교육 연구물을 검토하면서 흥미로운 점을 발견하였다. 그것은 바로 기존 교과교육학자들이 교육과정이나 교과서를 분석할 때, 주로 내용학의 관점에서 내용분석을 시도한다는 점이었다. 교과교육 전문가의 입장에서 볼 때, 금융학의 차원에서 내용분석을 시도하는 것은 당연한 접근이라 볼 수 있다. 하지만 학교기반 금융교육에서의 교수학적 내용지식을 일반교육학의 입장에서 살펴본 연구가 흔하지 않았다. 이것은 바로 나 같은 교육학자들이 금융교육에 학술적 관심을 갖지 않아서일 것이다. 바야흐로 교육과정사회학의 관점에서 우리나라의 금융교육을 이야기할 시대가 온 것 같다(연구자의 반성적 저널, 2023. 06. 26.).

둘째, 교사교육자로서 나는 학교기반 금융교육 교수경험을 통하여 유・초・중학교 금융 관련 교육과정을 개발할 때 특별히 고려해야 할 3가지 사항을 알게 되었다. 첫째, 교사들이 단위학교에서 금융 교육과정을 편성하고 운영할 경우 학교교육과정 내 편제와 시간 배당에 대해 고려해야 했다. 즉, 교사는 기존 기본교과(사회, 실과, 기술/가정 등) 내에서 금융 학습경험을 재구성할 것인지, 교과 간 융합교육을 시도할 것인지, 창의적 체험활동이나 학교자율시간을 통하여 차별적인 교육활동이나 단일교과를 개발할지를 결정해야 했다. 둘째, 학교기반 금융 교육과정의 체계화를 위해서는 교육과정의 계열성과 계속성이 중요하였다. 우선, 학교기반 금융 교육과정을 구성할 때는 다른 기본교과와 중복되는 내용을 최소화해야 했다(이종희,

이연숙, 2015). 이러한 내용의 중복을 최소화하는 방법은 교육과정의 계열성과 계속성이었다. 즉, 학교급이나 학생의 수준에 따라 금융 교육과정의 범위와 난이도를 조절하고, 유치원, 초등학교, 중학교로 이어지는 여정에서 금융교육이 지속적으로 다뤄지는 것이 필요했다. 셋째, 학교기반 금융 교육과정의 체계화를 위해서는 유치원, 초등학교, 중학교 교육과정 사이에서 접합성(articulation)을 강화해야 했다. 여기에서 말한 교육과정의 접합성이란 유치원, 초등학교, 중학교로 분절된 학교급별 교육과정을 일관성을 유지한 채 매끄럽게 잇는 것을 의미한다. 수업참여 교사들과 함께 한국의 현행 금융 교육과정을 분석해 본 결과, 유치원, 초등학교, 중학교의 금융 교육과정은 서로 분리되어 일관성을 유지하지 못하고 있었다. 따라서 나는 학교기반 금융 교육과정의 이러한 체계화를 위하여 교사의 교육과정 문해력과 전문성을 강조하였다.

> 경제・금융교육이 별도의 교과로 선정되었으면 한다. 범교과 주제 10개(안전・건강교육, 인성교육, 진로교육, 민주시민교육, 인권교육, 다문화교육, 통일교육, 독도교육, 경제・금융교육, 환경・지속가능한 발전교육) 중 학생 개개인의 삶에 압도적 영향력을 주는 분야가 경제・금융교육이라고 생각하기 때문이다. 학생들이 삶을 살아가며 투자의 실패로 인해 설사 어려운 생활을 할지언정, 금융에 대한 무지로 어려운 경제생활을 하지 않았으면 좋겠다(꽃미남 교사, 저널 중 일부, 2023. 05. 16.).

> 지속적이고 체계적인 금융교육을 위해, 여기저기 산발적으로 흩어진 형태로 두지 않고 내용 요소별 묶어 점진적으로 심화되도록 교과 내 교육과정을 재배열해야 한다. 또한, 불필요하게 중복되는 내용이 없도록 교과 간 교육과정 협의가 필요하다. 물론, 현행 중・고등학교 교과서를 분석한 논문을 읽고 나니 금융경제교육 관련 내용이 턱없이 부실하다고 느끼므로, 금융교육 표준안에서 제시한 다섯 가지 영역의 내용이 풍부하고 균형이 있게 다뤄질 수 있도록 내용을 양적, 질적으로 보충하는 것이 필요해 보인다(은하수 교사, 저널 중 일부, 2023. 04. 25.).

나. 금융교육을 위한 수업방법을 찾기: "어떤 방식으로 가르칠까?"

첫째, 교사교육자로서 나는 수업참여 교사들과 함께 학교기반 금융교육을 실천하기 위한 다양한 수업방법을 상상하였다. 나를 포함한 수업참여 교사들이 수업방법을 상상했던 이유는 지금까지 학교기반 금융수업에 대한 직접적인 교수경험이 없었으며, 기본교과에서의 교수・학습과 차별화된 수업방법을 찾고자 했기 때문이다. 나와 참여 교사들은 학교기반 금융교육에 대한 국내외 우수 수업사례를 논의한 결과, 수업방법과 관련하여 3가지의 통찰을 얻게 되었다.

우선, 학교기반 금융교육을 위한 수업방법은 금융 지식, 기능, 가치 및 태도를 고루 포함하는 성취기준과 학습목표를 지향하는 것이 중요하였다. 금융 지식, 기능, 가치 및 태도를 균형적으로 포괄하는 성취기준 및 학습목표 기반 수업은 금융 이해력을 바탕으로 합리적인 금융 의사결정을 내리는 것과 일맥상통하였다. 둘째, 교사는 학교기반 금융수업을 시도할 때 학교급(유치원, 초등학교, 중학교) 및 학생들의 발달 수준을 고려하여 소득/소비(예산, 수입, 지출), 저축/투자, 신용/부채(신용관리와 대출, 부채관리), 위험관리/보험, 금융 의사결정(합리적 금융생활, 개인재무관리, 금융환경의 변화와 금융소비자 보호)을 가르치는 것이 중요하였다. 예를 들면, 유치원과 초등학교 수준에서는 소비, 저축, 위험관리 및 보험에 초점을 두다가, 중학교로 이행할 때는 소득, 투자, 신용 및 부채관리, 금융 의사결정에 방점을 둘 수도 있었다. 셋째, 학교기반 금융교육을 위한 수업방법은 학생들이 가상 혹은 실제적인 금융활동을 체험함으로써 자신들의 생활세계에서 발생한 금융 관련 이슈나 문제를 합리적으로 해결할 수 있는 역량을 강조하였다. 따라서 학교기반 금융수업은 학생이 용돈 관리나 소비자교육에 참여하는 방식을 넘어서서, 가상의 금융 문제상황 혹은 실제적인 금융 학습과제나 수행과제를 해결하기 위해 또래, 교사, 부모와 상호 협력하는 교육활동을 지향하는 게 중요하였다. 따라서 실효성이 높은 금융수업 환경을 조정하기 위해서는 교사와 학부모 사이의 협력과 연계 지도가 중요함을 알게 되었다.

> 미래의 학교기반 금융수업이 유아와 아동 그리고 청소년들에게 부유한 삶을 상상하고, 부유한 삶을 살 수 있겠다는 희망을 줬으면 너무나 좋겠다. 그렇게 하려면 학교와 교사의 수업방식이 조금은 더 과감해져야 하지 않을까? 아이들이 금융에 대한 올바른 지식과 기술, 태도를 바탕으로 학교와 교실에서 선생님들과 함께 가상 혹은 실제적인 금융교육을 시도해 보면 어떨까? 그리고 학부모들이 이러한 아이들과 선생님들의 교육적 도전을 공감적으로 이해하고 격려해 줄 수 있다면 얼마나 좋을까? 만약 아이들이 실제적인 금융투자 활동을 통해 금융투자의 성공과 실패의 맛을 볼 수 있다면, '이생망', '욜로', '탕진잼', '헬조선'이라는 말들이 점차 사라질지 모를 일이다(연구자의 메모 중 일부, 2023. 07. 04.).

> 이 논문에서 조금 익숙했던 점은 Jenny(미국 경제교사)의 수업방법이 현재 국가 수준 유치원 교육과정에서 말하는 유아 주도성에 초점을 맞춘 교육방법과 매우 비슷하다는 것이다. 특히 '여름방학 아르바이트를 찾아서'에서 '인적자본을 개발해야 하는 필요성'으로 다음 학습 차시까지 이어지는 과정은 교사가 제시한 흥미로운 질문에서 시작되는 학생의 관심에서 학생 주도의 탐구와 고민, 토론이 이루어지는 방식이 놀이의 흐름, 놀이의 확장과 비슷하다고 느껴졌고, 교사가 제시하는 흥미로운 질문과 다양한 방식의 수업 자료들은 교사의 놀이 지원 과정과 매우 유사하다는 생각이 들었다. 이 과정은 학생들에게 즐거움과 더불어 의미가 있는 배움이 이루어지지 않을까 생각했다(데이지 교사, 저널 중 일부, 2023. 05. 30.).

둘째, 교사교육자로서 나는 학교기반 금융교육을 실현하기 위해 수업참여 교사들과 함께 금융교육을 위한 교과서나 학습자료를 개발하기 위한 방향과 방법에 대하여 의견을 나누었다. 나는 수업참여 교사들과 함께 금융 관련 전문기관이나 금융교육 기관에서 개발한 교과서나 학습자료를 검토하였다. 국내에서 출판된 다수의 금융 교과서나 학습자료는 금융이해력을 신장하기 위한 목표와 교육내용이 균형적으로 제시되어 있었다. 하지만 유치원, 초등학교, 중학교 학생들의 흥미와 사고 수준의 차이를 고려한 교과서나 학습자료가 부족하였다. 이러한 현상의 원인은 일차적으로 학교급별 금융 교육과정의 낮은 계열성, 계속성, 접합성에서 비롯된 측면이 있었다. 하지만 학교급별로 금융교육 관련 교과서나 학습자료의 적합성이 낮았던 또 다른 이유는 금융전문가 교과서나 교육 자료를 제작했기 때문이었다. 나는 기존 금융교육 관련 교과서나 학습자료의 문제점을 교사들 스스로가 발견할 수 있도록 도움을 주었고, 금융이해력을 지닌 교사가 금융 교과서와 교육 자료 개발의 최적임자가 될 수 있음을 주장하였다. 특히, 유치원, 초등학교, 중학교 교사들이 상호 협력적으로 금융 교과서와 학습자료를 개발한다면, 학교기반 금융교육의 연계성과 접합성을 제고할 수 있음을 역설하였다.

> 나는 학교 선생님들이 학교기반 금융교육을 위한 교과서나 학습자료를 누구보다 잘 만들 수 있는 존재라고 생각해요. 금융전문가는 금융 자체는 잘 알겠지만, 학교교육에 대한 이해와 전문성이 높지 않아서 상당한 어려움이 있다고 생각해요. 한 학기 동안 저와 함께 금융과 금융교육을 배웠으니, 기회가 온다면 과감하게 도전해 봤으면 좋겠어요. 특히, 2022 개정 교육과정에 학교자율과정이 도입되니까, 학교자율과정에 활용할 수 있는 금융 교과서나 학습자료를 함께 만들어 보면 어떨까요? 처음부터 정교한 인정도서를 만드는 것은 힘들겠지만, 그래도 첫걸음을 내디뎠으면 해요(연구자의 수업 중 발화 내용, 기억자료, 2023. 05. 30.).

> 지난해에 시도교육청이 주도했던 경제·금융 관련 교과서 개발 작업에 참여한 적이 있었어요. 초등학생용 교과서를 만들 때 가장 중요한 일은 경제·금융 교육과정의 내용체계와 성취기준을 염두에 두면서 학습경험을 선정하고 조직하는 일이었어요. 학생들의 실제적인 삶과 사고 수준을 고려하여 학습자료를 구성하는 일은 우리가 가장 잘 할 수 있다고 생각해요. 왜냐하면, 학교 선생님들은 아이들과 늘 함께하니까요. 한 가지 아쉬운 점은 우리가 내용체계와 성취기준을 중심으로 학습 자료를 만든 경험이 부족하다는 거예요. 그래서 금융 교과서나 학습자료를 제작할 때 선생님들이 적극적으로 참여하면 좋겠어요(김연꽃 교사의 수업 중 발화 내용, 기억자료, 2023. 05. 30.).

V. 금융교육의 방아쇠로서 교사교육자

교사교육자로서 나는 교사들에게 학교기반 금융교육의 가치와 의미, 그리고 학교기반 금융교육에서 학교교사의 금융이해력을 강조하였다. 또한, 연구자로서 나는 교사들과 함께 학교기반 금융 교육과정의 개발 방향을 모색하였고, 학교급별 금융교육을 실천하기 위한 최적화된 수업방법을 논의하였다. 이러한 교수경험은 교사교육자가 학교교사들과 함께 학교기반 금융교육의 실천적 가능성을 실현하는 일이었다. 결론에서는 이러한 이야기에 기초하여, 교사교육자의 학교기반 금융교육 관련 교수경험의 의미를 교사교육 차원에서 논의하고, 학교교사의 금융이해력 증진을 도모하기 위한 몇 가지 아이디어를 제안하고자 한다.

교사교육자의 학교기반 금융교육 교수경험의 교육적 의미를 교사교육의 차원에서 제시하면 다음과 같다. 이 연구는 학교교사의 금융이해력 발달이 교사교육자의 교수적 노력에서 촉발될 수 있는 가능성을 열어주었다. 즉, 이 연구는 교원양성기관의 교사교육자가 학교교사들을 대상으로 금융교육을 시도함으로써, 학교기반 금융교육을 촉진하는 교수적 주체 혹은 교수적 방아쇠가 될 수 있음을 입증하였다. 무엇보다, 학교기반 금융교육을 새롭게 시작하기 위해서는 학교교사들의 노력 이전에 교원양성기관 교사교육자의 금융이해력 발달과 금융교육 전문성 개발이 선행되어야 한다. 따라서 교사교육자는 학교기반 금융교육을 실현하기 위한 이론적 토대를 보다 공고히 하고, 이를 실천하기 위한 교육과정과 수업방법을 체계적으로 마련해야 할 것이다. 또한, 이 연구는 금융교육 관련 주체별 경험연구 측면에서 학생과 교사를 연구대상으로 삼던 기존 연구동향에서 더 나아가, 교사교육자의 금융교육 교수경험을 조명함으로써 연구의 범위와 영역을 확장하였다고 볼 수 있다. 따라서 이 연구는 학교기반 금융교육을 위한 교사교육의 출발점이 될 것이다.

한편, 학교교사의 금융이해력 증진을 도모하기 위한 몇 가지 아이디어를 교사교육의 차원에서 제시하면 다음과 같다. 첫째, 학교교사가 주도하는 학교기반 금융교육은 금융자본주의 사회에서 살아갈 아동과 청소년들에게 경제적 독립과 자유뿐만 아니라, 모두가 더불어 잘 살아갈 수 있는 교육적 장치가 될 수 있다(Miller & VanFossen, 2008; Schug & Lopus, 2008; Wagner, 2019). 근대국가와 궤를 같이했던 학교교육은 정치 및 인권 측면에서 '민주시민'이라는 정치적 자유인을 양성하였다. 그러나 과거 산업자본주의에 최적화된 한국의 학교교육은 경제 및 재산권 측면에서 경제적 자유인을 양성하는 데 그다지 효과적이지 못하였다. 하지만 학교교사를 금융교육의 주체로 상정하는 학교기반 금융교육은 합리적이고 이타적인 경제적 자유인을 양성함으로써 세대, 지역, 젠더, 계층 사이의 사회경제적 불평등을 완화할 수 있는 균형 장치(equalizer)로서 이바지할 수 있다(한진수, 2017; Elliott, Sherraden, Johnson, & Guo, 2010). 따라서 국가와 교육부는 경제적 불평등을 완화하고 해소하는 방안으로서 학교기반 금융교육을 주도하는 교사교육을 보다 강화할 필요가 있다. 특히, 국가와 교육당국은 학교교사들이 학교기반 금융교육을 통해 금융이해력을 신장할 수 있도록 제도적 및 정책적 지원을 강화해야 할 것이다.

둘째, 학교기반 금융교육을 실현하기 위한 교육정책과 교사교육 정책을 마련하더라도, 그것을 현실화하기 위해서는 학교교사의 금융교육 관련 교수 전문성과 금융이해력이 절대적으로 전제되어야 한다(OECD, 2014). 하지만 한국의 유・초・중학교 교사들은 학령기 시절의 학교교육이나 교원양성기관의 교사교육을 통해 금융교육을 체계적으로 학습할 기회가 흔치 않은 상황이다(이소연 외, 2020). 따라서 교사교육자는 예비교사 및 학교교사들이 교원양성기관에서의 체계적인 금융교육과정과 수업, 연수 프로그램을 통하여 금융이해력을 갖출 기회를 제공해야 한다. 또한, 교원양성기관과 시도교육청 및 교육지원청은 예비교사나 학교교사들이 자유롭게 학교기반 금융교육을 학습하고 실천할 수 있는 교육환경을 제공할 필요가 있다. 예를 들면, 교원양성기관은 교양 및 전공(교과)교육 영역에서 금융교육을 배울 수 있는 교과목을 개설하고, 시도교육청이나 교육지원청은 금융교육 전문성 신장을 위한 교사연수 프로그램을 개설・운영할 수 있을 것이다.

셋째, 학교기반 금융교육을 교육현장에 착근시키기 위해서는 학교급별로 차별화된 금융 교육과정을 세밀하게 개발하고, 그것을 실행하기 위한 편제와 시간 배당을 마련해야 한다. 특히, 단위학교의 특성을 고려한 맞춤형 금융 교육과정을 개발하고, 편제와 시간을 확보하기 위해서는 학교교사의 금융 교육과정 문해력과 전문성이 전제되어야 한다. 최근에 학교 자치와 분권이라는 시대정신이 부상함에 따라, 학교교사는 학교교육과정의 편성 및 운영 측면에서 과거에 비해 상대적인 자율성을 갖게 되었다. 즉, 단위학교의 교사들은 지역사회의 요구와 학생들의 수준 및 특성을 고려하여 자율적이고 창의적으로 금융교육 관련 교육과정과 교과목을 개설하고 운영할 수 있는 재량권(창의적 체험활동, 학교자율시간)을 갖게 되었다(박형준, 김주현, 2023). 유치원 교사와는 달리, 의무교육 기관에서 국가가 제시한 기본교과를 가르쳐 왔던 초・중학교 교사들이 학교기반 금융 교육과정을 자체적으로 개발하기란 생각처럼 쉽지 않을 수 있다. 따라서 교원양성기관과 시도교육청은 초・중학교 교사들이 금융 교육과정에 대한 문해력과 전문성을 개발할 수 있도록 체계적인 연수 프로그램을 개설하여 운영해야 할 것이다. 특히, 초・중학교 교사들에게 유치원 교사들의 학교교육과정 및 교과목 개발 경험과 노하우를 공유할 기회를 제공한다면, 금융교육 교사연수 프로그램의 적절성과 효과성을 제고할 수 있을 것이다.

넷째, 유・초・중학교 교사는 학생들에게 최적화된 금융 수업방법을 적용하는 데 유리한 조건을 갖고 있다. 왜냐하면, 금융이해력을 갖춘 학교교사는 학생들의 다양한 앎의 수준과 실제적인 삶의 방식을 고려하여 금융교육을 실현할 수 있는 수업전문가이기 때문이다(Bernheim & Garrett, 2003; 홍현의, 최정민, 2021). 따라서 교육당국과 학부모는 교사가 학교와 교실에서 학생들과 함께 가상적인 금융투자나 실제적인 금융교육 활동을 전개할 때, 이러한 교육적 도전과 시도를 공감적으로 이해하고 지원할 필요가 있다. 특히, 가정 내 학부모가 교사와 함께 학교기반 금융교육에 동참할 수 있다면, 학생들의 금융이해력 발달에 실질적인 도움이 될 것이다. 그리고 시도교육청, 지역교육청, 학교장은 교사들이 창의적 체험활동이나 학교자율시간에 활용이 가능한 금융 교과서나 학습자료를 개발할 때, 이러한 노력을 격려하는 지원정책을 펼쳐야 할 것이다.

참고문헌

김동진, 김지훈. (2021). 초등교사의 금융이해력 조사 연구. 경제교육연구, 28(3), 119- 144.

김하민. (2022). 도덕과 범교과 학습 주제 교육 현황 분석: 경제・금융교육을 중심으로. 초등도덕교육, 79, 353-379.

박영옥. (2021). 주식투자 절대원칙. 서울: 센시오.

박형준. (2022). 한국과 미국의 금융교육 표준안 비교. 시민교육연구, 54(3), 187-219.

박형준, 김주현. (2023). 고등학교 「금융과 경제생활」 교육과정의 개발 방향과 주안점. 금융교육연구, 8(1), 1-14.

성경희 외. (2022). 초・중・고 학교 소비자교육 내용체계안 개발 및 활용 방안 연구. 교육과정평가연구, 25(3), 75-103.

손정국, 유진, 김영민. (2017). 투자자교육 여부가 금융역량에 미치는 영향 분석. 금융연구, 31(4), 103-131.

이소연. (2018). 교육과정 변천에 따른 사회과 금융교육 관련 내용 분석. 교육연구, 71, 49-65.

이소연 외. (2020). 초 · 중 · 고 금융교육 표준안 개정연구. 연구보고 CRE 2020-2. 금융감독원・한국교육과정평가원.

이종희, 이연숙. (2015). 중・고등학교 교과서에 나타난 금융교육 내용 분석. 한국가정관리학회지, 33(2), 1-20.

장혜숙, 한경근. (2022). 발달장애 청소년 경제・금융교육에 대한 특수교사의 경험과 지원요구. 특수교육교과교육연구, 15(4), 73-94.

정영선. (2015). 아동복지시설 퇴소청소년의 금융교육과 금융행위에 대한 내러티브 연구. 시민교육연구, 47(3), 235-267.

조지민, 임해미, 천규승, 김경모. (2014). PISA 2012 금융이해력 평가와 한국의 금융관련 학교 경제교육과정. 시민교육연구, 46(4), 177-205.

천규승. (2012). 최근 금융교육 동향 및 시사점. 소비자정책동향, 31, 1-21.

최윤정, 김예지. (2015). 금융 이해력 향상을 위한 경험중심 경제교육: 미국 고등학교 금융교육 수업 사례연구. 시민교육연구, 47(1), 217-245.

한진수. (2017). 왜 학교 금융교육이어야 하는가?. 금융교육연구, 2, 25-49.

한진수. (2019). 금융교육 연구의 동향과 과제. 경제교육연구, 26(1), 1-35.

홍현의, 최정민. (2021). 청소년 금융행동 향상을 위한 시뮬레이션 원리 적용 금융교육 프로그램 방향 제안. *Journal of Integrated Design Research, 20*(2), 89-106.

Bernheim, B. D., & Garrett, D. M. (2003). The effects of financial education in the workplace: Evidence from a survey of households. *Journal of Public Economics,*

87(7-8), 1487-1519.

Bowles, S., & Gintis, H. (1986). *Democracy and capitalism: Property, community, and the contradiction of modern thought*. NY: Basic Books.

Chang, H. (2008). *Autoethnography as method*. Walnut Creek, CA: Left Coast Press, Inc.

Elliott, W., Sherraden, M., Johnson, L., & Guo, B. (2010). Financial capability in children: Effects of participation in a school-based financial education and savings program. *Journal of Family and Economic Issues, 32*(3), 385-399.

INFE. (2011). Measuring financial literacy: Questionnaire and guidance notes for conducting an internationally comparable survey of financial literacy. OECD.

Kiyosaki, R. T. (2017). *Rich dad, poor dad: What the rich teach their kids about money that the poor and middle class do not!* (안진환 역, 2018). 부자 아빠 가난한 아빠(20주년 특별 기념판). 서울: 민음인.

Kostolany, A. (2015). *Die kunst, über geld nachzudenken* (한윤진 역, 2015). 돈, 뜨겁게 사랑하고 차갑게 다루어라. 서울: 미래의창.

Mandell, L. (2009). Financial education in high school. In A. Lusardi (Ed.), *Overcoming the Saving Slump: How to Increase the Effectiveness of Financial Education and Saving Programs* (pp. 257-279). Chicago: University of Chicago Press.

Miller, S. L., & VanFossen, P. J. (2008). Recent research on the teaching and learning of pre-collegiate economics. In L. S. Levstik, & C. A. Tyson (Eds.), *Handbook of Research in Social Studies Education* (pp. 284-306). New York: Routledge.

OECD. (2009). *OECD/INFE project on financial education at schools*. OECD Brazilian International Conference on Financial Education Rio de Janeiro, 15-16 December.

OECD. (2014). PISA 2012 results: students and money - Financial literacy skills for the 21st century Volume Ⅵ.

Peng, T. M., Bartholomae, S., Fox, J. J., & Cravener, G. (2007). The impact of personal finance education delivered in high school and college. *Journal of Family and Economic Issues, 28*(2), 265-284.

Reed-Danahay, D. (Ed). (1997). *Auto/Ethnography: Rewriting the self and the social*. New York: Berg.

Rinaldi, E. (2013). "Reframing Financial Literacy" in sociology of education. *Italian Journal of Sociology of Education, 5*(2), 249-252.

Schug, M. C., & Lopus, J. (2008). Economic and financial education for the 21st century. *Social Education, 72*(7), 359-362.

Sherraden, M. S., Johnson, L., Guo, B., & Elliott, W. (2011). Financial capability in children: Effects of participation in a school-based financial education and savings program. *Journal of Family & Economic Issues, 32*(3), 385-399.

Wagner, J. (2019). Financial education and financial literacy by income and education groups. *Journal of Financial Counseling and Planning, 30*(1), 132-141.

제3부

학교기반 금융교육 실천 사례: 교육과정과 수업

학교기반 금융교육이 교실과 학교에 착근하기 위해서는 교사들의 실제적인 금융교육 실천과 수업이 수반되어야 한다. 특히, 금융이해력을 지닌 교사가 단위학교에 최적화된 금융 교육과정과 수업을 실현하는 것이 학교기반 금융교육의 요체라고 볼 수 있다. 제3부에서는 교사 개인 수준, 교사 소집단 수준, 단위학교 차원에서 학교기반 금융교육을 실천했던 교사들의 생생한 목소리와 이야기를 수록하였다. 교사들은 제3부를 통해 교실과 학교에서 어떻게 금융교육을 실천할 것인지에 대한 통찰을 얻을 것이다.

제7장은 **"이혜원, 이동성. (2024). 초등학교 금융교육의 특징 분석: 실과 및 사회과를 중심으로. 초등교육연구, 35(2), 117-137"**을 재구성한 글이다. 7장은 금융이해력의 하위 개념과 한국 금융교육 표준안에 근거하여 실과 및 사회과의 교육과정 해설서, 교과서 속 그림, 삽화, 읽기 자료에 나타난 금융교육의 특징을 분석하였다. 첫째, 초등 금융교육은 일부 교과(실과, 사회과)에서 제한된 내용과 분량으로 다뤄졌다. 초등학교 실과에서는 '용돈 관리'와 '합리적 소비'라는 단일 차시로 금융교육의 내용이 구성되어 있었다. 경제 영역이 다뤄지는 사회과조차도 일부 학년의 차시 수준에서만 금융교육 내용을 포함하였다. 둘째, 2015 개정 교육과정과 교과서(실과, 사회과)는 「초·중·고 금융교육 표준안」이 제시하는 성취기준과 핵심개념을 균형적으로 반영하지 못하고 있었다. 셋째, 초등 금융교육은 합리적 소비나 절약 등 개인적 차원에서 소비자교육이 주를 이루었다. 이 장은 학교기반 금융교육의 올바른 방향과 방안을 제시하고, 초등학생의 금융이해력을 신장할 수 있는 교육적 시사점과 통찰을 제공할 것이다.

제8장은 **"이상현, 부재율, 이동성. (2024). 초등학교 교사의 학교기반 금융 교수 경험에 대한 자문화기술지. 질적탐구, 10(3), 81-108"**을 재구성한 글이다. 8장은 한 초등학교 교사의 학교기반 금융 교수 경험을 자문화기술지로 서술함으로써 학교기반 금융교육의 교육적 가치와 의미를 조명하고자 하였다. 첫째, 이상현 교사는 학교와 학급에서 금융교육을 실천할 수 있는 교육적 토대를 마련하기 위해 노력하였다. 둘째, 초등 금융교육 전문가인 이상현 교사는 학생들에게 실제 생활과 연계된 금융 학습경험을 제공함으로써, 학생들이 실제적인 금융 의사결정을 내릴 수 있도록 도움을 주었다. 셋째, 이상현 교사는 초등 금융교육 전문가로 성장하기 위해 자신의 실천적 지식을 쌓기 위해 노력하였다. 이 장은 학교기반 금융교육의 실천적 경험을 교사의 개인적 수준에서 재현하고, 이를 금융이해력과 관련하여 재해석함으로써 초등학교 기반 금융교육의 실현을 위한 예시적 및 실천적 자료를 제공할 것으로 기대한다.

제9장은 **"이동성, 최송이. (2025). 초등학교 교사들의 학교기반 금융교육 실천 사례 분석. 초등교육연구, 37(4), 113-138"**을 재구성한 글이다. 9장은 초등학교 교사들이 단위학교와 교실에서 소집단 수준(차원)에서 실천했던 금융교육 교수경험을 질적 사례연구를 통해 해석적으로 분석하였다. 첫째, 초등학교 금융교육 실천사례는 금융지식, 금융행위, 금융태도를 연결하는 수업방식으로 드러났으며, 경험학습을 중심으로 실제적인 금융 의사결정 기회를 강조하였고, 특정한 금융 영역(화폐, 소득/소비, 저축/투자)에 방점을 두었다. 둘째, 초등학교 금융교육 실천사례에서는 교사의 금융이해력과 자기주도적인 금융학습이 전제되었고, 금융수업을 위한 교실환경 조성이 필요했으며, 금융수업에 대한 교사의 자기성찰과 실천적 지식이 도드라졌다. 이 장은 소집단 수준에서 학교기반 금융교육 실천사례의 특징을 분석함으로써 학생의 금융이해력을 신장하기 위한 금융 수업방법을 예시하고, 학교기반 금융교육을 활성화하기 위한 교육적 통찰과 방안을 제공할 것이다.

제10장은 **"이동성, 심지현. (2024). 학교기반 금융 교육과정 개발 및 실행 경험에 대한 질적 사례연구. 전주교대 정책연구 보고서(2024 전주교육대학교 국립대학 육성사업 연구비 지원)"**를 요약한 글이다. 10장은 초등학생들이 경제적 주체로서 합리적 의사결정을 내릴 수 있는 능력을 함양하고, 실생활에서 필요한 경제, 금융, 소비자 역량을 함양할 수 있도록 단위학교(전주부설초등학교) 기반 금융교육 학교교과목('꿈살림 공동체')을 개발하고 실행하는 과정을 기술하였다. 특히, 10장은 단위학교 수준에서 초등학생들의 경제, 금융, 소비자 역량을 증진하기 위한 학교기반 금융 교육과정(교과목)을 개발하고 실행하는 교사들의 집단지성과 숙의 과정을 이해하는 데 도움이 될 것이다.

제 7 장 초등학교 금융 교육과정 및 교과서 분석

I. 학교기반 금융교육의 현주소

코로나19 팬데믹은 우리 사회의 여러 분야에서 종래에 없던 관심과 이슈를 불러 일으켰으며, 교육분야에서도 새로운 미래교육 담론이 부상하고 있다(유승민, 심경은, 조서영, 2024; 정윤경, 2023). 특히, 금융시장에 대한 국민적 관심이 증대되면서 금융이해력이 중요한 교육적 이슈로 대두되었다. 나아가 학교를 기반으로 하는 금융교육의 필요성과 중요성에 대한 인식이 크게 바뀌고 있다. 금융을 포함한 경제는 개인의 삶과 무관한 것이 아니라 삶의 형태와 방식을 결정하는 중요한 것이다. 이러한 이유에서 Alan Greenspan 전 미국 중앙은행(FED) 의장은 "문맹은 생활을 불편하게 하지만, '금융 문맹'은 생존을 불가능하게 한다."라고 주장했다. 이처럼 금융교육은 개인의 사회・경제적 삶과 직결되기 때문에 중요하게 다뤄져야 할 교육이며, 무엇보다 학교에서 초등학생을 대상으로 하는 초등 경제교육의 한 부분으로 금융교육이 무엇보다 중요하다고 볼 수 있다.

현행 초등학교 정규 교육과정 중에서 금융교육 분야는 정규적이고 체계적인 교과과정이 아니라, 사회과 및 실과의 일부 단원 수준에 머물러 있다. 2015 개정 교육과정 총론 해설에서는 금융교육을 범교과 학습 10개 주제 중 하나로 포함하여 학교 교육 활동 전반과 교과 내에서 통합적으로 지도하도록 권장하고 있다. 즉, 학교기반 "경제・금융교육은 소비자의 책임과 권리, 창업(기업가)정신, 복지와 세금・금융 생활・지적 재산권 등을 학습하여 합리적 경제 활동을 할 수 있게 한다."

라고 명시되어 있다(교육부, 2016).

하지만 5, 6학년 실과 교육과정에서 금융 관련 단원은 5학년 교육과정에서 극히 일부이며, 일반사회/법과 정치/역사 등 다양한 학문의 통합적 접근을 지향하는 사회과에서도 상당히 제한적으로 다루어지고 있다(이준혁, 2005). 또한, '경제학 교육'과 '경제교육'의 엄밀한 구분이 사실상 어려우므로, 두 학문을 동일시하거나 '경제교육'을 '경제학 교육'의 아류로 인식하여 금융 교육과정이 이론 중심으로 편성되는 오류를 되풀이해 오고 있다(최종민, 2018). 따라서 초등학생들을 대상으로 미래사회를 살아가는 데 필요한 금융역량(financial competency)을 함양하기 위해서는 학교에서의 실제적인 금융 생활을 반영한 금융교육을 체계적으로 시도할 필요가 있다.

앞서 언급한 '금융이해력(financial literacy)'이란 효과적인 금융 의사결정을 내리는 데 필요한 지식, 기술, 태도를 갖추고 활용할 수 있는 역량을 의미한다(차지혜, 2022). 금융이해력은 21세기 시민들이 갖추어야 할 핵심역량으로 주목받고 있으며(이소연 외, 2020; 조지민 외, 2014), 미래 사회를 살아갈 아동이나 청소년들이 경제적 자유인이나 민주시민으로 성장하는 데 필수적인 역량이라 볼 수 있다(Miller & VanFossen, 2008). 따라서 학교기반 금융교육은 단순한 금융 지식의 전달을 넘어, 개인의 삶에서 지대한 영향을 미치는 금융에 대한 태도, 행동까지 포괄하는 개념이라 볼 수 있다.

초등학교에서의 금융교육은 경제교육의 출발점이자 기본이라는 시기적 및 위치적 중요성을 갖고 있다. 왜냐하면, 지식의 내면화는 학습자가 어릴수록 여과 없이 이루어지고, 그 형성된 지식은 특정 분야에 대한 가치와 태도에도 영향을 미치기 때문이다. 이에 상당수 경제전문가와 금융전문가들은 학교 교육에서 체계적인 금융교육이 필요하다고 주장하고 있다(금융감독원, 2010). 하지만 초등학교 금융교육에 관한 국내 선행연구를 분석한 결과, 사회과와 실과 교과의 일부 또는 범교과적 특성을 보여 독립적인 교과 내용으로서 체계적인 교육이 이루어지지 않고 있음을 알 수 있었다. 또한, 학교를 중심으로 한 금융교육은 절약을 중심으로 한 소비자교육에 치우쳐 있는 한계가 있었다(이종희, 이연숙, 2015). 하지만 국내 선행연구는 초등학교 2015 개정 교육과정이나 특정 교과의 교과서를 대상으로 금융교육의 특징을 체계적으로 분석하는 시도가 흔치 않았다.

따라서 이 연구의 목적은 2015 개정 교육과정과 교과서를 대상으로 내용분석을 시도함으로써 현행 초등학교 금융교육의 특징을 분석하는 데 있다. 이와 같은 연구 목적을 달성하기 위한 연구 문제는 다음과 같다. “초등학교 2015 개정 교육과정과 교과서(실과, 사회과)는 금융이해력과 관련하여 어떠한 특징을 나타내는가?” 이 연구의 결과는 학교기반 금융교육의 바람직한 방향과 방안을 제시하고, 초등학생들의 금융이해력을 신장할 수 있는 교육적 시사점과 통찰을 제공할 것이다.

Ⅱ. 금융교육의 이론적 맥락

초등학교의 금융교육에 대한 이론적 맥락은 ① 경제・금융교육 정책, ② 경제・금융교육 관련 교육과정 및 교과서 분석으로 양분할 수 있다. 첫째, 주기적으로 개정되는 교육과정은 특정한 시대상과 변화, 앞으로의 지향점을 반영한 교육 정책에 기초하여 만들어진다. 따라서 금융 교육과정의 기초가 되는 교육정책의 특징과 변화 양상을 종합적으로 살펴보는 것은 금융 교육과정의 개정 방향이나 내용 구성을 위한 시사점을 파악하는 데 큰 의의가 있다. 금융교육 정책에 대한 선행연구(이소연, 2022; 여상운, 2022)는 초등학교에서 금융교육을 활성화할 수 있는 정책적 방안을 탐구하였다. 경제・금융교육 정책에 대한 연구는 학교 경제교육 과정의 변천을 탐구하고, 국가 교육과정 시기별 초등 경제교육의 변천 과정을 탐구였다. 특히, 이소연(2022)은 미래 사회의 특성과 사회경제적 환경의 변화, 그리고 세대 변화의 흐름과 학습자의 특성을 고려하여 학생들이 경제 시민으로 성장하는 데 실질적으로 기여할 수 있는 금융 교육과정 정책을 필요함을 주장하였다.

둘째, 국내 선행연구(유종열, 2008; 이바름, 2021; 이준혁, 2005, 2011; 한진수, 2005)는 초등학교 경제・금융교육 관련 교육과정 및 교과서에 대한 내용분석을 시도하여 금융 관련 교육과정과 교과서의 문제점을 발견하고, 이를 개선하기 위한 방안을 제시하였다. 대표적으로, 유종열(2008)과 이준혁(2011)은 2007 개정 교육과정에서 경제교육 관련 내용을 분석하였고, 이바름(2021)은 2015 개정 사회과 교육과정 중 경제영역의 내용 체계와 성취기준을 분석하였다. 유종열(2008), 이준혁(2011), 한진수(2005)는 초등학교 교육과정에서 금융교육 내용이 부족함을 지적하면서, 초등학교와 중학교의 금융 교육과정에서 낮은 계열성과 연계성, 교육내용의 중복 문제를 지적하였다. 또한, 이바름(2021)은 사회과의 역량을 구현할 수 있는 경제 및 금융영역의 성취기준 수정 방향을 제시하면서, 금융교육 역량, 금융교육 내용체계, 성취기준이 상호 유기적으로 연결되어야 함을 강조하였다. 금융교육의 성취기준 수정 및 교과서 집필과 관련하여, 이준혁(2005)은 현직 교사들의 교육 전문성과 목소리를 보다 적극적으로 반영해야 한다고 주장하였다.

이러한 두 가지 국내 연구동향은 초등학교의 경제·금융교육과 관련한 정책과 교육과정 및 교과서를 분석함으로써 우리나라 금융교육의 현주소와 문제점을 발견하고, 이를 개선하기 위한 교육적 방안을 제시하여 초등 금융교육의 질을 개선하는 데 기여하였다고 평가할 수 있다. 특히, 선행연구는 초등학교 금융교육이 절약 중심의 소비자교육에 치우쳐 있음을 지적함으로써 금융교육의 새로운 방향과 관점을 제시한 측면에서 이 연구에 시사하는 바가 있다. 하지만 초등 금융교육에 대한 국내 선행연구는 다음과 같은 개선의 여지가 남아 있기도 했다.

첫째, 다수의 국내 선행연구는 경제교육과 금융교육을 개념적으로 구분하지 않았으며, 7차 교육과정 혹은 그 이전의 교육과정에 대한 분석이어서 현행 2015 개정 교육과정에서 다루어지고 있는 금융교육의 특징을 가늠하는 데 한계가 있다. 둘째, 초등학교의 금융교육은 사회과뿐만 아니라 실과에서도 이뤄지고 있지만, 실과에서 다루어지는 금융 교육과정과 교과서의 특징을 체계적으로 분석하는 연구가 부족하였다. 따라서 초등학교에서 실행하고 있는 금융교육의 특징을 종합적으로 분석하기 위해서는 현행 2015 개정 교육과정을 중심으로 사회과뿐만 아니라, 실과도 분석의 대상에 포함해야 함을 알 수 있었다. 셋째, 국내 선행연구는 초등학교의 금융교육을 내실화하기 위한 방법으로 학생들의 금융이해력을 신장할 수 있는 금융 교육과정(한국 금융교육 표준안)과 수업의 중요성을 강조하였다. 즉, 초등학생이 학교 기반 금융을 통해 금융이해력의 하위 요소인 금융 지식, 금융 행위, 금융 태도를 고루 갖출 수 있는 금융 교육과정과 수업이 필요하였다. 따라서 이 글은 이러한 금융이해력에 근거하여 현재 실행되고 있는 초등 2015 개정 초등 실과 및 사회과 교육과정과 교과서에 대한 내용분석을 통해 초등학교 금융교육의 특징을 분석하고자 한다.

Ⅲ. 금융교육에 대한 내용분석 방법

1. 분석 대상

이 연구는 금융이해력의 하위 개념과 한국 금융교육 표준안에 근거하여 2015 개정 초등 실과 및 사회과 교육과정 해설서, 교과서(그림, 삽화, 읽기 자료)에 나타난 금융교육의 특징을 분석하고자 하였다. 이 연구는 현행 초등학교 금융교육에 대한 내용분석을 위하여 2015 개정 교육과정(교육부, 2016), 사회 교과서 2부(교육부 2018a, 2018b)와 실과 교과서 6종(검정)을 분석 대상으로 설정하였다. 분석 대상을 요약하면 다음 〈표 7-1〉과 같다.

〈표 7-1〉 분석 대상

과목	교육과정	교과서
사회	• 2015 개정 교육과정 • 성취기준 • 내용체계표	• 4학년 2학기 사회 교과서(국정) • 6학년 1학기 사회 교과서(국정)
실과	• 2015 개정 교육과정 • 성취기준 • 내용체계표	• 5학년 실과 검정 교과서 전체 6종

이 연구가 2022 개정 교육과정보다 2015 개정 교육과정을 분석 대상으로 삼은 이유는 다음과 같다. 2022년 12월에 2022 개정 교육과정이 고시되기는 하였으나, 2022 개정 교육과정과 교과서가 실제적으로 적용되는 시기는 2025년(3-4학년)과 2026년(5-6학년)이다. 따라서 이 연구는 2015 개정 교육과정을 분석의 대상으로 설정하였다. 한편, 최근 교과서 정책이 국가 개입은 최소화하며 다양하고 창의적인 교과서 발행을 유도하기 위해 국정 교과서를 검정으로 전환하고 있다. 하지만 3-4학년의 경우 2022년부터, 5-6학년의 경우 2023년부터 2015 개정 교육과정이 적용된 사회과 검정 교과서를 사용하고 있다. 따라서 이 연구는 사회과 검정 교과서의 토대이자 대표성이 강한 기존 사회 국정 교과서(교육부, 2018a, 2018b)를 분석 대상으로 하였다. 실과 교과의 경우는 2007 개정 교육과정 때부터 검정 교과서를 사용하였으므로, 현재 발행된 초등 5학년 실과 검정 교과서(6종)를 분석 대상으로 설정하였다.

2. 내용분석

금융이해력은 단순히 금융지식을 알고 이해하는 수준을 넘어, 금융실천과 금융태도로 올바른 의사결정을 내리는 능력을 포함한다(주예린, 2019). OECD는 국제학업성취도평가(PISA)에서 금융과 리스크(risk)에 대한 지식과 이해를 바탕으로 금융에 대한 효과적인 의사결정을 하고, 개인과 사회의 금융 복지를 개선하는 데 필요한 기능(skill), 동기, 자신감을 갖추는 것이라 정의하였다(OECD, 2014). 이 연구는 차지혜(2022)의 견해에 따라 금융이해력을 “효과적인 금융 의사결정을 내리는 데 필요한 지식, 기술, 태도를 갖추고 활용할 수 있는 능력”이라 정의하고자 한다. OECD 산하 단체인 국제금융교육 네트워크(International Network for Financing Education; INFE)는 금융이해력의 하위 구성요소로 금융 지식, 금융 행위, 금융 태도를 제시하였다(INFE, 2011). 각 구성요소의 정의는 다음 〈표 7-2〉와 같다.

〈표 7-2〉 금융이해력 관련 구성요소

구성 요소	정의
금융 지식	소비자가 금융상품이나 서비스를 비교하고 적절한 정보에 입각한 금융 의사결정을 내리는 데 도움이 되는 기본 지식(금융감독원, 2021: 3)
금융 행위	재무계획 및 예산관리, 정보에 입각한 금융상품 선택 등 금융과 관련하여 소비자가 하는 행위(금융감독원, 2021: 5)
금융 태도	소비와 저축, 현재와 미래, 돈의 존재가치 등에 대한 선호도(금융감독원, 2021: 7)

또한, 금융감독원과 한국교육과정평가원은 이러한 금융이해력을 국가 수준 교육과정에 반영하여 실질적인 금융교육이 이루어질 수 있도록 2010년에 「초・중・고 금융교육표준안」을 발표하였다. 그리고 2020년에는 변화된 금융환경을 고려하여 개정된 금융교육 표준안을 발간하였다. 2020년에 개정한 금융교육 표준안의 내용 체계는 5개 대영역과 12개의 중영역으로 구성되어 있다. 보다 자세한 내용은 다음 〈표 7-3〉과 같다.

〈표 7-3〉 개정 금융교육 표준안 내용 체계(이소연 외, 2020: 52)

대영역	중영역	핵심 내용 요소
금융과 의사결정	합리적 금융 생활	돈과 거래, 금융 의사결정, 의사결정과 책임
	개인 재무관리	재무관리 필요성, 재무목표와 재무계획
	금융환경 변화와 금융소비자 보호	금융환경과 금융서비스, 금융소비자 보호
수입과 지출관리	예산	예산, 예산관리
	수입	소득, 소득 결정요인, 처분가능소득
	지출	구매 의사결정, 지불 수단, 합리적 지출
저축과 투자	저축	저축, 저축 상품, 저축 습관 형성, 예금자 보호 제도
	투자	투자, 금융 상품, 자산관리, 투자자 보호 제도
신용과 부채관리	신용관리와 대출	신용과 책임, 대출
	부채관리	부채, 부채관리, 신용 회복 지원 제도
보험과 은퇴 설계	위험관리와 보험	위험관리, 보험
	은퇴 설계	은퇴 설계, 은퇴 후 자산관리

한편, 내용 분석(content analysis)은 자료에서 상징적인 내용을 체계적으로 평가하는 기법이다(Kolbe & Burnett, 1991; 박현석, 2022). 이 연구는 1차적으로 사회 및 실과의 교육과정과 교과서에 나타난 금융교육의 특징을 도출하기 위해 금융이해력의 하위 구성요소와 개정 금융교육과정 표준안에 근거하여 빈도 분석을 시도하였다. 그리고 2차 내용 분석에서는 1차 분석 결과에 기초하여 금융교육 내용 구성 및 서술 방식, 내용의 성격 및 수준을 중심으로 2차 내용 분석을 수행하였다. 분석의 단위는 문맥 단위(content units)로 하였다. 문맥 단위는 내용에 따라 한 행으로 구분할 수도 있고, 한쪽이 될 수도 있다(Krippendorff, 1980; 박형준, 2023). 문맥 단위는 분석 대상(text)을 읽으면서 금융교육과 관련된 글이나 삽화, 탐구 활동 등을 문맥 단위로 구분하여 분석한다. 이 연구는 내용분석의 범위를 교과서 본문, 보충 자료, 삽화, 사진, 탐구 활동, 본문의 부연 설명을 모두 포괄하여 금융이해력의 하위 구성요소를 중심으로 금융교육의 특징을 분석하였다.

Ⅳ. 학교기반 금융교육의 특징

1. 초등 실과 및 사회과 금융교육 현황

초등학교의 금융교육은 실과와 사회과에서 제한된 내용과 분량으로 다루어지고 있었다. 초등학교 실과에서는 '용돈 관리'와 '합리적 소비'라는 단일차시로 금융교육의 내용이 구성되어 있었다. 그리고 경제영역이 주로 다뤄지는 사회과조차도 일부 학년의 차시 수준에서만 금융교육 내용을 포함하고 있었다. 보다 상세한 연구 결과는 다음과 같다.

〈표 7-4〉 실과 및 사회과 금융교육 관련 내용 요소 및 성취기준(교육부, 2016)

교과	내용 요소	성취기준	
사회 3-4	희소성, 생산, 소비, 시장(교육부, 2016)	[4사04-03]	자원의 희소성을 경제 활동에서 선택의 문제가 발생함을 파악하고, 시장을 중심으로 이루어지는 생산, 소비 등 경제 활동을 설명한다(교육부, 2016).
		[4사04-04]	우리 지역과 다른 지역의 물자 교환 및 교류 사례를 조사하여, 지역 간 경제 활동이 밀접하게 관련되어 있음을 탐구한다(교육부, 2016).
사회 5-6	가계, 기업, 합리적 선택, 자유경쟁, 경제 정의, 경제 성장, 경제 안정, 국가 간 경쟁, 상호 의존성(교육부, 2016)	[6사06-01]	다양한 경제 활동 사례를 통해 가계와 기업의 경제적 역할을 파악하고, 가계와 기업의 합리적 선택 방법을 탐색한다(교육부, 2016).
		[6사06-02]	여러 경제 활동의 사례를 통하여 자유경쟁과 경제 정의의 조화를 추구하는 우리나라 경제체제의 특징을 설명한다(교육부, 2016).
		[6사06-03]	농업 중심 경제에서 공업·서비스업 중심경제로 변화하는 모습을 중심으로 우리나라 경제 성장 과정을 파악한다(교육부, 2016).
		[6사06-04]	광복 이후 경제 성장 과정에서 우리 사회가 겪은 사회 변동의 특징과 다양한 문제를 살펴보고, 더 나은 사회를 만들기 위하여 해결해야 할 과제를 탐구한다(교육부, 2016).
		[6사06-05]	세계 여러 나라와의 경제 교류 활동으로 나타난 우리 경제생활의 변화 모습을 탐구한다(교육부, 2016).
		[6사06-61]	다양한 경제 교류 사례를 통해 우리나라 경제가 다른 나라와 상호 의존 및 경쟁 관계에 있음을 파악한다(교육부, 2016).
실과	시간·용돈 관리(교육부, 2016)	[6실03-03]	용돈 관리의 필요성을 알고 자신의 필요와 욕구를 고려한 합리적인 소비생활 방법을 탐색하여 실생활에 적용한다(교육부, 2016).

초등학교 5-6학년을 대상으로 하는 '실과'는 총 5개의 영역(인간 발달과 가족, 가정생활과 안전, 자원관리와 자립, 기술시스템, 기술활용)으로 이루어져 있다. 이 가운데 금융교육과 관련된 내용은 〈표 7-4〉와 같이 '자원관리와 자립' 영역에서

다루어지고 있는데, 핵심 개념 '관리'에서 '시간 · 용돈 관리'라는 내용 요소로 교육내용이 구성되어 있다. 금융교육과 관련된 성취기준은 다음과 같다. "[6실03-03]용돈 관리의 필요성을 알고 자신의 필요와 욕구를 고려한 합리적인 소비생활 방법을 탐색하여 실생활에 적용한다(교육부, 2016)." 이어지는 성취기준 해설은 교육과정이 금융교육의 많은 패러다임 중에서도 '합리적 소비'에 초점을 맞춰 구성되어 있음을 보여준다. 자신의 용돈 관리 실태를 통하여 용돈 관리의 필요성을 알게 한다(교육부, 2016). 용돈은 제한된 자원임을 알아 필요와 욕구를 구별하여 소비할 수 있는 능력을 길러 준다(교육부, 2016). 또한, 생활 자원을 구매 · 사용 · 폐기할 때도 환경과 안전을 고려하는 합리적 소비가 필요함을 강조한다(교육부, 2016). 이처럼 실과 교과에서 다뤄지는 금융교육은 교과의 특성상 교육의 대상이 특정 학년군으로 제한적이며, 교과 내에서도 큰 비중을 차지하지 않고 부분적으로 다뤄지고 있다. 또한, 교과의 실천적 성격이 두드러지기보다 '합리적 소비'에 초점이 맞춰져 있어 교육내용이 다양한 관점에서 논의되지 못하는 한계를 보였다.

한편, 초등학교 사회 교과는 경제 · 금융교육이 다뤄지는 주된 교과로서, 가장 많은 내용과 비중을 차지하고 있다. 총 12개의 영역(정치, 법, 경제, 사회 · 문화, 지리 인식, 장소와 지역, 자연환경과 인간 생활, 인문환경과 인간 생활, 지속 가능한 세계, 역사 일반, 정치 · 문화사, 사회 · 경제사) 중 '경제'라는 단독 영역에서 교육 내용이 구성되어 있다(교육부, 2016). 그러나 내용체계표상 3학년에서 6학년까지 고르게 경제교육 내용을 다루고 있는 것처럼 보이는 것과 달리, 실제 관련 내용은 4학년 2학기와 6학년 1학기에서만 다뤄진다. 이러한 단절된 금융교육은 다음과 같은 특징을 나타내었다. 첫째, 사회과의 특성상 많은 영역을 한 과목에서 모두 다뤄야 한다는 점을 고려해도, 3-6학년까지 총 20단원 중 2개의 단원에서만 금융 관련 내용이 구성된 것을 보아 사회과 내에서도 금융교육이 단편적으로 이뤄지고 있음을 알 수 있다. 둘째, 각 핵심 개념과 내용 요소를 보면 금융 주체의 대상이 개인보다는 시장, 국가, 그리고 세계 등 거시적인 경제 주체를 다루고 있다. 셋째, 개인이 주체가 되는 금융활동 중에서도 자원의 희소성에 따른 개인의 합리적 선택의 필요성에 초점이 맞추어진 점은 실과의 교육 방향과 일치하는 면이 있다.

2. 초등학교 금융교육에 대한 양적 분석

경제교육이 이뤄지는 초등학교 사회과와 실과에서 금융 분야가 차지하는 비중은 극히 일부이었다. 초등학교 사회과와 실과에서 나타난 금융교육은 소비자교육 담론 중심의 개인의 합리적인 선택과 소비에 중점이 맞춰져 있었다. 금융교육 표준안의 대영역에 따라 금융교육의 영역별 비중을 보면, '금융과 의사결정' 〉 '수입과 지출관리' 〉 '저축과 투자' 순으로 나타났다. 그리고 신용과 부채관리, 보험과 은퇴설계 관련 내용은 전혀 다루어지지 않았다. 2015 개정 실과 및 사회과의 금융교육 관련 내용을 양적으로 분석한 결과는 다음 〈표 7-5〉와 같다.

〈표 7-5〉 초등학교 금융교육에 대한 양적 분석 결과

교과 및 학년군별 내용요소 대영역/중영역		[사회 3-4학년군] 희소성, 선택의 문제, 시장, 생산과 소비, 지역 간 경제 교류	[사회 5-6학년군] 가계와 기업, 합리적 선택, 우리나라 경제체제의 특징, 경제 성장, 경제 교류, 상호 의존 및 경쟁	[실과 5학년] 용돈 관리의 필요성, 합리적인 소비생활
금융과 의사결정	합리적 금융 생활	○	○	○
	개인 재무관리	○	×	○
	금융환경 변화, 금융소비자 보호	×	×	×
수입과 지출관리	예산	○	×	○
	수입		○	
	지출	○	×	○
저축과 투자	저축	○	×	○
	투자	×	×	×
신용과 부채관리	신용관리와 대출	×	×	×
	부채관리	×	×	×
보험과 은퇴설계	위험관리와 보험	×	×	×
	은퇴설계	×	×	×

5개의 대영역 중 가장 높은 빈도를 차지한 영역은 '금융과 의사결정', '수입과 지출관리' 영역이다. '저축과 투자' 영역도 분석 대상에서 언급되긴 하였으나, 극히 제한적으로 간단히 언급만 될 뿐, 표준안의 핵심 내용 요소를 포함하지 않고 있다. '신용과 부채관리', '보험과 은퇴 설계'는 사회과 및 실과에서 전혀 다루어지지 않고 있음을 알 수 있다. 대영역 내 중영역에서도 부문마다 차이가 존재한다. 먼저, '금융과 의사결정'의 첫 번째 중영역인 '합리적 금융 생활'은 모든 분석 대상에서 언급되나, '금융환경 변화, 금융소비자 보호'는 전혀 다뤄지지 않는 것으로 보아 동일한 대영역 내에서도 특정 내용과 관점에서 제한적으로 강조되는 것을 발견할 수 있다. 이처럼, 초등 교육과정에서 다뤄지고 있는 금융교육은 개인 차원에서의 합리적인 금융 생활과 소비가 주를 이루며, 이것이 유일한 금융교육 내용 요소라고 볼 수 있다. '수입과 지출관리' 영역도 어디까지나 합리적 금융 생활을 위해 알고 있어야 할 자원의 희소성, 합리적인 소비와 연결되는 차원에 머무는 등, 소비자교육 담론 중심 내에 머물고 있음을 알 수 있다.

첫째, 3-4학년군 사회과에서 금융교육을 포괄하는 '경제' 교육이 이루어지는 단원은 4학년 2학기 2단원, '필요한 것의 생산과 교환'이다. 「금융교육 표준안」의 영역이 다루어지는 단원은 첫 번째 소단원인 '1. 경제 활동과 현명한 선택'뿐이다. 두 번째 소단원에서는 '경제적 교류'를 핵심 주제로 원산지 및 생산지, 경제적 교류의 까닭 및 종류, 지역의 대표 상품 알아보기 등의 일반 경제 내용을 다루고 있다. 초등 3-4학년 사회 전체 12단원과 1단원당 2개의 소단원씩 총 24단원 중, 단 한 개의 단원에서만 금융교육 내용 요소가 포함되어 있다는 것을 알 수 있다.

둘째, 5-6학년군 사회과에서 '경제' 교육이 이루어지는 단원은 6학년 1학기 2단원, '우리나라의 경제 발전'이다. 5-6학년 사회과에서도 마찬가지로, 경제 관련 단원에서 '금융교육'이 이루어지는 단원은 첫 번째 소단원인 '1. 우리나라 경제체제의 특징'뿐이다. 두 번째 소단원에서는 우리나라의 경제 성장 과정을, 세 번째 소단원에서는 4학년에서 학습한 '경제 교류'의 범위를 확장하여 학습한다. 결국, 초등 5-6학년 사회 또한 3-4학년과 같이, 전체 8단원과 1단원당 3개의 소단원씩 총 24단원 중, 한 개의 단원에서 금융교육이 제한적으로 이루어지고 있다는 것을 알 수 있다.

셋째, 5-6학년에서 실과는 1권의 책을 1, 2학기에 걸쳐 배우는데, 총 6단원으로 이루어져 있다. 〈표 7-6〉에서 확인할 수 있는 것처럼, 초등학교 실과 교과서에서 드러난 금융교육은 오직 5학년 실과의 한 단원인, '나의 생활 관리'에서 2-3차시로 구성되어 있다. 즉, 5-6학년 전체 12개 단원에서 1단원의 2-3차시의 분량으로만 금융교육이 이루어지는 것이다. 이는 5-6학년 실과 전체 136차시 중, 약 2.2%에 해당하는 분량으로, 실과에서 금융교육이 극히 제한적으로 다뤄지고 있음을 알 수 있다.

〈표 7-6〉 초등학교 실과 검정 교과서(6종) 내 금융교육 분량(차시)

	A출판사		B출판사		C출판사		D출판사		E출판사		F출판사	
학년 / 단원	5 학년	6 학년	5 학년	6 학년	5 학년	6 학년	5 학년	6 학년	5 학년	6 학년	5 학년	6 학년
1단원	8	8	6	10	6	4	6	7	8	8	6	8
2단원	14	6	13	7	12	5	21	17	12	8	12	8
3단원	10(2)	18	22	20	22	20	11(2)	6	14(3)	18	16	18
4단원	10	6	10(3)	18	10	17	12	17	8	14	12	12
5단원	18	17	9	13	12(3)	18	10	15	18	14	14(3)	16
6단원	18	13	8	·	6	4	8	6	8	6	8	6
	$\frac{2}{136}=1.47$		$\frac{3}{136}=2.2$		$\frac{3}{136}=2.2$		$\frac{2}{136}=1.47$		$\frac{3}{136}=2.2$		$\frac{3}{136}=2.2$	

3. 초등학교 금융교육에 대한 질적 분석

초등학교 금융교육에 대한 질적 분석은 「금융교육 표준안」의 대영역 가운데 사회과와 실과 교과에서 다루고 있는 '금융과 의사결정', '수입과 지출관리', 그리고 '저축과 투자' 영역을 분석하였다. 그리고 현행 교과서에서 다뤄지고 있는 금융교육의 대영역 내 중영역의 내용을 집중적으로 분석하였다. 연구 결과, 초등학교의 금융교육은 합리적 소비나 절약 등 개인적 차원에서의 소극적인 소비자교육이 주를 이루고 있었다. 상세한 연구 결과를 제시하면 다음과 같다.

가. 금융과 의사결정 영역 특징 분석

금융과 의사결정은 3개의 중영역으로 구성된다. 먼저, '합리적 금융 생활'은 상품 거래에 돈이 필요함을 이해하고, 돈의 개념과 돈의 기능을 이해하도록 한다. 또한, 돈을 사용할 때 우선순위를 고려하여 돈과 관련된 의사결정을 하는 데 중점을 둔다(이소연 외, 2020). '개인 재무관리'는 자신의 재무 상태를 분석하고, 재무 운영 방법에 대해 설계를 해보는 것이다(이소연 외, 2020). 특히, 초등학교 수준에서는 돈을 관리한다는 것의 의미를 깨닫도록 하는 데 중점을 둔다. 그리고 '금융환경 변화, 금융소비자 보호'에서는 금융회사와 개인정보에 관한 내용을 다룬다(이소연 외, 2020). 금융과 의사결정 중영역의 사회과 및 실과 내용 요소를 질적으로 분석하면 다음 〈표 7-7〉과 같다.

〈표 7-7〉 '금융과 의사결정' 중영역 내용요소 분석

대영역/중영역 (학년 및 교과)		4학년 2학기 사회	6학년 1학기 사회	5학년 실과
금융과 의사결정	합리적 금융 생활	• 자원의 희소성 • 선택의 문제 • 현명한 선택	• 우선순위 • 선택 기준 • 합리적 선택 • 가치 소비	• 용돈의 개념 • 우선순위 • 합리적 소비 • 환경과 안전을 고려한 소비
	개인 재무관리	• 현명한 소비의 중요성	없음	• 용돈: 한정된 자원 • 계획 후 소비
	금융환경 변화, 금융소비자 보호	없음	없음	없음

첫째, 4학년 2학기 사회 교과에서는 '자원의 희소성 → 선택의 문제 → 현명한 선택의 필요성 및 방법'의 흐름으로 합리적 금융생활을 다룬다. 일상생활에서 경험할 수 있는 실제적인 예시를 들어, 돈이나 자원은 한정되어 있기에 선택의 문제가 발생하므로 현명한 선택이 필요하다고 강조하고 있다. 그리고 개인의 재무관리와 관련하여 현명한 선택을 하지 못하여 후회했던 경험을 나눠보도록 함으로써

현명한 금융 의사결정의 결과(이점)로 큰 만족감, 돈과 자원의 절약을 제시하고 있다.

둘째, 6학년 1학기 사회 교과에서는 '현명한 선택'이 '합리적 선택'으로 용어가 바뀌고, 선택의 주체가 개인에서 가계, 기업으로 확장된다. 가계의 합리적인 선택은 여러 가지 기준을 고려하여 가장 적은 비용으로 큰 만족감을 얻는 선택이며, 기업의 합리적인 선택은 적은 비용으로 많은 수입을 얻어 이윤을 얻는 이라고 정의한다. 또한, 합리적 소비의 다른 예시로 가치 소비 개념을 제시하여, 가격이 비싸더라도 지구 환경이나 인권 보호에 도움을 주는 소비에 대하여 생각해 볼 기회를 제공한다.

셋째, 실과 교과에서는 보다 실생활과 연계하여 '용돈'을 주제로 합리적 금융생활에 관해 서술하고, 학생 스스로 용돈 사용에 대한 반성 · 계획 · 탐구를 해 보도록 한다. 극히 일부로 구성된 금융교육 내용 중 대부분 내용이 '합리적 금융 생활', '개인 재무관리'로 이루어져 있다. 이러한 특성은 실과 교과서 6종 출판사 모두에서 공통적으로 드러났다. 또한, 6학년 1학기 사회 교과에서 제시되었던 '가치 소비'와 같은 맥락에서, 합리적 소비의 방법으로 '환경과 안전'을 고려하는 소비가 6종 모두 제시되어 있다. 따라서 초등학교의 금융 의사결정 영역은 합리적 소비 개념을 중심으로 개인적 차원에서의 소극적인 소비자교육을 강조한다고 볼 수 있다.

나. 수입과 지출관리 영역 특징 분석

수입과 지출관리는 3개의 중영역으로 구성된다(이소연 외, 2020). 먼저, 예산 영역은 계획을 세워 돈을 사용해야 하는 이유를 알고, 용돈 기입장을 실제로 작성해 본다. 수입 영역은 소득의 종류를 구분하고 이해하는 것이다. 그리고 지출 영역은 구매 의사결정에서 물건에 대한 정보를 파악하고, 다양한 지불 수단의 장단점을 비교해 보는 것이다. 사회 및 실과 교과를 대상으로 예산, 수입, 지출 중영역을 분석한 결과는 다음 〈표 7-8〉과 같다.

〈표 7-8〉 '수입과 지출관리' 중영역 내용요소 분석

대영역/중영역 \ 학년 및 교과		4학년 2학기 사회	6학년 1학기 사회	5학년 실과
수입과 지출 관리	예산	• 돈의 사용 계획 • 가계부	없음	• 계획적인 용돈 사용의 실천 • 용돈 기입장
	수입	없음	• 소득(근로소득)	없음
	지출	• 물건에 대한 정보	없음	• 지출 정보 사례

첫째, 4학년 2학기 사회 교과에서는 현명한 선택의 방법으로 돈의 사용 계획 세우기, 지출하려는 물건의 정보를 파악하는 것의 중요성을 강조한다. 예를 들면, "돈의 사용 계획을 미리 세우고 알뜰하게 살림살이를 꾸려나가기 위해 가계부를 씁니다.", "판매 지역, 판매 방법 등에 따라 가격 차이가 있으므로 사려는 물건의 가격과 정보를 확인합니다."가 중영역인 '예산'과 '지출'의 내용 요소에 해당한다.

둘째, 6학년 1학기 사회 교과에서는 '가계와 기업이 하는 일'에서 소득의 개념을 제시한다. 다음 〈표 7-9〉에서 확인할 수 있는 것처럼, 소득의 종류는 어떤 생산자원을 투입하여 돈을 벌었느냐에 따라 근로소득, 사업소득, 재산소득, 이전소득으로 분류할 수 있다(금융감독원, 2010). 6학년 1학기 사회에서는 소득을 '생산활동에 참여하는 대가'로 설명하며, 가계의 주(主) 수입원으로서 소득의 개념을 제시한다.

〈표 7-9〉 소득의 종류(금융감독원 금융교육 표준안 활용 해설서, 초등학교)

소득의 종류	의미
근로소득	가장 기본적인 소득. 시장에서 노동을 제공한 대가로 얻은 소득
사업소득	사업, 창업, 가게 등을 통해 얻는 수입 중, 가계로 들어오는 소득
재산소득	이자소득, 배당소득, 임대소득 등 돈을 빌려주거나 기업에 투자한 대가로 얻는 소득
이전소득	토지, 건물 등의 부동산 및 기계, 설비 임대 등을 통해 얻는 소득

〈표 7-9〉에서 확인할 수 있는 것처럼, 금융감독원에서 발행한 금융교육 표준안 활용해설서는 초등학생들의 인지 발달, 직업과의 연계 등을 고려하여 경상소득 중에서 취업에 따른 근로소득과 창업에 따른 사업소득을 중심으로 지도할 것을 제시한다. 그러나 6학년 1학기 사회 교과에서는 소득의 종류 중에서 근로소득만을 다루고 있기 때문에 사업소득, 재산소득, 이전소득에 대한 정보가 부족하다고 볼 수 있다. 이는 초등학생을 대상으로 창업에 따른 사업소득이나 자본소득에 대한 교육을 하지 않는다고 볼 수 있다.

셋째, 실과에서는 과목의 특성상 구체적이고 실제적 방식으로 용돈 기입장을 활용하여 수입과 지출에 대한 내용을 다룬다. 검정 교과서 6종 중 5종 교과서가 용돈 기입장을 작성하는 방법을 소개하고, 학생들이 실제적으로 작성해 볼 수 있도록 체험(탐구)활동을 구성하였다. 실과 교과서에서는 용돈 기입장을 쓰면 좋은 이유를 다음 〈표 7-10〉과 같이 소개한다. 용돈 기입장을 언급하는 구체적인 방식이나 형식은 다르지만, 6종 교과서 모두가 합리적인 소비를 실천하는 방법(수단)으로서 용돈 기입장을 제시하고 있다. 그리고 용돈 기입장을 다루지 않는 교과서는 '용돈 관리 태도 돌아보기'라는 항목을 구성하여 금융이해력 구성요소 중 금융태도에 관한 부분을 다루고 있다.

또한, 초등학교 실과 교과의 4종 교과서는 '지출'의 개념을 필요에 의한 '필요 지출'과 원함에 의한 '욕구 지출'로 구분함으로써, 지출의 개념을 합리적 소비의 확장된 개념 안에 포함하여 제시하고 있다. 그리고 한 교과서는 물건의 구매 대신 빌려 쓰고 재사용하는 '아나바다'의 개념도 소개하고 있다. 결과적으로, 초등학교 실과에서 다뤄지는 대영역 '수입과 지출관리(예산, 수입, 지출)'의 기본 프레임이 합리적인 소비라는 점을 알 수 있다. 개념, 서술 내용, 탐구 활동을 검토한 결과, 수입과 지출 관리 영역은 한정적 자원인 돈을 어떻게 하면 가장 효율적으로 아껴 쓸 수 있는지에 초점이 맞춰져 있다. 이는 초등학생의 발달단계를 고려해 볼 때, 나름 필요한 금융지식과 금융태도라고 할 수 있다. 하지만 소득의 개념 및 얻는 방법, 직업 연계, 지출 정보의 중요성, 지불 수단의 종류 등 금융교육 표준안이 제시하는 내용 요소가 많이 생략되어 있는 한계가 있다.

〈표 7-10〉 실과 검정 교과서(6종)에서 드러난 용돈 기입장 사용 이유

출판사	용돈기입장을 써야 하는 이유 또는 좋은 점
A	• 계획에 따라 용돈을 사용하고 있는지 알 수 있어 합리적으로 용돈을 관리할 수 있음
B	• 명시적으로 제시하지 않음 • 용돈 관리의 필요성을 설명하고, 용돈 관리 방법의 한 종류로 제시
C	• '용돈 관리 태도' 제시
D	• 자신의 소비 습관을 파악하여 불필요한 지출을 줄일 수 있음 • 수입과 지출을 쉽게 파악할 수 있음 • 충동 구매를 예방하고 줄일 수 있음 • 저축을 하는 데 도움이 됨 • 합리적인 소비생활을 할 수 있음
E	• 자신의 소비 습관을 파악하고, 불필요한 지출을 줄일 수 있음
F	• 명시적으로 제시하지 않음 • 용돈 관리의 필요성을 설명하고, 용돈 관리 방법의 한 종류로 제시

다. 저축과 투자 영역 특징 분석

'저축과 투자' 대영역은 다시 2개의 중영역으로 구성된다(이소연 외, 2020). 먼저, '저축' 영역은 저축을 하는 이유를 알고, 다양한 형태의 저축 방법에 대해 이해하며, 저축하는 습관이 중요함을 인식하는 것이다. '투자'는 돈의 가치를 시간과 관련하여 설명하고, 투자의 개념과 필요성을 이해하는 것이다. 다음 〈표 7-11〉에서 확인할 수 있는 것처럼, 초등학교 금융교육에서 '저축과 투자'는 앞의 두 대영역 '금융과 의사결정', '수입과 지출관리'에 비해 그 양과 내용이 매우 적은 편이다. 특히, 중영역 가운데 '투자'는 단 한 번도 다뤄지지 않으며, '저축'도 한 페이지 또는 한 줄 내에서 짧게 언급되고 있다.

〈표 7-11〉 '저축과 투자' 중영역 내용요소 분석

대영역/중영역 \ 학년 및 교과		4학년 2학기 사회	6학년 1학기 사회	5학년 실과
저축과 투자	저축	• 현명한 소비생활 방법의 한 종류	없음	• 용돈 사용의 한 종류 • 용돈 기입장 작성의 이점
	투자	없음	없음	없음

첫째, 4학년 2학기 사회 교과에서는 '현명한 소비생활'의 한 방법으로 저축을 소개한다. 즉, '저축' 중영역은 앞 영역에서 언급되었던 가계부 사용, 선택 기준 세우기, 물건의 가격과 정보 파악하기와 같은 수준과 맥락에서 다루고 있다. 그리고 '투자' 중영역에 대한 내용은 전무하다. 둘째, 6학년 사회 교과에서는 '저축과 투자'와 관련된 교육 내용 요소가 전무하였다. 이는 6학년 사회 교과가 역사 영역을 강조하여 금융영역에 해당하는 저축과 투자에 대한 내용을 포함하지 않는 것으로 보인다. 셋째, 실과 교과에서는 4학년 사회 교과와 마찬가지로 6종 교과서 중 2종 교과서에서 '용돈 사용 방법의 한 종류', '용돈 기입장 작성의 이점 중 하나'로 짧게 언급하는 수준에 그친다. 이는 초등학교 실과 교과가 저축과 투자에 대한 내용요소를 특별하게 다루고 있지 않음을 나타낸다.

V. 학교기반 금융교육의 새로운 방향

이 글은 2015 개정 교육과정과 사회, 실과 교과서를 분석함으로써 초등학교 금융교육의 특징을 분석하였다. 이러한 연구결과를 토대로 초등학교 금융교육과 관련한 교육적 의미를 논의하면 다음과 같다. 첫째, 기존 선행연구는 7차 교육과정 혹은 그 이전의 교육과정에 대한 분석이 주를 이루었고, 사회과에 한정하여 초등 금융교육의 특징을 분석하였다. 이 연구는 실과 교과를 포함하여 현행 2015 개정 교육과정과 교과서에서 다루어지고 있는 금융교육 내용의 특징을 분석한 측면에서 학술적 의미가 있다.

둘째, 이 글은 초등학교 금융교육의 분석을 통해 현행 초등 금융교육이 주로 소비자적 관점에서 서술되어 있음을 밝혔다. 또한, 이 연구는 초등학교 학년 간에 금융교육의 계열성이 낮은 문제점을 지적하고, 금융교육의 체계성과 연계성을 강화하기 위한 관점의 전환을 강조하였다. 이 연구의 결과는 2022 개정 교육과정 중 교과(사회과, 실과, 도덕과)와 창의적 체험활동, 학교자율시간 등에서 초등 금융교육을 체계화하기 위한 단초가 될 것이다. 또한, 이 연구는 초등학생의 금융이해력 신장에 필요한 교육과정과 교과서 개발의 방향을 제시함으로써, 금융역량을 갖춘 경제적 시민을 기르는 데 기여할 것이다.

지금부터는 초등학교 금융교육을 개선하기 위한 실천적 방안을 제시하고자 한다. 첫째, 초등학교 금융교육은 초・중・고 금융교육 표준안의 성취기준과 핵심개념을 보다 적극적으로 반영해야 한다. 연구결과에서 확인할 수 있는 것처럼, 현행 2015 개정 교육과정에서 금융 관련 내용은 소비자교육에 한정되어 있다. 또한, 금융교육 표준안의 대영역 중 '신용과 부채관리', '보험과 은퇴 설계' 영역은 지속가능한 경제적 삶의 추구와 금융이해력 발달에 중요한 요소임에도 불구하고, 체계적으로 다루어지지 않고 있다. 따라서 초등 금융교육은 기존의 합리적 소비자 개념에서 벗어나 투자, 생산 등 기업가 정신(entrepreneurship)을 함양할 수 있는 금융교육으로 나아가야 한다. 즉, 합리적 소비(자) 개념에서 한 걸음 더 나아가 창업, 투자를 학교기반 금융 교육과정과 교과에 적극적으로 반영하여, 모두가 더불어 살아가는 금융교육의 방향으로 나아가야 한다.

둘째, 초등학생의 금융이해력 향상을 위해 금융교육의 실천적 특성을 더욱 강화해야 한다. 그리고 지역경제와 연계하여 실생활에서 직접적으로 체감하며 금융이해력을 신장할 수 있는 금융 교육과정과 교과서를 개발해야 한다. 일부 시도교육청과 산하 교육기관에서 출간한 지역경제 교육과정과 교과서가 여기에 해당한다. 이러한 시도는 지역사회 및 단위학교의 교사가 초등학생의 발달 수준과 지역의 경제여건을 고려하여 금융교육 내용을 제시한 측면에서 시사하는 바가 있다. 지역

사회의 여건과 실생활을 반영한 학교기반 금융교육은 이론적인 금융교육의 한계를 극복하는 데 기여할 것이다. 또한, 초등학생은 지역사회와 실생활을 반영한 금융교육에 참여하여 금융이해력을 신장함으로써 보다 주체적이고 합리적인 금융 주체로 거듭날 수 있을 것이다.

셋째, 초등학교 교육과정에서 금융교육 의무화를 고려해야 한다. 2008년 글로벌 금융위기, 2019년 코로나19 팬데믹 이후 세계 각국은 금융교육의 중요성을 공감하고, 국가 전략적 차원에서 학교기반 금융교육을 강화하고 있다. 우리나라 또한 금융환경의 변화와 세계 금융교육의 동향을 반영하여 학교 금융교육을 강조하고, 초·중·고 금융교육 표준안을 개발 및 개정하였다. 이는 국가 수준 교육과정에 금융교육의 내용을 필수적으로 포함하는 것을 목표로 삼기에 대단히 시의적절하다고 평가할 수 있다. 그러나 학교현장의 여러 현실적인 제약과 범교과적인 특성으로 인한 의무 시수 확보 등의 어려움으로 인해 금융교육의 내실화가 이루어지지 않고 있다. 이러한 현상이 지속될 경우, 금융에 대한 관심과 접근 기회가 달라서 부의 대물림과 금융역량 저하가 일어날 수도 있다. 학교기반 금융교육은 개인의 배경 및 환경과 관계없이 모든 학생들이 실천적이고 내실 있는 금융교육을 받을 수 있는 기회라고 볼 수 있다. 따라서 국가 및 시도 수준 교육과정은 초·중·고 금융교육 표준안을 기초로 하여 보다 체계적인 금융교육을 실현해야 할 것이다.

넷째, 초등학교 금융교육을 내실화하기 위해서는 금융이해력 향상을 위한 실질적인 교육 내용의 개발이 필요하다. 금융에 대한 지식, 기능, 태도를 포괄하는 금융이해력은 금융 문맹에서 벗어나 다양한 시각과 관점에서 지속 가능한 삶을 설계하고, 주체적인 소비·투자 역량을 기르는 데 필수적이다. 그리고 기존 합리적 소비, 소비자교육 담론에서 과감하게 탈피하여, 생산과 투자, 기업가 정신(entrepreneurship)을 지향하는 넓은 의미의 금융교육을 전개할 필요가 있다. 특히, 초등학교 금융교육의 내실화를 위해서는 보다 일관성이 있는 교과서와 교재 개발이 필수적이다. 예를 들면, 초등학생의 금융교육을 위한 검인정 교과서 개발이 필요하며, 그러한 교과서를 보충할 수 있는 각종 시청각 교재와 교구 개발이 필수적이다. 또한, 교원양성기관, 시도교육청 및 산하 교육기관은 초등학생의 실제적인 금융학습을 위한 체험학습장과 교육프로그램을 마련하고, 현직교사 및 예비교사를 대상으로 금융교육 관련 교과목과 연수 프로그램을 적극적으로 개발해야 할 것이다.

참고문헌

교육부. (2016). 2015 개정 교육과정 총론 해설.

교육부. (2018a). 4학년 2학기 사회교과서.

교육부. (2018b). 6학년 1학기 사회교과서.

금융감독원. (2010). 「초・중・고 금융교육표준안」 연구보고서. 서울: 금융감독원.

금융감독원. (2021). 2020 전국민 금융이해력 조사 결과. 보도자료(2021. 03. 30.).

박현석. (2022). 불평등과 경제성장: 초등 사회과 교육의 경제영역을 중심으로. 시민교육연구, 54(4), 101-107.

박형준. (2023). 제7차 교육과정 사회과 교과서에서 나타난 소비자교육의 내용 분석. 시민교육연구, 35(1), 173-197.

여상운. (2022). 국가교육과정 시기별 초등 경제교육의 변천과정 분석. 교과와교과서연구, 2(1), 49-68.

유승민, 심경은, 조서영. (2024). 키워드 네트워크 분석을 활용한 전라북도교육청 미래교육 정책 운영 특성 분석. 교육종합연구, 22(1), 119-142.

유종열. (2008). 2007년 개정교육과정에서의 경제 교육 내용 분석. 사회과교육, 47(2), 195-227.

이바름. (2021). 사회과 교과 역량 구현을 위한 경제영역 성취기준 수정 방향 탐색. 경제교육연구, 28(1), 49-75.

이소연. (2022). 학교 경제교육과정의 변천. 경제교육연구, 29(1), 61-97.

이소연, 권유진, 김재근, 김태환, 한진수, 박형준. (2020). 초・중・고 금융교육 표준안 개정연구(CRE 2020-2). 충북: 한국교육과정평가원.

이종희, 이연숙. (2015). 중・고등학교 교과서에 나타난 금융교육 내용 분석. 한국가정관리학회지, 33(2), 1-20.

이준혁. (2005). 효과적인 초등학교 경제교과서 개발을 위한 제언. 경제교육연구, 12(2), 93-107.

이준혁. (2011). 2007 개정 초등 사회과 교과서 경제 단원 내용 구성의 적합성: 교육과정과의 연계성 분석을 중심으로. 경제교육연구, 18(1), 91-112.

정윤경. (2023). 전환시대, 미래교육의 방향 탐색: OECD2030과 유네스코2050 보고서 분석을 중심으로. 교육종합연구, 21(4), 1-22.

조지민, 임해미, 천규승, 김경모. (2014). PISA 2012 금융이해력 평가와 한국의 금융관련 학교 경제교육과정. 시민교육연구, 46(4), 177-205.

주예린. (2019). 공공도서관 50+ 금융 리터러시 프로그램 개발에 관한 연구. 이화여자대학교 대학원 석사학위논문.

차지혜. (2022). 고등학생의 금융리터러시 향상을 위한 가정교과 금융소비자교육 프로그램의 개발 및 실행: 백워드 디자인에 기반하여. 한국교원대학교 대학원 석사학위논문.

최종민. (2018). 2015 개정 경제 교육과정의 변화와 쟁점. 경제교육연구, 25(3), 33-46.

한진수. (2005). 초등학교 사회 교과서 경제 관련 내용에 어떤 문제 있나?. 경제교육연구, 12(2), 71-92.

INFE. (2011). Measuring financial literacy: Questionnaire and guidance notes for conducting an internationally comparable survey of financial literacy. OECD.

Krippendorff, K. (1980). *Content analysis: An introduction to its methodology*. Beverly Hills, CA: SAGE Publications, Inc.

Kolbe, R. H., & Burnett, M. S. (1991). Content-analysis research: An examination of applications with directives for improving research reliability and objectivity. *Journal of Consumer Research, 18*(2), 243-250.

Miller. S. L., & VanFossen, P. J. (2008). Recent research on the teaching and learning of pre-collegiate economics. In L. S. Levstik, & C. A. Tyson (Eds.), *Handbook of research in social studies education* (pp. 284-306). New York: Routledge.

제 8 장

학교기반 금융교육 실천 사례 Ⅰ: 개인 차원

Ⅰ. 금융교육의 주체로서의 교사

21세기 현대사회는 개인에게 전례가 없는 빠른 변화와 적응을 요구하고 있다. 정보기술의 발달과 더불어 금융시장의 복잡성은 마치 양날의 검처럼 개인의 경제활동 참여를 용이하게 만들었지만, 동시에 금융의 무관심을 증가시켰다. 이는 비단 개인의 잘못된 금융 의사결정 문제를 넘어서 금융사기 피해나 신용 불량자 양산 등과 같은 심각한 사회적 문제까지도 야기할 수 있다(이종희, 이연숙, 2015). 이에 합리적인 금융 의사결정을 하기 위한 금융이해력(financial literacy)의 중요성이 점차 강조되고 있다.

금융이해력은 금융 주체가 금융환경 속에서 합리적인 의사결정을 내리고, 개인과 사회의 금융 복지를 영위하기 위해 필요한 금융 지식, 행위 및 태도를 갖추는 것을 일컫는다(Lusardi, 2015; OECD, 2015). 특히, 요즘 아동 및 청소년은 예전보다 소비할 수 있는 수단과 범위가 확장되어 금융에 대한 전반적인 이해가 필수적이다(문재영, 2020). 즉, 아동 및 청소년의 금융이해력은 개인 차원에서의 삶의 질을 증진할 뿐 아니라, 국가경쟁력을 안정적으로 도모하는 데 필수적인 핵심역량으로 주목받고 있다(한진수, 2013; 최윤정, 김예지, 2015).

이러한 상황 속에서, 세계적으로 금융이해력의 향상을 위한 금융교육의 중요성이 나날이 강조되고 있다. 체계적인 금융교육은 개인의 금융지식과 그에 따른 금융행위에 긍정적인 영향을 준다(Kaiser et al., 2022). 금융교육은 1차적으로 가정에서 시작해야 하지만, 자본주의로 인한 경제적 불평등으로 말미암아 가정에서의 금융교육이 학생에게 충분히 이루어지지 않을 수 있다(박형준, 2022). 따라서 공교육의 장(場)인 학교를 통해 가정환경에 구애받지 않고 모든 학생에게 금융교육을 제공함으로써 간극을 메워갈 수 있다. 하지만 현행 학교기반 금융교육은 주로 정규교과가 아닌 범교과 학습주제로서 다루어져 수업시수의 확보가 어려우며, 실용적인 금융생활에 필요한 내용과는 다소 동떨어져 있다(이소연 외, 2020). 또한, 금융교육을 담당하는 교사의 금융이해력이 높지 않아 학생들에게 체계적인 금융교육을 실행하는 데 어려움이 있다(김은숙, 정신섭, 2017). 따라서 학교기반 금융교육이 효과적으로 이루어지기 위해서는 금융교육의 내용과 방법적 측면에서의 지속적인 연구와 더불어 교사의 금융이해력을 증진하기 위한 교사교육을 적극적으로 시도해야 한다(이종희, 이연숙, 2015; 김동진, 김지훈, 2021).

이러한 맥락에서, 국내 학교기반 금융교육에 대한 선행연구는 교육과정에 포함된 금융교육의 내용을 분석하거나(이소연, 2018; 황지은, 박가나, 2023; 박형준, 2022), 금융교육 프로그램을 개발하여 그 효과성을 검증하였다(홍현의, 최정민, 2021; 이의선, 문정숙, 2014). 또한, 금융 교육과정과 수업방법을 분석하여 금융교육을 위한 대안을 제시하였으며(최윤정, 김예지, 2015; 이수진, 2010), 성공적인 학교기반 금융교육에서 교사의 금융이해력을 강조하고 있다(이동성, 최송이, 2023; 김동진, 김지훈, 2021; 김은숙, 정신섭, 2017; 김동진, 2022). 국내 선행연구 동향은 금융교육 관련 문헌 연구나 금융교육의 내용적·방법적 측면에서의 효과성 검증이 주를 이루었다. 또한, 최근 들어 초등학교에서 이루어지는 금융교육에 대한 교육연구가 활발하게 이루어지고 있음을 확인할 수 있다. 그러나 교육현장의 핵심역할을 수행하는 초등학교 교사의 시선으로 바라본 생동감 있는 학교기반 금융교육의 실제적인 경험을 조명한 교육 연구는 흔치 않았다. 학교기반 금융교육을 촉진하기 위해서는 초등학교 교사의 반성과 성찰이 담긴 금융교육 관련 교수 경험을 면밀하게 살펴볼 필요가 있다. 왜냐하면, 교사는 학교와 교실이라는 공간 속에서 학생들과 소통하며 학생들의 금융이해력을 증진하는 데 중요한 역할을 맡기 때문이다.

따라서 이 연구의 목적은 초등학교 교사의 관점에서 학교기반 금융교육에 대한 교수 경험을 서술함으로써 학교기반 금융교육의 교육적 가치와 의미를 조명하는 데 있다. 이를 위한 연구문제는 다음과 같다. "초등학교 교사로서 나는 학교기반 금융교육을 실천하기 위하여 어떠한 교수적 노력을 하였는가?" 이 연구의 결과는 초등학교 교사의 학교기반 금융교육 관련 교수 경험을 해석함으로써 학교기반 금융교육의 활성화를 촉진하고, 더불어 초등학교 교사의 금융교육 전문성 개발을 촉진하기 위한 교육적 통찰을 제공할 것이다.

Ⅱ. 학교기반 금융 교육연구 분석

1. 금융이해력과 학교기반 금융교육

금융이해력은 금융에 대한 개인의 합리적인 의사결정 및 금융 복지를 위해 필요한 금융 지식, 태도 및 행위 등을 일컫는 개념이다(금융감독원, 한국은행, 2021; OECD, 2015). 금융지식은 소비자가 원하는 금융상품이나 서비스를 비교하고 이에 근거한 합리적인 금융의사결정을 내리는 데 갖추어야 할 지식으로, 인플레이션의 의미나 분산투자 개념 등을 의미한다(금융감독원, 한국은행, 2021). 금융행위는 금융지식을 바탕으로 건전한 금융·경제생활을 영위하기 위한 일련의 행동양식이며, 단기·장기 재무관리나 합리적인 선택 등을 포함한다(금융감독원, 한국은행, 2021). 금융태도는 소비와 저축, 현재와 미래, 돈의 존재가치 등에 대한 선호도를 의미한다(금융감독원, 한국은행, 2021). 이전까지 금융이해력은 개인의 금융 지식의 습득과 적용에 초점이 맞춰져 있었던 반면, 최근에는 지식을 넘어서서 실천과 태도의 영역까지 확대되며 개인뿐만 아니라 공동체의 금융 복지를 실현할 수 있는 방향으로 확대되었다(김동진, 김지훈, 2021).

금융이해력은 연구목적에 따라 다양하게 정의되었는데, 흔히 금융역량(financial capability)과 비슷하게 쓰이기도 한다. 금융역량은 금융 지식, 금융 행위, 금융

태도를 포괄하는 가장 스펙트럼이 넓은 개념으로서 금융 환경 속에서 선택의 기로에 서 있을 때 가장 합리적인 의사결정을 할 수 있는 능력을 의미한다(한진수, 2019). 금융역량은 금융 지식을 통해 금융 서비스나 제도를 이용할 수 있는 금융 행위에 그 초점이 맞춰져 있다(Johnson & Sherraden, 2007). 금융이해력과 금융역량은 복잡한 현대 사회에서 개인의 생존을 넘어 국가가 지향하는 지속가능한 발전을 위해 시민들에게 꼭 필요한 핵심역량으로 주목받고 있다(이소연 외, 2020).

OECD(2005)의 금융교육 보고서에 따르면, 금융교육은 금융소비자와 투자자가 금융상품, 개념 및 위험에 대한 이해를 높이고, 객관적인 정보나 조언을 통해 금융 위험과 기회에 대해 더 잘 인식하며 정보에 근거한 선택을 하고 금융 관련 도움을 받기 위해 취할 수 있는 기술과 자신감을 발달시키는 과정이라고 정의한다(OECD, 2005). 우리는 금융교육을 통해 개인과 사회가 금융 현상 속에서 발생하는 사실이나 가치 판단, 선택에 따른 의사결정을 올바르게 할 수 있는 사고력을 키워나갈 수 있다(김정호 외, 2010). 즉, 금융교육은 개인의 안정적인 금융 활동에 필요한 금융이해력과 금융역량을 신장시킬 수 있는 중요한 매개체이다. 시대를 거듭할수록 금융교육의 필요성이 점차 대두되고 있는데, 특히 청소년을 대상으로 하는 금융교육이 사회적으로 많은 지지를 받고 있다(이종희, 이연숙, 2015). 왜냐하면, 과거에 비해 현재의 금융 시스템은 더욱 복잡하게 이루어져 있고 금융과 관련된 의사결정을 할 일이 점점 많아지고 있기 때문이다(김정호, 2011).

우리나라에서는 학교기반 금융교육을 활성화하기 위해 금융감독원은 금융교육 표준안을 출간하였으며, 2022 개정 교육과정에서는 고등학교 융합 선택 과목으로 '금융과 경제생활'이 신설되었다. 금융교육에 대한 다양한 연구와 노력에도 불구하고 현재 초등학교에서 이루어지는 금융교육은 정규교과가 아닌 범교과 학습주제로 다루어지고 있으며, 그마저도 경제교육의 범주를 크게 벗어나지 않은 실정이다(김만규, 2013; 이동성, 최송이, 2023).

학교에서 이루어지는 금융교육은 그 대상이 학생이며, 학교라는 특수한 공간에서 교육과정을 바탕으로 학생이 미래 사회를 살아가는 역량을 키울 수 있도록 하는 특징을 지닌다(이소연, 2018). 사회경제적 요인에 의해 가정에서의 금융이해력 불평등 현상이 심화되고 있는 지금, 공교육의 일환으로서 학교를 통한 체계적인 금융교육이 필요하다(이종희, 이연숙, 2015). 학교기반 금융교육은 학교와 교사의 공식적인 교육과정과 수업을 통해 학생의 금융이해력을 신장하는 교육활동이다(이동성, 최송이, 2023: 4). 금융에 대한 무지는 단순히 모르는 것에서 그치지 않고 개인의 삶을 위태롭게 만들 수 있다. 따라서 금융교육이 실현될 수 있는 장은 공교육을 직접 실현하는 학교여야 하며(김만규, 2013), 학교는 사회적 요구에 발맞춰 학생들의 금융이해력을 함양할 수 있도록 금융교육을 지속해 나갈 필요가 있다.

학교기반 금융교육이 학생들의 금융이해력 향상에 효과가 있는지는 해외 및 국내 연구 결과에서 드러난다. 아동이 학교기반 금융교육 및 저축 프로그램에 참여할 때 금융이해력이 향상되었음이 밝혀졌으며(Sherraden, Johnson, Guo, & Elliott, 2010), 금융교육이 투자 지식과 저축률에 유의미한 영향을 주었던 것으로 드러났다(Peng et al., 2007). 또한, 학교기반 금융교육은 "가르칠 수 있는 순간(teachable moment)"이 학생들에게 제공되었을 때 학생들의 금융이해력에 결정적인 영향을 미친다는 점을 발견했다(Kaiser & Menkhoff, 2017). 또한, 한국 초등학생의 금융이해력을 분석한 한진수(2018)는 학교에서의 금융교육 강화가 초등학생의 금융이해력 증진에 영향을 준다는 실증적인 증거를 제시했다.

2. 선행연구 분석

학교기반 금융교육에 대한 선행연구는 세부 주제에 따라 크게 ① 교육과정에 포함된 금융교육 내용 분석, ② 금융교육 프로그램 개발 및 적용 사례연구, ③ 금융 교육과정 수업방법 연구, ④ 금융교육과 교사의 금융이해력으로 구분할 수 있었다.

첫째, 교육과정에 포함된 금융교육 내용 분석에 대한 대표적인 선행연구를 살펴보면 다음과 같다. 이소연(2018)은 우리나라 사회과 교육과정에서 금융교육의 내용적 측면의 변화를 분석하고 앞으로의 금융교육 방향을 모색하고자 하였다. 2007 개정 교육과정 이후 학교 금융교육은 사회과교육의 필수 영역으로 자리 잡았으며,

개정을 거듭하면서 학생들의 금융이해력을 증진하는 방향으로 발전이 이루어졌음을 밝혔다(이소연, 2018). 황지은, 박가나(2023)는 사회과 금융교육의 현주소를 탐색하고자 2015 개정 교육과정을 반영한 중등학교 사회과 금융교육 내용 중 신용과 부채 관리를 중심으로 교과서를 분석하였다. 신용과 부채 관리에 관한 내용에 있어서 금융교육이 개인의 금융 생활을 넘어 시민교육으로서 사회과교육의 목표인 공동체적 행동을 함양할 수 있는 사회적, 규범적 차원에서 다루어져야 함을 밝혔다(황지은, 박가나, 2023).

둘째, 금융교육 프로그램 개발 및 적용에 관한 사례연구는 다음과 같다. 홍현의, 최정민(2021)은 중학생을 대상으로 시뮬레이션 기반 학습을 통한 실습 중심의 금융교육 프로그램을 제안하였다. 이는 추상적인 금융지식을 시뮬레이션 원리를 통해 구체적인 금융행위로 이어질 수 있게 한다는 점에서 효과적일 수 있음을 강조하였다. 이의선, 문정숙(2014)은 지식 전달형, 효율적 학습형, 학습자 주도형 금융교육 프로그램을 개발하여 각 프로그램이 금융이해력 함양에 있어서 어떤 변화를 주었는지를 분석하였다. 이를 통해 학습자 주도형 금융교육을 실시했을 때 교육을 하기 전보다 금융이해력 함양에 있어서 긍정적인 차이가 있음을 밝혔다(이의선, 문정숙, 2014).

셋째, 금융 교육과정 수업방법 분석에 관한 선행연구는 다음과 같다. 최윤정, 김예지(2015)는 미국 고등학교 경제교사의 경험·학습자 중심의 금융교육 수업사례를 분석하였다. 연구결과에 따르면, 학생들이 경제주체로서 경제적 의사결정을 몸소 체험함으로써 합리적인 의사결정 능력과 같은 금융이해력을 함양할 수 있었음을 밝혔다. 더불어 수업 속에서 학생들이 중심이 되어 금융문제를 해결하게끔 도와주는 교사의 노력을 강조하였다(최윤정, 김예지, 2015). 이수진(2010)은 학교 교사와 외부 금융교육 관련 기관과의 체계적인 아웃소싱(outsourcing)을 구축하여 학생들의 금융이해력을 증진시키는 팹리스(Fab-less) 형태의 금융교육 클러스터 운영 사례를 분석하였다. 이를 통해 현재 학교 금융교육의 한계점을 보완하고 지속적인 금융교육을 운영할 수 있는 대안의 방법을 제시하였다(이수진, 2010).

넷째, 효과적인 금융교육이 이루어지기 위해서는 학생뿐만 아니라 교사의 금융이해력 수준도 밑바탕이 필요하다. 이러한 이유에서 이동성, 최송이(2023)는 자문화기술지를 통해 교사교육자의 학교기반 금융교육 교수 경험의 의미를 교사교육의 관점에서 해석하고자 하였다. 이를 통해 교사의 금융이해력 발달을 도모하고, 학교기반 금융 교육과정의 개발 방향을 제시하였다(이동성, 최송이, 2023). 초등교사의 금융이해력을 조사한 김동진, 김지훈(2021)에 의하면, 금융이해력 관련 수업이나 연수, 연구회 활동 경험이 있는 교사들은 그렇지 않은 교사보다 금융이해력이 높게 측정되었다. 또한, 김동진(2022), 김은숙, 정진섭(2017)은 교사의 교육내용에 대한 전문성에 따라 경제교육의 효과성이 높아짐을 밝혔다.

국내 선행연구를 종합해 보면, 학교기반 금융교육은 내용적 및 방법적 측면에서의 연구가 주를 이루었으나 금융교육의 실행 주체라고 볼 수 있는 현직 교사의 진솔한 반성과 성찰이 담긴 금융 교수 경험에 대한 교육연구가 부족하였다. 학교기반 금융교육이 학교와 학급 교육과정 속에 잘 녹아들기 위해서는 금융교육에 대한 교사의 반성과 성찰이 필수적이라 볼 수 있다. 따라서 이 연구는 질적 사례연구의 한 유형인 자문화기술지를 통해 초등학교 교사의 학교기반 금융 교수 경험을 내부자의 관점에서 해석적으로 논의함으로써, 그러한 금융 교수 경험이 어떠한 교육적 가치와 의미가 있는지를 조명하고자 한다.

Ⅲ. 금융교육 실천 경험을 구성하기

1. 연구의 배경과 맥락

가. 초등 금융교육의 방점을 찾아가는 '나'

자문화기술지는 자기 내러티브를 사회과학적 연구에 적용하는 질적 사례 연구 방법의 하나로, 개인적인 삶의 경험을 거시적인 사회문화적 맥락과 연결하여 그 의미를 분석하기 때문에 연구자의 위치와 배경을 구체화할 필요가 있다(Chang,

2008). 연구자인 나는 초등교육에 몸담고 있는 7년 차 초등학교 교사이다. 초임교사로서 나는 임용고시에 합격한 후, 무엇이든 새롭지만 낯설고, 의욕이 넘치지만 서툴기만 했던 교직을 천직이라 굳게 믿고 있었다. 하지만 초등학교 교사로서의 사명감과 부푼 꿈을 안고 학교에 입문했던 첫 근무지에서의 교직생활은 시작부터 두 가지의 큰 괴리감으로 그 포문을 열었다.

나는 어렸을 적부터 교사를 꿈꿔 왔기에 그 누구보다 가르치는 것만큼은 자신감이 있었다. 그래서 내가 가르치는 학생들은 모두가 그 시간의 학습목표에 무난하게 도달할 수 있을 거라고 확신했다. 그런데 시간이 지날수록 그 확신은 점차 불신으로 변해갔다. 가장 난처했던 점은 내가 가르치는 학생들이 개별적으로 너무나도 다른 환경에 놓여 있었다는 점이었다. 똑같은 것을 가르쳐도 받아들이는 수준에서 많은 차이를 보였으며, 가정에서의 협조가 절실했지만, 그마저도 쉽지 않았다. 또한, 가정의 경제 수준이 학생들의 교육환경과 직접적 혹은 간접적으로 관련되어 있음을 자연스럽게 알게 되었다. 이를 통해 공교육이 평등하게 제공되어도 사회경제적 혹은 사회 구조적으로는 불평등할 수 있다는 것을 몸소 깨닫게 된 계기가 되었다. 하지만 그 당시에는 이것을 어떻게 해결할 수 있을지에 대해서 미처 생각해 보지는 못했다.

또 다른 괴리감은 내가 초임 시절 첫 월급을 받게 되었던 때였다. 그 당시 나에게 있어서 월급은 그 무엇보다 중요하게 여겨졌다. 발령 후 사회활동을 하고 받은 첫 봉급이었기에 월급을 잘 관리해야겠다는 생각이 들었다. 그런데 막상 월급을 받고 보니 이것을 어떻게 해야 잘 관리할 수 있을지 막막했다. 일생 동안 돈을 버는 방법은 배웠어도 돈을 소비하고 관리하는 방법을 배워본 경험은 전혀 없었다. 그 누구도 나에게 돈에 대한 중요성을 제대로 언급해 준 사람이 없었다. 고등학생 때 사회 과목 중 하나인 '경제' 과목을 배우긴 했지만, 전반적인 거시경제를 배웠기에 실질적으로 나의 자산관리에는 아무런 도움이 되지 않았다. 그렇기에 나는 돈이 소중하다는 생각은 했지만, 소중하게 여기지는 못했다. 결국, 나는 돈을 잘 소비하지도, 관리하지도 못하고 4년이라는 시간을 허송세월 보내게 되었다.

이렇게 금융에 대해 무지했던 내가 실과 시간에 학생들에게 용돈을 관리하는 방법을 가르쳐야 했던 순간이 있었다. 이때 나는 갑작스레 교사로서 학생들에게 가르치는 교수내용과 나의 금융 생활 사이에 큰 괴리감과 동시에 부끄러움을 느꼈다. 교사인 나조차도 금융에 대해 무지한데, 학생들이 나를 통해서 금융에 대해 무엇을 배울 수 있는가에 대한 본질적인 의문이 들기 시작했다. 또한, 적어도 아이들이 학생의 신분에서 벗어나 사회에 진출하기 전에 본인의 자산을 관리하는 방법을 제대로 터득해야 한다고 생각했다. 문득, 초임 때 깨달았던 사회경제적 혹은 사회 구조적인 불평등의 원인 중 하나가 금융교육의 미비함과 그로 인한 금융이해력의 부재일 수도 있겠다는 생각이 들었다. 그래서 나는 내가 해왔던 그동안의 금융행위와 태도를 되돌아보게 되었고, 금융교육이 학교에서 체계적으로 이루어져야 함을 체감하였다.

나. 학교기반 금융교육을 위한 도전

교사는 창의적 체험활동을 통한 학교기반 금융교육을 시도할 때 분량과 내용을 선정하는 데 있어 어려움을 겪는다(박형준, 한진수, 2018). 교사의 금융이해력 수준은 금융교육의 실효성에 지대한 영향을 미친다(김동진, 김지훈, 2021). 2022년 9월부터 지금까지 나는 학교를 통한 금융교육을 위해 다양한 방법을 시도하였다. 2022년 9월부터 12월까지 5학년 학생들(4명)을 대상으로 창의적 체험활동을 활용하여 기초적인 금융 지식(경제, 화폐, 소비, 저축, 투자 등)을 이해할 수 있는 수업을 시도하였다. 그러나 당시 나는 금융교육에 대한 전문성이 부족하여 학생들에게 금융교육에 대한 막연한 목표를 제시하고, 주로 금융지식 위주의 전달식 수업을 진행하였다. 그리하여 금융교육을 접하는 학생들의 흥미가 그다지 높지 않았다.

그 이후, 나는 스스로 금융교육에 대한 내공이 부족함을 인지하고, 학생들이 금융이해력을 바탕으로 한 실질적인 금융 활동을 경험할 수 있게 하는 방법을 고민했다. 그래서 2023년 3월부터 9개월간 초등교사 6명을 대상으로 경제·금융 교육을 주제로 한 범교과 교사 연수회를 운영하였다. 연수회를 통해 경제·금융교육과 관련된 서적을 읽으며, 교사의 금융이해력 신장을 위해 노력했다. 또한, 연수회 교사들과 1년 동안 교육과정과 학급경영을 연계할 수 있는 금융교실 활동을 공유함으로써 생동감 있고 실용적인 금융교육의 내재화를 이루어내었다.

나는 학생들이 교실 안에서 다양한 경제·금융 개념 및 현상을 간접적으로 체험하게 하고자 1년 동안의 금융교육 프로젝트를 구성하였다. 6학년 사회과 교육과정의 정치·경제 영역과 성취 기준에 근거하여 학생들과 함께 학급 국가를 설립하고, 정부와 국회를 구성하였다. 학급 국가를 운영하기 위한 헌법과 법률을 제정하고, 학생들이 법이라는 테두리 안에서 바람직한 금융 활동이 이루어질 수 있는 환경을 조성하였다. 학생들은 국가 구성에 꼭 필요한 직업을 정하고 2주에 한 번씩 직업 활동에 대한 근로소득을 받았다. 학생들에게 국가의 운영과 세금의 원천, 그리고 그 상관관계를 인식시킨 후, 원천징수의 개념을 근로소득에 도입하였다. 공공재나 학급에서 이루어지는 주요 행사는 학생들과 협의하여 적정한 금액을 정해 징수된 세금으로 사용할 수 있도록 종용하였다. 직업 활동을 통한 소득의 대가로 크고 작은 소비처를 제공하거나 저축을 하여 그에 따른 이자를 얻을 수 있는 금융 환경을 조성하였다. 또한, 학생들의 신용등급을 과제물 제출 등 학생들이 책임감을 지니고 임해야 하는 행동과 연관하여 운영하였다. 신용등급에 따라 저축할 때의 금리를 달라지게 하여 학생들이 스스로 신용등급을 관리할 수 있는 계기를 제공하였다.

학생들의 개인 자금이 점차 쌓이면서 2학기 때는 인플레이션을 경험할 수 있는 금융 환경을 구현하였고, 동시에 주식과 부동산 투자 활동을 진행하였다. 먼저, 주식투자 활동은 자기만의 투자원칙을 세우고, 그 기준에 부합하는 투자 활동을 할 수 있도록 지도하였다. 또한, 대한민국의 경제를 주도하는 주요 산업군(IT, 엔터테인먼트 등)에서 학생들에게 익숙한 기업을 골라내어 실제 주가를 반영하여 운영하였다. 신문이나 뉴스 등의 매체를 통해 학생들이 투자할 기업의 정보를 해석하고 이를 토대로 투자 시기나 투자 금액 등에 대한 의사결정을 내렸다. 부동산 투자 활동에서 학생들이 앉는 자리는 하나의 부동산으로 취급하였다. 자리는 정부에 귀속되어 있어서 이를 구입하기 전까지는 학생들의 근로소득에서 자리임대료가 원천징수 되도록 하였다. 그러나 학생들이 원하는 자리를 구입하면 더 이상 근로소득에서 자리임대료가 원천징수 되지 않으며, 자금이 충분할 경우 다른 학생이 앉는 자리도 구입할 수 있도록 하였다. 즉, 학생은 다른 학생의 부동산을 구입함으로써 그 자리에 대한 임대료를 받을 수 있었다. 나는 이러한 금융교육의 실천적 과정에서 수많은 시행착오를 마주하였으나 그것을 회피하지 않고 버텨내는 용기를 갖고자 노력하였다. 더 나아가서 나만의 개성 있는 금융교육을 실현할 수 있는 자신감을 찾게 되었고, 학급이라는 울타리에서 확장하여 학교 차원에서도 금융교육이 이루어질 수 있는 청사진을 그릴 수 있게 되었다. 따라서 나는 학교기반 금융교육의 교수적 경험을 내부자의 관점에서 학문적으로 탐구할 수 있는 교육적 민감성과 전문성을 갖게 되었다.

2. 자료 수집 및 분석

자문화기술지는 개인적인 삶의 이야기를 담는 자서전과 특정 집단의 문화를 다루는 문화기술지의 결합으로, 자신이 속한 사회적 맥락 속에 개인을 위치시켜 자신과 사회의 관계성에 주목하는 연구 방법이다(Chang, 2008). 즉, 개인의 삶과 경험이 그 연구 자료로 사용되며, 연구자의 기억과 성찰이 담긴 메모를 분석하는 작업이 중요하다. 따라서 초등학교 교사로서 나는 학교기반 금융 교수 경험이 담긴 질적 자료를 다음과 같이 수집하였다. 첫째, 초등학교 교직 생활의 시작 시점인 2018년부터 2024년 2월까지를 연구 기간으로 설정하고, 학교기반 금융교육을 하는 과정에서 어떠한 교육적 경험을 했는지에 대한 기억자료(memory data)를 소환하기 위해 자기인터뷰(self-interview) 자료를 수집하였다. 둘째, 개인 내적 자료의 다양성과 신빙성을 더하기 위해 학교기반 금융교육의 실제적인 교수 자료, 학습 산출물, 사진, 반성적 저널 등을 수집하여 분석하였다. 셋째, 범교과 교사 연수회에 참여했던 교사들을 대상으로 인터뷰를 수행하여 개인 내적 자료의 한계점을 보완하였다.

이 연구는 질적 자료 분석을 위한 포괄적 분석절차에 따라 자료 분석을 실시하였다(이동성, 김영천, 2014). 포괄적 분석방법은 총 6단계로 이루어져 있으며, 이는 연역과 귀납의 논리를 오가는 개연적 삼단논법(abduction)에 가까운 분석을 시도한다(이동성, 김영천, 2014). 반복적으로 자료를 읽고 질적 자료를 정리하는 것에서부터 시작하여 연구자의 통찰이 담긴 분석적 메모 쓰기, 1차에서 3차로 걸치는 코딩을 통해 연구 결과를 글쓰기로 재현하는 과정이 순환적·반복적으로 나타난다(이동성, 김영천, 2014). 연구자인 나는 초등교사로서 학교기반 금융 교수 경험에 대한 질적 자료를 수집·분류하면서 1차 코드를 생성하였다. 이들 중 관련 있는 코드를 얼개 짜듯 범주화하여 하위 범주(sub-categories)와 핵심 범주(categories)를 생성하였다.

3. 타당도 확보 및 글쓰기

자문화기술지는 개인의 기억과 경험을 토대로 사회문화적 맥락을 바라보기 때문에 실증주의자들에게 많은 비판을 받아왔다(Chang, 2008). 따라서 타당도의 확보에 실패한 자문화기술지는 개인의 경험과 기억이 사회문화적 맥락에 매끄럽지 연결되지 않아서 자칫 자기중심주의로 이어질 수 있다. 따라서 이 연구는 타당도 확보를 위해 다음과 같은 타당도 확보 전략을 구사하였다. 첫째, 개인 내적 자료(반성적 저널, 분석적 메모)뿐만 아니라 개인 간 자료(범교과 교사 연수회 초등교사 인터뷰)의 수집, 자료의 분석과 해석에 대한 동료자 검증(초등교육학 교수)을 통해 삼각검증(triangulation)을 시도하였다. 둘째, 연구 참여자이자 연구의 대상인 나의 상황과 위치를 상세하게 서술함으로써 반영성(reflexivity)을 추구하고자 노력하였다. 셋째, 초등학교 교사로서 학교기반 금융 교수 경험을 학술적으로 조명하기 위해 기술적-사실적 글쓰기와 아울러 분석적-해석적 글쓰기를 병행함으로써 학교기반 금융교육의 가치와 의미를 논의하였다.

Ⅳ. 초등 금융교육의 전문가로 거듭나기

1. 금융교육을 실천할 수 있는 교육적 토대 마련하기

가. 금융교육의 필요성과 중요성을 학생들과 공유하기

나는 한때 금융교육이 중요하다고 생각하지 않은 사람 중 한 명이었다. 간혹 학생들이 수업 중 금융과 관련된 질문을 할 때면, 내가 알고 있는 모든 금융지식을 총동원하여 그럴싸하게 말해주곤 했었다. 학생들에게 있어서 나는 꽤 금융에 대해 박학다식한 교사였지만, 나 스스로에게는 금융에 대한 무지함을 애써 합리화하려고 부단히 노력하는 사람이었다. 그런데 표면적으로 드러나 있지 않았던 이 문제가 나에게 큰 심적 격동을 일으켰던 때가 있었다. 그 당시 나는 5학년 학생들과 함께 실과 수업을 진행하고 있었는데, 학습주제는 용돈 관리의 필요성을 알고, 용돈 기입장을 작성해 보는 금융 행위와 태도에 관련된 내용이었다. 이를 통해 실생활에서 합리적인 소비 생활을 실천하는 태도를 형성하는 것이 그 차시의 학습 목표였다. 이전부터 5학년 담임을 꽤 많이 해봐서 이번 실과 시간에도 크게 교수 내용은 다르지 않았다.

학생 A: 선생님, 저 용돈 안 받는데요.
연구자: 그러면 따로 돈을 주기적으로 받는 게 없는 거니?
학생 A: 네, 없어요. 그냥 엄마한테 달라고 하면 주시던데요.
연구자: 그래도 세뱃돈이나 심부름 같은 일을 해서 받은 돈은 있을 거 아니니?
학생 A: 그렇긴 하죠. 근데 얼마 있는지는 잘 모르겠어요.
연구자: 그래서 자기가 가지고 있는 돈이 얼마인지 잘 알려면 용돈 기입장을 써야 하는 거란다.
학생 A: 아, 그럼, 선생님도 혹시 지금 쓰세요?
연구자: (당황해하며) 아, 용돈기입장까지는 아니어도 비슷한 건 쓰는 것 같구나.

(학생과의 대화, 개인적 기억 자료, 2022. 9.)

사실 그 당시에도 나는 금융에 대해 별로 아는 바가 없었다. 학생의 질문을 받은 순간 나의 무지가 드러나는 게 겁이 나서 급하게 얼버무렸다. 그런데 곱씹어 생각해 볼수록 교사인 나도 제대로 실천하지 않는 금융 행위를 학생들에게 떳떳하게 이야기하면서 가르친다는 것에 대해 자괴감이 들기 시작했다. 동시에 현대 사회를 살아가는 금융 주체로서, 나의 금융 행위를 되돌아보니 다시금 부끄러운 감정이 들었다. 그 이후로 나는 금융교육을 통해 학생들이 금융에 대해 가지고 있는 기존의 인식을 탐색하고, 금융교육의 중요성을 강조하기 위해 다양한 질문을 던졌다.

그런데 기대했던 대답과는 달리, 나는 학생들이 가졌던 금융에 대한 태도에 놀라지 않을 수 없었다. 일단, 학생들은 기본적으로 돈에 대한 감각이 현저히 부족했다. 또한, 근로소득보다는 재산소득을 더 우위에 두었으며, 막연한 일확천금을 꿈꾸면서도 돈을 버는 것과 관리하는 것을 잘 구분하지 못했다. 학생들과 금융과 관련된 이야기를 하면 할수록 점점 더 막막해지는 기분이 들었다. 그리고 학생들이 이러한 금융 태도를 지닌 채 성인이 된다면 금융에 대한 무관심을 넘어서 사회적 차원에서의 금융 피해까지도 입을 것 같았다. 결국, 학생들이 성인이 되기 전에 학교에서 체계적으로 금융교육이 이루어져야 한다는 확신이 다시 한번 굳어지는 계기가 되었다. 그리고 무엇보다도 학생들이 금융에 대한 올바른 인식을 지니게 하려면 교사인 나부터 금융에 대한 전반적인 이해도를 높이고 체계적인 금융교육을 준비해야 했다.

나. 금융교육을 위해 교사로서 금융이해력을 신장하기

나는 점점 학생들을 대상으로 학교기반 금융교육을 제대로 실천해 보고 싶다는 욕심이 생겼다. 그러나 현실은 내가 생각했던 것보다 꽤 냉혹했다. 왜냐하면 금융교육을 하고 싶은 나의 바람과는 별개로, 일단 내가 금융교육에 대해 아는 게 거의 없었기 때문이다. 일단 금융교육을 차치하고서라도 금융에 대한 나의 이해력이 처참하였다. 그래서 2022년 겨울방학부터 현대 사회를 살아가는 금융 주체의 한 사람으로서 나의 금융이해력을 점검해 나가기 시작했다. 먼저, 나에게 가장 부족했던 금융 지식을 신장하기 위해 한국은행에서 발간한 경제금융용어 700선 책자를 구매하여 학습하였다. 또한, 우리나라와 세계 경제의 흐름과 관계성을 이해하기 위해 경제신문을 구독하였다. 그리고 미래사회를 견인하는 유망한 산업군에 속한 기업의 사업보고서나 재무제표 등을 공부하며 소액이나마 직접 투자를 실천하였다.

금융공부는 하면 할수록 알아야 할 게 점점 많아지는 느낌이 들었다. 금융공부를 위해 세계의 거시경제를 들여다보아야 하고, 국가의 정책을 이해해야만 했다. 그래도 공부한 만큼 내가 사회를 바라보는 시야가 이전보다 훨씬 확장되고 있다는 묘한 기분이 들었다. 이것은 나에게 삶의 원동력이자 즐거움이 되었다. 멈출 수 없는 경제의 수레바퀴 속에서 나의 금융 원칙을 세우고 금융 행위까지 시도하는 것은 어려운 일이었지만, 미래의 삶과 곧바로 직결된 문제였기에 몰입할 수 있었다. 금융공부를 하다 보니 어렴풋이만 알았던 금융지식과 개념이 마치 퍼즐처럼 맞춰지는 것 같았다. 낯설었던 금융용어가 어느새 배경지식으로 굳어졌고, 이를 통해 다른 개념을 좀 더 쉽게 재구성할 수 있었다.

> 처음에는 내가 이렇게까지 금융에 대해 모르는 게 많을 줄은 상상도 하지 못했다. 아는 게 없는데, 아이들에게 금융교육을 해왔다는 게 너무 아이러니하다. 금융공부를 하면서 대한민국 경제가 어떤 방향으로 굴러가고 있고, 정부가 시행하는 정책의 기조가 조금씩 보이기 시작하는 것 같다. 아는 만큼 보인다는 속담이 정말 공감이 되었다. 그리고 정말 다행인 건 금융공부가 단순히 이론에서 끝나는 게 아닌, 나의 금융 행위에 있어서 작은 실천으로 이어질 수 있다는 점이다. 비록 여러 번의 시행착오를 겪기도 했지만, 이 모든 게 다 나의 자양분이 되지 않을까? 내가 지금 하는 것처럼 아이들의 금융교육도 이처럼 교실 속에서 배운 지식이 실천과 연결된다면 정말 의미 있는 금융교육이 되지 않을까 생각해 본다.
>
> (연구자의 반성적 저널, 2023. 01. 13.)

나의 금융교육에 대한 열망은 금융이해력의 신장을 위한 하나의 노력으로 변하였다. 교사로서 수업 중에 겪는 작은 사건이 때로는 전혀 예상하지 못한 방향으로 긍정적인 영향을 주기도 한다. 한때 나의 사소하지만 부끄러웠던 금융 교수 경험은 나의 금융이해력을 되돌아보게 하는 중요한 계기가 되었고, 그것이 나의 삶에 아주 큰 전환점이 되었다. 그리고 교사로서 갖추어야 하는 최소한의 금융지식과 행위, 그리고 태도를 학교기반 금융교육을 실현하기 위한 밑거름으로 만들고자 부단히 준비하였다.

다. 교사로서 금융교육을 시도할 수 있는 용기 갖기

나는 생동감 있는 학교기반 금융교육을 교실에서 실천하기 위해 어느 때보다 2023학년도 새 학기 준비에 박차를 가했다. 그러나 한 번도 시도해 본 적이 없었기 때문에 가끔은 두려움이 앞서기도 했다. 일단, 내가 원하는 학교기반 금융교육의 방향과 수업방법이 맞는지 알 길이 없었다. 그리고 준비하면서 계속 스스로 잘하고 있는지 의문이 들었다. 내가 바라는 금융교육의 목표가 내가 당면한 교육 현장과의 괴리감으로 좌절되지는 않을까 노심초사하기도 했다. 그래서 나는 혼자가 아닌, 동료 교사의 집단지성을 믿어보기로 했다. 금융교육의 지향점을 공유할 수 있는 동료 교사와의 협업을 통해 체계적인 학교기반 금융교육을 시도하기로 결심하였다. 나는 금융교육과 관련된 범교과 교사 연수회를 만들고, 동료 교사들과 함께 금융교육의 필요성을 깊이 공감하며 금융교육의 교육적 가치와 의미를 나누었다. 또한, 그들을 통해 금융교육을 시도하고자 했을 때 느꼈던 막연한 두려움을 용기로 바꾸는 힘을 얻을 수 있었다.

교사A: 이제 곧 새 학기가 시작되는데, 3월부터 바로 금융교육 시작하실 건가요?

연구자: 잘 모르겠어요. 일단 3월은 바쁠 것 같으니까 조금 적응되면 시작해 볼까 해요. 이번에 학교도 새로 옮겨서 조금 부담이 되긴 하네요.

교사A: 음, 오히려 3월에 학급 세우기 활동하면서 금융교육을 같이 시작하면 도움이 되지 않을까요? 선생님뿐만 아니라 아이들도 서로 어색한 상황에서 새로운 도전을 시도해 보는 것도 나름 괜찮을 것 같아요. 아이들도 새로운 선생님과 함께하는 새로운 활동에 기대가 클 것 같아요.

연구자: 하긴, 그러네요. 어느 정도 준비도 마쳤는데, 제가 잘할 수 있을지 좀 걱정이 되어서 괜히 핑계를 찾고 미루려고 했던 것 같아요.

교사A: 선생님만큼 준비 많이 한 사람 별로 없어요. 잘하실 수 있을 거예요.

(동료 교사와의 대화, 개인적 기억 자료, 2023. 02.)

한편, 나는 학생들과 함께 금융교육을 실천하기 위하여 학부모 상담 주간을 활용하여 학부모의 동의를 구했다. 사실, 나는 이전부터 금융교육에 대한 학부모의 반대를 예상하곤 했다. 학교에서 돈에 관한 교육을 하는 것이 오히려 학생들에게 세속주의나 황금만능주의를 주입할 수도 있는 우려 때문이었다. 그래서 나는 그들을 진심으로 설득하겠다는 마음으로 안내장을 통해 금융교육의 목표와 전반적인 실행 과정을 알렸다. 내가 바라보는 금융교육의 이상을 학부모도 이해하고 공감해야만 제대로 된 금융교육이 실현될 수 있을 거라고 믿었다.

연구자: 어머님, 제가 지난번에 보내드렸던 금융교육 안내장은 확인하셨나요?

학부모 A: 네, 선생님. 금융교육 안내장 보고 놀라웠어요. 굉장히 준비를 많이 하신 것 같아요.

연구자: 감사합니다. 안내장에서도 말씀드렸다시피, 요즘 시대에 아이들에게 제대로 된 금융교육이 꼭 필요하다는 생각이 들어서요. 혹시 어머님께서는 금융교육에 대해서 어떻게 생각하시는지 여쭤 봐도 될까요?

학부모 A: 선생님 의견에 정말 동감해요. 요즘 재민(가명)이가 돈에는 관심이 많은데, 돈을 관리하는 방법에 대해서는 무감각해요. 그래서 집에서 돈 관리에 대해 알려주려고 해도 습관 때문인지 제 말을 별로 귀담아듣지 않더라고요. 학교에서 이런 교육이 꼭 이루어졌으면 좋겠다고 생각했는데, 마침 선생님을 만나서 이런 이야기를 들으니 좀 안심이 되네요. 감사합니다.

(학부모와의 대화, 개인적 기억 자료, 2023. 03. 22.)

학부모와 상담하기 전 우려했던 것과 달리, 학부모의 전적인 응원에 힘입어 나는 더 많은 용기를 얻을 수 있었다. 학교기반 금융교육은 교사의 비전과 금융이해력을 바탕으로 학생의 적극적인 참여와 학부모의 성원이 뒷받침될 때 더욱 빛을 발할 수 있다는 점을 실감하였다. 비록, 금융교육의 시작은 미미했지만, 모두와 함께 만들어가는 금융교육을 계획했기에 두려움은 점점 기대감으로 변모해 갔다. 그 기대감을 발판 삼아 금융교육의 성공과 실패에 크게 연연하지 않고, 금융교육을 시도하는 것에 큰 의의를 두면서 금융교육의 시작을 알리게 되었다.

2. 학생들과 함께 실제적인 금융 의사결정 내리기

가. 금융지식, 금융행위, 금융태도를 연결하기

나는 학교기반 금융교육에서 가장 먼저 해야 하는 것은 바로 돈의 속성을 이해하는 것이라고 생각했다. 학생들에게 돈을 번다는 건 어떤 의미인지, 돈은 왜 자꾸 내 주변에서 사라지는지, 돈을 어떻게 관리해야 하는지 등을 먼저 이해시킬 필요가 있었다. 즉, 내가 바라는 학교기반 금융교육은 돈의 소중함을 깨달아야 비로소 시작할 수 있었다. 나는 돈의 소중함은 돈을 벎으로써 느낄 수 있다고 생각했다. 일정한 수입이 없는 학생들에게 돈에 대한 개념을 심어주려면 학생들도 정기적인 수입이 있어야 했다. 그래서 학생들과 함께 학급에 필요한 직업을 만들고 각 직업에 맞는 급여를 정했다. 직업 활동을 충실히 했을 때, 2주에 한 번씩 정해진 급여를 학급화폐 형식으로 받음으로써 학생들은 '소득'이라는 개념을 자연스럽게 이해할 수 있었다.

나는 학생들이 번 소득을 관리할 수 있도록 통장을 하나씩 만들어주었다. 돈을 잘 관리하기 위해서는 가장 먼저 자신에게 돈이 얼마나 있는지 명확하게 파악해야 했다. 2022 개정 교육과정에서 강조하는 핵심역량 중 자기관리역량은 자기주도적으로 자신의 삶을 스스로 만들어가기 위해 필요한 능력을 의미한다(교육부, 2022). 학생들은 통장에 급여와 소비, 예금과 투자 내역 등을 적으면서 스스로 돈을 관리하는 방법을 터득해 나갔다. 동시에 학생들은 미래를 위해 현재 상황을 되돌아보고 소비보다는 저축을 선택하는 금융태도에 있어서도 바람직한 모습을 보였다.

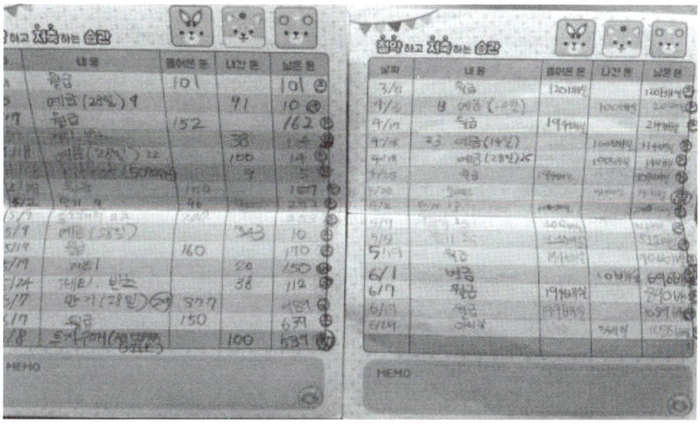

[그림 8-1] 학교기반 금융교육 '학생 통장'

학급에는 학생들의 요구를 반영하여 학생들이 번 돈을 소비할 수 있는 상점이 있었다. 그곳에서 학생들은 자신이 사고 싶은 간식거리나 쿠폰 등을 구입할 수 있는데, 초반에는 상점의 물가가 그리 비싸지 않았다. 그런데 학생들은 학급 안에서 소득과 저축을 하면서 점점 돈이 쌓이기 시작했고, 덩달아 학생들의 소비량도 많아졌다. 수요가 늘어나면서 상점의 물건의 수가 급격히 줄어들기 시작했다. 결국, 상점의 물가를 올릴 수밖에 없는 상황이 도래했다. 지속적으로 조금씩 물가가 오르니 학생들은 이제 소비보다는 저축에 관심을 가지기 시작했다. 인플레이션이라는 개념을 학생들이 자연스럽게 체득하는 현장을 목도했다.

학생 E: (질색하며) 야, 상점 물가표 봤어?

학생 F: 응, 아까 봤어. 지난주 물가보다 더 올랐던데.

학생 E: 그러게. 근데 요새 애들 다 돈을 많이 쓰긴 했나 봐. 상점 가보니까 간식이 몇 개 없던데?

학생 F: 아, 물건 개수가 줄어서 팔 게 없으니까 물가가 오른 건가봐.

학생 E: 야, 그러면 만약 상점에 간식이 무한으로 공급되면, 물가가 완전 0원으로 될 수도 있지 않을까? 진짜 그랬으면 좋겠다.

(점심 시간 중 학생들의 대화, 개인적 기억 자료)

교사로서 나는 활력 넘치는 금융활동 속에서 학생들의 금융이해력이 증진될 수 있도록 다양한 경제 상황을 경험할 수 있는 장(場)을 제공하였다. 학생들은 학교기반 금융교육을 통해 다양한 경제 상황 속에서 이루어지는 금융행위가 금융지식과 저절로 연결되는 경험을 마주했다. 그리고 학생들은 돈에 대한 개념과 속성을 이해하고 미래를 위해 현재의 만족보다는 저축을 선택하는 금융태도를 선호하게 되었다. 이러한 태도는 자연스럽게 합리적인 금융행위로 이어졌다.

나. 초등학생들에게 신중한 금융 의사결정을 보여주기

점차 학급 안에서 학교기반 금융교육이 무르익을 때쯤, 나는 학생들의 금융행위와 태도를 바탕으로 그들의 성향을 파악할 수 있었다. 자기가 모은 돈을 한 푼도 잃지 않기 위해 안전한 예금 활동을 선택하는 학생들이 있었던 반면, 위험을 감수해서라도 많은 돈을 벌고 싶어 하는 학생들도 있었다. 후자의 경우, 그들은 직업 활동을 통해 번 소득을 예금하기보다는 오히려 소비나 투자를 택하는 경향을 보였다. 나는 학생들이 성인이 되었을 때, 돈에 눈이 멀어 불확실한 정보를 사실로 간주하고 무리하게 투자를 감행하지 않기를 바랐다. 그래서 나는 2학기 때부터 학생들의 성향을 반영하여 학교기반 금융교육에 투자 활동을 도입하였다.

본격적인 투자 활동에서 가장 먼저 한 일은 투자원칙을 세우는 것이었다. 학생들이 돈에 대한 욕심으로 인해 무리하게 투자에 임하는 것을 막기 위함이었다. 확고한 투자원칙이 있다면, 이익이나 손해에 일희일비하지 않고 학생들 스스로 마음을 다스리는 데 도움이 될 거라 여겼다. 학생들에게 지금까지의 금융교육을 통해 느낀 본인의 성향을 생각하게 한 후, 자기만의 투자원칙을 하나씩 정해보라고 이야기하였다. 학생들의 의견을 칠판에 브레인스토밍한 뒤, 우리 학급의 투자원칙을 정제된 언어로 고쳐서 학급 게시판에 걸어 놓았다.

★ 투자의 원칙 ★

1. 내가 확신할 수 있는 투자는 도박이 아니다.
2. 한 곳에 올인하지 않는다.
3. 남의 말을 따라서 투자하지 않는다.
4. 절대로 욕심을 부리지 않는다. 욕심은 망하는 지름길이다.
5. 나만의 수익 기준, 손실 기준을 세우고 이를 절대적으로 지킨다.
6. 각 기업의 정보를 조사하여 확신이 섰을 때 투자한다. (뉴스 등)
7. 기업의 성장가능성과 가치를 보고 투자한다.
8. 이익과 손해에 '일희일비' 하지 않는다.

[그림 8-2] 학교기반 금융교육 '투자 8원칙'

학교기반 금융교육은 학생의 금융이해력 증진을 통해 합리적으로 금융 의사결정을 내리는 것을 궁극적인 목표로 한다(이소연 외, 2020). 금융교육자로서 나는 직접 투자를 통해 느낀 바를 학교기반 금융교육에 적용하고자 노력하였다. 그리하여 학생들이 가진 성향을 스스로 파악하고 그에 맞는 투자원칙을 세울 수 있도록 도움을 주었다. 학생들은 학교기반 금융교육 수업을 통해 정보에 입각한 투자의 중요성을 이해하고, 신중하면서도 냉철한 판단력이 요구되는 금융 의사결정 능력을 함양하게 되었다. 결과적으로, 초등학교 교사로서 나는 학교기반 금융교육에서 투자 교육의 중요성을 다시 한번 체감하게 되었다.

다. 실제적인 소비, 저축, 투자 활동을 실천하기

나는 실제적인 금융 활동을 교실에 적용하여 학생들이 다양한 금융 현상을 경험하고 직접 금융 의사결정을 내릴 수 있도록 안내하였다. 학생들이 번 돈을 쓰거나 모으고, 불리는 행위를 통해 자기가 결정한 선택과 그로 인한 기회비용이 무엇인지 몸소 느낄 수 있는 여건을 조성하였다. 소비를 자주 하는 학생들은 현재의 '소확행(작지만 확실한 행복)'에 집중하며 돈을 모으거나 불리는 데에는 크게 관심을 가지지 않았다. 그들은 주로 학급 상점에서 소소한 간식거리, 점심시간에 음악을 골라 들을 수 있는 DJ 쿠폰, 간단한 학용품 등을 구입하였다. 나는 학생들에게 소비

활동도 세금에서 자유로울 수 없다는 것을 알려주고 싶었다. 그래서 상점에서 물건을 팔고 모인 돈(매출액)에 소비세 개념을 도입하여 그중 10%는 학급국가의 세금으로 들어가도록 유도했다. 이를 통해 학생들은 소비와 세금의 관계를 이해하고, 세금의 의미와 중요성을 다시 한번 깨닫는 단초를 마련하였다. 그리고 학생들은 학급에서의 소비 활동이 경제 활동과 나라 발전에 중요한 역할을 차지한다는 것을 알게 되었다.

한편, 미래의 큰 만족을 위해 작은 소비를 줄이는 태도를 보여주는 학생들도 있었다. 그들은 이자와 이율이라는 금융 개념을 이해함으로써 더욱 활발하게 저축 활동에 참여하였다. 또한, 학생들은 인플레이션이 일어나면 물가 상승이 일어나서 화폐 가치가 떨어지는 경험을 한 후 소비보다는 저축을 더욱 선호하게 되었다. 나는 이율을 활용한 저축 활동을 '신용' 개념과 함께 도입하였다. 신용은 교사와 학생 사이의 약속과 믿음을 뜻하며, 과제 제출 등 학생들이 꼭 해야 하는 의무를 지켰을 때 신용등급이 상승하게 된다. 신용등급과 예금 예치 기간에 따라 이율이 달라지며, 학생들은 자기가 가진 자금을 토대로 스스로 결정하여 예금을 할 수 있었다. 학생들은 6학년 수학 교육과정에서 '비와 비율'을 학습하기 때문에 이율 개념을 수월하게 이해할 수 있었다.

학교기반 금융교육을 하면서 학생들이 가장 원했던 활동 중 하나는 최대한 많은 금액의 돈을 불리는 것이었다. 왜냐하면, 현실적으로 가정에서 소비나 저축 활동은 이루어지기가 용이한 반면, 투자 활동은 학생들이 경험하기에 제한이 있었기 때문이다. 그래서 나는 2학기 때부터 금융교육에 주식투자 활동을 도입하였다. 그 이유는 크게 2가지인데, 첫 번째는, 이미 1학기 사회 교육과정에서 경제 단원을 통해 우리나라 산업의 발달과 기업의 역할, 무역의 정의, 경제체제 등을 배웠기 때문이었다. 학생들은 경제교육을 통해 자본주의 사회를 움직이는 경제 주체들에 대해서 배웠고, 학생들에게 익숙하고 친근한 기업을 탐색할 수 있었다. 두 번째 이유는 학생들이 투자금으로 활용할 수 있을 정도의 자금이 꽤 모였기 때문이었다. 투자금의 액수가 커질수록 주식 수에 따른 주가 변동 폭이 커지기 때문에, 나는 학생들이 투자 활동에 있어서 하이 리스크, 하이 리턴(high risk, high return) 현상을 경험해

보기를 바랐다.

나는 주식투자 활동을 위해 우리나라의 각 산업군별 시가총액이 높은 기업들을 학생들에게 소개해 주었다. 시가총액이 높은 기업들은 학생들에게 익숙한 기업들이 대부분이었기 때문에 어렵지 않게 접근할 수 있었다. 나는 주식투자 활동에서 투자원칙에 근거하여 크게 2가지 활동을 진행하였다. 첫 번째는, 학생들과 만든 투자원칙을 토대로 학생들에게 각자의 투자전략을 세워 보도록 하는 것이었다. 학생들이 왜 그 기업을 선택해서 주식을 매수 또는 매도하였는지, 투자에 있어서 자신이 무엇을 잘했거나 잘못했는지를 투자 일지에 적도록 안내하였다. 나는 학생들이 주식투자 활동을 할 때 자신이 정한 매수·매도 기준을 정해두고 최대한 그 기준을 지킬 수 있도록 학생들에게 강조하였다. 두 번째로, 학생들이 투자하고자 하는 기업의 정보를 알 수 있도록 아침 시간을 활용하여 경제신문을 읽어주었다. 주요 키워드를 위주로 기업의 현황을 설명해 주었으며, 앞으로의 기업의 전망은 학생들이 생각하고 판단할 수 있도록 여지를 남겨 주었다. 더 알고 싶은 정보가 있다면 학생들이 직접 경제신문을 살펴보거나 태블릿 PC를 이용하여 검색할 수 있도록 환경을 제공해 주었다.

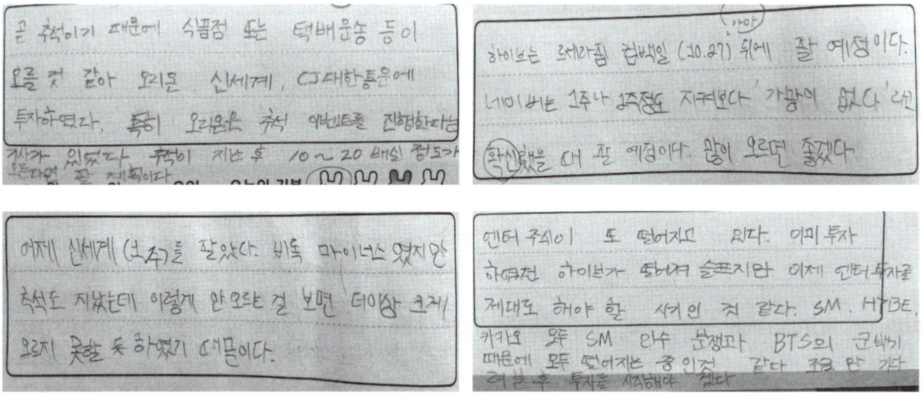

[그림 8-3] 학교기반 금융교육 '주식투자 일지'

요새 반이 주식투자로 꽤 시끌벅적하다. 투자하는 아이들의 희로애락이 학급 곳곳에서 보였다. 하지만, 투자에 대한 모든 결과는 스스로 책임지는 것이기에, 그 누구도 남을 탓하지 않았다. 아이들이 기업의 정보를 직접 찾아보고, 투자원칙에 입각한 전략을 세워서 투자에 대한 올바른 가치관을 정립하는 모습이 참 대견스럽다. 물론, 투자에 실패해서 앞으로 주식투자 활동을 참여하지 않겠다고 말하는 아이들도 있었지만, 그것도 그들에게는 큰 경험이 되었을 것이다. 학생들의 투자성향에 따라 투자원칙과 전략을 바꿔 보도록 도움을 주는 방향을 한번 생각해 봐야겠다.

(연구자의 반성적 저널, 2023. 11. 20.)

3. 금융교육 전문가로서 실천적 지식을 쌓기

가. 금융주체로서의 개인적 통찰: "절제와 꾸준함"

현대 사회를 살아가는 민주시민 중 한 사람으로서 나는 학교기반 금융교육을 통해 개인이 마땅히 누려야 할 행복을 추구하고, 지속 가능한 경제 발전이 가능한 사회를 꿈꿨다. 내실 있는 학교기반 금융교육을 전개하기 위해서는 나의 꾸준한 금융 경험이 꼭 필수적이라고 생각하였다. 그것이 성공이든, 실패든 당장은 크게 중요하지 않았다. 지속적인 금융행위에 대한 나의 성공 경험은 그 자체로 노하우가 되었고, 실패 경험은 성공을 위한 또 다른 원동력이 되었다.

내가 금융공부를 지속하면서 깨달은 점 중 하나는, 금융공부는 필연적으로 자기 성찰의 방향으로 귀결된다는 점이었다. 한때 나는 주변의 사회 현상에 무관심하며 세상을 나의 편협한 경험만으로 해석하려고 했다. 내가 이해하지 못하는 현상은 적당히 타협하며 자기합리화를 하기 위해 노력했다. 그런데 금융공부를 하면서 나는 세상을 바라보는 시선이 '1인칭'에서 '3인칭'으로 바뀌는 신세계를 경험했다. 톱니바퀴처럼 맞물려 돌아가는 자본주의 경제체제와 산업 현장 속에서 나의 금융 의사결정은 늘 책임감 있는 태도를 요구했다. 그 안에서 치열하게 살아남기 위해서는 내가 결정한 선택에 대한 이유를 늘 명심하고 반추하는 습관이 필요했다. 특히,

자그마한 성공에 도취한 나머지 돈에 대한 욕심을 부렸을 때 나에게 돌아오는 후폭풍을 감당하려면 우선 나를 제어할 수 있어야 했다.

> "가장 빨리 부자가 되려면 가장 빨리 부자가 되려 하면 안 된다."라는 말을 들은 적이 있다. 그 말은 빨리 부자가 되는 유일한 방법은 빨리 부자가 되려는 마음에서 벗어나는 것임을 뜻한다. 사람들은 돈에 대한 욕망에 눈이 멀어 늘 부자가 되기 위한 가장 빠른 방법을 찾으려고 부단히 애쓴다. 하지만, 내가 금융투자를 경험하면서 느낀 건 돈은 투자자의 투자 성격을 그대로 닮는다는 것이었다. 장기적인 관점에서 나의 투자원칙을 믿고 벌어들인 돈은 그 무엇보다 소중하고 값져서 늘 곁에 머물려고 했지만, 욕심에 눈이 멀어 확인되지 않은 정보를 믿고 단타로 투자해서 번 돈은 쥐도 새도 모르게 사라져버렸다. 돈은 독심술사인 것 같다. 내가 순간적으로 욕심이 생길 때 내 마음을 훤히 들여다보고는, 거부하기 힘들도록 나에게 손짓하며 유혹한다. 왠지 돈 앞에서 나의 마음을 들키고 싶지 않아졌다. 가장 빨리 부자가 되기 위해 당장 눈앞의 돈주머니에 현혹되어 조급하거나 서두르는 마음을 버리고 차분하게 상황을 관조하며 욕망을 절제하는 '현자'의 마음가짐을 지녀야겠다.
>
> (연구자의 반성적 저널, 2023. 11. 20.)

나. 금융교육 실천가로서의 성장: "칠전팔기"

학교기반 금융교육에 앞장서고자 나는 지난 1년 동안 학급의 규모에 맞는 실제적인 금융 활동을 재구성하여 학급에 정착시키기 위해 노력하였다. 금융교육의 필요성을 인지하고 학생들의 금융이해력 신장을 위해 최선을 다하였지만, 그 길이 꼭 꽃길은 아니었다. 내가 거쳐 왔던 지난 1년간의 흔적들은 단지 금융교육에 대한 나의 성찰과 열망에서 비롯된 성공가도만을 의미하지는 않았다. 전혀 예상하지 못한 상황에서 고민과 좌절을 겪기도 하였다.

금융교육 초기에 나는 학생들의 교우관계로 인해 금융교육에 제동이 걸린 적이 있었다. 나는 금융교육을 통해 학생들 개인의 금융이해력이 신장되기를 바랐다.

그런데 이러한 나의 목표가 학생들의 교우 관계 때문에 혹시 물거품이 될까 두려웠다. 학생들 사이의 감정의 골이 생각보다 깊고 오래되어서 나로서도 그들 모두를 중재하는 데에는 한계가 있었다. 결국, 틀어진 교우 관계는 학급국가에서 처음 직업을 정했을 때 교사인 내가 학생들의 눈치를 봐야 하는 상황까지 연출되었다. 그때 나는 교사로서의 자존감이 무너졌고, 학생들과 함께 금융교육을 해보고 싶었던 열망도 사라졌다. 서로를 무시하고 혐오하는 관계 속에서 금융교육의 중요성을 이야기하는 것은 어불성설이라고 생각했다.

하지만 다행히도, 좌절과 비관의 늪에서 허우적대고 있던 나에게 손을 건네준 사람이 있었다. 바로 나의 이런 상황을 전적으로 이해하고 공감해 준 동료 교사였다. 너무 조급해하지 말고 나의 교육 방향과 철학에 확신을 가지라는 동료 교사의 위로는 그 당시의 나에게 더할 나위 없는 큰 힘이 되어주었다. 그 후, 나는 첫술에 배부를 수 없다는 말을 머릿속에 되뇌면서 작은 것부터 하나씩 아이들과 금융교육의 조각을 맞춰나가려고 노력하였다. 나는 학생들이 서로 정보를 공유하고 이야기할 수 있도록 그들에게 금융 의사소통이 가능한 환경을 마련해 주었다. 협력과 경쟁이 공존하는 상황을 통해 학생들은 평소 서로에게 가졌던 무관심에서 조금씩 벗어나기 시작했다. 교실 속에서는 여전히 불협화음이 다소 존재했지만, 내가 생각했던 소신대로 학생들과 함께 금융교육의 틀을 만들어나가려고 노력했다. 결과적으로, 금융 활동을 통한 상호작용은 학생들의 마음에 조그마한 관용의 씨앗을 심어주었고, 학생들은 간혹 친구가 어려움에 처했을 때 도움의 손길을 내어주기도 하였다.

> 오늘 아이들이 점심시간에 주식투자 종목에 대한 정보를 찾기 위해 스마트 기기가 있는 곳으로 다 같이 모여 있는 것을 보았다. 그런데 예찬(가명)이는 어떻게 정보를 찾아야 하는지 잘 몰랐는지 멀뚱멀뚱 화면만 보고 있었다. 그때 진규(가명)가 예찬이에게 다가가더니 예찬이의 태블릿을 무심하게 툭툭 건드리고는 다시 자리로 돌아갔다. 주식투자 종목을 찾을 수 있는 검색 사이트를 알려준 것이었다. 몇 개월 전만 해도 절대 어울리지 않았던 아이들이었는데, 그런 장면을 목격하니 좀 이상한 기분이 들었다. 물론, 조금

어색한 분위기이기는 했다. 그래도 이전보다 그들의 관계가 부드러워졌음을 직감할 수 있었다. 아이들도 어쩌면 자신들이 조금씩 변화하고 있음을 느끼지 않았을까 하는 생각이 든다.

(연구자의 반성적 저널, 2023. 10. 05.)

내가 경험한 학교기반 금융교육은 우리 반의 다양한 학급현실을 반영하여 이루어졌다. 내가 본래 의도한 학교기반 금융교육의 1차 목표는 학생 개인의 금융이해력 신장이었다. 그러나 학급 현실을 반영한 학교기반 금융교육을 통해 금융이해력 증진뿐만 아니라 부수적으로 사회화라는 2차 목표도 일부 달성하였다. 만약 내가 학급 현실이라는 벽을 넘지 못하고 금융교육을 중도에 포기하거나 시도조차 하지 않았더라면, 두 가지 목표 중 어느 하나도 제대로 이루지 못했을 것이다. 금융교육 실천가로서 교사는 다양한 학급 현실 속에서 실패와 성공을 경험하는 과정을 통하여 실천적 지식을 쌓아 나갈 수 있었다.

다. 금융 교사연구자로서의 성찰: "자존감과 겸손함"

나는 학교 현장에서 금융교육을 시도하면서 금융교육 실천가로서 스스로 성장하는 것을 느꼈다. 그러나 나는 금융교육에 대한 체계적인 학습이 부족하여 금융교육의 이론적 배경과 맥락에 대해서는 큰 관심을 두지 않았다. 나는 학생들이 금융에 대해 생생하게 체험할 수 있는 교육이 질 높은 금융교육이라고 여겼고, 학생들에게 '어떻게' 가르칠 것인가의 방법적인 측면에 초점을 맞추었다. 따라서 내가 가르치는 학생들도 다양한 금융 활동에 즐겁게 참여는 했지만, 정작 금융을 왜 배워야 하는가에 대해서는 크게 고민하지 않았다. 이처럼 나는 금융교육에 대한 묘한 갈증을 느끼면서도, 내가 아는 선에서만 금융교육을 시도하였다.

그러던 중 나는 운이 좋게도 교육대학교 대학원 수업을 통해 '학교기반 금융교육'이 추구하는 본질적인 목표와 맥락이 무엇인지 배울 수 있게 되었다. 내가 교육대학원에서 마주한 학교기반 금융교육의 실체는 금융이해력의 함양과 더불어 학교에서의 투자교육을 통한 경제적 자유인의 육성을 뜻했다. 교육대학원에서의 수업은 현장에서 학교기반 금융교육을 시도하는 나에게 금융교육의 목표가 무엇이고, 학생들과 어떤 방향으로 소통해 나가야 하는지에 대해 고민할 수 있는 하나의 이정표를 제시해 주었다. 이러한 금융교육의 지평을 넓히기 위해 나는 학교에서 학생들과 처음으로 주식 투자활동을 시도했고, 학생들이 그 속에서 벌어지는 다양한 금융 현실을 마주하는 경험을 해보기를 바랐다.

결과적으로, 학교기반 금융교육의 이론과 실천의 교차점이 이루어지는 학교 현장에서 나는 실천가이자 교사연구자로서 자존감을 회복할 수 있었다. 학교기반 금융교육을 통한 자존감 형성은 나의 교직 인생을 변화하게 한 하나의 기폭제 역할을 하였다. 금융교육에 관심을 가지기 전까지 나는 교사로서 나만의 고유성을 형성하지 못했다. 여러 과목이나 분야 중 어느 하나 마음에 와 닿는 것이 없었다. 그런데 금융교육은 다른 과목과는 달리 실제로 우리의 삶과 밀접하게 연관되어 있으며, 생존과 직결된 문제였기에 인생을 살아가는 데 꼭 필요한 태도나 마음가짐을 가르칠 수 있었다. 금융교육을 시도함으로써 얻게 된 나의 경험은 그 무엇과도 바꿀 수 없을 만큼 귀중하며, 나만의 개성 있는 학급 운영에 활력을 주었다. 또한, 다른 교과들과 연계하여 금융교육을 시도할 수 있는 교수적 전문성과 용기를 갖게 되었다.

> 우리는 브랜드 시대에 살고 있다. 자신을 표현하는 수단으로써 자신이 좋아하고 잘하는 것을 브랜드로 만들 수 있다. 나는 금융이 나를 표현하는 대표 브랜드가 되었으면 좋겠다. 개인으로는 한 금융주체로서 금융 활동에서 성공을 거두는 사람임과 동시에 학교에서는 금융교육을 사랑하는 교사로서 활동하고 싶다. 그리고 교육연구자로서 금융교육의 전문가로 거듭나기 위해 학교기반 금융교육의 이론적 토대를 마련하고 싶다. '낭중지추'라는 고사성어처럼, 자기 브랜드가 확립된 사람은 드러내려고 애쓰지 않아도 저절로 매력을 풍긴다. 자만하지 않고 겸손한 자세로 지금 하는 금융과 관련된 모든 일에 최선을 다한다면 언젠가 빛을 발할 날이 올 것이다. 학교기반 금융교육은 나의 자존감을 한층 높여주는 심볼(symbol)이 될 것이다.
>
> (연구자의 반성적 저널, 2023. 12. 30.)

Ⅴ. 학교기반 금융교육 활성화 방안

이 글은 학교기반 금융교육의 실현을 위한 초등교사의 금융교육 교수 경험을 내부자의 관점에서 서술하였다. 초등학교에서 금융교육을 시도했던 연구자는 학교기반 금융교육을 실현하기 위해 '교육적 토대 마련하기', '실제적인 금융 의사결정 내리기', '실천적 지식 쌓기'라는 교수적 경험을 하였다. 이러한 연구결과는 다음과 같은 학술적 가치와 의미가 있다고 볼 수 있다.

첫째, 이 글은 학교기반 금융교육을 실현하기 위해 필요한 교육적 단초를 내부자의 관점에서 제시하였다. 기존의 선행연구는 금융교육과 교사의 금융이해력의 관계를 분석함으로써 금융교육에 교사의 금융이해력이 전제되어야 함을 밝혔다. 그러나 교사의 금융이해력 신장을 위한 경험적 차원의 연구가 이루어지지 않았다. 이 글은 교사의 금융이해력 신장을 위한 실질적인 경험을 토대로 금융교육을 실천할 수 있는 바탕을 마련하였다. 먼저, 교사 스스로 교육내용과 금융 현실의 괴리를 느끼고, 금융교육의 필요성과 중요성을 공감하여 학생들과 그 의미를 공유하였다. 또한, 이 글은 교사의 금융이해력 발달 과정을 해석적으로 재현하여 학교기반 금융교육을 준비하는 교사의 노력과 도전을 생생하게 보여주었다. 그리고 금융교육이 실제로 학교현장에서 이루어지기 전에 겪게 되는 교사의 내적 갈등과 극복 과정을 재현하였다.

둘째, 이 글은 연구자의 금융이해력을 토대로 한 학교기반 금융교육의 실제적인 금융 교수 경험을 조명한 측면에서 의미가 있다. 금융교육과 관련된 다수의 연구는 금융교육 프로그램을 개발하고 적용하여 학생의 금융이해력 함양에 어떠한 효과가 있는지를 해석적으로 분석하는 데 초점을 두었다. 그러나 금융교육에서 이루어지는 학생과의 상호작용과 그 과정에서 생기는 교사의 진지한 고민을 살피는 데에는 한계가 있었다. 하지만 이 글은 학교기반 금융교육 프로그램을 시도하는 교사의 실제적인 교수적 노력과 경험에 주목하였다. 구체적으로, 학생들이 금융지식의 이해에만 한정되지 않도록 실제적인 금융 행위를 통하여 금융이해력의 전반적인 증진을 꾀했다. 또한, 여러 가지 금융 선택의 상황에서 학생들에게 합리적인 금융 의사결정 방법을 직접 제시하기보다는 이를 안내하고 중재하는 교사의 역할을 제안하였다. 그리고 학급에서 다양한 금융 활동을 시도함으로써 학교에서 작은 경제를 실현할 수 있는 실천적 자료를 제공하였다. 따라서 이 글은 교사의 교수 경험을 중심으로 학교기반 금융교육의 실천사례를 밝혔다는 데 그 의미가 있다.

셋째, 이 글은 학교기반 금융교육의 전문가로 성장하기 위한 교사 내면의 반성과 성찰을 해석하였다. 기존 선행연구는 금융 교육과정의 수업사례와 방법을 분석하며 금융교육의 외적 측면에 중점을 두었다. 그러나 기존 선행연구는 금융교육의 주체로서 지대한 역할을 담당하는 교사의 성찰과 성장을 다루는 데에는 소홀한 측면이 있었다. 하지만 이 글은 학교기반 금융교육의 전문가가 되기 위해 거쳐야 했던 교사의 변화 과정을 추적하는 데 주안점을 두었다. 먼저, 금융사회를 살아가는 금융주체로서 교사가 개인적으로 느꼈던 깨달음과 심정을 솔직하게 서술하였다. 또한, 학교에서 발생하는 예상치 못한 상황 속에서 금융교육 실천가로서 경험하는 성공과 실패의 흔적을 따라감으로써 교사에게 금융교육의 실천의지가 필요함을 역설하였다. 그리고 실천적 지식을 쌓기 위해 교사연구자의 길에 들어서면서 교사의 자존감이 어떻게 회복되는지를 서술하였다. 결과적으로, 이 글은 교사가 초등 금융교육의 전문가로 발돋움하는 과정을 내부자의 맥락에서 해석했다는 측면에서 학술적 가치가 있다.

한편, 지금까지 이야기한 연구결과와 논의에 기초하여 교사를 중심으로 학교기반 금융교육을 활성화할 수 있는 3가지 방안을 제시하면 다음과 같다. 첫째, 초등교원양성기관에서는 초등학교 교사가 금융교육을 실천할 수 있는 교육적 기반이 될 금융이해력의 신장을 도모하기 위하여 금융과 관련된 교육과정과 수업을 제공해야 한다. 오영수(2011)의 연구에서 살펴볼 수 있듯이, 교사의 경제·금융수업에 대한 자신감은 교사들의 양성과정에서 금융이해력에 대한 학습기회가 주어졌을 때 높으며, 교사의 자신감은 수업의 질을 결정한다. 따라서 초등 교원양성기관에서는 예비 및 현직교사들의 금융이해력을 신장할 수 있는 학교기반 금융교육을 교원양성대학의 교육과정(교양과목)에 편성 및 운영할 필요가 있다. 또한, 시도교육청과 산하 교육기관에서는 금융교육 연수프로그램을 운영하여 초등학교 교사가 적극적으로 금융교육에 관심을 가지고 실천할 수 있도록 지원해야 한다. 박형준, 한진수(2018), 김동진, 김지훈(2021)에 따르면, 다수의 교원들은 학생들과 직접적으로 상호작용할 수 있는 실제적인 금융교육 프로그램을 희망하였다. 따라서 국가 및 시도 단위 교육당국은 초등학교 교사의 금융교육 역량과 전문성을 함양할 수 있는 금융교육 연수프로그램과 다양한 교수법을 마련해야 할 것이다.

둘째, 보다 의미 있는 학교기반 금융 교육과정을 전개하기 위해서는 교사의 끊임없는 자각과 통찰이 필요하다. 학교기반 금융교육의 교육적 가치와 의미를 심층적으로 이해했을 때, 금융교육을 실현하기 위한 교사로서의 정체성을 구성하고 교육자로서 역할을 수행할 수 있기 때문이다(이동성, 최송이, 2023). 초등학교 교사가 학교기반 금융교육을 실천하는 주체가 되기 위해서는 금융교육 전문가가 된다는 마음가짐으로 실천적 지식을 쌓을 수 있는 자기성찰이 밑바탕이 되어야 한다. 따라서 초등학교 교사는 학교기반 금융교육의 실천가로서 끊임없이 성장하고 도전하는 교육전문가로서의 태도와 면모를 견지해야 할 것이다.

셋째, 학교기반 금융교육의 시작과 끝은 교사의 교수적 의지와 용기에서 비롯된다. 아무리 다양하고 체계적인 금융교육 방법이나 연수프로그램 등이 제공되어도, 교사의 적극적인 실천의지가 없다면 어떠한 변화도 일어나지 않는다. 비록 교사의 금융교육이 완벽하지 않거나 실패에 가깝다 할지라도, 그것은 차후의 금융교육을 수정・보완하거나 새로운 아이디어를 제공할 수 있는 귀중한 경험이 될 것이다. 살아있는 학교기반 금융교육은 교사의 '백전불굴' 정신에서부터 피어날 것이다. 따라서 국가 및 시도 단위 교육당국과 학교장은 2022 개정 교육과정의 창의적 체험활동이나 학교자율시간을 통해 학교기반 금융교육을 시도하고자 하는 현직교사들의 교수적 노력을 보다 적극적으로 지원하고 격려해야 할 것이다.

참고문헌

교육부. (2022). 초・중등학교 교육과정 총론. 제2022-33호[별책1].

금융감독원, 한국은행. (2021). 「2020 전국민 금융이해력 조사」 결과.

김동진. (2022). 학교 경제교육 담당 교사들의 경제수업 관련 어려움 분석. The SNU Journal of education Research, 31(1), 83-105.

김동진, 김지훈. (2021). 초등교사의 금융이해력 조사 연구. 경제교육연구, 28(3), 119-144.

김만규. (2013). 초등 금융교육 표준안 교재 적용에 관한 실행연구 - 『슬기로운 생활 금융』 을 중심으로. 한국사회교과교육학회 연차학술대회 발표자료집.

김은숙, 정신섭. (2017). 청소년 경제교육의 효과성에 대한 영향요인 분석. 사회과학논총, 19, 1-40.

김정호. (2011). '초・중・고 금융교육 표준안'의 구성 배경과 내용 체계. 한국경제포럼, 3(4), 57-72.

김정호 외. (2010). 초・중・고 금융교육 표준안 개발 연구. 연구보고 CRC 2010-22. 금융감독원・학교교육과정평가원.

문재영. (2020). 우리나라 청소년들의 모바일 간편 결제서비스 이용에 관한연구. 한국콘텐츠학회논문지, 20(12), 492-497.

박형준. (2022). 한국과 미국의 금융교육 표준안 비교. 시민교육연구, 54(3), 187-219.

박형준, 한진수. (2018). 금융교육에 대한 학생들의 경험과 희망. 경제교육연구, 25(2), 27-60.

오영수. (2011). 중학교 경제 담당 교사의 경제수업에 대한 자신감 결정 요인 분석. 경제교육연구, 18(2), 27-44.

이동성, 김영천. (2014). 질적 자료 분석을 위한 포괄적 분석절차 탐구: 실용적 절충주의를 중심으로. 교육종합연구, 12(1), 159-184.

이동성, 최송이. (2023). 한 교사교육자의 학교기반 금융교육 경험에 대한 자문화기술지. 초등교육연구, 36(4), 81-107.

이소연. (2018). 교육과정 변천에 따른 사회과 금융교육 관련 내용 분석. 교육연구, 71, 49-65.

이소연 외. (2020). 초・중・고 금융교육 표준안 개정 연구. 연구보고 CRE 2020-2. 금융감독원・한국교육과정평가원.

이수진. (2010). '팹리스(Fab-less)형태의 금융교육 클러스터 운영 사례'를 통한 초등학교 금융교육의 방향성 탐색. 사회과교육연구, 17(3), 49-60.

이의선, 문정숙. (2014). 금융교육프로그램이 금융역량에 미치는 효과 연구. 여성경제연구, 11(1), 241-269.

이종희, 이연숙. (2015). 중・고등학교 교과서에 나타난 금융교육 내용 분석. 한국가정관리학회지, 33(2), 1-19.

최윤정, 김예지. (2015). 금융 이해력 향상을 위한 경험중심 경제교육: 미국 고등학교 금융교육 수업 사례연구. 시민교육연구, 47(1), 217-245.

한진수. (2013). 초등학생의 금융 이해력 수준과 결정 요인. 경제교육연구, 20(2), 39-63.

한진수. (2018). 측정 도구 BFT로 분석한 한국 초등학생의 금융 이해력. 경제교육연구, 25(1), 1-30.

한진수. (2019). 금융교육 연구의 동향과 과제. 경제교육연구, 26(1), 1-35.

홍현의, 최정민. (2021). 청소년 금융행동 향상을 위한 시뮬레이션 원리 적용 금융교육 프로그램 방향 제안. Journal of Integrated Design Research(JIDR), 20(2), 89-106.

황지은, 박가나. (2023). 2015 개정 교육과정에 따른 중등학교 사회과 교과서의 금융교육 내용 분석: 신용과 부채 관리를 중심으로. 사회과교육연구, 30(4), 31-52.

Chang, H. (2008). *Autoethnography as method.* Walnut Creek, CA: Left Coast Press, Inc.

Johnson, E. & Sherraden, M. S. (2007). From financial literacy to financial capability among youth. *Journal of Sociology and Social Welfare, 34*(3), 119-146.

Kaiser, T. & Menkhoff, L. (2017). Does financial education impact financial literacy and financial behavior, and if so, when?. *World Bank Economic Review, 31*(3), 611-630.

Kaiser, T., Lusardi, A., Menkhoff, L., & Urban, C. (2022). Financial education affects financial knowledge and downstream behaviors. *Journal of Financial Economics, 145*(2), 255-272.

Lusardi, A. (2015). Financial literacy skills for the 21st century: Evidence from PISA. *Journal of Consumer Affairs, 49*(3), 639-659.

OECD. (2005). Recommendation on principles and good practices for financial education and awareness.

OECD. (2015). PISA 2015 results (Volume Ⅳ) - Students' financial literacy.

Peng et al. (2007). The impact of personal finance education delivered in high school and college courses. *Journal of Family and Economic Issues, 28*(2), 265-284.

Sherraden, M. S., Johnson, L., Guo, B. & Elliott, W. (2010). Financial capability in children: Effects of participation in a school-based financial education and savings program. *Journal of Family and Economic Issues, 32*(3), 385-399.

제 9 장

학교기반 금융교육 실천 사례 Ⅱ: 소집단 차원

Ⅰ. 금융교육의 마중물인 교사들

근대 학교교육의 탄생은 민족주의나 계몽사상로 대표되는 정치적 요인뿐만 아니라, 자본주의라는 사회경제적 요인과도 밀접한 관련성이 있다(Berry, Karlan, & Pradhan, 2018). 근대 학교교육은 3R(읽기, 쓰기, 셈하기)을 중심으로 산업자본주의 사회에 필요한 인적자본을 양성하는 데 효과적인 교육체제로서 기여해 왔다. 하지만 금융자본주의의 출현으로 학교교육은 3R로 대표되는 기초・기본학력뿐만 아니라, 금융자본주의 사회에서 합리적인 금융 의사결정을 내릴 수 있는 금융이해력도 강조해야 하는 상황에 직면해 있다. 왜냐하면, 금융자본주의 사회를 살아가는 시민들에게 금융이해력은 생존을 위한 필수불가결한 능력이자 역량이기 때문이다. 하지만 금융활동에 대한 잘못된 인식과 낮은 금융이해력으로 인해 각종 사회문제가 반복적으로 나타나고 있는 실정이다(강경란, 2024; 이윤호, 2024; 한진수, 2024; 홍수희, 2024). 이러한 사회경제적 이유와 맥락에서, 학교를 기반으로 금융이해력을 신장하려는 교육적 움직임이 세계적으로 점증하고 있다(OECD/INFE, 2015).

금융이해력은 세상에서 돈이 어떠한 방식으로 작동하는지를 이해하고, 금융자산을 효율적으로 관리하기 위해 최적의 의사결정을 내릴 수 있는 능력을 의미한다(Amagir, Groot, van den Brink, & Wilschut, 2018; Deng et al., 2013). 이러한 금융이해력의 발달은 학교에서 경제, 금융, 투자를 체계적으로 가르치는 일과 깊은 관련성이 있다(Lusardi & Olivia, 2007; Mandell, 2009). 실제로, Frisancho(2018, 2019)는 학교기반 금융교육 프로그램이 학생들과 교사들의 금융이해력 발달에 긍정적인 영향력을 발휘한다는 점을 경험적 증거로 입증하였다. 즉, 학교기반 금융교육(school based financial education)은 학생들의 금융에 대한 사회정서적 특성과 행동, 자기통제와 소비 습관에 긍정적인 영향을 미치며, 교사들의 금융 리스크(risk) 관리와 저축 증진에 효과적이다(홍수희, 2024; Frisancho, 2018, 2019; Mandell, 2009).

금융자본주의 사회를 살아가는 시민들의 금융이해력을 신장하기 위해서는 초등교육 단계에서부터 체계적인 금융교육을 시도할 필요가 있다(Deng et al., 2013). 지속적인 경제성장으로 소비주체가 전생애주기로 확대됨에 따라, 아동과 청소년도 금융교육의 주요한 주체로 부상했기 때문이다(박영석, 2024; 이상현, 부재율, 이동성, 2024). 어린이와 청소년을 대상으로 한 학교기반 금융교육은 금융이해력을 신장할 수 있는 교육적 발판을 제공하며, 성인기의 재무 행동에 결정적인 영향을 미칠 수 있다(Frisancho, 2018: 24). 금융주체의 금융이해력 발달과 금융 의사결정력은 아동기와 청소년기에 이미 습관화되어 이후 개인별 격차와 사회경제적 불평등을 초래할 수도 있다(김지훈, 2024; 한진수, 2017; 한진수, 이바름, 정수진, 2022; 홍수희, 2024; Deng et al., 2013; Rinaldi, 2013; Sherraden et al., 2011).

이러한 이유에서 세계 각국의 정부와 금융기관은 학생들의 금융이해력 신장을 도모하기 위하여 포괄적이고 강력한 금융교육 정책을 추진해 오고 있다(OECD/INFE, 2015). 학교기반 금융교육을 강조하는 세계적 추세에 따라, 한국의 각종 금융기관과 교육기관도 초중고 학생들의 금융이해력을 신장하기 위해 다양한 노력을 하고 있다. 금융감독원과 한국교육과정평가원은 2020년에 '초·중·고 금융교육 표준안'을 개정하였으며(이소연 외, 2020), 2022년에는 '초등학교 슬기로운 생활금융'을 발간하여 학교기반 금융교육을 실현할 수 있는 토대를 마련하였다(김지훈, 2024; 한진수, 이바름, 정수진, 2022). 또한, 우리나라의 일부 시도교육청이나 단위학교는 금융교육 프로그램을 자체적으로 개발하여 실행하는 등 학교기반 금융교육을 시범적으로 실천하고 있다. 학교를 기반으로 학생들의 금융이해력을 신장하려는 이러한 시도는 상당히 고무적인 현상이다.

하지만 학교기반 금융교육에 대한 선행연구를 고찰한 결과, 선행연구의 다수는 초등 금융교육보다 중등 및 고등 수준 금융교육에 한정되었고, 특정한 금융교육 프로그램의 효과성을 계량적으로 검증하는 차원에 머물렀다(Frisancho, 2018, 2019, 2022; Mandell, 2009). 학교기반 금융교육을 온전히 실현하기 위해서는 금융교육의 첫 단추로 볼 수 있는 초등 금융교육을 강조할 필요가 있다. 특히, 초등 금융교육의 교수 주체인 교사들의 금융이해력을 신장하고, 금융교육에 대한 교사의 교육과정 문해력과 수업 전문성 개발이 중요하다. 특히, 학교기반 금융교육을 활성화하기 위해서는 초등학교 교사들의 개인적인 금융수업 경험과 실천사례의 공유가 필요하다(김동진, 김지훈, 2021; 김지훈, 2024). 하지만 금융교육 관련 수업 전문성에 대한 교육연구는 주로 중등학교 교사에 집중되었고, 경제학이나 금융지식에 방점을 두었으며, 교사들의 실제적인 금융교육 경험에서 비롯되는 실천적 지식이나 목소리에 주목하지 못한 측면이 있었다.

따라서 이 연구의 목적은 질적 사례연구를 통해 초등학교 교사들이 단위학교와 교실에서 실천했던 금융교육 교수경험을 해석적으로 분석함으로써 현행 학교기반 금융교육의 교수적 특징을 조명하는 데 있다. 이러한 연구목적을 달성하기 위한 연구문제는 다음과 같다. "초등학교 교사들이 단위학교의 교실에서 실천했던 금융교육 실천사례는 금융이해력과 관련하여 어떠한 교수적 특징이 있는가?" 여기에서 말한 초등학교 교사의 금융교육 실천사례는 초등학생의 금융이해력을 신장하기 위해 교사가 실행했던 학급 및 학년 단위의 금융교육 관련 교육과정 편성·운영 경험과 수업 방법을 지칭한다. 이 연구의 결과는 초등학교 교사들의 학교기반 금융교육 실천사례에서 드러난 교수적 특징을 해석적으로 분석함으로써 초등학생의 금융이해력을 신장하기 위한 금융 수업방법을 예시하고, 학교기반 금융교육을 활성화하기 위한 교육적 통찰과 방안을 제공하는 데 기여할 것이다.

Ⅱ. 학교기반 금융교육과 금융이해력 발달

1. 학교기반 금융교육과 금융이해력

한국금융감독원과 한국교육과정평가원은 금융현상에 대한 아동 및 청소년의 종합적 이해가 필요해짐에 따라, 개인적 재무교육과 금융 소비자교육을 포괄하는 금융교육을 강조하고 있다(박영석, 2024; 이동성, 최송이, 2023; 이소연 외, 2020). 특히, 학교기반 금융교육은 교사의 공식적인 학교교육과정과 교실수업을 통해 학생들의 금융이해력을 신장하는 교육 방안으로 주목받고 있다. 왜냐하면, 학교기반 금융교육은 학생의 금융이해력 발달을 통해 개인의 재무적 안녕과 더불어 사회경제적 불평등을 완화할 수 있는 교육적 방안으로 간주되기 때문이다(한진수, 2017; 이상현, 부재율, 이동성, 2024; Deng et al., 2013; Elliott, Sherraden, Johnson, & Guo, 2010; Frisancho, 2018; Masnan & Curugan, 2016; Miller & VanFossen, 2008; Rinaldi, 2013; Sherraden et al., 2011).

학교기반 금융교육이 추구하는 금융이해력(financial literacy)은 시민이 갖추어야 할 핵심역량이며, 금융지식, 금융행동, 금융태도를 포괄하는 개념이다(INFE, 2011; OECD, 2014). 국내 학계가 'financial literacy'를 '금융이해력'으로 번역하는 이유는 '이해력'이라는 말이 소양이나 역량을 지칭하는 일상용어이기 때문이다. 첫째, 금융지식은 금융주체가 금융상품이나 서비스를 비교하고, 적절한 정보에 입각하여 금융 의사결정을 내리는 데 도움이 되는 기본지식이다(금융감독원, 2021: 3). 둘째, 금융행동은 재무계획 및 예산관리, 정보에 입각한 금융상품 선택 등 금융과 관련하여 금융주체가 실천하는 행위이다(금융감독원, 2021: 5). 셋째, 금융태도는 소비와 저축, 현재와 미래, 돈의 존재 가치 등에 대한 금융주체의 선호와 태도이다(금융감독원, 2021: 7). 금융지식, 금융행동, 금융태도를 포괄하는 금융이해력은 금융 의사결정을 위한 필수적 역량이라 할 수 있다(OECD, 2014: 33).

금융감독원과 한국교육과정평가원은 학생의 금융이해력 발달을 도모하기 위하여 2020년에 초중고 금융교육 표준안을 개정하였다. 2020년 개정한 금융교육 표준안은 5개 영역(금융과 의사결정, 수입과 지출관리, 저축과 투자, 신용과 부채관리, 보험과 은퇴 설계), 12개의 하위 영역(합리적 금융생활, 개인 재무관리, 금융환경 변화와 금융소비자 보호, 예산, 수입, 지출, 저축, 투자, 신용관리와 대출, 부채관리, 위험관리와 보험, 은퇴 설계)에 따른 세부 성취기준을 제시하였다(이소연 외, 2020). 한편, 초등학교의 금융교육은 범교과 학습주제로 분류되며(이동성, 최송이, 2023), 고등학교 교육과정에서 융합선택과목('금융과 경제생활')으로 다뤄지고 있는 실정이다(박형준, 김주현, 2023). 또한, 초등 금융교육은 학교교사를 중심으로 한 수업보다는 민간 금융기관의 전문 인력을 중심으로 진행되고 있다(이동성, 최송이, 2023; 이소연 외, 2020). 따라서 초등학생의 금융이해력 발달을 위한 학교기반 금융교육은 아직까지 맹아 수준에 머물러 있다고 볼 수 있다.

2. 선행연구 검토

학교기반 금융교육에 대한 연구는 ① 금융 교육과정 및 교과서 분석, ② 금융 수업방법 개발로 양분할 수 있다. 따라서 이 연구는 금융 교육과정과 수업방법 개발에 대한 선행연구(김지훈, 2024; 박영석, 2024; 이상현, 부재율, 이동성, 2024; 장혜숙, 한경근, 2022; 최윤정, 김예지, 2015; 한진수, 2017; Amagir, Groot, van den Brink, & Wilschut, 2018)에 초점을 두었다. 특히, 학교기반 금융교육에서 교육과정 편성·운영과 수업방법은 분리된 것이 아니기에, 금융 교육과정과 수업방법을 선행연구 검토 대상에 포함하였다.

대표적인 선행연구를 제시하면, 김지훈(2024)은 초등학교 교사들의 금융 교육과정 개발경험에 대한 디지털 문화기술지적 사례연구를 통하여 학교기반 금융교육에 대한 초등학교 교사들의 행위자 주체성에 주목하였다. 온라인 금융학습공동체에 참여했던 초등학교 교사들은 금융 교육과정 개발 방향 및 방법 설정, 교육과정 개발의 범위 설정, 학년별 학습내용의 계열화, 금융수업의 설계 및 피드백, 금융 교육과정의 공유와 확산 순으로 금융 교육과정을 개발하였다(김지훈, 2024).

한편, 이상현, 부재율, 이동성(2024)은 초등학교 교사의 금융교육 교수경험을 교사의 관점에서 서술함으로써 초등학교를 기반으로 하는 금융교육의 가치와 의미를 해석하였다. 이러한 연구는 초등학교 수준에서 금융 교육과정을 개발하고 실행했던 초등학교 교사들의 실천적 지식과 목소리에 주목한 측면에서 학술적 가치가 있다.

한편, 한진수(2017), 그리고 Amagir, Groot, van den Brink, & Wilschut(2018)는 학교기반 금융수업을 위한 효과적인 방법으로 적절한 학습내용의 선정과 조직, 금융지식, 금융태도, 금융행위의 고른 지도, 교과 간 융합을 통한 실제적인 금융교육 방법을 제안하였다. 박영석(2024)은 한국의 초등 금융교육이 투자와 리스크 관리, 신용과 부채관리를 추가적으로 가르칠 필요가 있으며, 교과(실과, 사회과) 사이의 중복을 피하면서 연계를 강화해야 한다고 보았다. 또한, 최윤정, 김예지(2015)는 미국 중등학교에서의 우수한 금융수업 사례를 분석하였다. 이 연구는 효과적인 금융수업의 방법으로 실제적인 금융 의사결정의 기회 제공, 자기주도적 학습과 협동학습을 통한 금융이해력 발달에 방점을 두었다(최윤정, 김예지, 2015). 특히, 이 연구는 한 미국 중등학교 경제교사의 금융수업 실천사례(best practice)에 대한 분석을 통해 효과적인 금융수업의 방향과 방법을 예시한 측면에서 의미가 있다.

지금까지 살펴본 것처럼, 학교기반 금융교육에 대한 연구는 학생들이 주체적으로 금융 의사결정을 하도록 돕고, 실생활 및 교과 간 연계를 통해 보다 생동감 있는 금융 학습경험을 학생들에게 제공하며, 금융지식, 금융태도, 금융행위에 대한 균형적 지도로 금융이해력 발달을 도모하는 특징이 있었다. 이 연구는 이와 같은 이론적 맥락의 연장선상에서, 초등학교 교사들의 금융교육 실천사례에서 드러난 교수적 특징을 해석적으로 분석하고자 한다.

Ⅲ. 질적 사례연구의 배경과 방법

1. 연구의 배경과 맥락

가. 질적 사례연구와 참여자 선정

이 연구는 초등학교 교사들의 학교기반 금융교육 실천사례의 교수적 특징을 분석하기 위하여 복수 사례연구를 적용하였다. 왜냐하면, 복수 사례연구는 개별 사례에서 공유하고 있는 특징, 관련성, 유사성, 차이점을 분석하여 탐구현상을 보다 심층적으로 이해하는 데 유용하기 때문이다(Yin, 2003). 특히, 복수 사례연구 중 내재 사례연구는 내재적 분석단위(예: 금융이해력의 하위 요소인 금융지식, 금융행동, 금융태도)를 중심으로 개별적인 하위사례(교사별 금융교육 실천사례)의 다양한 형태와 속성을 파악하고, 여러 가지 사례들 사이에서 공유된 특징이나 차이를 포착함으로써 연구주제에 대한 다양한 해석과 심층적 이해를 이끌어 낼 수 있다(Yin, 2003: 40).

이 연구는 복수 사례연구를 수행하기 위하여 단위학교와 교실에서 자발적으로 금융교육을 시도했던 초등학교 교사들(N=5)의 실천사례를 목적표집 하였다. 특히, 이 연구는 복수 및 내재 사례연구의 목적표집 방법 가운데 전형적 표집과 네트워크 표집으로 연구 참여자를 선정하였다. 이 연구에 참여한 초등학교 교사들은 연구자(초등교원양성기관의 교사교육자)가 탐구하고 있는 학교기반 금융교육 학습공동체(교육대학원 전공과정) 및 네트워크의 구성원들이다. 또한, 연구 참여자들은 단위학교 및 학급 차원에서 2015 개정 교육과정의 범교과 학습주제로 금융교육을 실천했던 초등학교 교사들이다. 따라서 참여 교사들의 학교기반 금융교육 사례는 현재 초등학교에서 희소하게 이뤄지고 있는 학교기반 금융교육의 전형적인 사례라 볼 수 있다.

나. 참여 교사들의 학교기반 금융교육 프로그램

이 연구에 참여한 초등학교 교사들(N=5)과 그들의 금융교육 프로그램을 간략하게 안내하면 다음과 같다. 첫째, 이상형(가명) 교사는 교직경력이 7년 차인 초등학교 남자 교사이며, 학교기반 금융교육을 주제로 석사학위를 취득한 인물이다. 그는 A학교의 금융교육이 용돈관리 수준에 머물러 있는 현실이 안타까웠고, 평생 동안 금융에 무지했던 자신을 반성하면서 학교기반 금융교육을 시도하기로 결심하였다. 그는 2022학년도 2학기에 5학년 학생들(4명)을 대상으로 창의적 체험활동 시간(자율활동, 6차시 분량)을 활용하여 시범적으로 금융교육(경제, 화폐, 소비, 저축, 투자 등)을 시도하였다. 그는 동료교사(6명)와 함께 금융교육연구회를 운영하여 금융 이해력과 전문성을 신장하였다. 그리고 2023학년도에는 6학년(13명)을 대상으로 1년 동안 국어, 사회, 창의적 체험활동(총 15차시) 영역에서 금융(소득, 소비, 저축, 투자, 신용, 리스크 관리 영역) 관련 프로젝트 수업을 실천하였다.

둘째, 배사랑(가명) 교사는 교직경력이 14년 차인 초등학교 여자 교사이다. 그녀는 2019년에 B학교 4학년(26명)을 대상으로 사회, 미술, 창의적 체험활동 영역에서 경제·금융(생산, 소비) 프로젝트 수업을 실천하였다. 배 교사가 별도의 경제·금융 프로젝트 수업을 진행했던 이유는 기존 사회과 단원(2단원, 현명한 선택)의 내용만으로는 초등학생들의 실제적인 삶을 반영하는 금융교육을 실천하기가 힘들었기 때문이다. 따라서 그녀는 동학년 교사들과 함께 학생들이 생산과 소비를 체감할 수 있도록 '음식 장터'라는 프로젝트 수업(8차시 분량)을 실천하였다. 구체적으로, 배 교사는 학생들에게 '음식 장터'를 직접적으로 운영할 수 있는 기회를 제공하기 위해, 메뉴 선정, 식재료 구입, 식당 간판 만들기, 음식 만들기, 음식 판매하기 등 일련의 활동에서 학생들이 경제·금융의 주체가 될 수 있는 프로젝트 수업을 실천하였다. 올해(2024년) 그녀는 교육대학원에서 학교기반 금융교육을 학습했던 현직 교사들의 금융학습 경험을 주제로 학위논문을 작성하고 있다.

셋째, 유일호(가명) 교사는 교직경력이 10년 차인 초등학교 남자 교사이다. 그는 2016년부터 '학급보상제'라는 학급운영을 해오다가, 2020년부터는 '학급국가 경영'

이라는 금융교육 프로그램으로 개선하여 적용해 오고 있다. 그는 자신의 학급보상제와 유튜브 채널 '세금 내는 아이들', 초등교사 커뮤니티 '인디스쿨', '오지마저리가' 교사의 자료를 참조하여 '학급국가 경영 프로젝트'를 구성하였다. 학생들은 '학급국가 경영' 프로그램에 따라 입법, 행정, 사법을 직접적으로 경험하고, 월급여와 일급여로 학급부동산, 학습증권, 학급복권에 투자하며, 학급은행에서 예금과 대출 등의 금융생활을 체험할 수 있다. 그는 C학교에서 '학급국가 경영'이라는 프로그램을 실천해 오면서, 단위학교의 상황과 규모에 따라 금융교육의 접근 방식과 방법에 차이가 있음을 체감하게 되었다. 그는 올해(2024년) 농어촌지역 소규모 초등학교에 적합한 금융교육을 주제로 박사학위 논문을 쓰고 있다.

넷째, 심대한(가명) 교사는 교직경력이 19년 차인 초등학교 남자 교사이다. 그는 주식, 펀드, 가상화폐 등 다양한 금융상품에 직접적으로 투자한 경험이 있는 초등학교 교사이다. 그는 2018년에 '교실 속 마을 활동'이라는 책을 통해 학교기반 금융교육의 필요성을 자각하게 되었으며, 4학년을 대상으로 '교실경제시스템'을 한 달 정도 시범적으로 운영하기도 하였다. 당시 그는 교실경제시스템에 참여했던 학생들의 높은 수업참여도와 호응을 체감하면서 학교기반 금융교육의 새로운 가능성과 매력에 빠져들게 되었다. 이후 그는 부설초등학교(D학교)로 자리를 옮겨 2021년부터 2023년까지 3년 동안 6학년(3개 반)을 대상으로 '모여 봐요, 경제의 숲'이라는 경제・금융교육 프로젝트 수업(주제중심 교육과정 재구성, 47차시 분량)을 총괄하여 운영하였다. D학교의 연구부장인 그는 올해 교육부지정 금융교육 연구학교를 통해 단위학교 기반의 금융교육을 열정적으로 실천하고 있다.

다섯째, 이은혜(가명) 교사는 교직경력이 5년 차인 초등학교 여자 교사이다. 그녀는 한국의 초등 금융교육이 합리적인 소비자의 관점에서 용돈 관리 수준에 머물러 있음을 알게 되었다. 그녀는 금융이해력의 하위 구성요소를 중심으로 초등학교 정규 교육과정과 교과서를 분석하는 논문을 작성하였다. 또한, 그녀는 2023년에 시도교육청의 금융교육 정책 사업을 신청하여 학년단위 금융교육을 실천하였다. 그녀는 초등학교 4학년들이 가족의 경제상황을 고려하여 현명한 소비를 하도록 하고, 지역경제의 특징과 장점을 파악하여 창업 계획을 세우며, 상점에서 합리적 소비를 시도하는 프로젝트 수업(교과 및 창체, 총 10차시)을 실천하였다. 지금까지 안내한 참여 교사들의 인적 특성과 금융교육 프로그램을 요약하면 〈표 9-1〉과 같다.

〈표 9-1〉 참여 교사들의 인적 특성 및 금융교육 프로그램

가명	학교 및 지역	경력	실행 연도	금융교육 프로그램	학년
이상형	A학교/ A군	07년	22-23	'금융교실' 프로젝트 수업	6학년
배사랑	B학교/ B시	14년	2019	'음식장터' 프로젝트 수업	4학년
유일호	C학교/ C군	10년	20-24	'학급국가 경영' 프로젝트 수업	6학년
심대한	D학교/ B시	19년	21-23	'모여 봐요, 경제의 숲' 프로젝트	6학년
이은혜	E학교/ E시	05년	2023	'생활 속 금융교실' 프로젝트	4학년

2. 자료수집 및 분석

질적 사례연구의 방법적 엄격성을 강화하기 위해서는 연구대상과 상황에 대한 구체성과 맥락성을 강화할 필요가 있다(Yin, 2003). 따라서 이 연구는 참여 교사들의 금융교육 실천사례에 대한 구체성과 맥락성을 강화하기 위하여 다양한 질적 자료를 수집하고 분석하였다. 첫째, 이 연구는 다섯 명의 초등학교 교사들이 실천했던 학교기반 금융교육의 실재를 포착하기 위해 개인별로 사전(1차) 인터뷰(개인당 1회, 총 5회)를 실시하였고, 연구 참여자들로부터 IRB 심의를 위한 연구동의를 받았다.

둘째, 교사 개인별 금융교육 실천사례의 맥락과 윤곽을 파악하기 위해 개인별로 금융교육 실천 관련 문서자료(자기소개서 5부, 금융교육 프로그램 및 계획서 5부, 금융 교수·학습자료 5부, 활동지 5부, 공문서 2부, 활동사진 25장, 반성적 저널 10부)를 수집하고 분석하여, 2차 인터뷰 가이드와 질문목록을 구성하였다. 셋째, 참여 교사들을 대상으로 금융교육 실천사례에 대한 2차 개인 인터뷰(개인당 1회, 총 5회)를 실시하여 문서상으로 확인할 수 없었던 구체적 맥락과 상황을 파악하였

다. 넷째, 2차 인터뷰 자료에 대한 자료 분석을 통해 코드와 범주(개인당 2매 분량, 총 10매)를 생성하여, 3차 집단 인터뷰를 위한 질문목록을 구성하였다. 3차 인터뷰를 집단 인터뷰(group interview)로 실시한 이유는 학교기반 금융교육 실천사례의 특징을 분석할 때, 교사 개인 간 공통점과 차이점을 확인하고, 연구결과의 적절성과 타당성에 대한 의견을 파악하는 데 유용했기 때문이다. 자료 수집과 분석을 오가는 세 차례의 질적 자료 분석을 통해 최종적으로 6개의 범주와 2개의 핵심범주(주제)를 생성하였다.

3. 타당도 및 신뢰성 확보

저자는 질적 사례연구의 과정과 결과에 대한 타당도와 신뢰성 확보를 위해 다음과 같은 노력을 하였다. 첫째, 복수 및 내재 사례연구의 방법적 특성을 고려하여 전형적 및 네트워크 표집으로 연구 사례(5개)를 다양화하여 풍부한 질적 자료를 수집하였다. 둘째, 복수 사례연구의 과정과 결과에 대한 타당도를 확보하기 위해 연구 참여교사들(교사 5명)을 대상으로 집단 인터뷰를 실시하여 구성원 및 동료자 검증을 받았다. 셋째, 연구 참여자들의 개인정보를 보호하기 위해 학교와 교사 이름을 가명으로 처리하였다. 넷째, 연구결과에 대한 사실적-기술적 글쓰기를 통해 질적 사례연구의 맥락성과 구체성을 강화하려고 하였다.

Ⅳ. 금융교육 실천사례의 주요한 특징

초등학교 금융교육 실천사례는 금융지식, 금융행위, 금융태도를 연결하는 프로젝트 수업 형태로 드러났으며, 경험학습을 중심으로 실제적인 금융 의사결정 기회를 강조하였고, 특정한 금융영역(화폐, 소득/소비, 저축/투자)에 방점을 두었다. 이러한 특징은 프로젝트 수업의 과정을 거쳐 실제적인 금융 의사결정 기회를 제공하는 것으로 귀결되었다. 그리고 초등학교 금융교육 실천사례에서는 교사의 금융이해력과 자기주도적인 금융학습이 전제되었고, 금융수업을 위한 교실환경 조성이 필요했으며, 금융 프로젝트 수업에 대한 교사의 자기성찰과 실천적 지식이 도드라졌다. 이러한 특징은 학교기반 금융교육이 교사의 개인적인 금융이해력과 교수전문성에서 비롯됨을 의미하였다. 자세한 이야기는 다음과 같다.

1. 프로젝트 수업으로 실제적인 금융 의사결정의 기회 제공

가. 금융지식, 금융행위, 금융태도를 연결하는 수업방식

초등학교 교사들의 금융교육 실천사례는 금융지식, 금융행위, 금융태도를 연결하는 수업방식으로 드러났다. 참여 교사들은 학생의 금융이해력 발달을 도모하기 위하여, 교실에서 금융지식, 금융행위, 금융태도를 결합할 수 있는 학습기회를 학생들에게 제공하였다. 초등학생들은 교실과 학교 안에서 지식, 행위, 태도가 결합된 금융활동 수업에 참여함으로써 자신의 금융행위와 판단에 따른 결과를 확인하였고, 금융행위에 따른 결과에 대해 책임을 지는 금융태도를 갖게 되었다.

참여 교사들의 금융교육 실천사례에 따르면, 금융수업에 참여했던 학생들은 자신의 금융행위에 대한 결과를 반성함으로써 건전한 금융태도를 형성하였고, 이를 바탕으로 금융지식에 대한 이해에 도달하게 되었다. 따라서 참여 교사들의 수업은 학생들에게 금융지식을 일방적으로 전수하는 방법과는 달리, 실제적인 금융행위를 중심으로 금융태도를 기르고, 금융행위와 금융태도를 통해 금융지식의 이해에 도달하는 방식이었다. 따라서 초등학교 교사들의 금융수업은 초등학생의 금융이해력 발달과 관련하여 금융행위 → 금융태도 → 금융지식이라는 순차적 특징을 나타내었다. 또한, 참여 교사들의 금융수업은 금융지식, 금융행위, 금융태도를 연결하는 특징이 있었다. 다만, 금융지식, 금융행위, 금융태도를 연결하는 수업방식은 금융교육의 특화된 방식이자, 전인적 성장을 지향하는 초등교육의 전형적인 교수방식이기도 했다.

간혹 학생들이 마을에서 사업을 하겠다며 부모님께 비싼 물건을 사달라고 할 수 있으니 무리해서 비싼 물건을 구입하지 말아주시기 바랍니다. 물건을 가져와 팔지 않더라도 도매(선생님 물품)를 통해 팔거나 물건 없이도 돈을 벌 수 있는 다양한 창업 아이디어를 내는 것이 더 좋습니다. 마지막의 '공정의 숲'에서는 자신의 진로에 맞는 직업 활동을 할 수 있도록 계획 중입니다. 어떠한 직업을 갖고 싶은지, 마을 활동 안에서 그 직업 활동을 한다면 어떤 일을 할 수 있을지 고민할 수 있도록 도와주시면 좋겠습니다(D학교 심대한 교사의 학부모 안내장 중 일부, 2024. 05. 13., 문서자료).

4년 정도 '학급국가 경영'을 하다 보니, 뜻하지 않게 금전적으로 파산에 직면하는 아이들이 있었어요. 자신의 소비욕망을 조절하지 못하고 아토(학급화폐)를 모두 써버린 것이죠. 비록 가상이기는 했지만, 파산을 당한 아이들이 무척이나 힘들어하더라고요. 아이들은 그러한 쓰라린 체험을 통해 돈의 소중함을 깨달아 가는 것 같았어요. 아이들은 자신의 금융행동에 대한 책임을 지면서 비로소 돈과 재무관리 개념을 제대로 이해하게 되었던 것 같습니다(C학교 유일호 교사의 내러티브, 2024. 05. 16., 개인 인터뷰 자료).

구체적으로, 참여 교사들은 금융이해력 발달을 위한 금융수업을 계획하고 실행하기 위하여 교과, 창의적 체험활동, 생활지도 영역을 종합적으로 연결하였다. 이상형, 유일호, 심대한 교사는 창의적 체험활동(자율활동), 6학년 1학기 사회과의 정치(1단원) 및 경제(2단원) 단원, 도덕과의 교육과정을 융합하여 개인(이상형, 유일호 교사 사례), 동학년 및 단위학교 차원(심대한 교사 사례)의 금융 교육과정을 생성하였다. 한편, 배사랑 교사와 이은혜 교사는 4학년 사회, 미술, 국어 교과의 성취기준을 연계하여 동학년 수준의 금융 프로젝트 수업을 실천하였다.

〈표 9-2〉 E학교 이은혜 교사의 금융수업 계획(2023학년도)

교과	활동 내용	연계 교과 성취기준	교과 역량
미술 (2차시)	• 지역의 자연환경과 인문 환경 살피기: 부안 새만금 메타버스 체험관 및 가을 생태계 살펴보기	[4미01-01] 자연물과 인공물을 탐색하는 데 다양한 감각을 활용할 수 있다. [4사04-03] 자원의 희소성으로 경제활동에서 선택의 문제가 발생함을 파악하고, 시장을 중심으로 이루어지는 생산, 소비 등 경제활동을 설명한다.	창의적 사고역량 의사소통 역량
사회 (2차시)	• 지속가능한 지역 경제 교육: 체험 중심 교육	[4사04-04] 우리 지역과 다른 지역의 물자 교환 및 교류 사례를 조사하여, 지역 간 경제활동이 밀접하게 관련되어 있음을 탐구한다.	지식정보 처리 역량

나. 경험학습으로 실제적인 금융 의사결정의 기회 제공

초등학교 교사들의 금융교육 실천사례는 교실과 학교 안에서 학생들이 실제적인 금융 의사결정을 내릴 수 있는 기회를 제공하였다. 이상형 교사는 '금융교실'을 통해 6학년들이 신용과 물가의 변동성을 체험하고, 주식과 부동산을 투자할 수 있는 기회를 제공하였다. 배사랑 교사는 동학년 교사들과 함께 '음식 장터'를 운영함으로써 4학년 학생들이 음식을 직접적으로 홍보하고 만들며, 판매할 수 있는 학습경험을 제공하였다. 또한, 유일호 교사는 '학급 국가 경영'을 통해 학생들이 교실에서 월급과 일급을 받고, 세금을 내며, 금전거래와 투자를 할 수 있는 기회를 제공하였다. 심대한 교사는 동학년 및 단위학교 차원에서 동료 교사들과 함께 '모여 봐요, 경제의 숲'이라는 프로젝트 수업을 운영함으로써 학생들이 화폐를 만들어 통장을 관리하고, 직업에 따라 소득과 세금을 내며, 창업과 투자를 할 수 있는 경험을 제공하였다. 그리고 이은혜 교사는 동학년 교사와 함께 '생활 속 금융교실'이라는 프로젝트 수업을 통해 학생들이 학교 인근 소매점에서 합리적으로 구매 결정을 내릴 수 있는 교육기회를 제공하였다.

위의 사례처럼, 학생들은 교사가 체계적으로 제공하는 교육적 경험을 통해 변화와 발달을 도모할 수 있다(Kolb & Fry, 1975). 이러한 이론적 맥락에서, Amagir,

Groot, van den Brink, & Wilschut(2018)는 학교기반 금융교육에서 금융지식, 금융기술 및 행위, 금융태도의 개선을 도모하는 경험학습의 중요성을 지적하였다. 경험학습은 학생들이 금융활동에 참여할 수 있는 잠재력을 부여하며, 금융지식이 실제적 상황에서 어떻게 적용될 수 있는지를 탐구하는 데 유용할 수 있다(Amagir, Groot, van den Brink, & Wilschut, 2018: 74-75). 참여 교사들도 실생활 기반의 실제적인 금융 학습경험을 학생들에게 제공함으로써 금융 의사결정에 대한 성찰의 기회를 주고, 금융태도의 정립과 금융지식의 개념화를 할 수 있는 기회를 제공하였다. 따라서 초등학교 교사들의 금융 프로젝트 수업은 경험학습을 중심으로는 하는 '실천교수학(hands-on pedagogy)'이라 칭할 수 있었다.

5. 은행과 증권의 기본 원칙
(1) 은행의 기본 예금 단위는 100아토(최대)이며, 1주일 뒤에 찾는다.
이자는 그때 함께 받는다. 1주일 뒤 예금을 찾으면 신용점수 1점이 올라간다.
(2) 은행의 대출의 기본 단위는 100아토이며, 이자를 뺀 금액을 받는다.
대출과 동시에 신용점수 1점이 내려간다.
일주일 뒤에 상환을 해야 하지만 갚지 못하면
하루마다 5아토의 이자와 신용점수 1점을 내린다. (하략)

[그림 9-1] C학교 유일호 교사, '학급국가 경영' 중 국민의 역할 중 일부

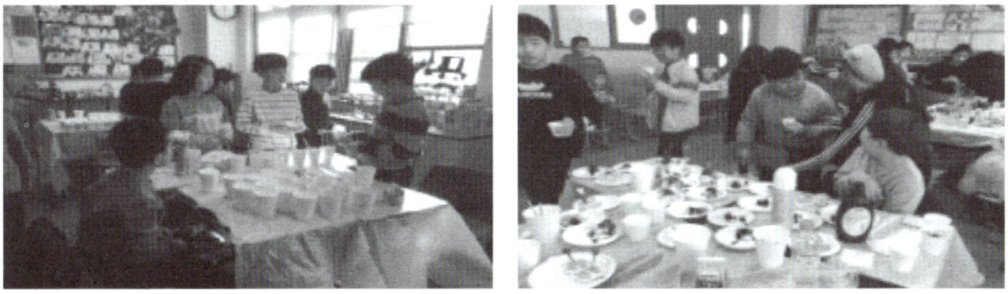

[그림 9-2] B학교 배사랑 교사, '음식 장터' 판매와 소비 장면

동학년(6학년) 선생님들과 함께 '모여 봐요, 경제의 숲' 수업을 진행하면서, 우리 아이들의 금융생활이 실제적으로 변화하는 것을 체감할 수 있었어요. 아이들이 스스로 돈을 만들어 자신의 통장을 관리하고, 직업에 따라 차이가 있는 소득을 올리며, 세금을 내면서 금융생활의 중요성을 깨달아 나갔던 것 같아요. 무엇보다, 학부모들이 자녀의 그러한 금융이해력 발달과정을 지켜보면서, 교사들에게 우호적인 반응을 보내주셨어요(D학교 심대한 교사의 내러티브, 2024. 05. 18., 개인 인터뷰 자료).

다. 화폐(돈), 소득/소비, 저축/투자 영역에 대한 집중 지도

초등학교 교사들의 금융 프로젝트 수업은 한국 금융교육 표준안이 제시한 5개 영역(① 금융과 의사결정(합리적 금융생활, 개인 재무관리, 금융환경 변화와 금융소비자 보호), ② 수입과 지출관리(예산, 수입, 지출), ③ 저축과 투자, ④ 신용과 부채관리(대출), ⑤ 보험(위험관리)과 은퇴 설계) 가운데 화폐(돈), 소득(생산)과 소비, 저축과 투자 영역에 방점을 두었다. 초등학교 교사들이 3가지 금융영역을 집중적으로 지도한 이유는 초등학교 학생들(4학년, 6학년)의 행동 특성과 인지적 수준을 고려하여 금융 프로젝트 수업을 구성했기 때문이다.

참여 교사들은 금융과 의사결정 영역에서는 화폐(돈), 합리적 금융생활(우선순위를 고려한 의사결정)과 재무관리를 강조한 반면에, 금융환경 변화와 금융소비자 보호를 가르치지는 않았다. 참여 교사들은 다양한 방식의 프로젝트 수업을 통해 소득(생산)과 소비, 그리고 저축과 투자 영역을 집중적으로 지도하였다. 초등학교 교사들이 소득과 소비 그리고 저축 영역을 집중적으로 가르쳤던 이유는 2015 개정 교육과정의 사회과(필요한 것의 생산과 교환, 환경에 따라 다른 삶의 모습, 경제주체의 역할과 우리나 경제체제의 특징, 지속가능한 지구촌)와 실과(자원 관리와 자립)의 3-4학년군, 5-6학년군에서 교과 관련 내용이 있었기 때문이다. 따라서 참여 교사들은 초등학교 기본 교과(사회, 실과, 도덕, 국어 등)의 내용과 연계된 금융 프로젝트 수업 계획하고 실행하였다. 그리고 참여 교사들은 세금 개념을 중심으로 소득과 소비 활동을 체감할 수 있는 학습활동을 구성하였으며, 초등 금융교육 표준안에 포함되지 않은 투자 영역을 주요한 학습주제로 포함하였다.

한편, 신용과 부채관리(대출) 영역에 대한 지도는 참여 교사들 가운데 일부 교사들(이상형, 유일호, 심대한 교사)로 한정되었다. 나머지 두 명의 참여 교사들이 신용과 부채관리를 다루지 않았던 이유는 시도교육청 사업의 일환으로 임시적이고 일시적인 금융 프로젝트 수업을 계획하고 실천했기 때문이다. 세 명의 참여 교사들은 초등학생들의 교실 내 학습행위와 학습태도를 신용등급에 연결하였고, 이에 따라 대출과 금리를 조정함으로써 신용에 따른 부채 관리를 체험할 수 있는 학습기회를 제공하였다. 세 명의 참여교사들이 신용과 부채관리(대출) 영역을 가르칠 수 있었던 이유는 해를 거듭하면서 지속적이고 체계적으로 금융 프로젝트 수업을 실천했기 때문이다. 한편, 모든 참여 교사들은 학생들의 실제적인 삶과 거리가 있는 보험(위험관리)과 은퇴 설계는 집중적으로 가르치지는 않았다.

〈표 9-3〉 A학교 이상형 교사의 수업 계획서 일부(2023학년도)

일정	'금융교실' 프로젝트 수업(학습활동)	금융 영역
3월	직업에 따른 소득의 차이를 이해하기	• 소득활동 • 소비활동 • 저축활동 • 투자활동
4월	금융교실에서 세금(돈)의 필요성과 중요성을 이해하기	
5월	금융교실에서 합리적인 소비의 필요성을 체험하기	
6월	금융교실을 통해 신용의 중요성을 체험하기	
9월	교실 안에서 물가의 변동(인플레이션)을 체험하기	
10월	정보와 지식에 기초하여 모의 주식투자 활동하기	
11월	부동산 투자에 대한 개념을 이해하기 (이하 생략)	

2. 프로젝트 수업을 위한 교사의 금융이해력과 교수 전문성 개발

가. 금융이해력 개발을 위한 자기주도적인 금융학습

참여 교사들은 금융 프로젝트 수업을 준비하고 실행하기 위해서는 금융교육에 대한 교수 전문성의 개발이 절대적으로 필요함을 절감하게 되었다. 하지만 참여 교사들은 직전 교육기관(초등 교원양성기관)이나 현직(직무 및 자율)연수를 통해 체계적으로 금융교육을 받아본 경험이 없었으며, 학교기반 금융교육을 실현하기 위한 교육과정이나 수업방법을 배워본 적도 없었다. 따라서 참여 교사들은 자신들의 직접적인 금융생활이나 투자경험을 바탕으로 직관적으로 금융 프로젝트 수업을 기획하거나, 성인학습자로서 자기주도적인 금융학습을 통하여 프로젝트 수업을 실천하기 위한 금융이해력과 교수 전문성을 신장하였다.

구체적으로, 이상형 교사는 금융이해력과 금융교육 전문성을 신장하기 위해 금융 관련 단행본이나 경제신문을 구독하였고, 학교기반 금융교육을 위한 교사연구회를 결성하여 동료 교사들과 함께 금융교육을 위한 전문성과 동료성을 공유하였다. 배사랑 교사는 개인적인 재무관리 및 투자 경험뿐만 아니라, 유튜브 온라인 플랫폼을 통해 금융지식을 쌓았고, 초록교육대학원(가명)에서의 금융학습(과목명: 학교기반 금융교육)과 문학, 역사, 철학 서적을 읽으면서 금융교육을 위한 교직소양을 계발하였다. 유일호 교사도 학교기반 금융교육을 실천하기 위하여 온라인 플랫폼(유튜브: 세금 내는 아이들/인디스쿨: '오지마저리가')의 각종 교수・학습 자료를 참조하고 활용하였다. 심대한 교사는 개인적 차원에서 금융교육 관련 서적("교실 속 마을 활동")을 탐독하면서 금융이해력과 전문성을 신장하였다. 이은혜 교사는 초록교육대학원에서의 연구 활동(석사학위 논문 작성)과 전문서적("세금 내는 아이들" 등)을 통해 금융이해력과 교수 전문성을 신장하였다. 성인학습의 관점에서 볼 때, 참여 교사들의 금융이해력 및 교수 전문성 발달 과정은 개인적 차원에서 형식교육, 비형식교육, 무형식교육이 혼재되어 있었다.

> 저는 초등학교의 금융교육이 소비자의 관점에서 용돈 관리 수준에 머문 것이 아쉬웠어요. 그래서 초등학교 교육과정에서 필수적으로 다뤄져야 할 금융이해력에 대하여 특별한 관심을 갖게 되었죠. 2015 개정 교육과정을 중심으로 초등학교 사회 교과서와 실과 교과서를 분석해 보니, 한국의 금융교육 표준안과는 상당한 거리가 있다는 것을 새롭게 알게 되었어요(E학교 이은혜 교사의 내러티브, 2024. 05. 20., 개인 인터뷰 자료).

'음식 장터' 프로젝트 학습 이후에 금융수업에 대한 깊이 있는 고민을 하지 못했고, 금융이해력, 금융역량, 금융의사결정 능력을 신장시키는 체계적 교육으로 발전하지 못한 점이 아쉽다. 그래서 초등학교 교사로서 나는 초등학교 금융교육 대한 주제로 석사학위 논문을 쓰고 싶다(B학교 배사랑 교사의 반성적 저널 중 일부, 2024. 05. 07.).

나. 금융 프로젝트 수업을 실천하기 위한 환경적 맥락 조성

참여 교사들은 금융 프로젝트 수업을 실천하기 위한 전제조건으로 금융 교실환경 조성의 중요성을 지목하였다. 여기에서 말한 '교실환경 조성'이란 교사가 단위학교나 교실에서 금융 프로젝트 수업을 실행하는 데 필요한 인적 및 물적 자원을 확보하는 것을 의미한다. 우선, 참여 교사들은 인적 차원의 금융 교실환경을 조성하기 위하여 학생, 학부모, 학교관리자, 동료교사에게서 프로젝트 수업을 실행하기 위한 동의와 협조를 이끌어 내어야 했다.

첫째, 참여 교사들은 금융 프로젝트 수업을 실행하기에 앞서 4학년과 6학년 학생들을 대상으로 금융 프로젝트 수업의 목표와 실행방법을 상세하게 안내하였다. 특히, 참여 교사들은 금융 프로젝트 수업을 교과뿐만 아니라 창의적 체험활동 및 생활지도 영역에서 진행하였기 때문에 학급 내 또래관계와 개인별 수준 차이를 세심하게 고려하였다. 둘째, 참여 교사들의 금융 프로젝트 수업은 특정 교과의 성취기준을 중심으로 한 교육활동만이 아니었다. 따라서 참여 교사들은 학부모들을 대상으로 금융 프로젝트 수업의 목표와 내용을 상세하게 안내하였고, 프로젝트 수업의 과정과 결과를 학부모들에게 공개함으로써 학교기반 금융교육에 대한 동의와 신뢰를 이끌어내었다. 참여 교사들의 집단 인터뷰에 따르면, 학부모들은 자신의 자녀가 학교기반 금융교육을 통해 금융이해력이 발달하는 것을 목도하면서, 교사에게 강한 신뢰와 만족감을 나타내었다. 특히, 초등학교 교사와 학부모가 협력하는 금융 프로젝트 수업은 초등학생들의 금융이해력을 신장하는 데 유용하였다. 셋째, 학교관리자와 동료교사들은 참여 교사들의 금융 프로젝트 수업을 지지하였으나, 금융교육에 대한 동참 정도는 단위학교나 교사들의 상황에 따라 상이하였다. 이는 초등학교 교원들의 낮은 금융이해력뿐만 아니라, 학교교육을 통하여 '돈'을 직접적으로 다루는 것에 대한 부정적 인식과 교수적 부담감에서 비롯되었다.

한편, 참여 교사들은 학교기반 금융 프로젝트 수업을 위한 물적 자원을 확보하기 위해 각별한 노력을 하였다. 여기에서 말한 '물적 자원'이란 금융 프로젝트 수업을 위한 행정적 및 재정적 지원을 의미한다. 구체적으로, 배사랑 교사는 시도교육청의 혁신학년 교육지원 사업으로 '음식 장터' 프로젝트 수업을 진행할 수 있었으며, 이은혜 교사도 시도교육청의 금융교육 정책 사업을 신청하여 학년단위 금융 프로젝트 수업을 실천할 수 있었다. 심대한 교사는 초등 교원양성대학의 부설초등학교라는 행정적 및 재정적 지원 아래서 '모여 봐요, 경제의 숲' 프로젝트 수업을 진행할 수 있었다. 다만, 이상형 교사와 유일호 교사는 외부의 지원 없이, 개인적 차원에서 금융 프로젝트 수업을 위한 물리적 자원을 확보하였다.

〈표 9-4〉 B학교 배사랑 교사의 수업계획서(2019학년도)

<table>
<tr><td rowspan="2">학습
목표</td><td colspan="2" rowspan="2">경제·금융 개념 및 현상 간접적으로 체험하기
1. 합리적인 선택 알아보기
2. 저축의 장점과 이율 이해하기
3. 자기만의 투자 철학으로 투자에 임하기</td><td>교과
영역</td><td>사회,
미술,
창의적
체험활동</td></tr>
<tr><td>대상</td><td>4학년 26명</td></tr>
<tr><td rowspan="8">학습
활동</td><td>1차시</td><td>'레몬으로 돈 버는 법' 동화책으로 경제 용어 파악하기</td><td colspan="2" rowspan="8">• 생산활동

• 소비활동

• 경제활동의 의미</td></tr>
<tr><td>2차시</td><td>'음식장터' 모둠별 계획서 작성하기</td></tr>
<tr><td>3차시</td><td>'음식장터' 홍보 포스터 제작하기</td></tr>
<tr><td>4차시</td><td>'음식장터' 필요한 물건 스마트 장보기</td></tr>
<tr><td>5차시</td><td>'음식장터' 실행: 음식 만들기</td></tr>
<tr><td>6차시</td><td>'음식장터' 실행: 판매하기</td></tr>
<tr><td>7차시</td><td>'음식장터' 실행: 판매하기, 주변 정리 정돈</td></tr>
<tr><td>8차시</td><td>판매 수익금 확인하기, '음식 장터' 후 느낀 점 및 알게 된 점 공유하기</td></tr>
</table>

금융활동은 기본적으로 즐겁고 재미있지만, 간혹 학생들이 부정적 경험을 할 수도 있습니다. 생활비를 걱정하거나 파산을 두려워할 수도 있습니다. 학생들 사이에서 벌어지는 경제적인 문제점(빈부격차, 과열경쟁)으로 힘들어하는 학생이 있을 수도 있습니다. 이에 대하여 너무 걱정하지 마시고, 그러한 기회를 통해 학생이 자신과 사회의 구조를 돌아보고 잘 배울 수 있도록 격려해 주시기 바랍니다. 유쾌한 경험만이 아니라 실패와 좌절 속에서도 배울 수 있다는 것을 알려주십시오. 모의 사회에서 겪는 실패는 성공을 위한 실패입니다(D학교 심대한 교사, 학부모 안내장 일부, 2024. 05. 13., 문서자료).

'학급국가 경영' 프로젝트를 지속하려면 학기 초에 교실의 분위기를 다잡아가는 것이 무엇보다 중요했어요. 그래서 저는 6학년 1학기 3월에 '학급국가 경영' 프로젝트 수업을 집중해서 하는 편입니다. 3월 초에 프로젝트 학습을 위한 교실환경을 만들면 교과지도뿐만 아니라, 생활지도도 동시에 할 수 있거든요. 이때 학부모들의 동의와 지지가 절대적으로 필요한데, 아이들이 금융 프로젝트 수업을 즐거워하고, 금융에 대한 이해력이 높아지니까, 학부모들도 저를 지지하고 격려해 주더라고요. 학생들과 학부모들의 호응이 좋다보니 동료 교사나 학교관리자들도 저의 노력을 인정해 주셨습니다(C학교 유일호 교사의 내러티브, 2024. 05. 16., 개인 인터뷰 자료).

다. 프로젝트 수업에 대한 자기성찰로 실천적 지식 생성

참여 교사들은 자신이 실천했던 금융 프로젝트 수업을 되돌아보고, 그것에 대한 교육적 의미부여를 통해 실천적 지식을 생성하여 보다 개선된 학교기반 금융교육을 지향하였다. 참여 교사들은 초등학교 교실에서 전인미답(前人未踏)의 금융교육을 시도할 때 교수적 불안을 경험하였다. 왜냐하면, 국가수준의 공통교육과정에 익숙했던 그들은 학교기반 금융교육을 실현하기 위해 새로운 교육목표, 교육내용, 교육방법, 교육평가를 개인 차원에서 계획하고 실행해야 했기 때문이다. 다섯 명의 참여 교사들은 이른바 학교기반 금융교육과정의 개발자로서 새로운 '교사 수준

교육과정'을 창안하였고, 그것을 몸소 실행하고 성찰하여 자신만의 고유한 실천적 지식을 생성해 나가는 교육적 존재로 볼 수 있었다.

구체적으로, 이상형 교사는 금융 교육과정과 수업방법을 개발하기 위한 자기지식의 중요성을 지적하였다. 그는 해마다 금융 프로젝트 수업을 계획하고 실행하는 과정에서 반성적 관찰과 기록을 하였고, 자신의 교수적 실천에 대한 성찰을 통해 이듬해 프로젝트 수업을 다시 수정하고 실천하였다. 그는 '금융교실' 프로젝트 수업의 계획과 실행, 반성과 재실행을 반복하는 과정을 통하여 학교기반 금융교육에 대한 국지적 지식과 교수 노하우를 갖게 되었다. 배사랑 교사는 '음식장터' 프로젝트 수업 경험을 통해 동학년 교사의 협력과 동료성을 바탕으로 한 금융 프로젝트 수업의 교육적 가능성을 체감하게 되었다. 금융 프로젝트 수업은 교사가 학생들에게 금융지식을 일방적으로 전달하는 것이 아니라, 교사와 학생들이 함께 금융 프로젝트 수업을 만들어 나가는 과정이었다.

유일호 교사는 '학급국가 경영' 프로젝트 수업을 실천해 오면서, 학교기반 금융교육이 교사의 실천과 성찰을 중심으로 개선되는 특징이 있음을 알게 되었다. 그리고 그는 초등학교의 규모와 학생 수에 따른 맞춤형 금융 교육과정과 수업방법이 필요함을 자각하게 되었다. 심대한 교사는 '모여 봐요, 경제의 숲' 프로젝트 수업을 실천하면서, 초등학교 교사의 교육과정 문해력과 전문성이 절대적으로 전제되어야 함을 깨닫게 되었다. 그리고 동학년 및 단위학교 수준에서 금융교육을 실현하기 위해서는 교사 개인의 노력뿐만 아니라, 단위학교 교사들의 협력과 집단지성이 필요함을 자각하게 되었다. 마지막으로, 이은혜 교사는 '생활 속 금융교실' 프로젝트 수업을 실천하면서 일시적이고 단발적인 학교기반 금융교육의 가능성과 한계를 동시에 체감하였다. 그리고 지속가능한 학교기반 금융교육을 실현하기 위해서는 교사의 개인적인 노력뿐만 아니라, 학교관리자의 지원, 그리고 지속적이고 일관성이 있는 금융 교육 지원정책이 필요함을 알게 되었다.

금융교육에 대한 선행연구가 존재하지만, 농어촌지역 소규모 초등학교 금융교육 상황에 적용할 수 있는 교육연구는 드물었고, 금융교육 이론 연구가 주를 이루었다. 농어촌지역 소규모 초등학교에서의 금융교육은 초등학교 교사인 내가 스스로 연구하고, 내 수업 상황에 적용하면서 만들어 갈 수밖에 없었다. 그래서 나는 소규모 초등학교 금융교육을 주제로 박사학위 논문을 준비하고 있는 것이다(C학교 유일호 교사의 반성적 저널 중 일부, 2024. 05. 09.).

V. 학교기반 금융교육을 위한 실천 방안

이 연구는 금융이해력을 중심으로 초등학교 교사들의 학교기반 금융교육 실천 사례의 교수적 특징을 분석하였다. 결론에서는 이러한 연구결과에 기초하여 초등학교 기반 금융교육 실천사례에서 나타난 교수적 특질을 논의하고, 학교기반 금융교육을 활성화하기 위한 실천적 방안을 제시하고자 한다.

1. 논의

앞서 밝힌 바와 같이, 내재 사례연구는 교사별 금융교육 실천사례의 다양한 형태와 속성을 파악하면서도, 실천사례에서 발현된 공통적 특질이나 차이성에 주목한다. 초등학교 교사들의 학교기반 금융교육 실천사례는 통합, 실제성, 생성이라는 공통적 특질을 나타내었다. 또한, 초등학교 교사들의 학교기반 금융교육 실천사례는 교육주체, 교육시간, 교육범위, 교육내용 차원에서 약간의 차이를 나타내었다. 이러한 공통적 특질과 차이를 논의하면 다음과 같다.

우선, 초등학교 금융교육 실천사례는 프로젝트 수업을 중심으로 통합성, 실제성, 생성성이라는 공통적 특질을 나타내었다. 첫째, 참여 교사들은 다양한 교과(사회, 실과 등)와 창의적 체험활동, 학급경영 및 생활지도 전반에서 통합적으로 금융교육을 시도하였다. 이는 초등학교 교사가 중등교사와 달리 여러 교과목을 종합적으로 가르치고, 담임교사로서 교과지도와 생활지도를 겸하기 때문이다. 둘째, 참여 교사들은 초등학생의 인지적 발달 수준과 행동 특성을 고려하여 실제적인 금융활동 과제를 부여하였다. 이는 초등학생에게 다소 난해할 수 있는 금융지식과 금융태도를 보다 재미있게 가르치기 위한 교수 의도에서 비롯되었다. 셋째, 초등 금융교육 실천사례는 교사의 반성과 성찰을 통해 변화하는 생성적 특질이 있다.

한편, 다섯 가지 개별 실천사례는 공통적 특질뿐만 아니라, 미세한 교수적 차이를 나타내었다. 개별 금융교육 실천사례에서 나타난 교수적 특질을 해석적으로 분석한 결과, 4가지 차원에 따른 상이한 교수적 특질이 드러났다. 첫째, 초등 금융교육 실천사례는 주체 차원에서 교사 개인 수준 금융수업(이상형, 유일호 교사)과 교사 집단(동학년 및 단위학교) 수준 금융수업(배사랑, 심대한, 이은혜 교사)으로 나눌 수 있었다. 둘째, 금융교육 실천사례는 시간 차원에서 임시적 및 일시적 수준 금융수업(배사랑, 이은혜 교사)과 체계적 및 지속적 수준 금융수업(이상형, 유일호, 심대한 교사)으로 나눌 수 있었다. 셋째, 금융교육 실천사례는 범위 차원에서 학급 및 교실 수준 금융수업(이상형, 유일호 교사)과 동학년 및 학교 수준 금융수업(배사랑, 심대한, 이은혜 교사)으로 구분할 수 있었다. 넷째, 금융교육 실천사례는 내용 차원에서 교과 연계형 금융수업(배사랑, 이은혜 교사)과 교과 융합 및 생성형 금융수업(이상형, 유일호, 심대한 교사)으로 구분할 수 있었다. 초등 금융 프로젝트 수업의 4가지 차원에 따른 2가지 특질을 조합해 본다면, 초등학교 기반 금융교육은 16가지 유형의 프로젝트 수업 유형으로 구분할 수 있다.

〈표 9-5〉 초등학교 금융교육 실천사례의 교수적 특질

차원	초등학교 교사들의 학교기반 금융교육 실천사례의 특질		
주체 차원	교사 개인 차원의 금융수업	⇔	교사 집단 차원의 금융수업
시간 차원	임시적 및 일시적 금융수업	⇔	체계적 및 지속적 금융수업
범위 차원	학급 및 교실 수준 금융수업	⇔	동학년 및 학교 수준 금융수업
내용 차원	교과 연계형 금융수업	⇔	교과 융합 및 생성형 금융수업

2. 결론

학교기반 금융교육을 활성화하고 지원하기 위한 교육적 방안을 사회적, 시간적, 공간적, 내용적 차원에서 제시하면 다음과 같다. 첫째, 주체 측면에서 학교기반 금융교육을 보다 활성화하기 위해서는 개별 교사 차원의 금융수업에서 집단 차원의 금융수업으로 나아가야 한다. 왜냐하면, 개별 교사의 금융수업 방식은 교사에게 교수적 부담감을 가중시켜 지속가능하고 전면적인 금융교육을 실현하기 힘들기 때문이다. 따라서 학교장과 교육당국은 학교기반 금융교육을 시도하고자 하는 초등학교 교사들이 각자의 교실에서 고립되지 않도록, 학교 내 금융교육 교사동아리나 학교 밖 금융교육 교사연구회를 적극적으로 지원해야 할 것이다. 또한, 학교장은 교사의 금융교육 실천을 지지하고 장려하여, 동학년 및 단위학교에서도 금융교육을 시도할 수 있는 교직환경과 교수문화를 조성해야 할 것이다.

둘째, 학교기반 금융교육은 임시적이고 일시적인 금융수업 방식에서 체계적이고 지속적인 금융수업으로 변화되어야 한다. 왜냐하면, 지속가능성이 담보되지 않은 임시적이고 일시적인 금융수업은 초등학생의 금융이해력을 온전히 신장하는 데 제약이 따르기 때문이다. 따라서 학교장과 교육당국(시도교육청 및 교육지원청)은 초등학교 교사들이 보다 체계적이고 지속적인 금융수업을 시도할 수 있는 교육과정과 교육정책을 마련해야 할 것이다. 또한, 학교장과 교육당국은 초등학교 교사들이 체계적이고 지속적인 금융수업을 실현하는 데 필요한 인적 및 물적 자원을 제공하고, 행정적 및 재정적 지원을 보다 강화해야 할 것이다.

셋째, 학교기반 금융교육은 학급 내 금융수업 방식에서 동학년 및 학교 수준으로 범위를 확대해야 한다. 구체적으로, 초등학교에서 금융교육의 공간적 범위를 확대하기 위해서는 2022 개정 교육과정의 기본교과 영역뿐만 아니라, 창의적 체험활동이나 학교자율시간 영역에서도 금융교육을 실천할 수 있는 여지를 제공해야 할 것이다. 이 지점에서 교육당국과 학교장의 학교기반 금융교육에 대한 실천의지와 교육리더십은 학교기반 금융교육의 공간적 범위와 외연을 확장하는 데 실질적인 도움이 될 것이다. 또한, 학교기반 금융교육의 공간적 범위를 확장하기 위해서는 단위학교뿐만 아니라, 학부모와의 협력도 필요하다. 공간적 측면에서, 가정의 학부모와 교사가 협력하는 학교기반 금융교육은 초등학생의 금융이해력 발달을 촉진하기 위한 교육적 환경을 조성하는 데 도움이 될 것이다.

넷째, 학교기반 금융교육은 내용 측면에서 기본교과와 연계한 금융수업 방식뿐만 아니라, 교과 융합 및 생성형 금융수업 방식으로 나아갈 필요가 있다. 왜냐하면, 국가 수준 기본교과의 내용요소와 성취기준만으로는 금융교육을 실현하는 데 한계가 있기 때문이다. 따라서 초등학교 교사들은 교과 융합 및 생성형 금융 프로젝트 수업을 마련하기 위하여 금융이해력을 신장하고, 학교기반 금융교육을 실현하기 위한 교육과정 문해력과 교수 전문성을 지속적으로 개발할 필요가 있다. 따라서 교육당국은 초등학교 교사들이 금융이해력과 금융교육 전문성을 개발할 수 있는 교원정책과 연수제도를 마련해야 한다. 또한, 교육당국은 초등학교 교사들이 단위학교에서 금융교육을 실천하는 데 필요한 금융 교육과정과 교과서(학습자료)를 개발하고 공유할 수 있는 지원체제를 조속히 마련해야 할 것이다.

참고문헌

강경란. (2024). NIE 학습방법을 통한 대학생 금융교육의 효과 분석: 금융이해력과 재무관리 행동을 중심으로. 벤처창업연구, 19(1), 135-142.

김동진, 김지훈. (2021). 초등교사의 금융이해력 조사 연구. 경제교육연구, 28(3), 119- 144.

김지훈. (2024). 초등교사의 경제교육 온라인 교사학습공동체 참여 경험에 대한 디지털 문화기술적 사례연구: A 연구회의 금융교육 교육과정 개발 과정에서 발현된 행위주체성을 중심으로. 서울대학교 대학원 박사학위논문.

금융감독원. (2021). 2020 전국민 금융이해력 조사 결과. 보도자료(2021. 03. 30.).

박영석. (2024). 초등학교 사회과와 실과 교육과정의 금융교육 내용 분석. 경제교육연구, 31(2), 73-95.

박형준, 김주현. (2023). 고등학교 「금융과 경제생활」 교육과정의 개발 방향과 주안점. 금융교육연구, 8(1), 1-14.

이동성, 최송이. (2023). 한 교사교육자의 학교기반 금융교육 경험에 대한 자문화기술지. 초등교육연구, 36(4), 81-107.

이상현, 부재율, 이동성. (2024). 초등학교 교사의 학교기반 금융 교수 경험에 대한 자문화기술지. 질적탐구, 10(3), 83-108.

이소연 외. (2020). 초 · 중 · 고 금융교육 표준안 개정연구. 연구보고 CRE 2020-2. 금융감독원 · 한국교육과정평가원.

이윤호. (2024). 금융이해력 과신에서 과대평가와 우월평가의 관계 및 증권 투자 경험. 소비자학연구, 35(2), 99-120.

장혜숙, 한경근. (2022). 발달장애 청소년 경제 · 금융교육에 대한 특수교사의 경험과 지원요구. 특수교육교과교육연구, 15(4), 73-94.

최윤정, 김예지. (2015). 금융 이해력 향상을 위한 경험중심 경제교육: 미국 고등학교 금융교육 수업 사례연구. 시민교육연구, 47(1), 217-245.

한진수. (2017). 왜 학교 금융교육이어야 하는가?. 금융교육연구, 2, 25-49.

한진수. (2024). 금융교육은 금융 웰빙 향상에 기여하는가?. 경제교육연구, 31(2), 23-46.

한진수, 이바름, 정수진. (2022). 초등학교 슬기로운 생활 금융. 서울: 금융감독원.

홍수희. (2024). 금융교육 성과측정에 대한 연구. 인문사회과학연구, 6(3), 737-748.

Amagir, A., Groot, W., van den Brink, H. M., & Wilschut, A. (2018). A review of financial-literacy education programs for children and adolescents. *Citizenship, Social and Economics Education. 17*(1), 56-80.

Berry, J., Karlan, D., & Pradhan, M. (2018). The impact of financial education for youth in Ghana. *World Development, 102*, 71–89.

Deng, H. T., Chi, L. C., Teng, N. Y., Tang, T. C., & Chen, C. L. (2013). Influence of financial literacy of teachers on financial education teaching in elementary schools. *International Journal of e-Education, e-Business, e-Management and e-Learning, 3*(1), 68-73.

Elliott, W., Sherraden, M., Johnson, L., & Guo, B. (2010). Financial capability in children: Effects of participation in a school-based financial education and savings program. *Journal of Family and Economic Issues, 32*(3), 385-399.

Frisancho, V. (2018). The impact of school-based financial education on high school students and their teachers: Experimental evidence from Peru. IDB Working Paper Series, No. IDB-WP-871. Inter-American Development Bank.

Frisancho, V. (2019). The impact of financial education for youth. IDB-DP-658. Inter-American Development Bank.

Frisancho, V. (2022). Is school-based financial education effective?: Immediate and long-lasting impacts on high school students. *The Economic Journal, 133*(651), 1147–1180. https://doi.org/10.1093/ej/ueac084.

INFE. (2011). Measuring financial literacy: Questionnaire and guidance notes for conducting an internationally comparable survey of financial literacy. OECD.

Kolb, D. A., & Fry, R. (1975). *Toward an applied theory of experiential learning* (Vol 31). Cambridge, MA: MIT Alfred P. Sloan School of Management.

Lusardi, A. & Olivia, S. M. (2007). Baby boomer retirement security: The roles of planning, financial literacy, and housing wealth. *Journal of Monetary Economy, 54*, 205-224.

Mandell, L. (2009). The impact of financial education in high school and college on financial literacy and subsequent financial decision making. Presentation at the American Economic Association Meetings, San Francisco, CA.

Masnan, A. H., & Curugan, A. M. (2016). Financial education program for early childhood education. *International Journal of Academic Research in Business and Social Sciences, 6*(12), 113-120.

Miller, S. L., & VanFossen, P. J. (2008). Recent research on the teaching and learning of pre-collegiate economics. In L. S. Levstik, & C. A. Tyson (Eds.), *Handbook of Research in Social Studies Education* (pp. 284-306). New York: Routledge.

OECD. (2014). PISA 2012 results: students and money: Financial literacy skills for the 21st century Volume Ⅵ.

OECD/INFE. (2015). National strategies for financial education. Discussion paper, Policy

Handbook.

Rinaldi, E. (2013). "Reframing financial literacy" in sociology of education. *Italian Journal of Sociology of Education, 5*(2), 249-252.

Sherraden, M. S., Johnson, L., Guo, B., & Elliott, W. (2011). Financial capability in children: Effects of participation in a school-based financial education and savings program. *Journal of Family & Economic Issues, 32*(3), 385-399.

Yin, R. K. (2003). *Case study research: Design and methods* (3rd ed.). London: Sage Publications Ltd.

제 10 장

학교기반 금융교육 실천 사례 Ⅲ: 단위학교 차원

Ⅰ. 금융교육의 가치와 의미

1. 연구의 필요성 및 목적

교육과정의 목표 중 하나는 바람직한 민주시민 자질 양성이며, 민주시민의 자질은 자기가 속해있는 사회 현상을 바르게 파악할 수 있는 능력을 말한다(교육부, 2022). 사회 현상을 바르게 파악하기 위해서는 사회적 지식에 대한 올바른 이해와 가치, 탐구를 통한 합리적인 의사결정이 요구되며, 우리들이 일상에서 내리는 의사결정은 대부분 경제문제가 포함된다(교육부, 2022). 따라서 개인이 다양한 경제문제를 합리적이고 주체적으로 해결할 수 있도록 경제교육은 합리적 의사결정 능력 함양을 목표로 할 필요가 있다. 이를 제고하기 위해서는 경제개념에 대한 이해와 함께 이를 실행에 옮길 수 있는 실천 능력이 수반되어야 하므로 경제교육을 통한 학습자들의 경제적 소양 및 올바른 태도 함양은 중요하다.

초등 경제교육은 개인의 경제 개념 기반을 형성한다는 점에서 매우 필수적이다. 초등학교에서 경제를 처음 접하게 되는 초등학교 고학년 시기는 지적·사회적 발달이 활발히 이루어지며, 이를 바탕으로 가치관과 행동양식의 기본 능력이 형성되는 시기(김선영, 김유미, 2014)이며, 아동기 및 청소년기에 형성된 경제·금융·소비자 역량은 성인기 이후 경제적 삶에 영향력을 발휘하기 때문에, 학교와 교사를 기반으로 하는 체계적인 교육이 중요하다(Bernheim & Garrett, 2003; 홍현의, 최정민, 2021). 하지만 현행 학교기반 경제·금융·소비자 교육은 정규 교육과정에서 기본교과는 경제・소비자 개념을 제한적으로 다루고 있으며, 금융교육은 범교과 학습 주제로 다뤄지고 있어서 학교급별로 교육내용의 체계성과 연계성이 낮고, 수업시수의 확보도 어려우며, 실제적인 금융생활에 필요한 수업 방법과 학습 자료도 마련되어 있지 않다.

이에 이 연구는 초등학생들이 경제적 주체로서 합리적 의사결정을 내릴 수 있는 능력을 함양하고, 실생활에서 필요한 경제, 금융, 소비자 역량을 함양할 수 있도록 단위학교 기반 금융교육 교과목('꿈살림 공동체')을 개발하고 실행하고자 한다. 특히, 이 연구는 초등학생들의 경제, 금융, 소비자 역량을 증진시키기 위해 학교기반 금융 교육과정(교과목)을 개발하고 실행하는 현장교사의 경험을 질적 사례연구로 탐구하고자 한다.

2. 연구문제

이 연구는 앞서 설정한 연구목적을 달성하기 위하여 아래와 같은 연구문제를 구성하였다. "한 단위학교의 초등학교 교사는 학교기반 금융교육을 실현하기 위해 경제・금융 교육과정('꿈살림 공동체')을 어떻게 편성하고 운영하였는가?" 이 연구의 결과는 단위학교 기반의 금융 교육과정을 개발하고 실행함으로써 초등학생들의 금융이해력을 신장하는 데 기여할 것이다. 또한, 이 연구의 결과는 학교자율시간에 적용할 수 있는 학교기반 금융 교육과정의 예시 자료를 제공하는 데 기여할 것이다.

Ⅱ. 학교기반 금융교육과 학교자율시간

1. 금융교육과 금융이해력 신장

경제란 인간 생활에서의 재화, 용역을 생산・소비・분배하는 모든 활동과 이

과정에서 이루어지는 사회적 관계를 말한다. 경제교육은 소비, 생산 및 금융 등의 분야를 포함한 경제와 관련된 지식을 습득하고 의식을 함양하며 합리적인 의사결정능력을 향상시키는 것을 목적으로 하는 경제와 관련된 모든 교육을 말한다(경제교육지원법 제2조). 교육적 관점에서 경제교육은 현대생활에서의 경제 활동에 대한 이해도를 높이고 삶을 윤택하게 할 수 있는 기반을 제공하는 일체의 활동이라고 할 수 있다(여상운, 2020: 10).

초등학교 경제교육 목표는 사회적 목표와 함께 개인적인 차원에서의 합리적인 사고력 신장을 강조하고 있으며, 다양한 경제 현상들을 지배하는 기본 원리를 이해하여, 일상생활에서의 경제 문제를 합리적으로 해결할 수 있는 의사결정 능력과 경제적인 사고방식을 키우고 국민 경제 발전에 기여할 수 있는 태도를 길러 민주시민이 되는 데 있다고 할 수 있다(이소연 외, 2020). 초등학교에서의 경제교육은 학문 자체를 익히고 배우는 데 그 목적이 있는 것이 아니라 경제 현상에 대한 가장 기본적인 원리와 그 상호 관련성을 깨닫고 경제생활의 기초적인 원리의 이해를 통해 경제생활 문제의 해결 능력을 기르고 유능한 민주시민의 자질을 양성하여 사회 발전에 이바지할 수 있는 능력을 키우는 데 있다(이소연 외, 2020).

한편, 금융교육을 통해 달성하고자 하는 바는 다름 아닌 '금융역량의 증진'이다. OECD에 따르면 금융역량(financial capability)이란 '금융지식', '금융태도', '금융행동'을 모두 포괄하는 개념이다. 금융역량은 금융 지식이나 금융 이해력보다 광범위하고 포괄적인 개념이며 금융과 관련된 의사결정을 합리적으로 할 수 있는 능력과 이용 가능한 금융 서비스를 적절하게 활용할 수 있는 능력을 포함한다(이소연 외, 2020). 금융교육은 단순히 학생의 금융 지식을 높이자는 것이 아니라 미래 세계적 경쟁 사회에서 국가 경쟁력을 강화하고 개개인의 금융역량과 책임 의식을 강화하여 금융상의 합리적인 판단력과 현명한 선택을 목적으로 한다(이동성, 최송이, 2023). 초·중·고 금융교육 표준안 개정 연구에서 제시한 초등학교 금융교육을 위한 영역별 성취기준은 아래 〈표 10-1〉과 같다.

〈표 10-1〉 초등학교 금융교육을 위한 영역별 성취기준

대영역	중영역	성취기준
Ⅰ. 금융과 의사 결정	합리적 금융 생활	[초-Ⅰ-1-①] 상품 거래에 돈이 필요함을 알고, 돈과 관련된 의사결정 사례를 제시할 수 있다.
		[초-Ⅰ-1-②] 돈을 사용할 때 우선순위를 고려하여 의사결정을 할 수 있다.
	개인재무관리	[초-Ⅰ-2-①] 일상생활에서 돈 관리가 중요함을 이해한다.
	금융환경 변화와 금융소비자 보호	[초-Ⅰ-3-①] 은행과 같은 우리 주변의 금융회사가 하는 일을 이해한다.
		[초-Ⅰ-3-②] 금융 생활에서 개인정보의 중요성을 알고 개인정보를 보호할 수 있는 다양한 방법을 제시할 수 있다.
Ⅱ. 수입과 지출 관리	예산	[초-Ⅱ-1-①] 계획을 세워 돈을 사용해야 하는 이유를 알고, 계획을 세울 수 있다.
		[초-Ⅱ-1-②] 용돈관리의 중요성을 알고 용돈 기입장을 작성할 수 있다.
	수입	[초-Ⅱ-2-①] 소득의 다양한 원천을 확인한다.
	지출	[초-Ⅱ-3-①] 구매 의사결정에서 상품에 대한 정보를 파악하는 것이 중요함을 이해한다.
		[초-Ⅱ-3-②] 다양한 지불 수단이 가진 장단점을 비교할 수 있다.
Ⅲ. 저축과 투자	저축	[초-Ⅲ-1-①] 저축을 하는 이유를 설명할 수 있다.
		[초-Ⅲ-1-②] 다양한 형태의 저축 방법을 제시할 수 있다.
		[초-Ⅲ-1-③] 예·적금 계좌를 만들고, 저축하는 습관을 기른다.
	투자	[초-Ⅲ-2-①] 돈의 가치가 시간에 따라 달라질 수 있음을 안다.
		[초-Ⅲ-2-②] 투자의 개념과 필요성을 이해한다.
		[초-Ⅲ-2-③] 투자와 저축의 공통점과 차이점을 설명할 수 있다.
Ⅳ. 신용과 부채 관리	신용관리와 대출	[초-Ⅳ-1-①] 신용의 의미를 파악하고 신용관리와 대출 신용 사용에는 비용이 수반됨을 이해한다.
	부채관리	[초-Ⅳ-2-①] 부채의 의미를 이해한다.
Ⅴ. 보험과 은퇴 설계	위험관리와 보험	[초-Ⅴ-1-①] 생활 속에서 겪을 수 있는 위험의 사례를 제시하고, 이에 대한 대비의 필요성을 이해한다.
		[초-Ⅴ-1-②] 위험관리 전략으로서 보험의 기능을 설명할 수 있다.

2. 소비자교육의 의미와 목표

소비자교육(consumer education)은 경제사회의 일상생활에서 현명한 소비자가 되기 위한 교육이다. 개인의 라이프 스타일에 따라서 변하는 소비전략에 대해 적절한 판단을 내릴 수 있도록 하는 것이 목적이다. 소비자교육은 '소득과 소비·저축, 투자와 자산관리, 소비자선택, 소비자권리·의무, 소비자보호와 피해자구제' 등과 같은 다양한 분야를 하위요소로 담는다. 경제교육, 소비자교육, 금융교육의 중심내용은 모두 조금씩 다르지만, 포괄범위에 따라 광의에서 협의로 구분한다면 경제교육 → 소비자교육 → 금융·자산관리교육으로 좁혀진다고 할 수 있다(한국교육과정평가원, 2021).

학교 소비자교육은 '소비 환경 변화에 능동적으로 대처하며 합리적이고 책임있는 소비생활을 주체적으로 영위하기 위한 소비자역량을 길러 소비자시민성을 함양'하는 것을 목표로 한다(한국교육과정평가원, 2021). 이는 민주시민 양성이라는 전체 학교교육 목표에 부합하면서도 소비자교육의 정체성이 드러날 수 있도록 목표를 구체화한 것이다(한국교육과정평가원, 2021). 이러한 소비자교육의 전체 목표를 달성하기 위해 통합성과 계열성을 염두에 두면서 학교급별 목표 역시 구체화하였는데, 초등학교에서는 '소비생활에 필요한 기초 능력 및 기본 습관을 기르고 바람직한 소비가치를 함양'하는 데 중점을 둔다(한국교육과정평가원, 2021; 한국소비자연구원, 2016).

3. 학교자율시간과 학교기반 금융교육

2022 개정 교육과정은 다양하게 변화하고 있는 교육환경에 적극적으로 대응하기 위해 국가·사회적 요구를 반영하여 미래사회가 요구하는 포용성과 창의성을 갖춘 주도적인 사람으로 성장할 수 있도록 개선한 교육과정이다(교육부, 2022). 이를 위해 〈표 10-2〉와 같이 기초소양(언어·수리·디지털)을 강화하고, 주도적·지속가능성 등의 공동체 의식도 강화하였다(교육부, 2022).

〈표 10-2〉 2022 개정 교육과정의 기초 소양

구분	언어 소양	수리 소양	디지털 소양
개념	언어를 중심으로 다양한 기호, 양식, 매체 등을 활용한 텍스트를 대상, 목적, 맥락에 맞게 이해하고, 생산·공유, 사용하여 문제를 해결하고 공동체 구성원과 소통하고 참여하는 능력	다양한 상황에서 수리적 정보와 표현 및 사고 방법을 이해, 해석, 사용하여 문제 해결, 추론, 의사소통하는 능력	디지털 지식과 기술에 대한 이해와 윤리의식을 바탕으로 정보를 수집·분석하고, 비판적으로 이해·평가하여 새로운 정보와 지식을 생산·활용하는 능력

또한, 분권화를 바탕으로 한 학교 교육과정의 자율성을 확대했다. 지역과 학교의 여건을 고려하여 특색 있는 교육과정 운영을 할 수 있도록 학교자율시간을 운영할 수 있는 근거를 교육과정 총론의 지침에 마련하였다(교육부, 2022). 〈표 10-3〉과 같이 학교자율시간을 활용하여 국가 교육과정에 제시되어 있는 교과목 외에 학교 여건에 따라 새로운 과목이나 활동을 개설할 수 있게 되었다.

〈표 10-3〉 2022 개정 교육과정의 학교자율시간

구분	내용
운영시간 확보	학교자율시간은 학교 여건에 따라 연간 34주를 기준으로 한 교과 및 창의적 체험활동 수업 시간 중 학기별 1주의 수업 시간을 확보하는 방법으로 운영할 수 있다.
운영 사례	지역과 학교의 교육 여건 등에 적합한 기준과 내용 운영, 지역 특성을 살린 지역교육과정을 운영하거나, 학교 자율적으로 선택과목을 개발하고 활용할 수 있다.

국가에서 주어진 교육과정의 한계를 넘어 학교가 주도하는 교육과정 개발·운영을 통해 미래 사회와 학생의 다양한 요구에 대응하고 지역과 학교의 특색을 담은 교육을 실현하기 위해 2022 개정 교육과정에서 학교자율시간이 도입되었다(교육부, 2022). 학교자율시간은 지역과 학교의 여건 및 학생의 필요에 따라 교과 및 창의적 체험활동의 일부 시수를 확보하여 국가 교육과정에 제시되어 있는 교과

외 새로운 과목이나 활동을 개설·운영하는 시간을 의미한다(교육부, 2022).

가. 학교자율시간의 구성 중점

학교자율시간의 과목이나 활동은 〈표 10-4〉와 같이 교과 통합형, 언어·수리·디지털 소양 강화형, 지역 연계형 등 다양한 형태로 구성할 수 있다(교육부, 2022).

〈표 10-4〉 학교자율시간 과목(활동) 구성 중점 예시

구분	내용
학생 주도 설계	학생이 교사와 함께 스스로 목표를 세우고 교사·또래와 함께 다양한 상호작용과 탐구 등을 통해 교과 내용을 심화·확장하는 형태
교과 통합 설계	교사가 실제 상황의 문제 또는 여러 교과 지식을 통합·활용해야 하는 상황을 제시하고 학생이 다양한 상호작용과 탐구를 통해 배운 내용을 적용해 볼 수 있는 형태
지역 연계	지역의 환경, 문화, 인적 자원 등을 활용하여 지역 사회와 연계한 과목이나 활동을 개발하는 형태
학교 목표 및 특색 교육활동 연계	단위 학교 교육과정의 목표 및 특색 교육활동과 연계한 창의적인 프로그램을 개발하여 적용하는 형태
기초 소양 강화	언어, 수리, 디지털 소양 강화를 위해 성취기준을 분석하고 학생의 발달 단계에 맞는 내용을 구성하여 기초소양을 체계적으로 강화하는 형태

출처: 전북특별자치도교육청

나. 학교자율시간의 운영 흐름

〈표 10-5〉 학교자율시간 설계·운영의 흐름

순서	내용
준비·계획	• 교육공동체 공감대 형성 연수 • 교육공동체 의견 수렴 및 실태 분석 • 기본 방향 설정 –운영형태, 유형, 학년, 학기, 주제, 관련 교과, 운영 차시 등

순서	내용
설계 · 개발	• 교육과정 개발 – 내용체계, 성취기준, 성격 및 목표 – 예시 및 서식 • 교육과정 성찰 – 체크리스트를 활용한 교육과정 성찰
심의 · 승인	• 학교자율시간 과목 학교 교육과정위원회 자문 및 운영위원회 심의 • 교육감 승인 과목(고시 외 과목) 승인
운영 · 성찰	• 학교자율시간 운영 • 학교자율시간 성찰 및 환류

출처: 전북특별자치도교육청

Ⅲ. 사례연구의 방법과 절차

1. 연구의 배경

이 연구는 초등학교 교사의 학교기반 금융 교육과정을 개발하고 실행한 사례를 분석하기 위하여 질적 사례연구(case study)를 적용하였다. 왜냐하면, 질적 사례연구는 특정 사례를 다양한 맥락에서 분석하여 현상을 이해할 수 있으며, 이를 통해 심층적인 통찰을 얻는 데 유용하기 때문이다(Yin, 2003). 이 연구는 단위학교에 적합한 금융교육과정('꿈살림 공동체')의 개발 및 실행 경험을 탐구하기 위하여 교대 교수와 부설초등학교의 교사가 함께하는 협력적 사례연구를 수행하였다. 특히, 이 연구는 1년(2024학년도) 동안 단위학교의 학교자율시간에서 금융 · 경제 · 소비자 교육 교과목을 통해 학교기반 금융교육을 개발하고 실행하는 현장교사의 경험에 주목하였다.

연구책임자는 공동연구자와 함께 학교기반 금융교육과정의 편성과 운영 과정을 모니터링하고 연구를 기획하는 역할을 담당하였다. 한편, 이 연구의 공동연구자는 교직경력이 19년 차인 초등학교 교사이다(이동성, 최송이, 2023). 그는 주식, 펀드, 가상화폐 등 다양한 금융상품에 직접적으로 투자한 경험이 있는 초등학교 교사이다(이동성, 최송이, 2023). 그는 2018년에 '교실 속 마을 활동'이라는 책을 통해 학교기반 금융교육의 필요성을 자각하게 되었으며, 4학년을 대상으로 '교실경제시스템'을 한 달 정도 시범적으로 운영하기도 하였다(이동성, 최송이, 2023). 당시 그는 교실경제시스템에 참여했던 학생들의 높은 수업참여도와 호응을 체감하면서 학교기반 금융교육의 새로운 가능성과 매력에 빠져들게 되었다(이동성, 최송이, 2023). 이후 그는 전주부설초등학교로 자리를 옮겨 2021년부터 2023년까지 3년 동안 6학년(3개 반)을 대상으로 '모여 봐요, 경제의 숲'이라는 경제·금융교육 프로젝트 수업(주제중심 교육과정 재구성, 47차시 분량)을 총괄하여 운영하였다(이동성, 최송이, 2023). 연구학교 업무부장교사였던 그는 2024년에 교육부지정 금융교육 연구학교 업무를 총괄하면서 이 연구에 참여하였다. 이 연구는 바로 그가 2024년에 부설초등학교의 동료교사들과 함께 학교기반 금융교육과정을 편성하고 운영했던 경험에서 비롯되었다.

2. 자료 수집 및 분석

이 연구는 1년(2024학년도) 동안 학교기반 금융 교육과정(교과목)을 개발하고 실행했던 현장교사의 경험을 탐구하기 위해 참여관찰, 인터뷰, 반성적 저널, 학교자율시간 및 학교교과목 관련 계획서, 문헌자료 등 다양한 질적 자료를 수집하였다. 특히, 연구자들은 6개 학년별로 1명씩 T/F팀을 구성하여 학교자율시간 과목인 '꿈살림 공동체'을 개발하는 교사들의 연구 활동을 분석하였다. 특히, 공동연구자는 학교 전체뿐만 아니라, 특정 학년(4학년)에 초점을 두면서 학교기반 금융교육과정이 실행되는 구체적인 과정을 기록하고 분석하였다. 이를 통해, 금융교육을 위한 교육 역량강화, '꿈살림 공동체' 총론의 구성 과정이라는 2개의 핵심범주를 생성하였다. 그리고 이러한 연구결과에 대한 사실적-기술적 글쓰기를 통해 연구결과를 제시하였다.

3. 타당도 및 신뢰성 확보

이 연구는 연구의 과정 및 결과에 대한 타당도와 신뢰성을 확보하기 위해 다음과 같은 작업을 하였다. 첫째, 질적 사례연구의 신빙성을 더하기 위해 참여관찰, 인터뷰, 금융 교육과정 개발 과정에서 생성된 문헌자료 등 다양한 질적 자료를 수집하여 분석하였다. 둘째, 절적 자료의 분석과 연구보고서 작성 과정에서 연구 결과의 적합성과 타당성을 강화하기 위하여 두 차례의 동료자 검증을 받았다. 셋째, 연구보고서에 등장하는 교사들에 대한 프라이버시를 보호하기 그들의 이름을 가명 처리하고, 연구보고서에 동료교사들의 반성적 저널이나 학습자료를 수록할 때 사전 동의를 받았다. 넷째, 이 연구는 단위학교 수준의 금융 교육과정 개발에 주목했기 때문에, 공동연구자가 포함되지 않은 학년의 교육과정을 수록할 때 그들로부터 연구 동의를 얻었다.

Ⅳ. 금융 학교교과목의 편성과 운영

1. 금융교육을 위한 교원 역량강화

> 처음에 이 역할(연구학교 주무)을 맡게 된 이유는 연구학교 주제와 관련된 프로젝트를 함께 실행한 동료는 있지만, 생성을 해 본 사람은 저뿐이었어요. 막막했지만 학교교과목이라는 이름으로 학교 단위의 교사교육과정을 선생님들이 함께 만들어본 경험이 있고, 선생님들이 워낙 열심히 하시는 학교이기도 하며, 경제교육은 이 학교에서 6학년을 3년 동안 맡으며 프로젝트로 계속 실행해 왔기 때문에, 해 볼만 하겠다 생각했습니다. 하지만 경제교육에 관심이 있으셨던 분들이 적었기 때문에, 선생님들의 금융역량부터 키우는 것이 필요했어요(공동 연구자의 내러티브, 2024. 09. 13.).

공동연구자는 연구학교 운영과 관련된 교원 연수 등의 역량 강화 프로그램을 〈표 10-6〉과 같이 전문적학습공동체를 중심으로 운영하였으며, 개발 단계부터 운영 및 성과 분석 등의 연구학교 운영 전 과정에 참여하도록 하였다. 또한 경제교육과 관련하여 외부 전문가를 초청하여 개발 역량을 강화할 수 있는 기회를 마련하였다.

〈표 10-6〉 교원 역량 강화 운영계획

영역	연수 내용
연구학교 운영	• 연구학교 T/F 조직 • 연구학교 운영계획 • 내용체계표, 성취기준 등의 과목 총론 작성과 관련된 협의
직무 연수	• 경제·금융·소비자 역량 함양을 위한 연수 • 경제교육관련 직무연수 • 연구과제 관련 수업나눔 운영 • 학년별 사례 나눔 및 공유 활동
교수학습 협의회	• 연구과제 관련 수업나눔을 위한 사전 협의 • 학년별 지도의 실제 작성을 위한 협의
전문가 자문	• 경제교육 전문가 컨설팅(전주교육대학교 교수) • 총론, 지도의 실제 작성을 위한 컨설팅
워크숍	• 경제교육 워크숍, 교육과정 협의회 등

2. '꿈살림 공동체' 교과목 총론 개발하기

가. 경제·금융·소비자 교육 관련 내용요소 선정

○ 1차 작업

공동연구자는 TF를 중심으로 총론을 구성하였으며, 가장 먼저 해야 할 일은 내용요소를 선정하는 일이었다. 금융교육표준안과 소비자교육표준안에서 중복되는 부분을 삭제하고, 학년별 적용 가능성을 살펴 계열성을 세우는 작업을 하였다.

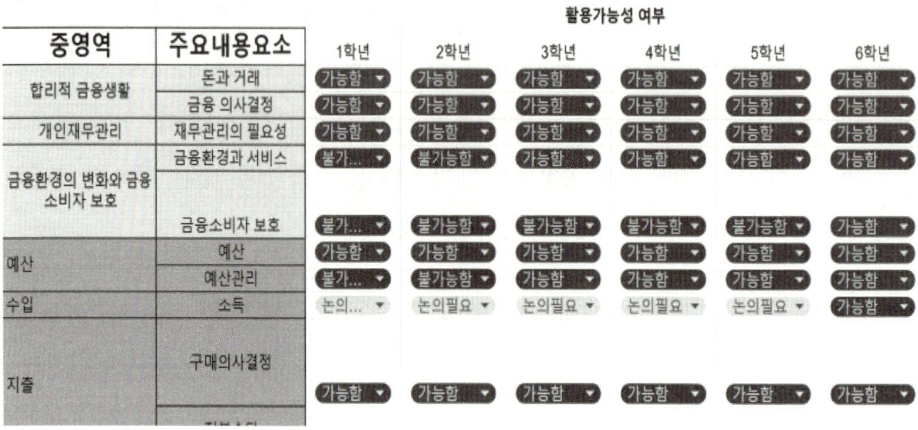

중영역	주요내용요소	1학년	2학년	3학년	4학년	5학년	6학년
		활용가능성 여부					
합리적 금융생활	돈과 거래	가능함	가능함	가능함	가능함	가능함	가능함
	금융 의사결정	가능함	가능함	가능함	가능함	가능함	가능함
개인재무관리	재무관리의 필요성	가능함	가능함	가능함	가능함	가능함	가능함
금융환경의 변화와 금융 소비자 보호	금융환경과 서비스	불가...	불가능함	가능함	가능함	가능함	가능함
	금융소비자 보호	불가...	불가능함	불가능함	불가능함	불가능함	가능함
예산	예산	가능함	가능함	가능함	가능함	가능함	가능함
	예산관리	불가...	불가능함	가능함	가능함	가능함	가능함
수입	소득	논의...	논의필요	논의필요	논의필요	논의필요	가능함
지출	구매의사결정	가능함	가능함	가능함	가능함	가능함	가능함

[그림 10-1] 내용요소별 활용가능성 여부 논의자료 중 일부

> 처음부터 끝까지 모든 것을 모든 교원과 의논하는 것은 바쁜 학교 일정 속에서 효율적이지도 효과적이지도 못했어요. 그래서 먼저 학년별로 1명씩 선정하여 TF를 구성한 후 총론을 만들고, 학년별로 지도의 실제를 제작하면 TF 참여자가 학년 안에서 큰 역할을 해줄 거라 생각하고 그렇게 실행했습니다. 괜찮은 방법이었다고 생각합니다. 내용요소와 성취기준을 고민할 때, 처음에는 별 걱정이 없었습니다. 금융교육표준안과 소비자교육표준안이 이미 개발되어 있기 때문에 그것을 준용하면 되겠다고 생각했습니다. 하지만 학교자율시간 과목은 2022 개정 교육과정에 있는 내용요소와 중복이 되면 과목으로서의 위상이 위협받습니다(공동연구자의 내러티브, 2024. 09. 13.).

다음 〈표 10-7〉은 연구학교 주제와 연관 지어 경제・금융・소비자 영역으로 구분한 후 설정한 내용요소이며, 이 자료를 전문가에게 요청해 컨설팅을 받았다. 첫째로 학년별 교육목표 설정하기, 3대 영역을 기준으로 지식・이해/과정・기능/가치・태도를 재정리하기 등의 조언을 받았다. 둘째로 지식・이해 부분에서 금융의사결정 등이 중복되는 부분을 피해가지 못했는데, 가장 중요한 내용요소이긴 하나 학년별로 개발이 될 때 내용이나 방법이 중복될 가능성이 매우 높기 때문에 용어의 구체화를 통하여 체계성을 갖추는 것이 필요하였다.

〈표 10-7〉 경제 · 금융 · 소비자 영역 내용요소 선정(1차 작업)

		학년별 주요 내용 요소					
		1학년	2학년	3학년	4학년	5학년	6학년
지식 이해	경제 생활	• 절약 • 자신의 물건 관리	• 생산과 노동 (추가?)	• 노동과 생산 • 지역경제 활성화	• 희소성과 선택 • 생산, 소비 • 기업과 생산 • **경제교류 (지역)**	• 시대별 경제 • 다양한 경제 교류의 형태	• 기업과 생산 • 국민 소득과 경제성장 • **경제교류(무역)** • 우리나라 경제체제 • 공정무역
	금융 생활	• **저축**	• 돈 • 용돈 관리 • **저축**	• 예산 · 소득 · 지출 • 저축 • 개인재무(용돈, 소득)관리	• 돈과 거래 • **금융 의사 결정** • **저축상품** • 지불수단	• **금융 의사 결정** • 역사 속 **금융 소비자 보호** • 금융 복지	• **금융 의사결정** • 투자와 **창업** • **위험관리와** 보험 • 신용과 부채 관리(추가?)
	소비자 교육	• **구매의사 결정**	• **구매의사 결정**	• 소비가치와 소비문화 • 합리적 구매 의사결정과 소비자정보	• 소비자정보 • 소비생활의 변화	• 지속가능한 소비에 참여 • 소비자 문제 해결	• 합리적 선택과 합리적 구매 의사결정 • 금융소비자 보호(금융사기)
과정 기능		• 이해하기 • 조사하기 • 탐구하기 • 체험하기	• 추가?	• 이해하기 • 조사하기 • 탐구하기 • 체험하기	• 이해하기 • 조사하기 • 탐구하기 • 발표하기 • 체험하기	• 이해하기 • 조사하기 • 탐구하기 • 체험하기	• 선택하기 탐구하기 • 조사하기 작성하기 • 홍보하기 비교하기 • 제작하기
가치 태도	경제 생활	• 절약/저축에 대한 태도 추가	• 생산(노동)의 가치를 소중하게 여기기	• 합리적 소비 실천의지 다지기 • 경제활동의 자유 존중 태도	• 희소성 선택(가치) • 기업과 생산(태도) • 경제교류(가치)	• 공정한 분배에 대한 감수성 • 경제활동의 자유 존중태도	• 경제활동의 자유를 존중하는 태도 • 경제 주체로서의 사회적 책임
	금융 생활	• 금융의사결정 생활 실천하기 • 바람직한 용돈관리 실천하기 • 저축하는 습관 기르기	• 바람직한 용돈관리 실천하기 • 저축하는 습관 기르기 • 금융의사결정 생활 실천하기	• 금융의사결정 생활 실천하기 • 바람직한 용돈관리 실천하기 • 저축하는 습관 기르기	• 화폐의 필요성과 중요성 느끼기 • 저축 습관 기르기	• 금융의사결정 생활 실천하기 • 바람직한 용돈관리 실천하기 • 저축하는 습관 기르기	• 합리적 의사결정의 실천 • 가치/태도 추가
	소비자 교육	• 올바른 소비자 생활 실천하기	• 소비자 의사결정 생활 실천하기 • 합리적 소비 실천하기	• 소비자 의사결정 생활 실천하기	• 소비자 정보를 확인하는 습관 기르기	• 지속가능한 소비에 참여하는 태도 갖기 • 소비자문제를 해결하려는 태도 갖기	• 구매의사결정 태도 • 금융소비자 보호(금융사기) 가치

> 우리는 기존의 학교교과목의 구성경험에 묶여 앵커링(anchoring)된 상태였다고 생각합니다. 그때는 학년군별로 영역을 구성했고, 그 영역에 따라 3개의 소주제를 만들었는데, 이번에는 경제·금융·소비자 영역을 무심코 설정한 후 단원 구성은 그 영역 여기저기서 내용요소를 따와서 구성하려고 했었거든요(공동연구자의 내러티브, 2024. 09. 13.).

셋째, 가고자 하는 방향과 영역 설정의 방향이 다른 것을 인식하는 순간이었다. 교사들의 합의된 방향은 교실경제 등의 프로젝트를 운영하는 방식을 그대로 학교자율시간에 담는 것이었는데, 경제·금융·소비자 영역으로 구성하게 되면 분절되어 실질적이지 못하다는 것이었다.

○ 2차 작업

▷ '꿈살림 공동체' 영역 설정의 원리

'꿈살림 공동체'의 영역 설정은 학생들이 경제생활을 실질적이고 체계적으로 이해할 수 있도록 구조화하는 데 초점을 두었다. 초기에는 경제, 금융, 소비자 영역으로 설정하여 단원을 구성하였는데, 영역이 서로 분리되어 통합적 사고를 하기 어렵고, 영역별로 단순 개념 설명에 집중되기 쉬워 실생활에 적용하는 활동으로 이어지기 어렵다는 결론을 얻었다. 게다가 본교에서는 교실경제를 운영하는 학년이 많기 때문에, 위에서 언급한 영역 설정 방식으로는 모의 경제사회 속에서 동시다발적으로 쏟아져 나오는 개념들을 묶어내기 어려웠다. 따라서 영역 설정 방법을 도덕과목과 유사하게 학습 범위를 개인, 교실, 지역사회 및 세계로 확장하여 나가는 [그림 10-2]와 같은 형식이 적합하다고 판단하였으며, 이를 통해 경제, 금융, 소비자 개념과 활동을 자연스럽게 통합하여 학습할 수 있도록 하였다.

> 학교자율시간을 주제로 하는 연구학교에 출장을 갈 일이 있었는데, 그 학교는 인성을 주제로 삼다보니 도덕과의 영역 설정으로 구성하고 있었습니다. 그것을 가만히 살펴보다가 속으로 '유레카!'를 외쳤죠. 나-교실-교실

밖 이런 방식으로 확대하면 대부분의 학년들에게 그대로 적용이 될 수 있겠다 싶었거든요(공동연구자의 내러티브, 2024. 09. 13.).

[나와 경제생활]	[교실 속 경제생활]	[교실 밖 경제생활]

[그림 10-2] '꿈살림 공동체' 영역 설정

예를 들어, 교실 속 경제생활에서 학생들이 가상 경제를 운영하면서 수입, 지출, 저축 등 경제, 금융, 소비자 영역에 국한되지 않는 다양한 개념이 쏟아져 나오고, 이를 선택적으로 다루게 된다. 이러한 방법은 개념과 활동이 통합적으로 구성되도록 돕고, 경제 개념을 분리된 이론이 아니라 실생활과 밀접한 연관성을 가진 살아있는 지식으로 전달할 수 있다.

[나와 경제생활] 영역은 교실경제 시스템을 운영하기 위해 사전에 필요한 개념을 학습하거나, 개인으로서 반드시 이해해야 할 경제·금융·소비자 핵심 요소를 선정하여 구성하였으며, 개인의 소비와 저축 습관 등의 기본적인 경제적 태도를 형성하는 데 주안점을 두었다.

[교실 속 경제생활] 영역은 교실 속에서 실제적으로 경제를 체험하며 겪게 될 현상에 초점을 맞추고, 그 현상(의사결정, 저축, 소비 등)을 중점적으로 돌아보며 귀납적으로 개념을 이해하고 환류하여 다시 변화된 경제 행위를 실천할 수 있도록 구성하였다.

[교실 밖 경제생활] 영역은 경제활동과 관련된 실제적인 체험학습이 이루어지거나, 외부와의 교류(교실 간 또는 학교 밖)를 통해 얻을 수 있는 학습요소인 지역경제 살리기, 지역 간 교류, 전통시장 체제와 변화, 무역과 관세 등을 학습할 수 있도록 구성하였다.

▷ 내용요소의 선정

학교자율시간은 정규 교육과정에서 다루지 않는 새로운 학습 기회를 제공하거나, 학생들의 흥미를 반영한 창의적이고 지역적인 교육활동을 통해 교육의 다양성과 자율성을 강화하기 위한 것이다. 따라서 '꿈살림 공동체'의 내용요소는 2022 개정 교육과정의 내용요소와 중복되지 않도록 제거하거나 더 깊게 다룰 수 있도록 다루고자 하는 바를 더욱 구체적으로 작성하였다.

금융교육의 내용요소는 금융교육표준안개정 연구(이소연 외, 2020)에서 제시한 내용체계를 참고하여 개념의 위계상 우선적으로 학습되어야 할 요소, '합리적 금융생활 실천을 위해 실생활에서 활용 가능성이 높은 요소'를 기준으로 설정하였으며, 초등 수준에 적합한 내용요소를 선정하여 용어를 구체화하였다. 또한 소비자 교육의 내용요소는 학교 소비자교육 표준안 개발 연구(한국교육과정평가원, 2021)에서 제시한 학교급별 내용 체계를 참고하여 내용요소를 선정하고 용어를 구체화하였다. 〈표 10-8〉과 같이 여러 영역에 속하는 내용요소는 해당 영역에 모두 삽입하되 중복임을 표시할 수 있도록 색깔로 구분하였다.

〈표 10-8〉 경제 · 금융 · 소비자 교육 내용요소(지식, 이해) 생성

분야	대영역	중영역	내용요소(지식 · 이해)			
			3학년	4학년	5학년	6학년
경제 교육	경제생활	○ 희소성과 선택		• 현명한 소비 의사결정		
		○ 기업과 생산	• 농작물 생산 • 상품 판매 • 지역경제와 지역화폐 • 지역경제 활성화 방법	• 경제주체(생산자, 소비자)의 역할 • 창업의 기본 과정		• 교실 경제 규칙 • 경제 시스템 • 직업의 특징 • 창업의 의미 (재화와 서비스)
		○ 국민소득과 경제성장			• 옛이야기 속 경제요소 • 시장의 역사	• 시장 경제
	국가경제	○ 국제 거래와 환율		• 화폐(발전과정, 필요성, 종류)		• 경제교류(무역, 관세)

분야	대영역	중영역	내용요소(지식 · 이해)			
			3학년	4학년	5학년	6학년
금융 교육	금융과 의사결정	○ 합리적 금융생활		• 돈의 가치		
		○ 개인 재무관리				
		○ 금융환경의 변화와 금융 소비자 보호		• 전자거래 (지불수단)	• 역사 속 금융과 신용	• 금융 사기
	수입과 지출 관리	○ 예산	• 들어온 돈과 나간 돈	• 용돈관리		
		○ 소득	• 능동적 소득과 수동적 소득	• 근로소득 • 사업소득		
		○ 지출		• 현명한 소비 의사결정 • 전자거래 (지불수단)	• 안전한 소비	
	저축과 투자	○ 저축	• 저축의 좋은 점	• 저축상품의 종류		
		○ 투자				• 투자(창업 자금, 주식)
	신용과 부채관리	○ 신용관리와 대출			• 역사 속 금융과 신용	
		○ 부채관리				
	보험과 은퇴설계	○ 위험관리와 보험			• 역사 속 금융 복지정책 • 현재의 금융 복지제도	• 위험 관리와 보험
		○ 은퇴설계				
소비자 교육	시장 환경의 변화와 소비문화	○ 시장 환경의 변화와 소비생활	• 지역경제 활성화 방법	• 창업의 기본 과정	• 안전한 소비 • 우리지역 전통 시장	• 창업의 의미 (재화와 서비스)
	합리적 구매의사 결정과 재무관리	○ 합리적 구매 의사결정과 소비자 정보		• 소비자 정보 (가격, 품질, 구매후기) • 현명한 소비 의사결정		
		○ 소비생활과 재무관리		• 용돈관리		

나. 계열성과 위계성이 있는 내용체계표 구성

금융교육 표준안(이소연 외, 2020)과 소비자교육표준안(한국교육과정평가원, 2021)을 참고하여 본교에 맞게 내용요소를 추출하였으며, 경제·금융·소비자 교육의 내용요소를 중심으로 하여 삶과 연결되는 지속적인 실천을 강화할 수 있도록 교육과정의 내용과 범위, 발달단계 등을 감안하여 학년별로 내용요소가 분배된 내용체계표를 제작하였다. 이때 학년 간의 중복 또는 누락이 없도록 고려하여 위계성을 갖출 수 있도록 하였으며, 내용체계표는 아래 〈표 10-9〉, 〈표 10-10〉, 〈표 10-11〉과 같다.

〈표 10-9〉 나와 경제생활 영역 내용체계표

영역명	나와 경제생활			
핵심 아이디어	• 소득과 지출의 계획적 관리는 재정적 안정과 목표 달성의 열쇠이다. • 화폐와 자산관리는 개인과 기업이 경제 활동에 참여하기 위한 핵심 요소이다. • 소비자 문제 해결과 지속 가능한 소비는 책임 있는 경제 활동의 핵심이다. • 경제 시스템과 금융 이해는 안전하고 지속 가능한 경제생활의 기반이다.			
구분 범주	학년별 내용 요소			
	3학년	4학년	5학년	6학년
지식·이해	• 능동적 소득과 수동적 소득 • 들어온 돈과 나간 돈	• 돈의 가치 • 화폐(발전과정, 필요성, 종류) • 소비자정보(가격, 품질, 구매후기) • 용돈관리	• 옛이야기 속 경제요소	• 교실 경제 규칙 • 경제 시스템 • 직업의 특징
과정·기능	• 소득의 종류 탐구하기 • 능동적 소득 계획 세우기 • 들어오고 나갈 돈을 예상하며 용돈 관리하기	• 돈의 가치 비교하기 • 화폐 발전과정 탐색하기 • 용돈기입장 기록하기 • 소비자정보 조사하기	• 옛이야기 속 경제요소 탐색하기 • 옛이야기 속 문제점을 해결하는 경제쟁책 만들기	• 교실경제 금융 환경 조성하기 • 합리적인 경제생활 목표 세우기
가치·태도	• 계획적인 용돈 관리 태도 갖기	• 돈을 대하는 올바른 태도 • 현명한 경제생활 태도	• 이야기 속 경제의 문제점 공감하기	• 경제생활 관심 • 합리적인 의사 결정의 실천

〈표 10-10〉 교실 속 경제생활 영역 내용체계표

<table>
<tr><td>영역명</td><td colspan="4">교실 속 경제생활</td></tr>
<tr><td>핵심 아이디어</td><td colspan="4">• 생산과 저축을 통한 경제적 자립은 지속 가능한 미래를 위한 기초이다.
• 경제적 이해와 현명한 소비가 개인의 재정 안정과 미래를 설계하는 힘이 된다.
• 금융의 역사와 정책 이해는 경제 주체로서의 책임 있는 역할 수행을 가능하게 한다.
• 시장 이해와 경제 주체의 역할 수행은 효율적인 자원 배분과 경제적 번영을 이끈다.</td></tr>
<tr><td rowspan="2">구분 / 범주</td><td colspan="4">학년별 내용 요소</td></tr>
<tr><td>3학년</td><td>4학년</td><td>5학년</td><td>6학년</td></tr>
<tr><td>지식·이해</td><td>• 농작물 생산
• 상품 판매
• 저축의 좋은 점</td><td>• 근로소득
• 현명한 소비의 사결정
• 전자거래 (지불수단)
• 저축상품의 종류</td><td>• 역사 속 금융과 신용
• 역사 속 금융복지정책
• 현재의 금융복지 제도</td><td>• 창업의 의미(재화와 서비스)
• 투자(창업 자금, 주식)
• 시장 경제
• 경제 복지 제도</td></tr>
<tr><td>과정·기능</td><td>• 농작물 기르고 수확하기
• 판매, 홍보 계획하기
• 상품 판매하기
• 판매 수익금 저축하기</td><td>• 직업에 따른 소득 얻기
• 소비 계획 세우기
• 전자통장 사용하기
• 저축상품 설계하기</td><td>• 역사 속 금융복지정책 표현하기
• 미래 금융 복지 상품 계획하기</td><td>• 창업의 과정 탐구하기
• 창업 투자유치설명회 참여하기
• 모의 주식 투자하기</td></tr>
<tr><td>가치·태도</td><td>• 자주적인 생산</td><td>• 경제활동에 대한 관심
• 지속 가능한 소비습관</td><td>• 신용의 중요성 공감하기
• 사회적 책임 기르기</td><td>• 경제활동의 자유를 존중하는 태도
• 경제 주체로서 사회적 책임감수성</td></tr>
</table>

〈표 10-11〉 교실 밖 경제생활 영역 내용체계표

영역명	교실 밖 경제생활			
핵심 아이디어	• 지역경제의 이해와 참여는 지역사회 발전의 원동력이다. • 경제주체로서의 역할과 상호의존성은 사회적 번영을 이루는 핵심 동력이다. • 시장 이해와 소비자의 역할은 지역 경제의 활성화와 지속 가능한 소비를 촉진한다. • 무역과 관세 이해는 글로벌 경제와 지속 가능한 경제 활동에 참여하는 능력을 기른다.			
구분 / 범주	학년별 내용 요소			
	3학년	4학년	5학년	6학년
지식·이해	• 지역경제와 지역화폐 • 지역경제 활성화 방법	• 창업의 기본 과정 사업소득 • 경제주체(생산자, 소비자)의 역할	• 시장의 역사 • 우리지역 전통시장 • 안전한 소비	• 위험 관리와 보험 • 금융 사기 • 경제교류(무역, 관세)
과정·기능	• 지역경제 활성화 방법 탐구하기 • 지역상점 이용 계획하기	• 창업체험하기 • 생산자와 소비자의 역할 체험하기	• 역사 속 시장의 모습 표현하기 • 시장 체험하기 • 전통시장의 발전방법 모색하기 • 안전한 소비 방법 탐색하기	• 금융 사기 조사 및 대비하기 • 보험 설계하기 • 관세 책정 및 무역 체험하기
가치·태도	• 지역경제 활성화에 관심 갖기 • 지역경제 활성화 방법 실천하기	• 생산자로서의 책임 • 상호의존성의 소중함	• 전통시장의 가치 공감하기 • 안전한 소비 실천하기	• 경제 위험에 대한 주도적인 관리 태도 • 지속 가능한 경제 활동 참여 태도

다. 성취기준 분석 및 작성

▷ 경제·금융·소비자 교육관련 성취기준 분석

위계성과 체계성을 갖춘 선택과목 편성을 위해 먼저 2022 개정 교육과정에 제시되어 있는 초등 교과 내 경제·금융·소비자 관련 성취기준, 금융교육표준안(이소연 외, 2020)에 제시되어 있는 초등학교 성취기준, 소비자교육표준안(한국교육과정평가원, 2021)에 제시되어 있는 초등학교 성취기준을 분석하였으며, 내용은 〈표 10-12〉, 〈표 10-13〉, 〈표 10-14〉와 같다.

〈표 10-12〉 2022 경제 · 금융 · 소비자 교육 관련 성취기준

교과	학년군	성취기준
슬기로운 생활	1~2학년군	[2슬02-01] 우리가 살고 있는 마을과 사람들이 생활하는 모습을 살펴본다. [2슬02-04] 궁금한 세계를 다양한 매체로 탐색한다. [2슬03-04] 우리의 생활과 관련된 지속가능성의 다양한 사례를 찾고 탐색한다. [2슬04-03] 경험한 것 중에서 관심 있는 주제를 정하고 조사한다. [2슬03-04] 우리의 생활과 관련된 지속가능성의 다양한 사례를 찾고 탐색한다.
도덕	5~6학년군	[6도02-01] 봉사의 의미와 중요성을 이해하고, 타인이 처한 상황과 환경에 대한 주의 깊은 관심을 바탕으로 봉사를 실천한다.
사회	3~4학년군	[4사07-01] 자원의 희소성으로 인해 경제활동에서 선택의 문제가 발생함을 이해하고, 경제활동에서 합리적 선택의 방법을 탐색한다. [4사07-02] 생산과 소비 활동을 파악하고, 인적 · 물적 교류의 사례를 통해 각 지역 및 사람들이 상호의존 관계를 맺고 있음을 탐색한다.
	5~6학년군	[6사11-01] 시장경제에서 가계와 기업의 역할을 이해하고, 근로자의 권리와 기업의 자유 및 사회적 책임을 탐색한다. [6사11-02] 경제성장이 우리 생활에 미치는 영향을 파악하고, 빠른 경제성장으로 발생한 문제의 해결 방안을 탐색한다. [6사11-03] 사례를 통해 무역의 의미를 이해하고, 국가 간 무역이 발생하는 이유를 탐구한다.
실과	5~6학년군	[6실02-01] 시간이나 용돈과 같은 생활자원이 제한되어 있음을 이해하고, 생활자원의 사용가치를 높이는 방법을 탐색한다. [6실02-02] 생활자원 관리의 필요성을 인식하고, 생활자원의 합리적인 보관과 활용방법을 익힌다. [6실02-03] 생활자원의 올바른 사용이 가정과 환경에 도움이 됨을 이해하고 재활용, 재사용 등 환경을 고려한 관리 방법을 실천한다.

〈표 10-13〉 초등 금융교육 성취기준(이소연 외, 2020)

대영역	중영역	성취기준
1. 금융과 의사결정	합리적 금융생활	[초-Ⅰ-1-①] 상품 거래에 돈이 필요함을 알고, 돈과 관련된 의사결정 사례를 제시할 수 있다. [초-Ⅰ-1-②] 돈을 사용할 때 우선순위를 고려하여 의사결정을 할 수 있다.
	개인 재무관리	[초-Ⅰ-2-①] 일상생활에서 돈 관리가 중요함을 이해한다.
	금융환경 변화와 금융소비자 보호	[초-Ⅰ-3-①] 은행과 같은 우리 주변의 금융회사가 하는 일을 이해한다. [초-Ⅰ-3-②] 금융생활에서 개인정보의 중요성을 알고 개인정보를 보호할 수 있는 다양한 방법을 제시할 수 있다.
2. 수입과 지출관리	예산	[초-Ⅱ-1-①] 계획을 세워 돈을 사용해야 하는 이유를 알고, 계획을 세울 수 있다. [초-Ⅱ-1-②] 용돈관리의 중요성을 알고 용돈기입장을 작성할 수 있다.
	수입	[초-Ⅱ-2-①] 소득의 다양한 원천을 확인한다.
	지출	[초-Ⅱ-3-①] 구매의사결정에서 상품에 대한 정보를 파악하는 것이 중요함을 이해한다. [초-Ⅱ-3-②] 다양한 지불 수단이 가진 장점과 단점을 비교할 수 있다.
3. 저축과 투자	저축	[초-Ⅲ-1-①] 저축을 하는 이유를 설명할 수 있다. [초-Ⅲ-1-②] 다양한 형태의 저축 방법을 제시할 수 있다. [초-Ⅲ-1-③] 예적금 계좌를 만들고, 저축하는 습관을 기른다.
	투자	[초-Ⅲ-2-①] 돈의 가치가 시간에 따라 달라질 수 있음을 안다. [초-Ⅲ-2-②] 투자의 개념과 필요성을 이해한다. [초-Ⅲ-2-③] 투자와 저축의 공통점과 차이점을 설명할 수 있다.
4. 신용과 부채관리	신용관리와 대출	[초-Ⅳ-1-①] 신용의 의미를 파악하고 신용 사용에는 비용이 수반됨을 이해한다.
	부채관리	[초-Ⅳ-2-①] 부채의 의미를 이해한다.
5. 보험과 은퇴설계	위험관리와 보험	[초-Ⅴ-1-①] 생활 속에서 겪을 수 있는 위험의 사례를 제시하고, 이에 대한 대비의 필요성을 이해한다. [초-Ⅴ-1-②] 위험관리 전략으로서 보험의 기능을 설명할 수 있다.

〈표 10-14〉 소비자교육표준안(한국교육과정평가원, 2021)

대영역	중영역	내용요소	성취기준
Ⅰ 시장 환경의 변화와 소비문화	시장 환경의 변화와 소비생활	시장의 이해와 소비자의 역할	[초-Ⅰ-1-①] 사례를 통해 시장의 의미를 이해하고, 소비의 의미와 소비자의 역할을 파악한다.
		시장 환경 변화에 따른 소비생활의 변화	[초-Ⅰ-1-②] 온라인 시장에서 물건을 구입한 경험을 제시하고, 온라인 거래의 특징을 이해한다.
Ⅱ 합리적 구매의사 결정과 재무 관리	1. 합리적 구매의사결정과 소비자 정보	합리적 구매와 구매의사결정 과정	[초-Ⅱ-1-①] 상품을 거래할 때 우선순위를 고려하여 구매의사결정을 내린다.
		소비자 정보의 원천과 특징	[초-Ⅱ-1-②] 소비자 정보가 중요함을 알고, 소비자 정보를 파악하는 방법을 익힌다.
	2. 소비생활과 재무 관리	수입과 지출의 관리	[초-Ⅱ-2-①] 용돈 기입장의 사용법을 익혀 용돈의 저축과 소비를 스스로 계획하고 관리한다.
Ⅲ 소비자 문제의 유형과 해결	1. 소비자 문제와 소비자 안전	소비자 문제의 발생 원인	[초-Ⅲ-1-①] 생활 속의 다양한 사례를 통해 소비자 문제가 발생할 수 있음을 이해하고, 이를 해결하고자 하는 태도를 갖춘다.
		소비자 안전 정보의 확인 및 활용	[초-Ⅲ-1-②] 소비자 안전의 의미와 소비자 안전 정보의 중요성을 파악하고, 생활 속에서 소비자 안전 정보를 활용한다.

▷ 금융교육 '꿈살림 공동체' 성취기준 작성

성취기준의 작성 원칙은 다음과 같다. 첫째, 2022 개정 교육과정에서 제시하고 있는 경제관련 성취기준과 중복되지 않도록 하였다. 둘째, 금융교육표준안과 소비자교육표준안을 참고하여 구체화하거나 단순화하였다. 셋째, 위에서 작성한 내용체계표에 따라 영역별 성취기준을 작성하였다. 국가 수준의 교육과정에서 제시하고 있는 성취기준 코드 제작 방식을 기반으로 하되, 전북특별자치도교육청의 과목 승인기준에 따라 선택과목의 성취기준을 작성하였다. 절차는 [그림 10-3]에 따라서 시행하였으며, 개발된 성취기준은 〈표 10-15〉, 〈표 10-16〉, 〈표 10-17〉과 같다.

2022 개정 교육과정 경제 · 금융 · 소비자교육 내용 분석	➡	내용 요소에 알맞은 성취기준 개발	➡	교육과정 설계 구성요소 협의	➡	성취기준 개발

성취기준 코드 생성 방법				
(예) 초등학교 3학년 2학기에 사회 교과 관련 '꿈살림 공동체' 과목을 개발했을 시 [3사꿈공01-01]				
3	사	꿈공	01	01
해당 학년	관련 교과	개발한 과목명 (2~3글자로 압축 후 사용)	(새롭게 만든) 내용 체계표의 영역 번호	성취기준 번호

[그림 10-3] 성취기준 생성 절차

▷ 나와 경제생활

〈표 10-15〉 '나와 경제생활' 영역 성취기준

[3사꿈공01-01]	소득의 종류(능동적 소득, 수동적 소득)를 탐구하고 능동적 소득을 얻기 위한 계획을 세운다.
[3사꿈공01-02]	들어오고 나갈 돈을 예상하여 계획적인 용돈 관리 태도를 갖는다.
[4사꿈공01-01]	돈의 가치를 비교를 통해 이해하고, 돈을 대하는 올바른 태도를 갖는다.
[4사꿈공01-02]	화폐(지불수단)의 발전 과정을 탐색하는 과정을 통해, 화폐의 필요성과 종류를 이해한다.
[4사꿈공01-03]	용돈관리, 소비자정보 확인방법을 알고 현명한 경제생활 태도를 기른다.
[5사꿈공01-01]	옛이야기 속에서 과거의 경제요소를 탐색하며, 경제적 문제점에 공감한다.
[5사꿈공01-02]	옛이야기 속 경제적 문제점을 해결하는 간단한 경제 정책을 만든다.
[6사꿈공01-01]	다양한 경제 시스템을 이해하고 교실 경제생활을 위한 금융 환경(교실 경제 규칙, 직업 특징)을 조성하며 경제생활에 대한 관심을 기른다.
[6사꿈공01-02]	합리적인 경제생활을 위한 나의 경제생활 목표를 세우고 실천한다.

○ 교실 속 경제생활

〈표 10-16〉 '교실 속 경제생활' 영역 성취기준

[3사꿈공02-01]	농작물을 생산하여 소득의 원천을 마련한다.
[3사꿈공02-02]	상품 판매를 통해 소득을 얻고 저축한다.
[4사꿈공02-01]	교실경제활동에 참여하여 근로소득, 전자거래, 현명한 소비 의사결정을 체험하고, 지속가능한 소비습관과 경제활동에 대한 관심을 갖는다.
[4사꿈공02-02]	저축상품의 종류를 이해하고, 간단한 저축상품을 설계한다.
[5사꿈공02-01]	은행이 만들어지는 과정을 이해하여 금융과 신용의 중요성에 공감한다.
[5사꿈공02-02]	과거의 금융복지정책을 조사하고 다양한 방법으로 표현하여 경제정책의 사회적 책임을 기른다.
[5사꿈공02-03]	현재의 금융복지제도를 이해하고, 간단한 미래의 금융복지상품을 설계한다.
[6사꿈공02-01]	기업, 개인 창업을 탐구하고 창업 투자유치 설명회 및 모의 주식 투자 활동에 참여하여 재화와 서비스를 생산 및 분배하고 합리적으로 소비한다.
[6사꿈공02-02]	경제활동의 자유를 존중하는 시장경제를 이해하고 경제 복지 제도를 파악하여 자유와 공정을 바탕으로 한 사회적 책임에 대한 감수성을 기른다.

▷ 교실 밖 경제생활

〈표 10-17〉 '교실 밖 생활 영역' 성취기준

[3사꿈공03-01]	지역경제를 이해하고 활성화 방안을 탐구한다.
[3사꿈공03-02]	지역경제에 관심을 갖고 지역상점을 이용한다.
[4사꿈공03-01]	창업의 과정을 체험하고, 경제주체(생산자, 소비자)로서의 역할을 탐색한다.
[4사꿈공03-02]	교실 간 경제 교류를 통해 사업소득을 얻거나 다양한 상품을 소비하는 과정을 체험하고, 지역 간 상호의존성의 소중함을 느낀다.
[5사꿈공03-01]	시장의 역사를 조사하고 역사 속 다양한 시장의 모습을 표현한다.
[5사꿈공03-02]	우리 지역 전통시장을 체험하여 전통시장의 가치를 공감하고 발전방법을 모색한다.
[5사꿈공03-03]	상품에 대한 정보를 탐색하여 안전한 소비를 실천한다.
[6사꿈공03-01]	경제 위험에 주도적으로 대비하는 보험을 이해하고 금융 사기의 사례 등을 조사하며 일상생활에서 지속 가능한 경제활동에 참여하는 태도를 기른다.
[6사꿈공03-02]	무역과 관세의 관계를 파악하고 교실 밖 무역을 체험할 수 있다.

라. 4학년 경제 · 금융 교육과정 운영의 실제

▷ 교과목 개관: "더불어 사는 교실 속 작은 경제"

미래를 살아갈 아이들에게 금융은 삶의 형태와 방식을 결정할 중요한 부분이 될 것이다. 그리고 금융이해력(효과적인 금융 의사결정을 내리는 데 필요한 지식, 기술, 태도를 갖추고 활용할 수 있는 역량)은 미래를 살아갈 아이들에게 필수적이며 유년기부터 길러주었을 때 금융에 대한 가치 · 태도를 형성하는 데 도움이 된다.

4학년 아이들에게 경제 개념을 단순히 설명하는 것이 아닌 아이들의 삶과 연결된 경험을 통해 체득하게 할 때 살아있는 '배움'이 될 것이다. 따라서 본 과목은 아이들이 교실에서 실제적 경험으로 경제개념을 배울 수 있도록 구성하였다. 아이들은 교실경제 활동을 통해 근로소득을 얻고 소비활동을 하며 자신의 경제활동 내용을 지속적으로 성찰한다. 또한 교실경제 활동을 토대로 학년 경제활동(창업과 경제적 교류활동)을 운영하면서 경제 · 금융 · 소비자 역량을 향상할 수 있도록 하는 데 주안점을 두었다.

'우리 교실, 작은 경제학'에서는 디스토피아 상황을 과정 드라마로 연출하여 화폐의 필요성을 느끼고, 화폐의 종류(실물화폐, 신용화폐, 전자화폐) 및 화폐의 발전 과정을 익힌다. 그리고 단순히 숫자로만 인식하였던 돈의 가치가 얼마만큼 큰 것인지 재화를 사기 위해 필요한 시간을 계산하며 이를 인식할 수 있도록 한다. 또한, 교실경제와 학년경제 운영에 대비하여 소비자 정보의 의미와 종류를 알아본다. 소비자 정보를 아는 것은 생산자가 윤리적 태도로 사업을 운영하고, 소비자가 합리적 의사결정을 통해 올바른 소비를 할 수 있도록 하는 데 필요한 개념이다.

'똑똑한! 교실경제'는 교실경제 활동을 통해 경제의 기본 개념과 원리를 이해하고, 실제 생활에 적용할 수 있도록 설계하였다. 교실경제의 다양한 활동을 통해 경제 용어를 배우고, 자신의 저축 상품을 구상하고 실제 교실경제 시스템에 적용을 하며, 교실경제 시스템 내에서 역할을 수행하며 실제적인 경험을 하게 된다. 근로소득에 맞는 소비계획을 세우고, 이를 토대로 한 소비활동을 하며 자신의 근로소득에 맞는 소비활동을 하고 있는지 지속적으로 성찰한다.

'더불어! 학년경제'에서는 교실경제에서 확대하여 학년경제를 이루며 교실 간 경제적 교류활동을 경험할 수 있도록 설계하였다. 학년경제 활동을 준비하고, 창업으로 물건을 생산하여 학년 시장에서 거래하며 근로소득뿐만 아니라 사업소득도 얻는 경험을 하며, 지역 간 경제적 교류와 상호의존성을 체득하게 된다.

▷ 목표 및 체계

〈표 10-18〉 목표 및 체계

〈3-4학년군 목표〉

[나와 경제생활] 돈의 가치와 용돈 관리 방법을 이해하고 실천함으로써 지속 가능한 경제생활 태도를 기른다.

[교실 속 경제생활] 교실 속 경제 활동에 참여하여 기초적인 경제 용어를 익히고, 다양한 저축 상품을 이해하며, 소득, 소비, 저축 등의 의사결정과정을 체험하며 올바른 금융 태도와 소비 습관을 기른다.

[교실 밖 경제생활] 교실 밖 경제활동에 참여하여 지역경제를 이해하고 지역 상점을 활용하며, 창업과 경제 교류 활동을 통해 경제 주체로서의 역할과 지역 간 상호의존 관계를 탐구하는 기초 역량을 기른다.

교실경제활동에서 이루어지는 의사결정과정을 체험하고 합리적 경제 주체로서의 자질을 기른다.

〈나와 경제생활〉	〈교실 속 경제생활〉	〈교실 밖 경제생활〉
우리교실, 작은 경제학	똑똑한 교실경제	더불어 학년경제
〈교실경제 준비하기〉 • 돈의 중요성 이해하기 • 돈의 가치를 환산하기 • 돈의 역사 알아보기 • 화폐의 종류 • 용돈관리 • 소비자 정보	〈교실경제 운영하기〉 • 똑똑한! 교실경제 안내하기 • 똑똑한! 교실경제 준비하기 • 슬기로운 소비생활 • 똑똑한! 교실경제 되돌아보기	〈학년경제로 확장하기〉 • 더불어! 학년 경제 준비하기 Ⅰ • 더불어! 학년 경제 준비하기 Ⅱ • 더불어! 학년 경제 운영하기 • 더불어! 학년경제 돌아보기

▷ 활동 과정 및 사례

• 우리 교실, 작은 경제학(1-9차시)

〈표 10-19〉 1단원의 개요

과정	내용
우리 교실, 작은 경제학 (1-9)	■ **돈의 중요성 이해하기** -돈으로 할 수 있는 일 떠올리기 -돈과 다른 가치(사랑, 가족, 친구 등) 비교하기 ■ **돈의 가치 환산하기** -흔한 물건과 내가 가지고 싶은 비싼 물건의 가격 비교하기 -돈을 시간의 가치로 바꾸어 보기(최저시급, 연봉) -평범한 사람을 위한 현명한 구매 계획 세우기 ■ **돈의 역사 알아보기** -돈의 변화 과정(물물교환, 물품, 금속, 주조화폐) 알아보기 -돈의 특징 '수상한 상인' 과정 드라마 ■ **화폐의 종류 알아보기** -다양한 화폐 사용 경험 나누기 -동전과, 지폐, 카드, 디지털화폐의 특성과 장단점 찾기 ■ **용돈 관리** -용돈 관리 앱 활용하기 ■ **소비자정보** -소비자정보를 찾아 제품 평가하기

[나와 경제생활] 영역의 4학년 단원명인 [우리 교실, 작은 경제학]에서는 돈의 가치와 중요성, 화폐의 특성과 조건에 대하여 학습한다. 첫째, 돈의 중요성 이해하기 차시에서는 돈과 다른 가치(행복, 사랑, 가족, 친구, 등)를 비교해 보며 돈이 어느 정도의 위치를 차지하는지 살펴보고, 다른 가치들을 지키기 위한 목적으로서의 돈의 중요성을 인지하는 시간을 가졌다.

둘째, 돈의 가치를 환산하는 차시에서는 우리가 쉽게 말하는 돈의 단위가 실제로는 얼마나 모으기 어려운 일인지 살펴보는 시간이다. 내가 가지고 있는 흔한 물건(필통, 연필, 장난감)의 가격과 사고 싶은 비싼 물건의 가치를 비교하며 흔한 물건 몇 개가 있어야 그 물건의 가격과 같아지는지 비교하였으며, 사고 싶은 비싼 물건을 시간의 가치로 바꾸어 보며 몇 시간 또는 몇 달 동안을 일해야 살 수 있는 물건인지를 체감하며 돈에 대한 양감을 형성하는 시간을 가졌다.

셋째, 돈의 역사를 알아보는 차시에서는 물물교환-물품화폐-금속화폐-주조화폐-종이화폐-디지털화폐로 이어지는 다양한 화폐의 장단점을 비교하며 계속 편리하게 개선되어 왔다는 것을 이해하였으며, 돈의 특징을 알아보기 위한 '수상한 상인' 과정드라마를 수업으로 구성하여 교환가능성, 가치성, 저장기능 이외에도 가장 핵심적인 특징인 사회적 약속(합의)까지 이끌어냄으로써, 암호화폐까지 접근할 수 있는 기반을 닦기도 하였다.

넷째, 하나의 물건에 대한 소비자 정보(가격, 용량, 특징, 리뷰 등)를 조사하여 기록하고, 이를 통하여 특정 물건을 사기 위해 비슷한 물건들을 평가하는 활동을 통해 물건을 살 때 어떠한 정보를 알아야 하고 어떻게 찾아야 하는지 실제로 체험하는 활동을 하였다.

▷ 똑똑한! 교실 경제(10-20차시)

〈표 10-20〉 4학년 2단원의 개요

과정	내용
똑똑한 교실경제 (10-20)	■ **교실경제 준비하기** -교실경제 화폐 공모전 -교실 경제 직업 정하기 -전자 통장 사용방법 익히기 -슬기로운 경제생활 계획 세우기 ■ **교실경제 운영하기** -근로소득 얻기, 세금 납부하기, 소비하기 -나의 교실 속 재무 상황 살펴보고 비교하기 ■ **우리 교실 전자통장 저축상품 만들기** -저축상품 살펴보기(예금, 적금) -저축 상품 조사 및 설계, 발표하기 -우리 교실 저축 통장 운영하기 ■ **교실경제 되돌아보기** -나의 경제생활 경험 나누기

[교실 속 경제생활] 영역의 4학년 단원명인 [똑똑한! 교실경제]에서는 교실경제를 준비하고 근로소득, 세금납부, 소비, 저축상품 등을 다루며 실제로 교실경제를 운영하게 된다. 첫째, 교실경제를 준비하기 위하여 교실경제 화폐명을 '부설'로 정하였으며, 이는 나중에 학년경제로 확장했을 때 같은 화폐명을 써야 하기 때문에 다른 반과도 함께 모여 결정하였다. 각 교실에서 학생들은 교실경제 직업을 정하고, 규칙을 함께 알아보는 시간을 가졌다.

둘째, 전자통장(Puple)의 사용방법을 익히고 스마트패드를 통해 실제로 교실 안에서 원활하게 거래가 이루어질 수 있으며, 소득을 얻는 재미와 소비를 하는 즐거움을 누리며 경제인으로서 적극적으로 참여하는 모습을 보여주었다.

셋째, 경제활동을 하는 중간에 자신과 친구들의 재무상황을 파악함으로써, 앞으로 어떻게 경제생활을 해나가야 할지 중간점검을 하였다. 현재까지는 소득이 많은 학생들의 공통점은 소비를 적게 하는 것이었으며, 소득을 높이기 위해서 설정하는 목표는 소비를 더 줄이거나 상금(발표, 과제 등)을 많이 받는 것이었다.

넷째, 교실 경제가 순항궤도에 오른 후, 저축 상품의 종류(예: 적금)를 살펴보고, 우리 교실을 위한 간단한 저축상품을 구성하여 발표하고, 선정된 상품에 대하여 실제로 전자통장에 구현하여 아이들이 활용토록 하였다.

▷ 더불어! 학년 경제(21-30차시)

〈표 10-21〉 4학년 3단원의 개요

과정	내용
더불어 학년경제 (21-30)	■ **학년경제 준비하기** -창업 아이디어 작성 및 발표하기 ■ **학년경제 운영하기** -생산하기 -교류 시장 운영하기(경제적 교류) ■ **학년경제 되돌아보기** -우리 반의 경제생활 분석하기(그래프) -개선하기(의견 정리, 토의)

[교실 밖 경제생활] 영역의 4학년 단원명인 [더불어! 학년경제]에서는 교실 밖으로 나아가 여러 교실을 통합하여 운영하게 된다. 교실 간 교류를 실천적으로 실현하며 지역 간 교류의 필요성을 깊게 이해할 수 있도록 하며, 간단한 창업과 사업소득, 경제주체의 역할을 이해하는 기회가 되었다. 첫째, 창업아이디어를 작성하고 발표하는 차시에서는 학생들이 나름대로의 아이디어를 구성함으로써 사업 아이템을 구체적으로 구상하여 발표하였다. 창업은 자신의 소득에 결정적인 역할을 하기 때문에 열정적으로 참여하는 모습을 보여주었다.

둘째, 학년경제를 직접 운영하는 것은 아침, 쉬는 시간, 점심시간을 활용하였다. 7일 가량 운영하였으며, 매일매일 새로운 창업 아이템으로 재창업을 하는 아이들이 생기기도 하였다. 교실 앞 복도는 쉬는 시간만 되면 항상 인산인해가 되었으며, 반별로 특성화된 상품들이 있어 지역교류의 특징이 드러나는 모습이 보였다.

Ⅴ. 단위학교의 금융교육과정 개발 및 실행 방안

1. 논의 및 결론

이 연구는 학교기반 금융교육과정의 개발과 실행 경험을 질적 사례연구를 통해 탐구함으로써 단위학교에서 초등학생들의 경제·금융·소비자 역량을 함양하기 위한 학교 수준 교육과정 개발과 운영의 실천적 가능성을 모색하였다. 이러한 연구 결과를 바탕으로 다음과 같은 논의와 결론을 도출할 수 있었다.

첫째, 2022 개정 교육과정 학교자율시간의 활용과 금융교육의 실현 가능성: 이 연구는 2022 개정 교육과정에서 도입된 학교자율시간을 활용하여 새로운 금융교육 교과목인 '꿈살림 공동체'를 개발하고 운영한 경험을 탐구하였다. 연구 결과, 학교자율시간을 통한 금융교육은 학생들에게 실질적이고 체계적인 경제·금융·소비자 교육을 제공할 수 있는 유연성과 창의성을 발휘할 수 있는 중요한 기반임을 확인하였다.

둘째, 체계적이고 계열성이 담보된 내용요소 선정: 금융교육표준안(이소연 외, 2020)과 소비자교육표준안(한국교육과정평가원, 2021)을 분석하여 적합한 내용요소를 추출하고, 학년 간 위계성과 계열성을 고려한 체계적인 금융 교육과정을 개발하였다. 특히, '나와 경제생활', '교실 속 경제생활', '교실 밖 경제생활'의 3대 영역으로 구성된 금융 교육과정은 경제 개념을 단순한 이론이 아니라, 학생들의 실생활과 연결된 실천적 학습을 이끌었다.

셋째, 학생 중심의 체험적 금융학습 강화: '꿈살림 공동체'는 학생들의 경제 및 금융 역량을 강화하기 위해 체험 중심의 학습을 설계하였다. 교실 경제 활동을 통해 근로소득, 소비, 저축, 투자 등 실제 경제생활의 전 과정을 체험하도록 하였으며, 학년별 교육활동은 지역경제와 글로벌 경제를 연결하며, 학생들이 경제 및 금융 주체로서 역할을 체감할 수 있도록 하였다.

넷째, 교원 금융교육 역량 강화와 교육공동체 협력: 이 연구는 경제·금융 교육에 대한 교원들의 이해와 역량 강화를 위해 교사학습공동체와 외부 전문가의 협력을 강조하였다. 특히, 연구학교 운영 과정에서 교사들은 전문적인 연수와 협의를 통해 교육과정 개발에 적극적으로 참여하였으며, 교사와 학생이 함께 성장하는 교육공동체의 실천적 가능성을 보여주었다.

다섯째, 경제 및 금융교육의 실천적 확장 가능성: 이 연구의 결과는 학교기반 금융교육과정이 국가 수준 정규 교육과정(공통교과)을 보완하며, 학생들의 경제적 및 금융 소양을 함양하는 데 기여할 수 있음을 시사하였다. 나아가, 이 연구의 결과는 다른 초등학교에서도 적용이 가능한 학교기반 금융교육의 실천사례와 자료를 제공하는 데 기여할 것이다.

2. 제언

첫째, 이 연구가 도출한 '꿈살림 공동체'의 금융교육과정은 학생들의 경제·금융·소비자 역량을 효과적으로 함양하기 위한 하나의 사례이기 때문에, 이를 지속적으로 보완하고 발전시켜야 한다. 특히, 초등학생들의 피드백과 실제적인 학습경험을 바탕으로 금융교육 내용과 교육활동을 주기적으로 업데이트하는 등의 지속적이고 체계적인 관리가 필요하다.

둘째, 초등학교 교사들의 경제・금융・소비자 역량 강화를 위해 전문적학습공동체 활동을 지속적으로 추구하고, 여타 단위학교에서도 금융교육을 시도할 수 있도록 교사 연수 자료 및 사례집을 보급해야 한다. 또한, 금융교육과정 개발 및 실행능력을 강화할 수 있는 연수 프로그램을 개설할 필요성이 있다.

셋째, 학교자율시간을 활용한 금융교육과정은 실제 운영 시 정해진 시수 내에 모든 내용을 실행하기 어려운 경우가 발생할 수 있다. 이는 개발 단계에서 예상했던 시간과 실제 운영 시 필요한 시간의 괴리에서 비롯된 것이다. 따라서 이러한 개발과 실행의 시간적 간극 문제를 해소하기 위해서는 금융교육 관련 내용요소의 생략이나 축소를 동시에 고려해야 한다.

넷째, 학교기반 금융교육을 실현하기 위해서는 학교자율시간에서의 교과목 개발뿐만 아니라, 이를 간소화한 학교자율시간 활동 수준의 경제교육 자료 개발도 필요하다. 학교자율시간에 활동 수준의 경제・금융교육 자료는 학교현장에서 경제・금융교육의 접근성과 실행 가능성을 확대하는 기회가 될 것이다. 특히, 단순하고 유연한 금융교육 활동 자료 개발은 학교현장의 경제・금융교육 활성화에 크게 기여할 것으로 기대한다.

참고문헌

교육부. (2022). 초·중등학교 교육과정 총론. 교육부 고시 제2022-33호[별책 1].

김선영, 김유미. (2014). 초등학생용 자기주도적 학습능력 향상 프로그램개발을 위한 연구. 교육연구, 60(5), 99-131.

여상운. (2020). 범교과 학습주제인 경제교육에 대한 초 · 중등학교 교과서 내용과 기술특성 분석. 부산대학교 대학원 박사학위논문.

이동성, 최송이. (2023). 한 교사교육자의 학교기반 금융교육 경험에 대한 자문화기술지. 초등교육연구, 36(4), 81-107.

이소연 외. (2020). 초 · 중 · 고 금융교육 표준안 개정연구. 연구보고 CRE 2020-2. 금융감독원 · 한국교육과정평가원.

한국교육과정평가원. (2021). 학교 소비자교육 표준안 개발연구.

한국소비자원. (2016). 초등학교 소비자교육 표준안 개발을 위한 기초연구.

홍현의, 최정민. (2021). 청소년 금융행동 향상을 위한 시뮬레이션 원리 적용 금융교육 프로그램 방향 제안. *Journal of Integrated Design Research, 20*(2), 89-106.

Bernheim, B. D., & Garrett, D. M. (2003). The effects of financial education in the workplace: Evidence from a survey of households. *Journal of Public Economics, 87*(7-8), 1487-1519.

Chang, H. (2008). *Autoethnography as method*. Walnut Creek, CA: Left Coast Press, Inc.

Yin, R. K. (2003). *Case study research: Design and methods* (3rd ed.). London: Sage Publications Ltd.

제4부

학교 교사들의 슬기로운 자산관리와 투자 생활

학교 교사는 금융자본주의의 출현으로 말미암아 스스로 금융이해력(금융 지식, 금융 기능 및 행위, 금융 태도)을 신장해야 하는 시대에 직면하고 있다. 오늘날 한국 교사들은 금융이해력을 바탕으로 자산관리와 투자 생활을 지속해야 하는 상황에 직면해 있다. 제4부는 한국의 현명한 MZ세대 및 중고령 세대 교사들이 어떻게 자산관리와 투자 생활을 하고 있는지를 생애사적으로 이야기하였다. 제4부는 여전히 금융에 관심이 없는 학교 교사들에게 신선한 충격과 깊은 통찰을 제공할 것으로 기대한다.

제11장은 **"이동성. (2025). MZ세대 교사들의 자산관리와 투자경험에 대한 질적 사례연구. 질적탐구, 11(1), 169-191"**을 재구성한 글이다. 11장은 한국 MZ세대 교사들의 자산관리와 투자경험을 내부자의 관점에서 조명하였다. 첫째, MZ세대 교사들은 안정적인 소득과 저축을 바탕으로 금융자산을 알뜰하게 관리하였다. 둘째, MZ세대 교사들은 부모의 도움과 자립으로 현재의 삶을 가꾸면서 노후를 준비하였다. 셋째, MZ세대 교사들은 금융이해력을 바탕으로 투자의 대상과 방법을 확장하였다. 넷째, MZ세대 교사들은 직접적인 자산관리와 투자생활을 통해 학교기반 금융교육을 위한 전문성을 신장하였다. 11장은 MZ세대 교사들의 자산관리와 투자생활의 실태와 특징을 파악하고, MZ세대 교사의 금융이해력을 신장하기 위한 교육적 방안을 마련하는 데 기초자료가 될 것이다. 또한, 11장은 한국 MZ세대 교사가 재무적 안녕을 달성하고 투자생활을 지속하는 데 필요한 실천적 지식과 교육적 통찰을 제공할 것이다.

제12장은 **"신은하, 이동성. (2025). 중고령 세대 교사들의 생애 자산관리 경험에 대한 생애사 연구. 평생교육학연구, 31(1), 80-109"**를 재구성한 글이다. 12장은 노년기 및 은퇴기 교사들의 실제적인 자산관리 경험과 목소리를 생애사적으로 조명하였다. 한국의 중고령 세대 교사들은 현명한 금융 의사결정으로 경제적 삶을 유지하고 지탱하였으며, 근로소득과 연금소득을 고려하여 합리적인 소비를 하였다. 또한, 그들은 저축, 투자, 부채관리를 통해 금융 및 실물자산을 모았으며, 자산 배분으로 리스크를 관리하면서 은퇴 생활을 설계하였다. 이 장은 한국 중고령 세대 교사들의 자산관리 경험과 목소리를 조명함으로써 후세대 교사들(X세대 및 MZ세대 교사)에게 효율적인 자산관리를 위한 실질적인 노하우와 교훈을 제공할 것이다. 또한, 이 장은 교사들의 교직생활에 특화된 생애 자산관리의 중요성과 의미를 해석함으로써 후세대 교사들의 재무적 안녕과 안정적인 노후 대비를 위한 교육적 통찰을 제공할 것이다.

제 11 장

MZ세대 교사들의 자산관리와 투자

I. 금융자본주의 사회와 MZ세대

금융자본주의의 출현으로 말미암아, 시민은 이제 읽고, 쓰고, 셈하는 기초적 문해력뿐만 아니라 금융이해력을 갖추어야 하는 시대에 직면하고 있다. 따라서 금융교육의 목적은 금융주체가 합리적으로 금융 의사결정을 내리는 데 필요한 금융이해력(금융 지식, 금융 기능 및 행위, 금융태도)을 갖게 하여 보다 나은 금융 웰빙에 이르도록 도움을 주는 데 있다(강경란, 2024; 이윤호, 2024; 한진수, 2022a, 2024; 홍수희, 2024). 서구의 선진 국가들은 초등학생부터 노인에 이르기까지 다양한 사람들을 대상으로 금융이해력을 높이기 위해 경제교육과 금융교육을 활발하게 추진하고 있다(Rinaldi, 2016). 특히, 세계 각국은 개인 간 금융이해력의 차이에서 비롯된 사회경제적 불평등을 해소하기 위하여 다양한 금융이해력 향상 프로그램을 실행하고 있다. 세계 여러 각국은 개인을 둘러싼 사회적 및 관계적 틀에 기반을 두면서도, 개인들의 다양성과 특성을 고려한 맞춤형 금융교육을 강조하며, 소득, 소비, 저축뿐만 아니라 투자의 중요성을 강조하고 있다(이상현, 부재율, 이동성, 2024; Henchoz, 2016). 하지만 한국사회는 금융교육을 할 때 소득과 저축의 중요성을 강조하지만, 자산관리와 투자의 중요성을 강조하는 편은 아니다(박형준, 2022). 왜냐하면, 한국사회와 학교교육은 자산관리와 투자를 위험한 행위로 간주하고 있기 때문이다.

하지만 팬데믹 시대(2020년 기점)에 통화량의 급격한 증가로 인해 만인의 투자자화 현상이 발생하였고, 경제적 자유와 독립을 위한 '부자 되기'가 일종의 사회적 현상('벼락부자 되기')이 되었다(권창규, 2021). 이러한 부자 되기의 열풍 과정에서 보통 사람들마저도 투자자로서 정체성과 역할 변화를 감지하였다(권창규, 2021). 우리나라에서 흔히 '재테크(財tech, 재산을 늘리려는 기술이나 수법)'로 불리는 투자는 미래의 보상을 위해 현재의 보상을 유보하는 속성이 있다(임지은, 전우영, 2023). 유능한 투자자는 투자기준과 효과(수익성, 안정성, 보장성, 환금성 등), 투자 대안(주식, 펀드, 정기적금, 부동산 등)에 따라 자신에게 최적화된 투자를 시도한다(문승호, 2011). 하지만 안타깝게도, 금융이해력과 노동소득이 낮은 한국 MZ세대의 일부는 투자 성공사례만 매몰되어 과도한 투자('영끌': 영혼까지 끌어 모아 투자, '빚투': 빚을 내서 투자)를 하다가 빚더미에 오르는 상황이 점증하고 있다(중앙SUNDAY, 2022. 7. 30.).

이러한 맥락에서, 한국의 MZ세대 교사들은 현재의 재무적 안녕과 지속가능한 미래를 위해 어떠한 방식으로 자산을 관리하고 투자생활을 하고 있을까? Kiyosaki (2017)의 주장처럼, MZ세대 교사들은 금융자본주의에 대한 몰이해와 무지의 상태에서 자산관리와 투자에 문외한인 지식노동자("가난한 아빠")일까? 아니면, MZ세대 교사들은 자산관리와 투자생활을 슬기롭게 하고 있는 것일까? 이 연구는 바로 이와 같은 궁금증에서 비롯되었다. 따라서 이 연구의 목적은 질적 사례연구를 통하여 MZ세대 교사들의 실제적인 자산관리와 투자경험을 내부자의 관점에서 이해하고 조명하는 데 있다. 연구목적을 달성하기 위한 연구문제는 다음과 같다. "MZ세대 교사들은 어떠한 방식으로 자신들의 자산을 관리하며 투자생활을 하였는가?"

이 연구의 결과는 MZ세대 교사들의 자산관리와 투자생활을 탐구함으로써 다음과 같은 실천적 및 이론적 시사점이 있을 것이다. 첫째, 이 연구는 질적 사례연구를 통해 여전히 미지의 영역으로 남아있는 MZ세대 교사들의 자산관리와 투자경험을 세밀하게 조명함으로써 그들의 자산관리와 투자생활의 실태와 특징을 파악하는 데 기여할 것이다. 둘째, 이 연구는 MZ세대 교사들의 자산관리와 투자경험을 해석함으로써 MZ세대 교사들의 금융이해력에 대한 현주소를 파악하고, MZ세대 교사의 금융이해력을 신장하기 위한 교육적 방안을 마련하는 데 기여할 것이다. 셋째, 이 연구의 결과는 한국 MZ세대 교사들이 재무적 안녕을 달성하고 슬기로운 투자생활을 하는 데 필요한 실천적 지식과 교육적 통찰을 제공할 것이다.

Ⅱ. MZ세대 교사들의 투자생활 보고서

MZ세대 교사들의 자산관리와 투자생활을 살펴보기에 앞서, MZ세대의 자산관리 형태와 경향을 살펴볼 필요가 있다. 왜냐하면, MZ세대 교사들은 'MZ세대'라는 인구통계학적 코호트(cohort)에서 유사성과 동질성을 보이기 때문이다. 이 연구가 대상으로 삼는 'MZ세대'란 1980년생부터 1994년생까지를 일컫는 'M세대(밀레니얼세대)'와 1995년생부터 2004년생까지를 뜻하는 'Z세대'를 결합한 세대를 지칭한다(고삼숙, 김신애, 권기대, 2024). MZ세대는 과거 세대와는 다른 생활방식(예: 디지털 및 모바일 환경에 민감성이 높은 생활방식 선호)을 유지하면서, 가치소비를 지향하는 세대로 평가받고 있다(고삼숙, 김신애, 권기대, 2024).

최근의 선행연구나 언론보도에 따르면, 한국의 MZ세대는 자산관리 및 투자생활과 관련하여 독특한 특징을 갖고 있다. 우리나라의 MZ세대는 최근에 효율적인 생애 자산관리를 위해 노동소득을 올리고, 소비를 줄이며, 저축을 늘리는 등 재무적 노력을 기울이고 있다(권지엽, 2022). 예를 들면, 최근 몇 년 동안 경기침체와 경제 불황이 지속되면서, 꼭 필요한 재화를 하나만 산다(You Only Need One)는 '요노'가 '욜로(You Only Live Once)'를 이어서 새로운 소비 트렌드로 자리를 잡고 있다(중앙일보, 2024. 8. 16.). 특히, 요노족(族)의 중심으로 볼 수 있는 MZ세대는 꼭 필요한 물건을 소량만 구입하거나, 저가 제품 위주로 소비를 하여 저축을 늘리는 '요노' 트렌드를 이끌고 있다(중앙일보, 2024. 8. 16.).

권지엽(2022)은 이러한 MZ세대의 자산관리와 소비 행태를 파악하기 위하여 질적 연구(심층 인터뷰)를 수행하였다. 연구결과에 따르면, MZ세대는 현재의 가치를 중시하면서도, 동시에 미래를 위한 자산관리와 재테크(투자)를 중시하는 상반된 특징을 갖고 있다(권지엽, 2022). 한편, 김세원, 조용덕(2023)은 국내에 거주하는 MZ세대 외국인들의 투자선호 특성을 계량적으로 분석하였다. 연구에 따르면, 국내 거주 MZ세대 외국인들은 부동산 투자를 선호하였는데, 그들은 부동산 투자 시 주거용 및 서울지역 부동산을 선호했으며, 자신이 사는 거주지역의 부동산에 투자하였다. 또한, 국내 거주 MZ세대 외국인들은 투자를 위한 여유자금이 마련된다면, 부동산 투자의 시장 참여자가 될 것으로 반응하였다(김세원, 조용덕, 2023). 그리고 박은성, 김재태(2023)는 한국 MZ세대의 부동산 자산과 금융자산의 선호도를 비교·분석하였다. 이 연구결과에 따르면, 한국 MZ세대는 현재시점에서는 목돈 마련을 위해 금융자산을 선호하였으나, 미래시점에는 부동산 자산(특히, 아파트) 투자를 가장 선호하는 것으로 나타났다.

결과적으로, 한국 MZ세대의 자산관리 및 투자생활에 대한 연구동향을 종합해 보면 다음과 같은 특징이 있다. 오늘날 한국 MZ세대는 현재시점에서 소득을 늘리고 소비를 줄이면서 저축을 지속하는 재무적 노력을 시도하였다. 또한, 미래시점을 기준으로는 아파트를 중심으로 한 부동산 투자를 선호하는 특징을 나타내었다. 이처럼, 한국 MZ세대의 자산관리와 투자생활에 대한 국내 선행연구는 MZ세대의 소득과 소비, 저축과 투자생활에 대한 연구의 시발점 단계에 위치해 있다고 평가할 수 있다. 다만, 기존 연구동향은 계량적 방법으로 국내 MZ세대의 자산관리와 투자생활의 경향성을 분석하기는 하였으나, MZ세대의 실제적인 자산관리 방식과 투자생활에 대한 목소리와 체험을 직접적으로 탐구한 연구는 흔치 않았다.

한편, MZ세대 교사의 자산관리와 투자생활에 초점을 좁혀서 선행연구 동향을 살펴보면 다음과 같다. 인사혁신처에 따르면, 공무원과 민간기업의 보수격차는 2020년 90%에서 2024년 82.8%로 벌어지고 있다(이데일리, 2024. 8. 27.). 따라서 상대적으로 낮은 보수로 인해, MZ세대 공무원들의 공직 이탈이 점증하고 있는 실정이다(더팩트, 2024. 8. 6.). 공무원연금공단에 따르면, 재직기간 5년 미만의 공무원 퇴사자가 2만 8,934명에 달하며, 공직 이탈의 주요 이유는 낮은 급여 수준이라고 응답한 비율이 51.2%로 가장 높았다(이데일리, 2024. 8. 27.). MZ세대 교사도 교육공무원이기 때문에 이와 유사한 재무적 상황에 처해있다고 볼 수 있다.

위의 경우처럼, MZ세대 일부 교사들은 호봉제에 기초한 상후하박의 임금구조, 업무부담 대비 적은 급여 문제로 인하여 교직을 이탈하거나 이직을 고민하고 있다(한수현, 강에스더, 2023). 서울시교육청교육연구정보원의 '서울교원종단연구' 결과에 따르면, 조사 대상(2,079명)의 절반이 넘는 MZ세대 교사들이 이직을 준비하거나, 이직할 의향이 있다고 응답했다(중앙일보, 2024. 1. 29.). MZ세대 교사들이 교직을 이탈하고자 하는 가장 큰 이유(M세대: 28.1%, Z세대: 31.1%)는 일반 공무원들과 마찬가지로 상대적으로 낮은 임금과 경제적 처우 문제 때문이다(중앙일보, 2024. 1. 29.).

한편, MZ세대 교사들에 대한 선행연구는 주로 교직사회 안에서의 독특한 사고나 행동 양식을 기성세대와 비교하여, MZ세대 교사들의 교육적 특질(가치관, 직무만족도, 수업활동 등)을 이해하고, 세대 간 갈등관리와 이해를 도모하고자 하는 연구동향을 나타내었다(김민규, 허주, 2024; 심재연, 2024; 장서연 외, 2023; 한수현, 2022; 한미영, 문경화, 2022). 대표적인 연구결과를 살펴보면, MZ세대 교사들은 교직생활에서 공정성, 자율성, 효율성을 중시하고, 디지털 기반의 사고를 하며, 주체적으로 새로운 것을 찾아나서는 경향이 있다(심재연, 2024). 또한, MZ세대 교사들은 기성세대 교사보다 낮은 직무 만족도를 보이며, 자신들의 근로 대비 보수 수준에 대하여 낮은 만족도를 나타내었다(김민규, 허주, 2024). 하지만 MZ세대 교사에 대한 국내 선행연구는 교직사회 안에서의 독특한 교직문화나 적응방식에 대한 사회문화적 접근을 시도한 반면에, 그들의 경제 및 금융생활 측면에 특별한 관심을 기울이지 않았다.

소수의 선행연구(김동진, 김지훈, 2021; 한진수, 2022b)는 교과교육 측면에서 현직교사의 경제 및 금융교육에 주목하였다. 김동진, 김지훈(2021)은 학교교사들의 금융이해력이 일반 국민들보다는 상대적으로 높으며, 금융교육연구회 및 연수활동, 금융수업 경험이 있는 교사들의 금융이해력이 더 높음을 밝혀내었다. 또한, 한진수(2022b)는 교사들이 지난 3년 동안 경제 관련 직무연수를 한 시간도 이수하지 않은 수가 절반이 넘으며, 대학교에서 경제학 과목을 전혀 수강하지 않고, 직무연수도 이수하지 않은 채 경제수업을 진행하고 있는 경우가 있음을 보고하였다(한진수, 2022b). 이러한 국내 연구동향은 현직교사의 경제교육 및 금융교육 실태를 탐구한 측면에서 연구의 가치가 높다. 다만, 이러한 국내 연구동향에서 진일보하기 위해서는 재무적으로 독특한 위치에 있는 MZ세대 교사들을 주목할 필요가 있으며, 그들을 대상으로 한 경제 및 금융교육의 실태뿐만 아니라, 자산관리와 투자생활에 대한 탐구도 필요하다. 따라서 이 연구는 MZ세대 교사들의 자산관리와 투자경험을 내부자의 관점에서 조명하고자 한다.

Ⅲ. 질적 사례연구의 방법과 절차

1. 질적 사례연구

이 글은 MZ세대 교사들의 자산관리와 투자경험을 내부자의 관점에서 탐구하기 위하여 단일 사례보다는 복수 사례연구 방법을 채택하였다. 왜냐하면, 여러 사례(사람)를 대상으로 하는 복수 사례연구는 특정한 연구주제에 대한 공통적 특징과 차이를 식별함으로써 탐구대상이나 주제에 대한 심층적 이해를 할 수 있기 때문이다(Yin, 2003). 특히, 이 연구는 금융이해력을 주요한 분석단위로 활용하여, 개별적인 자산관리와 투자경험 사례에서의 공통적인 특징과 속성을 가늠할 수 있는 내재사례연구를 적용하였다(Yin, 2003: 40).

이 글은 연구주제와 복수 및 내재 사례연구에 적합한 연구대상을 선정하기 위해 저자의 '학교기반 금융교육' 강좌 및 연수에 참여했던 교사들 가운데 연구참여에 동의하는 MZ세대 교사들(N=8)을 연구 참여자로 선정하였다. MZ세대 교사들의 인적 및 자산 정보를 간략하게 안내하면 다음과 같다. 첫째, 김희망 교사는 1995년에 태어난 Z세대(29세) 유치원 교사이다. 그는 7년간의 교직 경력을 갖고 있으며, 교육대학원에서 학교기반 금융교육을 학습하며 투자의 중요성을 인식하였다. 그러나 그는 1인 가구로 생활비 등의 고정 지출이 많아 정기적인 투자가 부담스럽다고 했다. 또한, 투자를 해본 경험이 부족하고 리스크에 대한 두려움이 있어 투자를 주저하였다. 아울러, 투자를 위해서는 충분한 학습과 예리한 분석이 필요한 것을 알고 있지만, 학교업무 등으로 자산관리나 투자에 대한 학습이 어려운 상황이었다.

둘째, 김행운 교사는 1991년에 태어난 M세대(33세) 초등학교 기혼 여자 교사이다. 그녀는 2014년에 교직에 입문하여 총 10년의 교직경력(20호봉)을 갖고 있다. 2019년까지 투자의 중요성을 인지하지 못하다가 투자하는 남편과의 만남, 가까운 친구를 계기로 현재는 저축, 주식, 연금저축 계좌를 통해 자산관리를 하고 있다. 그녀는 연금저축과 ISA를 중심으로 자산관리를 할 예정이고, 어느 정도 종잣돈이 모이면 부동산 투자도 감행하려고 했다. 셋째, 이여름 교사는 1994년에 태어난 M세대(30세) 기혼 유치원 교사이다. 현재 6년 차 교사로, 교육대학원에서 학교기반 금융교육을 수강하면서 투자의 중요성을 인식하였다. 그러나 최근에는 결혼 준비로 투자와 저축보다는 지출이 많은 상황이었다. 최근에 결혼을 한 그녀는 자산관리를 어떻게 해야 할지 고민하고 있다.

넷째, 김진수 교사는 1995년에 태어난 Z세대(29세) 초등학교 미혼 남자 교사이다. 그는 2019년에 교직에 입문하여 총 6년의 교직경력(17호봉)을 갖고 있다. 그는 학교기반 금융교육 강좌를 수강하기 전에 이미 투자의 중요성을 느끼고 있었다. 그는 자산 배분에 초점을 둔 투자를 지속하고 있었으며, 큰 수익은 없지만 투자하는 태도를 견지하고 있었다. 현재 부동산 시장이 데드캣 바운스라고 판단한 그는 현금 비중을 높여가며 인생에서 올 크나큰 기회를 기다리고 있었다. 다섯째, 배사랑 교사는 1987년에 태어난 M세대(36세) 초등학교 기혼 여자 교사이다. 그는 2011년 교직에 입문하여, 총 14년의 교직경력(23호봉)을 갖고 있다. 그는 교직 입문 이후에 투자보다는 예금과 적금으로 차곡차곡 자산의 규모를 늘려갔다. 하지만, 그는 팬데믹 이후 부동산 및 주식의 가격이 급등하여 사회적으로 금융자산에 대한 관심도가 높아지자, 자산관리와 투자에 대한 공부와 관심을 갖게 되었다. 2020년부터 본격적으로 부동산, 주식, 코인에 직접적인 투자를 하고 있고, 노후 대비를 위한 연금저축도 매달 납입하고 있다.

여섯째, 한마음 교사는 1995년에 태어난 Z세대(28세) 초등학교 미혼 여자 교사이다. 그녀는 2018년에 교직에 입문하여 총 7년의 교직경력(15호봉)을 갖고 있다. 그녀는 석사과정 재학 중 3학기 차에 '학교기반 금융교육'을 배우며 금융교육의 필요성과 중요성을 깨달았다. 그녀는 학생을 가르치는 교사로서 자신부터 경제와 금융에 관심을 가지고 안목을 넓혀야겠다는 다짐으로 국내 주식 계좌를 만들었다. 교직생활을 시작하면서 예금과 적금(8천만 원 보유)을 꾸준히 하고 있으며, 국내 주식 투자 금액(2천만 원 보유)을 점차 늘려가고 있다. 일곱째, 이투자 교사는 1988년에 태어난 M세대(37세) 초등학교 기혼 남자 교사이다. 그는 2015년에 교직에 입문하여 10년의 교직경력(21호봉)을 갖고 있다. 그는 아버지의 주식투자 성공사례를 지켜봄으로써 투자에 대한 긍정적인 인식을 지니고 있으며, 다소 공격적 투자 성향을 가지고 있다. 예·적금은 배우자를 포함하여 교직원공제회 장기저축 급여(매월 120만 원)를 납입하고 있다. 나머지 여유 자금은 우량주식에 투자하며, 21년부터 현재까지 2억 5천만 원 정도를 투자하고 있다. 그는 9년간의 주식투자 경험이 있으나, 금융투자에 대한 의사결정을 아버지에게 의존하였다. 그는 최근 몇 년간의 주식하락으로 인해 금융투자보다는 교육전문성 개발에 집중하고 있다.

마지막으로, 김재물 교사는 1994년에 태어난 M세대(30세) 초등학교 미혼 남자 교사이다. 그는 2018년에 교직에 입문하여 총 7년의 교직경력(15호봉)을 갖고 있다. 그는 연구자의 학교기반 경제/금융교육 자율연수를 수강하면서 자산관리와 투자의 중요성을 인식하였다. 하지만 학업(박사 졸)으로 인해 투자보다는 예금과 적금(1억 2천만 원)을 중심으로 자산관리를 하고 있다. 최근 3년 동안 휴직을 하다가 복직을 한 그는 금융 및 부동산 투자를 계획하고 있다. 지금까지 소개한 MZ세대 교사들의 인적 및 자산 정보를 정리하면 다음 〈표 11-1〉과 같다.

〈표 11-1〉 MZ세대 교사들의 인적 및 자산 정보

이름 (가명)	성별	나이/ 교직경력	결혼	소속 학교	연봉 (만 원)	보유 자산	투자액 (월)
김희망	여	29세/07년 차	미혼	유치원	4천 3백	예금/적금	없음
김행운	여	33세/10년 차	기혼	초등학교	5천	예금/주식/연금	170만 원
이여름	여	30세/06년 차	기혼	유치원	4천 3백	적금	없음
김진수	남	29세/06년 차	미혼	초등학교	4천	금/예금/채권/원자재/코인	50만 원
배사랑	여	36세/14년 차	기혼	초등학교	5천 8백	부동산/주식/연금저축/적금/예금/코인	120만 원
한마음	여	28세/07년 차	미혼	초등학교	4천	예금/적금/주식투자	30만 원
이투자	남	37세/10년 차	기혼	초등학교	5천	부동산/주식	100만 원
김재물	남	30세/07년 차	미혼	초등학교	4천	예금/적금	없음

2. 자료수집 및 분석

질적 사례연구는 제한된 인물과 사례에 초점을 두기 때문에 연구의 맥락성을 강화할 필요가 있다(Yin, 2003). 따라서 이 글은 MZ세대 교사들의 자산관리와 투자생활을 생생하게 재현하기 위해 여러 가지 원 자료를 수집하여 분석하였다. 연구자는 MZ세대 교사들(N=8)의 실제적인 자산관리와 투자경험을 파악하기 위해 연구 참여자별로 1차 심층 인터뷰(개인당 1회, 총 8회)를 하였다. 그리고 참여 교사들의 자산관리와 투자생활에 대한 맥락성과 구체성을 위하여 재무 및 투자 관련 각종 자료(반성적 저널, 금전출납부, 주식, 채권, 가상자산 거래 내역서, 월급명세서, 근로소득원천징수영수증, 연말정산 내역서, 부동산 매매(전세) 계약서)를 추가적으로 수집하여 1차 자료 분석을 하였다. 연구자는 1차 자료 분석 결과를 바탕으로 2차 인터뷰 가이드를 만들었고, 2차 인터뷰(개인당 1회, 총 8회) 자료에 대한 2차 분석을 통해 총 20개의 코드와 5개의 핵심범주를 생성하였다. 그리고 2차 분석결과에 대한 신뢰성과 타당성을 확보하고, 개인 간 투자경험의 유사성과 특이점을 파악하기 위해 초점 집단 인터뷰(Focus Group Interview, 2024. 09. 09.)를 시도하였다. 이처럼 자료의 수집과 분석을 오가는 질적 자료 분석을 통해 범주와 핵심범주를 생성하였다.

3. 연구의 타당도 및 신뢰성 확보

이 연구는 질적 사례연구의 타당도와 신뢰성을 확보를 위해 다음과 같은 전략을 구사하였다. 첫째, 질적 사례연구의 맥락성과 신빙성을 강화하기 위하여 개인별 인터뷰뿐만 아니라 다양한 보조 자료를 수집하여 분석하였다. 둘째, 질적 사례연구의 결과에 대한 타당성을 확보하기 위하여 연구 참여교사들(교사 8명)을 대상으로 초점 집단 인터뷰를 시도하였고, 한 차례의 구성원 및 동료자 검증을 시도하였다. 셋째, 이 연구는 교사들의 민감한 개인정보와 투자정보를 바탕으로 자산관리 및 투자경험을 해석하였기 때문에, 연구 참여자들의 이름과 투자 상품을 모두 가명으로 처리하였다. 넷째, 연구자는 연구윤리를 준수하기 위해 소속 교육기관에 IRB 심사를 신청하여 승인(2024. 08. 05. 승인)을 받아 연구를 수행하였고, 자산관리 및 투자와 관련하여 공개를 꺼리는 내용은 최종적 글쓰기 과정에서 삭제하였다.

Ⅳ. MZ세대 교사들의 슬기로운 자산관리와 투자생활

1. 안정적인 소득과 저축을 바탕으로 금융자산을 알뜰하게 관리하기

가. 고정적 소득을 바탕으로 초임교사 시절의 부채를 상환하기

이 연구에 참여했던 MZ세대 교사들은 국가공무원에게 매달 지급되는 월급이 그다지 많지 않아서 늘 재무적 압박감을 느끼고 있었다. 하지만 최근 언론에서 보도한 것처럼, MZ세대 교사들이 낮은 처우와 소득으로 인해 교직을 이탈할 정도로 보수에 불만족한 것은 아니었다. 왜냐하면, 참여 교사들은 최소 6년 차에서 최대 14년 차의 교육경력을 갖고 있었다. 따라서 그들은 박봉에 시달리는 재무적 상황에 처한 것은 아니었으며, 매달 일정하게 들어오는 보수가 심리적 및 재무적 안정감을 주었다. 참여 교사들은 고정적인 월급, 정근 수당(1월, 7월), 그리고 명절 수당과 성과금 등을 밑천 삼아 저축을 중심으로 알뜰하게 재무관리를 하고 있었다.

참여 교사들의 상당수(이투자 교사 제외)는 초임교사 시절(경력 1년 차에서 3년 차까지)에 낮은 경력으로 인한 박봉과 대학생 시절의 과소비 습관으로 상당한 재무적 어려움을 겪었다고 이야기하였다. MZ세대 교사들의 다수는 중산층 가정의 자녀들이라서 부모로부터 학비지원을 받을 수 있었으며, 과외 등의 아르바이트로 생활비를 충당했기 때문에 어느 정도의 소비 수준을 유지할 수 있었다. 하지만 임용고사에 합격하고 기간제 교사 및 정규 교사가 되어 경제적 독립을 하면서, 예비교사 시절에 유지해 온 소비 습관과 규모를 더 이상 유지하기가 쉽지 않았다. 따라서 MZ세대 교사들의 다수는 초임교사 시절에 국가공무원이라는 신분에서 비롯된 신용을 바탕으로 대출을 일으켜 기존의 소비습관을 유지하였고, 집(전세)과 자동차를 마련하였다. 하지만 MZ세대 교사들은 자신들의 제한적인 소득을 고려하여 예비교사 및 초임교사 시절에 유지해 왔던 씀씀이를 줄이고 저축을 늘리면서 재무관리를 하였다.

> 첫 발령을 받고, 월급을 받아보니 금액이 많지 않더라고요. 하지만 당시에는 큰 신경을 쓰지 않았어요. 시간이 흐르면 월급이 올라갈 것이고, 대출을 내더라도 금방 갚을 수 있다고 생각을 했어요. 그래서 1년에 두 번 정도 해외여행도 다니고, 자동차도 구매하고, 친구들과 어울리면서 재미있는 시간을 보냈어요. 하지만 이렇게 3년을 보내고 나니, 내 손안에 돈이 없더라고요. 이러다가 큰일 나겠다는 생각이 들었어요. 특히, 결혼할 남자친구를 만나면서 결혼을 하려고 하니, 돈이 없는 스스로를 반성을 하게 되었어요. 그때부터 열심히 저축을 시작하고 '짠투'를 시작했죠(2024년 09월 04일, 김행운 교사의 내러티브, 개인 인터뷰 전사본).

> 소득이 높지는 않지만 너무 아끼면서 힘들게 살고 싶지는 않아요. 매월 50만 원 정도 적금을 하고 나머지는 소비를 하는 편이에요. (중략) 저는 방학 때 친구들과 함께 유럽 여행도 다니고, 쇼핑도 한 번씩 하는 편이에요. 친구들과 모임을 갖고, 매달 나가는 생활비와 경조사비 때문에 많이 저축을 하거나 크게 투자를 할 수 있는 상황이 아니에요. 하지만 이제는 이렇게 살면 문제가 생길 수도 있다는 생각을 하고 있어요. 그래서 남아 있는 빚도 갚고 저축을 늘려나가고 있습니다(2024년 09월 06일, 김희망 교사의 내러티브, 개인 인터뷰 전사본).

위 내러티브에서 확인할 수 있는 것처럼, MZ세대 교사들은 고정적으로 들어오는 소득을 바탕으로 초임교사 시절의 부채를 상환하기 위해 노력을 하였다. Z세대 교사들(김희망, 김진수, 한마음 교사)은 초임교사 시절의 부채를 이미 상환한 상황이었으며, 1억 원 내외의 현금을 보유하면서 결혼이나 내 집 마련을 준비하고 있었다. 다만, Z세대 교사들과 달리 M세대 교사들(김행운, 배사랑, 이투자 교사)은 초임교사 시절의 부채를 상환한 이후에 자산의 규모가 크게 늘지 않음을 경험하였다. 따라서 M세대 교사들은 교육공무원 신분에서 비롯된 신용을 바탕으로 대출(레버리지)을 일으켜서 자산(부동산, 금융자산 등)을 투자하기도 하였다.

나. 소비를 줄이고 저축을 늘려가면서 투자자금을 마련하기

재무적 웰빙 혹은 '부자'라는 삶의 조건은 개인의 삶에 대한 만족감을 높인다(박소연 외, 2024). MZ세대 교사들은 부자가 되기 위해 소득을 고려한 소비를 하고, 저축을 늘려가면서 투자자금을 마련하였다. 참여 교사들은 기성세대 교사들과는 달리 고학력으로 교직에 입문한 세대였는데, 유사한 학력을 지닌 다른 직업군에 비하여 노동소득이 높지 않은 상황에 놓여있었다. 하지만 MZ세대 교사들은 교육공무원이라는 제한적 재무상황과 조건에 낙담하기보다는, 절약을 바탕으로 저축을 늘려가면서 자산을 관리하였다. 마치 실학자 이재운(李載運, 1721~1782)은 '해동화식전(海東貨殖傳)'이라는 조선시대 재테크 서적에서 치부의 방법으로 곤경과 불운에 처해 격분하는 의지, 무에서 유를 찾아내는 지혜를 강조했던 주장과 일맥상통한다(김세호, 2020: 685). 참여 교사들에게 무에서 유를 찾아내는 지혜는 바로 절약을 통한 저축과 투자였던 셈이다.

> 저는 어머니로부터 돈을 관리하는 방법을 제대로 배운 것 같아요. 어머니는 대기업에서 회계업무를 담당하는 분이셨는데, 저에게 용돈을 어떻게 관리해야 하는지를 세심하게 지도해 주셨거든요. 저는 신규 발령을 받고서 200만 원이라는 돈이 결코 적은 돈이 아니라고 생각했어요. 제가 돈을 어떻게 쓰는지에 따라 큰돈이 될 수도 있다고 생각했거든요. 그래서 동료 교사들과 달리, 휴직을 하고 박사학위를 받고서도 억대 금액의 현금자산을 보유하고 있어요. 소득의 대부분을 저축해서 가능했던 것 같아요. 이제는 이 돈을 밑천 삼아 투자도 해보려고 계획 중에 있습니다(2024년 09월 07일, 김재물 교사의 내러티브, 개인 인터뷰 전사본).

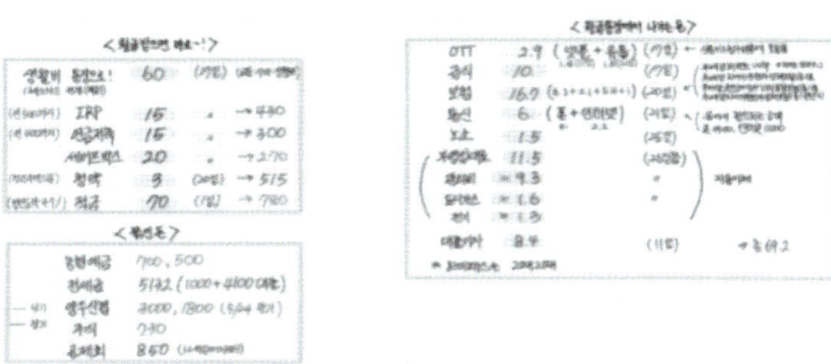

[그림 11-1] 재무관리를 위한 한마음 교사의 가계부

월급쟁이도 종잣돈을 모아 투자를 할 수 있다는 경제적 자유 담론은 누구나 부자가 될 수 있다는 시장주의 환상에 가깝다(권창규, 2021: 130). 하지만 MZ세대 교사들의 다수는 절약과 저축으로 1억 원 상당의 현금자산을 보유하고 있었으며, 이러한 현금자산을 바탕으로 금융상품이나 부동산에 투자를 계획하였다. MZ세대 교사들이 억대의 현금자산을 보유할 수 있었던 원인은 지방도시의 낮은 물가와 부모의 경제적 지원 때문이었다. 하지만 높지 않은 보수와 교직경력에 때문에, MZ세대

교사들의 투자자산 규모와 범위는 다소 제한적이었다.

2. 부모의 도움과 자립으로 현재의 삶을 가꾸면서 노후를 준비하기

가. 부모의 지원과 자립으로 결혼을 준비하고 내 집 마련하기

인간은 미래의 보상과 현재의 보상 중에서 하나를 선택할 때, 미래에 다가올 큰 보상보다는 현재의 작은 보상을 우선적으로 선택하는 경향이 있다(Frederick, Loewenstein, & O'donoghue, 2002). MZ세대의 일부 교사들은 부모의 경제적 지원과 재무적 자립을 바탕으로 먼 미래를 대비하기보다는, 현재 혹은 곧장 다가올 결혼이나 내 집 마련에 우선순위를 두었다. 즉, Z세대 교사들의 일부(김희망, 이여름, 김진수, 한마음, 김재물)는 교직경력이 6-7년 차인 유치원 및 초등학교 미혼 교사였는데, 그들은 4천만 원 정도의 연간소득으로는 먼 미래를 향한 투자를 감행할 여력이 부족하였다. 따라서 그들은 먼 미래를 위한 노후준비를 위해 연금저축펀드나 IRP(Individual Retire Pension)에 가입하기보다는, 결혼이나 내 집 마련을 위한 현금자금을 마련하기 위해 ISA(Individual Savings Account)로 절세하는 데 주력하였다.

30세 전후 Z세대 미혼 교사들이 자립을 바탕으로 결혼 준비와 내 집을 마련하는 일은 기성세대와 유사하다고 볼 수 있다. 하지만 그들은 이전 세대 교사들과는 다르게, '자수성가(自手成家)' 신화에 해당하는 존재들은 아니었다. 30세 전후 Z세대 미혼 교사들의 다수는 중산층 부모의 자녀들이었는데, 그들은 부모의 경제자본을 자신의 경제적 및 재무적 자립에 적극적으로 활용하였다. 이러한 현상은 Z세대 미혼 교사들이 부모의 경제적 후원과 지원 없이 결혼을 준비하거나 내 집을 마련하기가 쉽지 않음을 방증하였다. 구체적으로, 이여름 교사는 부모의 도움으로 대학원 학비, 생활비, 자가용 구입비, 유류비 등을 지원받으면서 저축을 하고 결혼을 하였다. 그리고 한마음 교사나 김재물 교사도 발령 이후 부모에게서 자가용 구입비와 주거비 지원을 받으면서 상당한 금액(1억 원 이상)의 현금자산을 모을 수 있었다.

예비교사 시절에는 부모님께서 학비와 생활비를 지원해 주셨어요. 그리고 유치원 교사로 발령이 나서도 생활비의 일부를 지원해 주셨어요. (중략) 부모님께서 고맙게도 자가용을 증여해 주셨고, 심지어 자동차 유류비도 지원해 주셔서 저축을 할 수 있었어요. 부모님의 이러한 경제적 지원이 없었다면, 결혼자금을 마련하지 못했을 것 같아요. 그래서 친정 부모님께 늘 감사한 마음을 갖고 있어요(2024년 09월 07일, 이 여름 교사의 내러티브, 개인 인터뷰 전사본).

이여름 교사: 부모님께서 저에게 경제적 지원을 아끼지 않으셨어요. 자가용도 증여해 주시고, 대학원 등록금도 일부 지원을 해 주셔서 결혼준비를 할 수 있었어요.

한마음 교사: 저도 부모님께서 교사 발령 축하 기념으로 자동차를 선물해 주셨어요. 전세 보증금도 일부 지원해 주셨고요. 이렇게 경제적 도움을 받다보니, 내 집도 마련하고 결혼자금도 준비할 수 있게 된 것 같아요(2024년 09월 09일, FGI 전사본).

나. 미래의 삶을 대비하기 위해 자산을 관리하고 투자하기

앞서 밝힌 바와 같이, 30세 전후의 미혼 Z세대 교사들이 현재 혹은 곧장 다가올 미래에 초점을 두고 자산을 관리했던 반면에, 기혼인 M세대 교사들(김행운, 배사랑, 이투자 교사)은 먼 미래의 삶을 대비하기 위해 자산을 관리하고 투자를 감행하였다. M세대 교사들의 이러한 투자경향은 인간이 미래에 다가올 큰 보상보다는 현재의 작은 보상을 우선적으로 선택하는 경향이 있다는 연구결과(Frederick, Loewenstein, & O'donoghue, 2002)와는 다소 상반된다고 볼 수 있다. M세대 교사들이 30세 전후 Z세대 교사들과 상이한 금융의사결정과 투자를 감행할 수 있었던 결정적 이유는 교직경력에 따른 소득 증가와 결혼 때문이었다.

M세대 교사들은 교직경력이 증가하고, 연봉이 점차적으로 상승하자 가처분소득이 증가하였다. 따라서 그들은 예전보다 다소 증가한 소득 때문에 노후와 미래를 대비할 수 있는 여력이 생겼다. 또한, M세대 교사들은 결혼을 하고 자녀를 얻게

되면서 현재의 삶보다는 미래의 삶과 노후를 대비해야 한다는 생각의 전환을 하게 되었다. 특히, 생애 자산관리와 투자생활에서 '결혼'이라는 제도는 큰 전환점이 되었다. M세대 교사들은 경제력이 있는 배우자를 만나 결혼을 함으로써 2배에 달하는 연간소득을 올릴 수 있었고, 가처분소득이 증가함에 따라 먼 미래를 위한 투자자금을 마련할 수 있었다. 따라서 M세대 교사들은 노후 준비를 위해 연금저축펀드 및 IRP 가입, 주식(ETF) 및 채권 거래, 부동산 투자를 시도하고 있었으며, 합리적 소비를 바탕으로 투자의 규모를 늘리고, 투자의 대상을 다양화하고 있었다.

구체적으로, 김행운 교사는 미혼 시절에 노후생활에 대한 막연한 두려움이 있기는 했으나 특별한 노후준비를 하지 않았었다. 그러나 금융이해력이 높고 투자를 잘 하는 사업가 남편을 만나면서 노후준비를 위한 투자생활에 눈을 뜨게 되었다. 김행운 교사는 남편과 함께 합리적인 금융투자결정에 대한 대화를 나누기 시작하면서, 몇 해 전에 과다하게 가입했던 보험을 과감하게 정리하고, 연금저축펀드(미국 ETF 매입)에 가입을 하였다. 배사랑 교사는 대기업 사원이었던 배우자를 만나 가정을 이루었다. 하지만 결혼 이후에 남편이 대기업에서 공무원으로 이직을 하고, 두 명의 자녀가 태어남에 따라 금융투자나 실물자산 투자의 중요성을 깨닫게 되었다. 따라서 배 교사는 가족들과 함께 소비를 최소화하면서 금융 및 실물자산(부동산) 투자를 지속적으로 감행하고 있었다. 그리고 이투자 교사는 발령과 동시에 초등학교 교사와 결혼을 하였고, 부모님으로부터 상당한 경제적 지원(현금 및 부동산 상속)을 받았기 때문에 비교적 이른 시기부터 과감한 금융투자를 할 수 있었다. 그는 주식투자에 성공했던 부친의 도움을 바탕으로 과감하고도 지속적인 금융투자(우량주식 대상 적립식 투자)를 시도하였다.

> 결혼을 계기로 미래를 준비할 수 있었던 것 같아요. 야무진 남편을 만나면서 투자를 시작하게 되었고, 노후에 대한 막연한 불안감이 점차적으로 사라지기 시작했어요. 최근에 투자성과도 괜찮아서 나름 만족하고 있어요. 어느 정도 돈이 모인다면, 이제 부동산이나 해외자산 투자도 적극적으로 고려하고 있어요(2024년 09월 04일, 김행운 교사의 내러티브, 개인 인터뷰 전사본).

3. 금융이해력을 바탕으로 투자의 대상과 방법을 점차적으로 확장하기

가. 경제와 금융에 대한 학습으로 투자자로서의 역량을 기르기

MZ세대 교사들은 합리적인 금융의사결정과 효율적인 자산관리, 그리고 현명한 투자를 하기 위해서는 경제와 금융에 대한 자기주도적인 학습이 필요하다고 생각하였다. 하지만 그들은 초중고 학교교육이나 직전교육(교대 및 사범대학에서의 경제/금융교육)에서 체계적으로 경제나 금융을 학습한 경험이 거의 없었다. 따라서 다수의 MZ세대 교사들은 효율적인 자산관리와 현명한 투자를 시도하기 위해 스스로 금융역량(financial competence) 혹은 금융이해력(financial literacy)을 신장하기 위해 노력하고 있었다.

앞서 언급했던 조선시대 실학자 이재운(李載運)은 '해동화식전(海東貨殖傳)'에서 치부(致富, 자산관리)의 방법으로 계획을 세워 결단을 하고(금융 기능 및 행위), 치부를 위한 실행하는 용기(금융태도)를 강조했다(김세호, 2020: 685). 또한, 실학자 이재운은 능숙한 자산관리와 투자를 위해 처음부터 끝까지 게으르지 않은 정성, 남과 함께 일하며 속이지 않는 신의(信義, 금융태도)를 무엇보다 강조했다(김세호, 2020: 685). 실학자 이재운이 주장했던 자산관리의 방법처럼, 참여 교사들은 이론적인 금융지식의 습득에 머물기보다는, 자신만의 금융행위와 금융태도를 갖추기 위해 노력하고 있었다. 이러한 점은 금융자본주의 사회를 살아가는 학교교사가 경제와 금융에 무지하다는 Kiyosaki(2017)의 주장과 다소 거리가 있다고 볼 수 있다.

구체적으로, 김행운 교사는 2020년 팬데믹 이후에 자산 가격이 폭등하자, 경제와 금융학습을 위한 교사동아리를 만들었고, 각종 매체(유튜브, 서적, 신문)를 통해 투자를 위한 정보를 수집하여 금융투자를 실천하였다. 유치원 교사인 김희망 교사와 이여름 교사는 교육대학원에 진학하여 '학교기반 금융교육'을 학습하였고, 이러한 금융지식을 바탕으로 주식투자와 부동산 투자의 필요성을 체감하였다. 김진수 교사는 초등학교 교사 발령 이후로 경제와 금융에 대한 자기주도적 학습을 꾸준하게 시도하여 금, 채권, 원자재, 가상화폐(코인), 주식 등 다양한 자산에 대한 학습을 하였다. 그리고 배사랑, 한마음 교사는 유튜브, 지인(친구), 교육대학원에서의 금융 학습을 바탕으로 부동산과 주식투자를 하였다. 그리고 이투자, 김재물 교사는 가정 내 아버지나 어머니로부터 자산관리와 금융투자를 할 수 있는 역량을 길렀다.

> 코로나 팬데믹 머니 이후에 자산 가격이 폭등하자, 동료 교사들과 함께 투자공부를 본격적으로 시작하게 되었어요. 투자공부에 그치는 수준이 아니라, 실제로 남편과 함께 투자를 실천하고, 투자결과에 대하여 스스로 책임지는 태도를 갖게 되면서 나만의 투자 노하우가 자연스럽게 생긴 것 같아요(2024년 09월 04일, 김행운 교사의 내러티브, 개인 인터뷰 전사본).

> 저는 아버지로부터 주식투자의 철학, 기법, 태도를 제대로 배웠다고 생각해요. 지금 집중 투자한 우량 종목의 주가가 그다지 좋지는 않지만, 마음을 다잡고 꾸준하게 적립식 투자를 지속하고 있습니다(2024년 09월 08일, 이투자 교사의 내러티브, 개인 인터뷰 전사본).

나. 리스크를 관리하면서 투자 대상과 방법을 찾아가기

MZ세대 교사들은 교직경력에 따른 소득의 차이, 결혼의 유무에 따라 투자 금액과 대상이 상이하였다. 앞서 밝힌 바와 같이, 30세 전후의 Z세대는 절약과 저축을 중심으로 현금자산을 늘려갔지만, 동시에 가격의 변동성이 있는 금융자산을 대상으로 미약하나마 투자를 시도하고 있었다. 하지만 기혼자인 M세대는 내 집 마련을 하고 난 다음에 자신의 노후나 자녀의 지원을 위해 상당히 규모가 있는 투자를 감행하였다. 구체적으로, 30세 전후의 Z세대는 정근수당, 명절수당, 그리고 1년에 한 번씩 지급되는 성과상여금이 들어올 때마다 저축을 하면서도, 리스크를 감내하는 금융투자(주식, 채권, 코인, ETF)를 소량으로 조심스럽게 시도하였다. 반면, M세대는 어느 정도 축적된 금융자산을 바탕으로 적립식으로 금융(주식)투자를 시도하였고, 부동산 투자, 연금저축펀드, IRP 가입 등을 통해 노후대비를 하고 있었다.

금융이해력이 낮은 개인 투자자에게는 투자 피해의 위험성이 높기 때문에 합리적인 투자 의사결정을 돕기 위한 금융교육이 필요하다(이윤호, 2024). 반면에, 금융지식이 매우 높다고 자평하는 투자자는 자기 과신으로 인하여 금융사기의 피해자가 될 가능성이 높다(한진수, 2024). MZ세대 교사들은 교직 입문 이후 자기주도적인 금융학습을 통하여 합리적인 금융 의사결정을 내릴 수 있는 존재들이었고, 과도한 자기 과신으로 금융사기를 당한 교사는 없었다. 하지만 MZ세대 교사들은 2020년부터 2024년에 이르는 기간 동안 급격한 금리인상과 금융 및 실물 시장의 극심한 가격 변동으로 인하여 투자에 대한 고통과 부담을 경험하였다. 따라서 대다수의 MZ세대 교사들은 투자 리스크를 적절하게 관리하기 위하여 투자의 대상을 다양화하였고, 투자 리스크를 분산할 수 있는 투자전략을 찾아 실천하고 있었다.

구체적으로, 김희망, 이여름, 한마음 교사는 재무적 여력이 있을 때마다 우량주를 매입하고 있는데, 우량주도 지정학적 변수나 시장 여건에 따라 가격이 지속적으로 하락하는 것을 경험하면서, 금융투자의 불확실성을 이해하고 대응하게 되었다. 김행운 교사는 단일 종목을 집중 투자하여 손실을 입게 되자 금융상품의 변동성을 이해하게 되었고, 개별 종목에 대한 투자보다 섹터별 지수 추종 금융상품을 선호하게 되었다. 김진수 교사는 투자에서 비롯되는 변동성을 최소화하기 위해 금이나 원자재 등의 다양한 실물투자를 선호하였고, 투자 안정성이 높은 ETF 투자를 선호하였다. 배사랑 교사는 급격한 금리상승으로 인한 부동산 투자의 위험성을 체득하면서 빚(부채)을 레버리지로 전환하는 노하우를 쌓아가고 있었으며, 이투자 교사는 적립식 장기투자에서 필요한 인내와 투자관점의 중요성을 깨달아 가고 있었다.

> 목돈이 들어올 때마다 S&P500, 나스닥100, 금, 달러, 채권(ETF), 원자재(ETF) 등에 분산투자를 하고 있어요. 최근에 운이 좋게도 성공적인 투자성과를 거두면서 나름 자신감도 생겼어요. 이제는 감당할 수 있는 정도에서 리스크가 높은 상품(코인)을 투자할까 계획을 하고 있습니다. 물론, 내년에 결혼을 하게 된다면 리스크가 높은 보유 자산을 일부 매도하여 현금화

할 작정입니다(2024년 09월 04일, 김진수 교사의 내러티브, 개인 인터뷰 전사본).

4. 자산관리와 투자생활을 통해 금융교육의 전문성을 신장하기

가. 실제적인 자산관리와 투자를 통해 세상을 이해하는 관점을 확장하기

이 연구에 참여했던 MZ세대 교사들은 MZ세대 코호트(cohort)라는 유사한 속성을 지니면서도, 동시에 유치원 및 초등학교 교사라는 직업적 독특성과 고유성을 지닌 구성원이라 볼 수 있다. 앞서 이야기한 바와 같이, 사범대와 교대를 졸업했던 MZ세대 교사들은 학창시절이나 예비교사 시절에 경제나 금융에 대한 전문적인 교육을 받은 경험이 없었다. 하지만 그들은 임용고사에 합격한 이후 교육공무원이라는 직장인이 되면서 경제와 금융을 온몸으로 체감하게 되었다. 그들은 한국의 기성세대와는 다른 금융자본주의에 살고 있고, 절약을 바탕으로 한 예금과 적금만으로는 규모가 있는 부와 자산을 축적하기 힘들며, 개정된 공무원 연금제도 때문에 안정된 노후를 보장받지 못하는 현실을 목도하게 되었다. 따라서 MZ세대 교사들은 경제와 금융을 스스로 학습하여 자산을 관리하고, 리스크를 감수하면서 투자를 감행하였다. 그들은 절약과 저축을 바탕으로 자산을 관리하고 실제적인 투자를 감행하면서 금융자산에 대한 이해뿐만 아니라, 자본시장과 경제생활 그리고 세상의 변화를 감지하는 관점을 확장하게 되었다.

MZ세대 교사들은 자산을 알뜰하게 관리하고 실물 및 금융 자산에 투자를 하면서, 학교 담장 너머 사람들의 삶에 대한 관심이 확장되기 시작했다. MZ세대 교사들은 자신들이 투자한 실물자산이나 금융상품이 금리, 환율, 유가, 물가, 산업변화, 국가 및 세계의 경제정책 변화와 연동되어 있음을 알게 되었다. 특히, 참여 교사들은 통화량의 증감이나 사람들의 투자심리에 따라 자산 가치가 시시각각으로 변화하는 것을 체감하면서, 학교 밖 사람들의 다양한 생각과 삶의 방식을 조금씩 이해하기 시작했다. 무엇보다, MZ세대 교사들은 국가 수준의 교육과정이나 교과서에 나타난 가상의 세계가 아니라, 사람들의 피와 땀 그리고 눈물이 담겨있는 노동의 가치와 돈의 흐름을 직시하면서, 사람과 세상을 바라보는 관점이 확장됨을 느낄 수 있었다. 또한, 참여 교사들은 실제적인 자산관리와 투자생활을 통해 다른 직업군에 살고 있는 사람들을 이해하게 되었으며, 돈과 부에 대한 부정적인 선입견과 마인드를 변화시킬 수 있었다. 따라서 MZ세대 교사들의 실제적인 자산관리와 투자경험은 개인적 삶의 수준에 머무는 것이 아니라, 학교와 교실에서 학생들을 대상으로 금융교육을 실천할 수 있는 동기를 제공하였다.

> 김행운 교사: 투자를 지속하면서 돈에 대한 제 마인드가 크게 바뀐 것 같아요. 예전과 다르게 조금은 다른 세계에 눈을 뜬 거죠. 무엇보다, 주식을 하면서 바뀌는 세상을 읽어내려고 노력해요. 이러한 노력이 학생들의 진로교육에도 도움이 되는 것 같아요.
>
> 배사랑 교사: 저는 돈에 큰 관심이 있는 사람이 아니었어요. 하지만 남편이 대기업을 다니다가 9급 공무원이 되고, 아이들이 태어나면서 자연스럽게 돈에 대한 관심을 갖게 되었어요. 직접 투자를 하면서 금융교육의 중요성을 깨닫게 되었고, 이것이 학교에서 금융교육을 실천하는 동기가 되었지요(2024년 09월 09일, FGI 전사본).

나. 경제교육과 금융교육을 위한 대안적 교육방법을 찾기

MZ세대 교사들은 자산관리와 투자생활을 바탕으로 세상과 사람들을 폭넓게 이해할 수 있는 관점을 획득하자, 학생들을 대상으로 한 경제, 금융교육이 필요하다는 점을 깨닫게 되었다. 참여 교사들이 개인적인 자산관리나 투자생활을 학교교육에 연결할 수 있었던 이유는 다수(김재물 교사 제외)가 교육대학원에서 '학교기반 금융교육'이라는 과목을 수강하였고, 학교와 교실 안에서 금융교육을 실천할 수 있는 전문적 교육역량을 갖추었기 때문이다. 구체적으로, 연구 참여자들은 학교와 교실에서 경제 및 금융교육을 실천할 수 있는 대안적 교육방법을 찾기 위해 상상하였다. 그들이 대안적 교육방법을 '상상'했던 이유는 아직까지 국가 및 학교 수준에서 경제 및 금융교육을 실천할 수 있는 교육과정이나 교과목이 없었기 때문이다.

참여 교사들이 학교와 교실에서 금융교육을 실천하기 위해서는 금융교육의 필요성과 목적에 대한 학교 구성원들의 동의와 동참이 필요했다. 특히, 학교기반 금융교육은 학부모의 동의뿐만 아니라, 동료 교사들과의 협력과 협업이 절대적으로 필요하였다. 하지만 유치원 및 초등학교 학생들에게 경제와 금융을 체계적으로 가르치고자 했던 그들의 상상은 구체적인 실현 단계로 나아가지는 못했다. 왜냐하면, 동료 교사들은 유치원생과 초등학생들을 대상으로 자산관리와 금융투자를 직접적으로 가르치는 일에 대하여 거부감이나 부담감을 갖고 있었기 때문이다. 또한, 유치원이나 초등학교에서 경제교육이나 금융교육을 실천하기 위해서는 교과 간 융합 프로젝트 학습, 창의적 체험활동에서의 범교과 학습활동, 학교자율시간에서 특별한 학교교육과정으로 다루어야 하는데, 이는 교사 개인 차원에서 해결할 수 있는 문제가 아니었다.

하지만 이러한 어려운 교육여건에도 불구하고, 일부 교사들(배사랑, 이투자 교사)은 실제적인 자산관리나 투자경험에서 비롯된 전문성을 바탕으로 가정이나 학교에서 경제교육과 금융교육을 실천할 수 있는 대안적 교육방법을 찾아 나서기 시작했다. 구체적으로, 이투자 교사는 자신이 부모로부터 물려받은 금융투자 철학과 노하우를 학교의 학생들이나 자녀에게 전수하고 싶어 했다. 또한, 배사랑 교사는 단위학교의 동학년 교사들과 함께 경제 및 금융교육을 실천하기도 하였다. 배 교사는 동학년 교사들과 함께 교과(사회, 미술), 창의적 체험활동에서 경제 및 금융교육 프로젝트('음식장터') 수업을 실천하여 금융교육의 가능성을 체험하였다.

> 8차시 분량의 프로젝트 수업이었지만 느낀 점이 많았어요. 아이들이 음식을 주제로 기획, 조리, 홍보, 판매를 하면서, 경제나 금융생활을 머리가 아니라 몸으로 배운 것 같아요. 동학년 선생님들도 경제/금융 교육활동으로 상당한 보람을 느꼈다고 말했어요. 그때 비로소 금융교육의 가능성을 체감하게 되었죠(2024년 09월 07일, 배사랑 교사의 내러티브, 개인 인터뷰 전사본).

가정 안에서 부모의 금융교육이 우선시되어야 한다고 생각해요. 제가 아버지로부터 부를 물려받은 만큼, 내 딸에게도 금융자산이나 금융교육을 전수하고 싶어요. 이러한 꿈을 갖고 있기 때문에 금융투자를 지속하고 있고, 제대로 된 금융교육 방법을 찾기 위해 학교교육과정을 고민하고 있어요(2024년 09월 08일, 이투자 교사의 내러티브, 개인 인터뷰 전사본).

V. MZ세대 교사의 경제적 자유와 독립을 위한 교훈

MZ세대 교사들의 자산관리와 투자경험에 대한 연구결과를 요약하면 다음과 같다. MZ세대 교사들은 안정적인 소득과 저축을 바탕으로 자신들의 금융자산을 관리하였고, 부모의 경제적 지원과 자립으로 현재의 삶을 가꾸면서 점진적으로 노후를 준비였다. 또한, MZ세대 교사들은 자기주도적인 금융이해력의 신장으로 투자의 대상과 방법을 확장하였고, 직접적인 자산관리와 투자경험을 바탕으로 학교기반 금융교육의 가능성을 상상하고 실현하고자 하였다. 지금부터는 MZ세대 교사들의 자산관리와 투자경험에 대한 학술적 가치와 의미를 논의하고자 한다. 그리고 이러한 논의에 기초하여, MZ세대 교사들의 지속가능한 재무적 안녕과 슬기로운 투자생활을 촉진하고 유도하기 위한 실천적 및 정책적 방안을 제시하고자 한다.

첫째, 이 연구는 일반적인 MZ세대와 MZ세대 교사의 자산관리 및 투자경험에 대한 유사성과 차이점을 동시에 포착했다고 볼 수 있다. MZ세대 교사들은 한국의 일반적인 MZ세대처럼 소비를 줄이고, 알뜰하게 저축하면서 효율적으로 자산관리를 하였다. 또한, MZ세대 교사는 결혼과 내 집 마련이라는 현재의 생애 과업에 선택과 집중을 하면서도, 미래의 노후를 위한 자산관리와 투자를 중시하는 양가적 특징을 보였다. 이러한 연구결과는 오늘날 MZ세대가 절약과 저축을 통해 현재를 중시하면서도 미래를 위한 투자도 선호한다는 선행연구 결과(권지엽, 2022; 박은성, 김재태, 2023)와 그 맥을 같이한다. 하지만 교직경력이 6년 차에서 14년 차에 이르는 MZ세대 교사들은 자산관리 및 투자경험과 관련하여 동일한 속성을 지닌 코호트가 아니었다. 즉, Z세대의 미혼 교사들은 결혼과 내 집 마련이라는 현재의 가치에 집중하여 초임교사 시절의 부채를 상환하고 저축을 선호하였다. 하지만 M세대의 기혼 교사들은 맞벌이 부부의 안정적인 소득을 바탕으로 미래와 노후 대비를 위한 투자에 적극적으로 가담하였다. 따라서 이 연구의 결과는 MZ세대의 교사가 동일한 속성을 지닌 집단이 아니며, 교직경력에 따른 소득의 차이에 따라 차별적인 자산관리와 투자생활을 하고 있음을 밝혀내었다.

둘째, 이 연구는 MZ세대 교사들의 자산관리와 투자경험을 내부자의 관점에서 조명하는 과정에서 MZ세대 교사 및 부모의 사회경제적 지위와 영향력에 대한 통찰을 얻게 되었다. 2024년 기준 통계청 자료에 따르면, 한국 기혼자의 연간 중위소득은 4,056만 원이며, 미혼자의 중위소득은 3,220만 원인 것으로 나타났다. 이 연구에 참여했던 M세대 기혼 교사들의 연봉은 5천만 원을 상회했으며, Z세대 미혼 교사들의 연봉도 4천만 원을 상회하였다. 따라서 MZ세대 교사들의 연간 소득은 한국 국민들의 소득 평균값을 어느 정도 상회한다고 볼 수도 있다. MZ세대 교사들의 사회경제적 처우와 보상의 적절성에 대해서는 논쟁의 여지는 있다. 하지만 특기할 만한 점은 MZ세대의 교사가 교직경력 5년 차 미만의 초임교사만큼 경제적 처우가 열악한 상황에 처한 것은 아니었다는 점이다. 또한, MZ세대의 교사는 부모의 경제적 지원이나 후원 없이 자립적으로 규모가 있는 자산을 관리하고 투자하기가 쉽지 않았다는 점이다. 이는 기성세대의 교사들이 부모의 경제적 지원이나 후원 없이도 자수성가를 했던 과거의 상황과는 상당한 차이가 있음을 의미했다. 그리고 MZ세대 교사들의 부모는 대부분 중산층의 사회경제적 지위(SES)를 갖고 있어서 자녀의 경제적 독립을 지원할 수 있는 경제자본을 갖고 있었다. 따라서 부모로부터 경제적 지원이나 후원을 받지 못하는 MZ세대 교사들의 경우에, 꽤 오랜 기간 동안 경제적 독립이나 자립이 원활하지 않을 수도 있음을 알 수 있었다.

셋째, 한국의 MZ세대는 세대 및 계층 간 소득격차 때문에 연애, 결혼, 출산을 미루거나 기피하는 경향이 있다. 그리고 MZ세대의 결혼과 출산 기피현상으로 인해 학령인구가 감소하는 등 사회문제가 발생하고 있다. 하지만 연구결과에 따르면, 일정한 소득이 있는 Z세대의 교사들은 안정적인 보수와 저축을 바탕으로 결혼 준비와 내 집을 마련하기 위한 노력을 하였다. 또한, M세대의 교사들은 '결혼'이라는 가정적 제도를 통해 소득을 높이고, 자산을 늘려가면서 규모가 있는 투자를 시도할 수 있었다. 따라서 세대 간 소득격차에서 비롯된 학령인구 감소 문제를 해결하기 위해서는 MZ세대가 결혼이라는 제도를 통해 가정을 꾸리고, 후세대를 낳아 기를 수 있는 경제적 발판을 제공할 필요가 있다. 또한, 한국의 MZ세대에게 결혼이라는 제도는 일부 부유한 계층의 제도적 사치품이나 전유물이 아니라, 소득을 높이고 자산을 늘려가면서 노후를 위한 투자를 지속할 수 있는 토대로 작용할 수 있다. 따라서 국가나 사회는 결혼이나 출산을 기피하는 MZ세대가 결혼이라는 제도를 통해 가정을 꾸리고, 후세대를 낳아 양육하며, 미래를 꿈꿀 수 있는 사회경제적 토대와 여건을 제공해야 것이다.

넷째, 현직교사의 금융교육 실태와 금융생활을 탐구했던 선행연구 결과(김동진, 김지훈, 2021; 한진수, 2022b)에 따르면, 교사는 일반 국민들보다는 금융이해력이 높기는 하지만, 교사양성 과정에서 체계적인 금융교육을 받은 적이 없으며, 경제 및 금융 관련 직무연수 이수 경험이 부족하였다. 하지만 이 연구에 참여했던 MZ세대 교사들은 성인학습의 차원에서 금융이해력을 바탕으로 슬기로운 자산관리와 현명한 투자를 시도하고 있었다. 이 연구결과에서 확인할 수 있는 것처럼, MZ세대 교사들이 능동적이고 주체적으로 금융이해력을 신장했던 이유는 금융역량이 자신들의 경제적 생존과 직결되었기 때문이다. 금융자본주의를 살아가고 있는 MZ세대 교사들은 기성세대의 교사와는 달리, 자산을 효율적으로 관리하지 않거나 슬기로운 투자를 하지 않을 경우 생존이 불가능한 사회경제적 조건에 처한다. 이러한 이유에서, MZ세대 교사들은 기성세대 교사와는 달리, 금융이해력을 바탕으로 효율적인 자산관리와 슬기로운 투자를 위해 자기주도적인 금융학습을 시도했다고 볼 수 있다. 하지만 교육부나 시도교육청은 학교교사의 금융이해력을 신장하기 위해 개인 차원의 무형식 학습에 의존하기보다는, 모든 세대의 교사들이 금융이해력을 신장할 수 있는 교육정책이나 연수프로그램을 개발하여 지원해야 할 것이다.

다섯째, MZ세대 교사들의 일부는 개인적 차원의 자산관리와 투자경험에서 한 걸음 더 나아가 학교와 교실에서 학생을 대상으로 금융교육을 시도하였다. 하지만 다수의 MZ세대 교사들은 학교를 기반으로 한 금융교육의 필요성에 공감하고, 대안적 교육방법을 찾기 위해 교육적 상상을 하였으나 현실적인 한계에 봉착하였다. 따라서 교육당국은 교사들이 교과 및 교과 융합, 창의적 체험활동, 학교자율시간 등을 통하여 학교기반 금융교육을 실천할 수 있는 제도적 및 정책적 기틀을 마련하고, 학교기반 금융 교육과정을 개발하고 금융수업을 실행하는 교사들에 대한 관심과 지원을 보다 강화해야 할 것이다. 또한, 교육당국은 교사들이 단위학교와 교실에서 금융교육을 실현할 수 있는 교육과정과 수업방법, 수업자료를 마련하여, 교사들이 부담감 없이 금융교육을 실천할 수 있는 교육여건과 환경을 조성해야 할 것이다.

끝으로, 이 연구는 특정한 지방도시에 재직하는 MZ세대 교사들의 실제적인 자산관리와 투자경험을 질적 사례연구로 조명하였기 때문에 연구결과를 일반화하는 데 한계가 있다. 따라서 이 연구의 결과가 한국 MZ세대 교사들의 일반적인 자산관리와 투자경험을 온전히 재현한 것이라고 보기는 힘들다. 가령, 수도권이나 광역시에 재직하는 MZ세대 교사들은 연구 참여자들과 다른 방식의 자산관리와 투자생활을 경험할 수도 있다. 한편, 이 연구에 참여했던 MZ세대 교사 모두는 교육대학원에서 저자의 '학교기반 금융교육' 강좌를 수강했거나, 학교기반 금융교육 교사연수에 참여했던 경험이 있었다. 따라서 이 연구가 제시한 MZ세대 교사들의 자산관리와 투자생활 방식은 이러한 특수한 맥락과 조건에서 비롯된 긍정적 교육사례임을 유념할 필요가 있다. 따라서 MZ세대 교사들의 자산관리와 투자경험을 종합적이고 객관적으로 탐구하기 위해서는 다양한 맥락과 조건을 고려한 후속연구가 추가적으로 병행되어야 할 것이다.

참고문헌

강경란. (2024). NIE 학습방법을 통한 대학생 금융교육의 효과 분석: 금융이해력과 재무관리 행동을 중심으로. 벤처창업연구, 19(1), 135-142.

고삼숙, 김신애, 권기대. (2024). 소비자의 HMR 브랜드 스타일, 다차원적 가치 및 충성도 간의 관계. 브랜드디자인학연구, 22(1), 151-164.

권지엽. (2022). MZ세대 사회초년생 금융 서비스 사용자 경험 연구: 심층 인터뷰를 중심으로. 창의융합연구, 2(1), 23-35.

권창규. (2021). 대중 투자 텍스트의 담론 구조: '경제적 자유'와 화폐 상상의 결합. 한국문학연구, 67, 115-154.

김동진, 김지훈. (2021). 초등교사의 금융이해력 조사 연구. 경제교육연구, 28(3), 119-144.

김민규, 허주. (2024). MZ세대와 기성세대 초등교사 간 가치관, 수업활동, 직무만족 및 소진 차이. 한국교원교육연구, 41(2), 241-267.

김세원, 조용덕. (2023). 국내거주 MZ세대 외국인의 투자선호 특성. 부동산산업연구, 6(1), 21-44.

김세호. (2020). 자본주의 시대 군자가 되는 방법: 이재운, 해동화식전: 조선 유일의 재테크 서적, 부자 되기를 권하다. 이화어문논집, 51, 681-690.

문승호. (2011). 금융관계 종사자의 재테크 선택방안에 관한 연구. *Journal of the Korean Data Analysis Society, 13*(4), 1849-1859.

박소연 외. (2024). 자산관리 앱의 기능이 재무관리 태도와 행동, 재무웰빙에 미치는 영향. 소비자정책교육연구, 20(1), 57-81.

박은성, 김재태. (2023). 부동산자산에 대한 MZ세대의 선호도에 관한 연구. 대한부동산학회지, 41(3), 35-57.

박형준. (2022). 한국과 미국의 금융교육 표준안 비교. 시민교육연구, 54(3), 187-219.

심재연. (2024). MZ세대와 기성세대 유치원 교사들 간의 특성에 대한 상호 인식 탐구. 학습자중심교과교육연구, 24(7), 733-745.

이상현, 부재율, 이동성. (2024). 초등학교 교사의 학교기반 금융 교수 경험에 대한 자문화기술지. 질적탐구, 10(3), 83-108.

이윤호. (2024). 금융이해력 과신에서 과대평가와 우월평가의 관계 및 증권 투자 경험. 소비자학연구, 35(2), 99-120.

임지은, 전우영. (2023). 미래 자기를 위하여 투자하기: 장기 지향성과 재테크 의도의 관계에서 미래 자기 연속성의 매개효과. 한국심리학회지: 소비자 · 광고, 24(1), 1-23.

장서연 외. (2023). 영유아 교사의 세대 간 갈등 및 갈등관리전략에 관한 근거이론 연구: MZ세대 교사와 X세대 교사를 중심으로. 유아교육연구, 43(5), 155-176.

한미영, 문경화. (2022). 교직사회에서의 세대 차이 및 갈등 인식: 초등교사의 세대 간 상호지각 및 상호평가를 중심으로. 열린교육연구, 30(3), 51-78.

한수현. (2022). 밀레니얼 세대와 Z세대 초등교사 간 세대 갈등에 대한 현상학적 연구. 초등교육연구, 35(4), 75-94.

한수현, 강에스더. (2023). 젊은 초등교사 교직 이탈 시대의 원인과 해결방안: Honneth의 인정이론에 기반하여. 한국교원교육연구, 40(3), 171-200.

한진수. (2022a). 금융 웰빙에 영향을 미치는 요인: 금융 역량과 금융교육. 교육문화연구, 28(2), 263-283.

한진수. (2022b). 학교 경제교육의 공급 측면 실태와 효과 평가. 시민교육연구, 54(1), 131-150.

한진수. (2024). 왜 어떤 사람은 금융사기에 더 취약한가?: 금융사기 취약성과 개인 특성. 시민교육연구, 56(1), 109-128.

홍수희. (2024). 금융교육 성과측정에 대한 연구. 인문사회과학연구, 6(3), 737-748.

Frederick, S., Loewenstein, G., & O'donoghue, T. (2002). Time discounting and time preference: A critical review. *Journal of Economic Literature, 40*(2), 351-401.

Henchoz, C. (2016). *Sociological perspective on financial literacy: A critical examination of three assumptions underlying financial literacy programmes* (pp. 98-112). Aprea et al., C. (eds.). International handbook of financial literacy. Singapore: Springer Science+ Business Media.

Kiyosaki, R. T. (2017). *Rich dad, poor dad: What the rich teach their kids about money that the poor and middle class do not!* (안진환 역, 2018). 부자 아빠 가난한 아빠(20주년 특별 기념판). 서울: 민음인.

Rinaldi, E. E. (2016). The relationship between financial education and society: A sociological perspective. *Italian Journal of Sociology of Education, 8*(3), 126-148.

Yin, R. K. (2003). *Case study research: Design and methods* (3rd ed.). London: Sage Publications Ltd.

https://v.daum.net/v/20240129174812116 (중앙일보, 2024. 1. 29. 출력).

https://v.daum.net/v/20240806224103223 (더팩트, 2024. 8. 6. 출력).

https://v.daum.net/v/20220730002047657 (중앙SUNDAY, 2022. 7. 30. 출력).

https://v.daum.net/v/20240816050102157 (중앙일보, 2024. 8. 16. 출력).

https://v.daum.net/v/20240827110154092?x_trkm=t (이데일리, 2024. 8. 27. 출력).

제 12 장 노년기 세대 교사들의 자산관리와 투자

I. 한국 노년기 세대 교사들의 경제생활

금융자본이 세계와 국가 경제를 지배하고, 개인의 삶에 막대한 영향을 끼치는 금융자본주의 사회에서 효율적인 자산관리는 중요한 이슈이다. 금융자산의 변동성과 불확실성으로 인한 자산 가치의 상승과 하락이 사람들의 생활 전반에 강력한 영향을 미치기 때문이다. 효율적인 자산관리는 자산을 최적으로 배분하고, 리스크를 최소화하며, 갑작스러운 경제적 충격에도 안정적으로 대응할 수 있도록 돕는다(권도형 외, 2021). 또한, 자산을 잘 관리하면 현재 생활의 질을 유지하는 동시에, 은퇴 준비나 자녀교육을 위한 자금 마련 등 미래의 재무적 목표를 달성할 수 있다. 따라서 자산관리는 단순한 재무관리를 넘어, 개인의 경제적 자립과 심리적 안정을 뒷받침하고 장기적인 행복과 성취감을 이루는 데 필수적인 요소이다(노재현, 2018).

효율적인 자산관리가 전반적인 삶의 행복과 관계가 있다는 점에서, 생애 자산관리라는 연구주제는 경제학 및 심리학 분야에서 활발하게 다뤄지고 있다(Van Praag et al., 2003; Hojman et al., 2016; Dunn & Mirzaie, 2013). 최근 국제기구를 비롯한 미국, 영국 등의 주요 선진 국가들은 개인의 금융이해력과 재무역량 향상을 위한 재무적 웰빙에 주목하고 있으며, 개인 및 가계의 재무관리 역량 및 재무적 웰빙 수준이 삶의 질과 관련된다는 연구가 이루어진 바 있다(Brüggen et al., 2017). 여기에서 언급한 개인의 '재무적 웰빙'이란 개인이 현재 및 미래의 바람직한 생활수준과 재정적 자유를 유지할 수 있다는 인식을 의미하는데, 소득, 저축, 부채관리,

재무 안정, 전반적인 재무 만족도와 같은 다양한 측면을 포함하는 개념이다(Brüggen et al., 2017).

한편, '한강의 기적'이라는 눈부신 경제 성장을 이룬 한국 사회의 내면에는 노인 문제가 심각하게 떠오르고 있다. 특히, 노인 빈곤 문제는 우리 사회가 직면한 큰 과제 중 하나로, 2020년 기준 한국의 66세 이상 노인 인구의 소득 빈곤율이 40.4%에 달해 OECD 국가 중 1위를 기록하고 있다(매일경제, 2023). 이는 OECD 회원국의 평균 수치(14.2%)보다 월등히 높은 수준이다. 노인 빈곤과 더불어, 한국 중고령 세대의 노후 문제 또한 인구 구조적 측면에서 그 심각성이 점점 커지고 있다. 베이비부머를 비롯한 중고령 세대에 관한 연구(정운영, 이희숙, 2010; 주소현, 2011; Lusardi & Mitchell, 2006; Lusardi, Mitchell, & Curto, 2009)는 일반적으로 50대 이상을 중고령 세대로 구분하는데, 출산율이 폭발적으로 증가했던 1955년에서 1974년 사이에 태어난 베이비부머 세대(1955년생~1964년생: 1차 베이비 붐 세대, 1964년~1974년생: 2차 베이비부머 세대)가 은퇴 시기에 접어들면서 이에 따른 사회적·경제적 문제들이 본격화될 것으로 예상된다. 현재 우리나라는 이미 고령 사회에 진입한 상태이며, 2024년 말 또는 2025년 내 초고령 사회로의 전환을 목전에 두고 있기에, 중고령층의 삶의 질 향상과 지속 가능한 경제 구조 구축을 위한 개인과 사회의 역량 강화와 협력이 절실하게 요구된다.

하지만 한국의 중고령 세대의 경제 상황은 대체로 안정적이지 못하며, 현실적으로 많은 어려움을 지니고 있다. 2022년 기준 중고령 세대의 3분의 1가량(37.7%)이 사회환경 변화나 조직 내 인력 조정으로 인해 권고사직이나 명예퇴직 등 비자발적 사유로 직장을 떠난 경험이 있으며(뉴스1, 2024), 이는 예상치 못한 소득 감소로 생활 안정성을 심각하게 저해할 수 있다(지은정, 2006). 일부 중고령자는 은퇴 시점부터 국민연금 수급이 시작되는 65세까지의 소득 공백기를 메우기 위해 자영업에 뛰어들기도 하지만, 준비 부족, 불안정한 수익 구조, 치열한 시장 경쟁 등의 이유로 실패하는 경우가 적지 않다(국민일보, 2019). 또한, 불충분한 연금액으로 인해 70대 이후 신체적·정신적 기능 저하에도 불구하고 구직하는 중고령자가 많지만, 고령으로 인한 고용 기회 축소와 낮은 임금으로 인해 경제적 자립이 힘겨운 실정이다(윤석명 외, 2019).

그렇다면 한국의 중고령 세대 교사들은 생애 전반을 가로지르는 삶의 궤적에서 어떠한 방식으로 자산을 관리해 왔을까? 한국 중고령 세대의 자산관리에 관한 선행연구(반정호, 2012; 정운영, 이희숙, 2010; 남상호, 2011)는 베이비부머 세대의 은퇴가 본격화된 2011년 이후 활성화되었으나, 개인의 실제적 삶과 이야기보다는, 경제 구조와 같은 거시적 관점에 초점을 둔 연구가 대부분이었다. 즉, 개개인이 실제로 겪는 금융생활과 자산관리 경험을 다룬 경험적 연구는 상대적으로 부족하였다. 또한, 다수의 국내 선행연구(노재현, 2018; 백은영, 2013; 유경원, 서인주, 정지수, 2020; 이영라, 이숙종, 2018)는 계량적 접근에 치중하면서 중고령 세대들의 금융생활 방식이나 자산관리에 대한 삶과 목소리를 충분히 탐구하지 못한 한계가 있다. 특히, 중고령 세대에 속하는 노년기 및 은퇴기에 접어든 '교사'들은 일반적인 직장인들과는 다른 금융 복지제도와 퇴직금 및 연금 구조를 갖추고 있어 자산관리 방식에서 차이가 발생할 수 있으나, 이러한 직업적 특수성을 고려한 선행연구가 현저히 부족한 상황이다.

그러나 중고령 세대 교사들의 재정적 어려움이나 성공 사례를 탐색하는 것은 교육학적 차원에서 중요한 시사점을 지닌다. 자산관리 경험은 재직 중 삶의 질과 교육 활동에도 영향을 미치며, 재정적 압박을 받는 경우 업무 몰입도가 낮아져 교육의 질에 부정적인 영향을 미치기 때문이다(Arroyo & Bayani, 2024). 또, 교사들은 안정적 급여 체계를 갖추고 있지만, 경제적 계획이 미흡하면 노후에 재정적 불안을 겪을 수 있으며, 자산관리 방식에 따라 직무만족도와 퇴직 후 삶의 질이 크게 달라질 수 있다(강동주, 2019). 경제적 자립과 안정성은 평생학습의 중요한 토대이자 목표 중 하나이며, 이에 따라 중고령 세대 교사들의 생애 자산관리 경험을 분석하고 지속 가능한 전략을 구축하는 것은 평생교육 차원에서도 매우 중요하다. 따라서 이 연구의 목적은 생애사적 접근을 통해 노년기 및 은퇴기 교사들의 실제적인 자산관리 경험과 목소리를 해석적으로 조명하는 데 있다. 이러한 연구 목적을 달성하기 위한 연구문제는 다음과 같다. "중고령 세대 교사들은 자신들의 자산을 관리하는 생애 여정 과정에서 어떠한 경험을 하였는가?"

이 연구는 중고령 세대 교사들의 자산관리 경험을 생애사적으로 탐구함으로써 다음과 같은 시사점을 제공할 것이다. 첫째, 이 연구는 자산관리를 중심으로 한국 중고령 세대 교사들의 금융 생활세계를 깊이 있게 이해하고 해석함으로써 그들의 금융생활의 실태와 특징을 파악하는 데 기여할 것이다. 둘째, 이 연구는 중고령 세대 교사들의 자산관리 경험과 목소리를 조명함으로써 후세대 교사들(X세대 및 MZ세대 교사)에게 효율적인 자산관리를 위한 실질적인 노하우와 교훈을 제공할 것이다. 셋째, 이 연구는 교사들의 교직생활에 특화된 생애 자산관리의 중요성과 의미를 해석함으로써 후세대 교사들의 재무적 안녕과 안정적인 노후를 위한 자산관리에 새로운 통찰을 제공할 것이다. 넷째, 이 연구는 중고령 세대 교사들의 자산관리 경험이 교육활동과 평생교육의 지속 가능성에 미치는 영향을 파악하고 정책적·교육적 지원 방안을 모색하는 데 기여할 것이다.

Ⅱ. 중고령 세대 교사들의 교직 생애와 자산관리

1. 중고령 세대 교사들의 삶과 교직문화

중고령 세대 교사는 오랜 경험과 숙련된 기술을 바탕으로 직업적 성숙을 이루며, 전문적 성장의 정점에 도달하는 시기이다(남연재, 1994). 이들은 학생들의 내면세계를 깊이 이해할 수 있으며, 학교 조직과 경영에 대한 감각 또한 체득하여 자긍심과 안정감을 느끼게 된다(Watts, 1980). 그러나 학부모들이 젊은 교사를 선호하면서 중고령 교사의 담임을 기피하는 현상(남연재, 1994), 승진을 포기한 무능력한 평교사로 바라보는 사회적 시각 등으로 인해, 때때로 소외감과 무력감을 경험하게 된다(배은희, 2009). 다른 중고령 직업 집단과 비교하였을 때 직업적 안정성, 연금 등의 요인으로 만족을 느끼는 측면도 있으나, 자신의 경험과 노하우가 충분히 존중받지 못하는 현실, 새로운 변화에 대한 적응 어려움 등으로 인해 직무 불만족을 겪는 경우도 많다(한기석, 2007).

교사 발달의 측면에서 볼 때, 중고령 교사는 교사발달순환모형(TCCM)에서 '직업적 쇠퇴 단계' 또는 '퇴직 단계'에 해당한다. 일부 교사에게는 긍정적 경험을 바탕으로 직업 생활의 변화를 모색하거나 은퇴를 기대하는 시기가 될 수 있는 반면, 다른 교사에게는 지난 시간에 대한 보상이 충분하지 않았다는 생각으로 인해 불만과 분노를 경험하는 시기가 될 수도 있다(Burke, 1984). 또한, Huberman(1989)의 교사 경력주기 모형에서도 교직 경력 31~40년 차의 중고령 교사들은 앞선 경력 단계에서 어떤 발달을 거쳤는지에 따라 '평온한 이탈' 또는 '비통한 이탈' 과정을 겪는다고 설명된다. 국내 중고령 세대 교사들의 직업적 발달 단계는 '침체기', '쇠퇴기', '격리기' 등의 개념으로 표현되어 왔으나(윤홍주, 1996; 강재태, 여태전, 1996; 박찬주, 심춘자, 2002), 변화하는 환경과 도전에 맞서면서 내적으로 더욱 단단해지고 충만한 상태에서 교직을 수행하는 교사들이 존재하며, 이러한 직업적 정체성과 발달 단계를 '내적 충만함'으로 재정의할 수 있다는 관점 또한 제시되었다(신은하, 2024).

2. 중고령 세대의 금융생활과 자산관리 방식

중고령 세대의 금융생활과 자산관리 방식은 크게 긍정적 측면과 부정적 측면으로 나누어 해석할 수 있다. 중고령 세대의 금융생활과 자산관리 방식에 관한 긍정적 측면은 정보탐색의 효율성이 높고, 자산관리에서 소모되는 비용이 감소한다는 것이다. 나이가 많을수록 금융생활을 위한 정보탐색 활동이 적으며(Kiel & Layton, 1981; Phillips & Sternthal, 1977), 금융생활 경험이 증가할수록 보다 적은 대안을 탐색하는 경향이 있다(김성숙, 이승신 2000). 또한, 고령의 경험이 풍부한 투자자는 경험법칙을 따라, 덜 위험한 포트폴리오를 가지고 있고 분산투자를 선호하는 편이다(Korniotis & Kumar, 2011). 반면, 중고령 세대의 자산관리 방식과 관련한 부정적 측면은 금융생활에 대한 인지적 노화 현상이다. 일반적으로, 50세가 넘으면 고령 투자자들의 투자 실력이 부족해지고, 60세가 넘으면 평균 금융이해력 점수가 매년 약 1%가량 낮아진다는 연구결과가 있다(Finke et al., 2017; Gamble et al., 2013).

한편, 중고령 세대는 퇴직금이나 연금 등으로 인해, 경제활동이 활발한 연령보다 유동자산을 오히려 더 많이 보유하고 있으나, 금융시장의 변화에 어둡다는 약점을 갖고 있다(김민정, 김은미, 2014). 50세 이상의 상당수가 금융생활에 대한 두려움과 공포를 지니고 있다(British Columbia Securities Commission, 2012). 한국의 중고령 세대는 다른 연령대에 비하여 높은 수준의 자산을 보유하고 있으나(통계청, 2013), 퇴직 후 삶에 대한 계획, 장기 진료 계획 등 복잡한 사안에 관해 결정을 내려야 하며, 투자 자금을 어느 정도 보유하고 있어 금융사기에 노출될 가능성이 높다(김민정, 김은미, 2014). 노후 자산이 부족한 경우, 더 높은 수익을 위해 위험자산에 투자하여 손해를 입고 심각한 난관에 부딪힐 수 있다. 또한, 어려운 금융용어의 이해나, 정보탐색에 취약한 중고령 세대는 편의성에 주안점을 두고 금융기관 직원을 통해 정보를 습득하는 경우가 많다(백은영, 2013). 곧, 자신의 견해나 관점을 기초로 한 주체적 금융의사결정이 아닌, 친분과 신뢰를 쌓아온 주변인의 권유에 의존하여 충동적 판단을 하거나, 이러한 심리를 악용한 범죄에 당하기도 한다(한국금융투자자보호재단, 2012). 백은영, 주소현(2011)은 연령이 높고 교육수준이 높을수록 자기과신 성향이 높다는 것을 밝혔는데, 이렇듯 높은 자기과신 성향 또한 중고령 세대 금융생활의 특성이자 약점이라 볼 수 있다.

3. 선행연구 분석

우리나라 중고령 세대의 금융생활과 자산관리 방식에 관한 선행연구는 연구주제에 따라 ① 중고령 세대와 경제구조에 관한 거시적 연구, ② 중고령 세대의 금융생활 실태에 관한 미시적 연구로 구분할 수 있다. 먼저, 한국 중고령 세대와 경제구조에 관한 거시적 연구동향을 살펴보면 다음과 같다. 정호성 외(2010), 나일주, 임찬영, 박소화(2008), 이철용, 윤상하(2006)는 베이비부머의 대규모 은퇴에 따른 사회·경제 전반의 파급 영향과 대응 방안을 연구하였다. 베이비부머의 부동산 자산 보유 비중이 크기 때문에 부동산 가격의 급락이나 증권시장의 위축에 대한 대비를 강조하였다. 반정호(2012)는 베이비붐 세대, 이전 세대, 이후 세대를 비교하여 중고령 세대의 은퇴자금 충분 정도를 분석하였다. 베이비붐 세대의 소득 불평도와 빈곤율이 급격히 높아지고 있기에, 보유 자산의 소득화(자산처분 또는 부채증가)가 이루어지고 있다는 점을 밝혔다. 정운영, 이희숙(2010)은 중고령 세대의 노후 대비 인식에 따른 부동산 자산의 구성과 결정요인을 분석하였으며, 남상호(2011)는 은퇴자 비중 증가 현상에 대비하기 위해 자산이 적은 계층과 비자발적 은퇴자에 대한 정책적 대책이 필요함을 강조했다. 즉, 우리나라 중고령 세대와 경제구조에 관한 거시적 연구는 베이비붐 세대의 은퇴와 관련된 사회·경제적 파급효과, 자산 구성 및 활용과 불평등 해소를 위한 정책적 대응 방안을 중점적으로 다뤘다.

다음으로, 중고령 세대의 금융생활 실태에 관한 미시적 연구를 살펴보면 다음과 같다. KB경영연구소(2011)는 설문 자료를 바탕으로 베이비부머 세대의 은퇴 후 필요 자금, 보유한 자산 및 부채를 추정하여 은퇴 후 생활비 감당 여력을 분석하였는데, 중고령 세대의 하위 3분위 가구에서 노후 생활 안정성이 매우 낮은 것으로 나타났다. 또한, 백은영(2013)은 중고령 소비자들이 금융기관 및 금융상품을 어떻게 이용하고 있는지 연구하였는데, 자산 보유 수준에 격차가 있으며 상당수가 금융지식이 부족한 것으로 나타났다. 유경원 외(2020)는 중고령자 가구를 대상으로 은퇴 전후 자산 보유 행태를 분석하였는데, 은퇴 이후 자산이 감소하며, 은퇴 가구의 자산 분배 상태가 비은퇴 가구에 비해 상대적으로 악화된 것을 확인했다. 박소연 외(2024)는 자산관리 앱과 개인의 재무관리 태도의 상호작용을 분석하여, 코칭의 적극 활용이 재무웰빙을 증진함을 밝혀내고 성인학습 측면에서 정보통신기술의 실무적 활용을 강조했다. 정리하자면, 중고령 세대의 금융생활 실태에 관한 미시적 연구는 개인의 은퇴 후 자산 및 부채 상태, 금융상품 이용 행태, 금융 지식과 재무웰빙수준 등을 분석하였다.

중고령 세대의 자산관리 방식에 관한 선행연구 분석을 기반으로 아래와 같은 시사점을 도출하였다. 첫째, 중고령 세대에 관한 선행연구는 베이비부머 세대의 은퇴 시작 시점인 2011년을 기점으로 집중적으로 이루어졌으며, 경제구조와 관련한 거시적 연구가 주를 이루었다. 즉, 중고령 세대 개개인의 실제적인 금융생활과 자산관리 경험에 관한 경험적 연구는 상대적으로 부족하였다. 둘째, 다수의 선행연구는 계량적 접근에 초점을 둠으로써 금융주체들의 장기적인 금융생활 방식이나 자산관리에 대한 생애사적 측면을 충분히 다루지 못하였다. 셋째, 중고령 세대의 하위 집단으로 볼 수 있는 노년기 및 은퇴기 교사들의 경우, 일반 직장인과는 다른 금융복지 시스템과 퇴직금 제도로 인해 자산관리 방식의 차이가 있을 수 있으나, 선행연구는 노년기 및 은퇴기 교사들의 금융생활 및 자산관리에 대한 차별성 있는 연구를 수행하지 못하였다. 따라서 이 글은 생애사 연구를 통해 노년기 및 은퇴기 교사들의 실제적인 자산관리 경험과 목소리를 해석적으로 탐구하고자 한다.

Ⅲ. 생애사 연구의 방법과 절차

1. 참여자들의 생애 궤적과 맥락

이 연구는 중고령 세대 교사들의 생애 자산관리 경험을 탐구하기에 적합한 참여자들을 선정하기 위해 전형적 표집(typical sampling)을 시도하였다. 여기서 말한 '전형적 표집'이란 중고령 세대에 해당하는 초・중등학교 현직 및 퇴직 교사를 연구 참여자로 선정하는 것을 의미한다. 교육기관에 근무하고 있는 1저자와 교신저자는 중고령 세대 교사들의 생애 자산관리에 관심이 있으며, 자신의 생애 자산관리 경험을 진솔하게 이야기할 수 있는 연구 참여자들(N=5)을 선정하였다. 선정된 연구 참여자들은 50대 후반에서 70대 초반이며, 학교교사로서 이미 은퇴(정년 및 명예퇴직)를 했거나, 노년기에 직면한 중고령 세대 교사에 해당하였다. 연구에 참여한 중고령 세대 교사들(N=5)의 삶의 이력과 맥락을 간략하게 소개하면 다음과 같다.

첫째, 유정수(가명) 교사는 1955년에 태어났으며, 현재 도심 근교에서 전원생활을 즐기고 있다. 평생 동안 고등학교 체육교사로 봉직했던 그는 지역사회의 정치와 환경에 관심이 많았다. 그래서 그는 정년퇴직 이후에 시의원으로서 정치활동에 참여했으며, 현재도 지역사회 환경운동연합 공동대표로 활동하고 있다. 그의 아내는 현직 치료사로 재직 중이며, 슬하에 기혼자인 아들이 있다. 그는 공무원연금공단으로부터 매월 퇴직연금을 수령하고 있으며, 재무적 여력이 있을 때마다 저축과 금융투자를 하고 있다.

둘째, 남보원(가명) 교사는 평생 동안 중학교와 고등학교에서 윤리과목을 가르쳤던 중등 퇴직교사이다. 현직교사로 재직 시에는 시민사회단체의 대표로서 다양한 사회운동을 전개했으며, 농어촌 지역사회와 소규모 학교의 활성화를 위해 헌신하였다. 현재 장로인 그는 신실한 종교인으로서 지역사회 봉사활동에 가담하고 있으며, 최근에는 친환경 사업을 구상하고 있다. 남보원 교사의 아내는 현직 어린이집 원장으로 재직 중이며, 슬하에 기혼자인 딸과 미혼인 아들이 있다. 정년퇴직을 한 그는 공무원연금공단으로부터 매월 퇴직연금을 수령하고 있으며, 퇴직연금으로 사업과 투자를 지속하고 있다.

셋째, 소정방(가명) 교사는 중학교에서 수학을 가르치다 최근에 부인과 함께 명예퇴직을 한 중등학교 교사이다. 재직 시, 시민사회단체 및 교원단체의 임원으로서 사회운동과 교육운동을 전개했으며, 학생 및 학교자치의 활성화를 위해 헌신하였다. 현재 퇴직교사임에도 지역사회의 교육 및 사회운동에 적극 가담하고 있으며, 높은 금융이해력과 전문성을 바탕으로 실물자산 및 금융자산에 대한 투자를 맹렬하게 지속하고 있다. 그의 아내는 명예퇴직을 한 중학교 수학교사이며, 슬하에 기혼자인 아들과 딸이 있다. 그는 매월 퇴직연금을 수령하고 있으며, 평생 동안 축적한 금융자산과 매달 지급되는 공무원 연금으로 금융투자를 지속하고 있다.

넷째, 이우주(가명) 교사는 교육현장에서 오랜 기간 헌신해 온 사립 중·고등학교 과학교사로, 현재 퇴직을 4년 정도 앞두고 있다. 그는 초임교사 시절부터 컴퓨터에 대한 관심과 재주가 남달라, 교사들이 업무를 효율적으로 수행할 수 있도록 각종 프로그램을 개발하고, 다양한 교수학습 자료를 공유·게시하는 등 정보화 관련 활동을 열정적으로 수행해 왔다. 그의 아내는 초등학교 교사로 재직 중이며, 슬하에 미혼인 딸과 아들 둘이 있다. 그는 가계의 안정을 위해 저축을 중심으로 자산을 관리하고 있으며, 직장 일 외에도 다양한 취미활동으로 자기 계발을 하면서, 퇴직 이후의 삶을 준비해 나가고 있다.

다섯째, 나팔꽃(가명) 교사는 초등교육 현장에서 36년간 헌신해 온 교사로, 현재 퇴직을 4년 정도 앞두고 있다. 그는 오랜 교직경력을 통해 수업 전문성과 학생 생활지도 측면에서 높은 전문성을 인정받으며, 학생 및 학부모와 동료 교사들에게도 신뢰받는 교육자로 자리매김했다. 그녀의 남편은 중등학교 교사로 재직 중이며, 슬하에 미혼인 딸과 아들 둘을 두고 있다. 가족의 먹거리에 있어서는 풍족하게 지출하는 편이고, 나머지 자금은 미혼인 세 자녀를 경제적으로 지원하기 위해 저축하고 있다. 지금까지 소개한 중고령 세대 교사들의 인적 특성을 정리하면, 다음 〈표 12-1〉과 같다.

〈표 12-1〉 중고령 세대 교사들의 인적 특성

이름	성별	나이	직업 및 직위	근무형태	배우자 직업	자녀 결혼
유정수	남	70세	고등학교 체육교사	정년퇴직	현직 치료사	1남 (기혼)
남보원	남	68세	고등학교 윤리교사	정년퇴직	어린이집 원장	1남 1녀 (미혼/기혼)
소정방	남	61세	중학교 수학교사	명예퇴직	퇴직 중등교사	1남 1녀 (기혼)
이우주	남	58세	중학교 과학교사	현직교사	현직 초등교사	2남 1녀 (미혼)
나팔꽃	여	58세	초등학교 교사	현직교사	현직 초등교사	2남 1녀 (미혼)

2. 자료 수집 및 분석

이 연구의 기간은 2024년 9월부터 2025년 2월까지 총 6개월이며, 5명의 중고령 세대 교사들을 대상으로 개별적인 내러티브 인터뷰(1인당 3회, 회당 평균 2시간 소요)를 수행하였다. 생애사 연구의 방법론적 특성 중 하나인 '내러티브'는 참여자의 주관적 이야기를 재해석하여 다시 이야기하는 역동적 과정이며(한경혜, 2005), 이야기의 사실적 정확성을 따지기보다, 내러티브에 담긴 의미를 발견하는 것이 핵심이다(Dhunpath, 2000). 내러티브 인터뷰(narrative interview, 총 15회)는 연구 참여자들이 선호하는 장소(찻집이나 사무실)에서 수행되었으며, 구술 자료가 녹음된 음성파일은 제1저자가 수집하고 관리하였다. 연구자들은 내러티브 인터뷰(구술) 자료에 대한 신빙성을 더하기 위하여 연구 참여자들의 생애 자산관리와 관련한 다양한 자료(서적 및 사진, 신문기사, 카페 게시물, 학교교육계획서, 각종 교수학습 자료 등)를 추가적으로 수집하여 분석하였다. 인터뷰 질문은 Kelchtermans(1993)의 맥락성에 따라 시간적 맥락과 개인 간 환경, 사회문화적 환경을 고려하여 개발하였으며, Cole & Knowles(2001)의 관계성에 기초하여 협력적 연구에서의 평등성이 보장될 수 있도록 하였다. 연구 참여자들은 높은 수준의 언어 구사 능력을 갖추고 있는 현직 및 퇴직 교사들이었기 때문에 생애 자산관리 경험에 대하여 보다 직접적인 질문을 구성하여 인터뷰하였다.

이 연구는 복수의 연구 참여자들을 대상으로 생애 자산관리 경험을 탐구하는 주제중심 생애사 연구(topic centered life history research)이기 때문에 Lieblich, Truval-Mashiach, & Zilber(1998)가 제시한 총체적 내용접근(holistic content approach)을 바탕으로 주제 분석을 시도하였다. 왜냐하면, 총체적인 내용접근에 기초한 주제 분석은 연구주제에 대한 공유된 의미와 간주관성을 추구하는 데 유용하기 때문이다(이동성, 2015). 특히, 이 연구는 연구 참여자들의 내러티브에 대한 주제 분석을 시도할 때, 연역과 귀납을 오가면서 주제를 도출하는 포괄적 분석절차를 활용하였다(이동성, 김영천, 2014). 첫째, 저자들은 원 자료(구술 자료)를 반복적으로 읽으면서 1차 코드를 생성하였고, 1차 코드의 생성 과정에서 생겨나는 통찰을 바탕으로 분석적 메모를 작성하였다. 둘째, 1차 코딩에서 생성된 코드와 범주, 분석적 메모를 바탕으로 2차 내러티브 인터뷰를 하였고, 2차 구술 자료에 대한 2차 코딩을 통하여 새로운 코드와 범주를 생성하였다. 그리고 2차 코딩에서 생성한 범주와 하위범주, 분석적 메모를 바탕으로 3차 내러티브 인터뷰를 시도하였고, 최종적으로 핵심범주, 범주, 하위범주를 생성하였다.

3. 타당성 및 연구윤리 확보

이 연구는 생애사 연구의 과정과 결과에 대한 타당성과 연구윤리 확보하기 위해 다음과 같은 전략을 사용하였다. 첫째, 연구 참여자들과의 라포르(rapport) 형성과 교감을 통해 그들의 오랜 삶에 내재된 자산관리 경험과 이야기를 이끌어 내기 위해 노력하였다. 둘째, 생애사 연구의 방법론적 특성으로 볼 수 있는 맥락성을 강화하기 위해 내러티브 인터뷰뿐만 아니라, 오랜 교직생활 중에 작성된 문서, 개인적 재무관리 자료 등 다양한 기록 자료를 수집하여 분석하였다. 셋째, 질적 자료 분석 및 해석의 타당성을 강화하기 위해 연구 참여자들을 대상으로 구성원 검증(2025. 02. 24.)을 시도하여 생애사 연구에서의 상호주관성을 추구하려고 노력하였다. 넷째, 연구주제 및 연구문제에 적합한 글쓰기 방식(분석적 및 해석적 글쓰기)을 채택하여 연구 결과를 재현하였다. 끝으로, 이 연구는 한국 중고령 세대 교사들의 생애 자산관리 경험에 대한 분석과 해석의 적절성을 확인받기 위하여 금융교육 전문가(1명)와 생애사 연구 전문가(1명)로부터 한 차례 동료자 검증을 받았다.

Ⅳ. 생애 자산관리로 은퇴 생활을 준비하고 즐기기

1. 현명한 금융 의사결정으로 경제적 삶을 유지하고 지탱하기

가. 알뜰한 재무관리를 통해 가족의 생계를 유지해 나가기

중고령 세대 교사들이 교직에 막 입문했던 70~80년대의 초임 교사 월급은 20~50만 원 수준으로, 일반 사기업의 3분의 1 수준에 그치는 상당한 박봉이었다. 20만 원으로 한 달을 살아가기 위한 알뜰한 가계 운영은 눈물겨운 절약과 인내의 과정이었다. 참여 교사들은 기본적으로 식비, 생필품비 등을 절약해야 했다. 시장에 가서 생선 하나를 살 때도 가격을 물어보며 시장을 쭉 둘러본 다음, 돌아올 때에서야 제일 저렴한 것을 손에 쥐었다. 대형마트가 없던 시절에 자녀들이 태어나면서, 그들은 기저귀나 분윳값을 아끼기 위해 동네 가게마다 돌아다니며 정가를 확인했다.

> 예를 들어, A가게는 기저귀가 저렴하고, B가게는 화장지가 저렴하고, C가게는 고기가 저렴하고 그렇더라고요. 가게 직원한테 물어보니 직영 제품이라 더 싼 거래요. 그래서 저는 특정 가게에 가서 그 물품만 딱 사고 나오고, 다른 물품은 다른 곳에서 사고, 그렇게 했죠(소정방 교사).

위 내러티브처럼, 소정방(가명) 교사는 단순한 가격 비교에 그치지 않고, 각 마트의 운영 방식을 파악하여 특정 품목을 저렴하게 제공하는 구조적 이유를 이해하고 경제적인 소비를 했다. 알뜰한 재무관리는 습관이 되어, 시간이 흐르고 수입이 월 100만 원 정도로 늘어난 시점에서도 절약과 합리적인 소비 습관을 유지하였다. 카드를 만들 때도 그냥 만들지 않고, 가계의 소비 영역과 패턴을 분석하여 그에 적절한 카드를 만들었다. 유류비에 꽤 많은 돈이 나간다는 것을 알고 주유비 할인이 적용되는 신용카드를 만들었더니 한 달에 5만 원, 배우자까지 생각하면 한 달에 10만 원 정도를 아낄 수 있었다. 100만 원, 200만 원이 넘어가는 고가의 물품을 구매해야 할 때는, 직접 구매하지 않고 OK**백 같은 경유 사이트를 활용해 2~3% 정도의 캐시백이나 적립 포인트를 챙기는 방식으로 절약했다.

다른 참여자들 역시 어려운 환경 속에서도 생계를 이어가기 위해 끊임없이 인내하며 노력했다. 남보원(가명) 교사의 가정은 초등학교 4학년 때 갑작스러운 부친의 사망으로 경제적으로 큰 어려움을 겪었다. 어머니는 방황하시고, 중학교 3학년 때부터 일을 해야 했던 그는 무너진 가정을 회복하는 것이 삶의 주된 목표가 되었다. 남 교사는 어머니께 용돈을 드리고, 형님을 보살피며, 동생이 사립대학을 다닐 수 있도록 학비를 마련하는 등 가족을 위해 많은 희생을 했다. 교직에 입문한 후에도 대부분의 수입을 원가정을 돌보는 데 사용하며, 40대 중반까지는 큰돈을 모을 수 없었다. 이런 상황 속에서도 그는 자신이 꾸린 가정의 생계를 안정적으로 유지해야 했고, 이를 위해 아내의 수입을 함께 알뜰히 관리하며 생계를 꾸려 나갔다. 이렇듯 중고령 세대 교사들은 재무적 제약 속에서도 굴하지 않고 절약하고 인내하며 책임감 있게 가족의 생계를 유지해 나갔다.

나. 가족들에게 돈과 소비의 가치와 의미를 가르쳐주기

중고령 세대 교사들은 가족들에게 돈의 가치와 올바른 사용법을 가르치는 것을 중요하게 여겼으며, '교육자'로서 보다 체계적인 경제교육을 시도했다. 예를 들어, 초등학교 저학년 때는 소비의 우선순위, 현명한 소비 개념을 가르쳤고, 고학년이 되자 용돈 기록장을 활용해 자녀들이 스스로 용돈을 관리할 수 있게 했다. 또한, 저축의 중요성과 즐거움을 알려주기 위해 함께 은행에 가서 자녀 명의의 통장을 개설하는 등의 실용적인 금융교육을 병행했다. 청소년기에는 가족카드(체크카드)를 사용하게 했으나, 소비 개념이 흐려지는 문제를 경험하며 관리 금액을 조정하는 등의 시행착오를 겪었다. 성인이 되어 소득이 생긴 이후에는 보험, 통신비, 생활비 등을 점차 자녀에게 이전하여 경제적 자립을 돕고자 했다. 특별히 이우주 교사는 자신이 어렸을 때부터 부모님에게서 보고, 듣고, 배웠던 검소함의 가치를 강조했다. 또 다른 참여자는 자신이 자산관리에 실패하고 재정적 어려움을 겪었던 경험을 자녀들에게 솔직하게 이야기하며, 그 과정에서 배운 교훈을 전해주고 올바른 방향으로 이끌었다.

한편, 중고령 교사들은 시대의 변화에 따라 과거의 방식만을 고수하기보다는, 새로운 경제 환경에 적응할 필요성을 느끼고 있었다. 단순히 '무조건 아껴라'보다는 '쓸 때는 쓰고, 아낄 때는 아끼며' 슬기로운 소비습관을 기를 수 있도록 지도했다. 또한, '성실함만이 능사다'라는 구시대적 통념에서 나아가, 자본주의 금융경제의 흐름을 이해하고 효과적으로 활용할 수 있도록 도왔다. 구체적인 방식은 조금씩 다르게 나타났지만, 연구 참여자들이 자녀에게 돈의 가치를 가르치는 과정에서 궁극적으로 지향하는 목표는 경제적 독립이었다. 결과적으로, 자녀들은 경제적 자립심과 자신감을 키울 수 있었으며, 참여자들 역시 자녀의 경제적 독립과 함께 경제적 부담이 줄어들면서 재무적 및 심리적 안정감을 얻을 수 있었다.

> 자녀에게 부동산 흐름을 가이드하고 있어요. 사서 주는 방식은 옳지 않다고 생각하고 스스로 할 수 있도록 도움을 주고 있죠. 물론 실패도 많이 하고요. (중략) 저도 재무관리는 여전히 어려워요. 그렇기 때문에 일찍부터 가르치고, 실패도 해보고, 직접 경험하면서 배워가는 게 중요하다고 생각해요(남보원 교사).

다. 재정적 안정성을 기반으로 변화하는 금융환경에 대응하기

1997년 동아시아 외환위기, 2008년 세계금융위기, 2019 코로나 팬데믹까지, 약 10년 주기로 글로벌 금융 위기가 한국을 강타했다. 그러나 중고령 세대 교사들은 금융 위기에 질식되지 않고, 재정적 안정을 지킬 수 있었다. 1997년 IMF 외환위기 사태 때, 많은 기업들이 파산하고 대규모 정리해고를 당했지만, 참여 교사들은 큰 타격이 없었다. 적게 벌어도 안정적으로 들어오는 수입이 있으니 빚도 없었고, 별다른 영향 없이 IMF 시기를 넘길 수 있었다. 2008년 미국의 서브프라임 모기지 사태에서부터 시작된 세계금융위기 때는 오히려, 이러한 금융환경 변화를 기회로 여기고, 전략적으로 대응한 참여자도 있었다. 예를 들면, 소정방 교사는 채권형 상품을 주식형 상품으로 바꾸었으며, 보험회사도 증권회사로 전환하였다. 또, 공무원 대출을 받아 본인 명의뿐만 아니라 배우자, 자녀, 부모님 명의로 1인당 5천만 원까지 비과세 혜택이 적용되는 2금융권 상품에 투자하였다. 여윳돈이 생기면 경제위기로 하락해 있던 주식을 매수했다. 3년 만기가 지나고, 하나둘 나오는 자금으로 목돈 1억이 생겼고, 이를 계기로 이전까지의 마이너스 상황을 모두 정리할 수 있었다.

또 다른 사례로, 남보원 교사는 은퇴를 앞두고 보다 안정적인 노후 자산을 마련하고자 수소 발전소 부지를 8억 6천만 원에 매입하였다. 당시 문 정부는 재생에너지 확대 정책을 추진하고 있었고, 태양광 및 수소 에너지가 주요한 대안으로 부상하고 있었다. 이에 따라 남 교사는 신재생 에너지 산업의 성장 가능성을 높이 평가하며 해당 사업을 적극적으로 추진할 계획이었다. 그러나 사업계획서를 작성하고 관련 기관의 승인 절차를 밟는 와중에 정부가 교체되면서 에너지 정책이 변화하였다. 새로운 정부는 재생에너지 지원을 축소하고 원자력 발전을 강화하는 방향으로 정책을 전환하였다. 사업 전망이 불투명해지면서 그는 더 이상 해당 사업을 지속하기가 어렵다고 판단하였다. 결국 그는 약 1억 원의 손실을 감수하면서 사업을 철회하였다. 게다가 토지 매입 당시 4억 원의 부채를 안고 있었는데, 금리 인상으로 대출 이자율이 3%에서 6%로 상승하면서 상환 부담이 더욱 커졌다. 이에 그는 기존 자산을 조정하는 전략을 선택하여, 은퇴 전부터 운영해 오던 태양광 발전 사업의 일부를 매각하고 부채를 상환하였다. 태양광 발전 사업은 비교적 안정적인 수익을 창출하고 있었으나, 금리 상승으로 인해 대출상환 부담을 줄이는 것이 우선적 과제였기 때문이다. 위 사례들을 통해 확인할 수 있듯이, 연구 참여자들은 금융시장의 변화에 민감하게 반응하고, 자산 포트폴리오를 조정하는 등 현명한 금융 의사결정을 내렸다.

2. 근로소득과 연금소득을 고려하여 합리적인 소비하기

가. 개인의 재무적 어려움과 한계를 결혼제도와 맞벌이를 통해 해결하기

참여 교사들의 결혼 전과 결혼 후의 자산관리 방식은 크게 다르게 나타났다. 자녀가 없고 1인 가구였을 때는 혼자만 챙기면 되었기 때문에 많은 지출이 필요한 일은 없었지만, 딱 거기까지였다. 소득을 관리하고 운용해서 불릴 수 있는 기회가 거의 없었다. 이들은 결혼을 하고 배우자와의 협력을 통해 이 벽을 뚫을 수 있는 길을 찾을 수 있었다. 연구 참여자들은 모두 맞벌이 부부였는데, 그들의 배우자들은 의료계 또는 교육계 종사자로 벌이가 괜찮은 직종이었다. 이는 가정 내 소득을 증가시켰고 공동 가계관리로 가정의 재정 상태를 안정시켰다. 예를 들어, 부부 중 한 명의 소득으로 식비, 생활비, 자녀 교육비, 용돈 등을 충당하고, 다른 한 명의 소득은 보험, 저축, 투자에 이용하는 방식이었다. 일부 가정에서는 부부가

각각 일정 비율로 생활비를 부담하고, 남은 소득을 각자의 노후 대비 및 자산 형성을 위해 활용하는 사례도 있었다. 자녀가 세 명이었던 참여 교사들의 경우, 자녀 양육비 및 교육비가 상당했지만, 모두가 맞벌이였기에 이를 무리 없이 감당할 수 있었다. 즉, 결혼제도와 맞벌이를 통해 가계 재무를 통합적으로 관리하며 효율성을 높였고, 부부가 함께 경제적 어려움과 고민을 나누며 한 개인이 감당하기 어려운 재무적 한계를 극복할 수 있었다.

물론, 배우자와 경제적 가치관이 달라 때때로 갈등이 발생하기도 하였다. 예를 들어, 이우주 교사는 체계적이고 계획적인 관리를 강조하는 반면, 그의 배우자는 현재 시점에서 가계 운영에 필요한 소비를 중시하는 태도를 보였다. 이러한 차이가 있었음에도, 가정 내에서 큰 갈등 없이 평온한 생활을 유지할 수 있었던 이유는 소득 안정성과 상호 신뢰가 뒷받침되었기 때문이었다. 부부가 두 개의 소득원을 가짐으로써 재정적 압박이 크지 않았고, 이에 따라 소비 결정 과정에서 상대방을 지나치게 통제하거나 억제하지 않아도 되었다. 또한, 부부가 서로의 소비 습관과 경제적 판단을 신뢰하고 있었기 때문에 쪼들리지도, 과소비하지도 않는 균형 잡힌 가정 경제생활을 유지할 수 있었다.

> 저희 부부는 맞벌이였기 때문에 경제적으로 큰 걱정 없이 지냈던 것 같아요. 소득이 둘 다 안정적이다 보니까 돈 때문에 크게 스트레스를 받을 일이 없었죠. 가끔 의견 차이가 있긴 해도, 그게 큰 갈등으로 이어지지는 않아요. 또 배우자가 유흥이나 도박 같은 데 돈을 낭비할 사람이 아니라는 걸 아니까, 굳이 터치할 필요가 없더라고요. 믿음이 있으니까 오히려 각자 책임감을 느끼고 돈을 관리하게 되는 것 같아요. 서로를 옥죄지 않으니까, 스스로가 절제해야겠다는 마음도 자연스럽게 생기고요(이우주 교사).

나. 노년기에 상대적으로 높은 근로소득을 효율적으로 관리하기

중고령 세대 교사들은 대체로 교직 30년 차(50대 중반)쯤 경제적으로 여유로운 시기가 찾아왔다. 40호봉이 되자 월 550~650만 원의 수입이 들어왔고, 연봉은 7~8

천만 원 정도가 되었다. 참여자들은 상대적으로 높은 근로소득을 가정 상황에 따라 각기 다른 방식으로 관리하며 노후생활을 대비하였다. 구체적으로, 유정수 교사는 공기가 좋은 외곽 땅을 매입하여 주택을 건설하느라 대출받았던 대출금을 갚기 위해 근로소득의 반절이 소비되었다. 이우주 교사의 경우, 매월 들어오는 근로소득을 저축해 돈이 모이면, 필요에 따라 본인과 자녀들의 자동차를 마련하거나, 전자제품을 구매해 본인의 관심 분야인 온라인 및 디지털 교육에 적극적으로 활용하면서 전문성을 발휘해 나갔다. 나팔꽃 교사의 경우, 근로소득의 상당 부분이 자녀의 유학 자금을 마련하거나 학자금 대출금을 갚는 등 자녀들의 성장을 지원하는 데 소비되었다.

참여 교사들 중 일부는 높은 근로소득을 바탕으로 장기적인 재무 목표를 세우며, 연금 외에도 추가적인 수입원을 얻고자, 보조 연금을 준비했다. 소정방 교사의 경우, 2008년에 갖고 있던 부채를 다 상환하게 되었는데, 이후 대출 이자로 빠져나가는 돈이 없고, 자녀들도 독립하게 되면서, 노년기 근로소득의 대부분을 연금저축펀드와 개인퇴직연금(IRP)에 납입할 수 있게 되었다. 각각 연 700만 원씩 세제 혜택을 받을 수 있기에, 연간 총 1,400만 원을 납입했고, 10년이 지나자 원금만 1억 4천만 원이 쌓였다. 그가 2022년 퇴직 후 확인해 보니, 총 1억 8천만 원을 납입했는데 계좌에는 약 3억 원이 찍혀 있어 예상보다 큰 수익에 놀랐다. 더불어 퇴직연금이나 개인연금은 특정 종목을 직접 선택하는 것이 아니라 ETF 업종에 투자하는 방식이라서 스트레스 없이 안정적으로 관리할 수 있었다. 이처럼, 중고령 세대 교사들이 노년기에 얻는 근로소득은 각기 다른 방식으로 활용되었다. 공무원연금으로 인해 미래의 재무적 안녕이 어느 정도 보장되므로, 대부분의 참여 교사들은 미래에 대한 큰 걱정 없이 벌어들이는 소득을 현재 필요한 곳에 소비하거나, 퇴직연금과 개인연금에 적극적으로 납입하며 보조 자산을 준비하는 등의 자산관리를 하였다.

다. 안정적인 이전소득(연금소득)으로 여유롭고 풍요로운 소비하기

은퇴기 교사들(유정수, 남보원, 소정방)은 교직 생활 동안 모아 둔 자금과 각각 월 400만 원, 380만 원, 320만 원의 이전소득을 기반으로 여유롭고 풍요로운 삶을 꾸려나가고 있었다. 연속적인 연금법의 개정으로 인해 나이에 따라 이전소득의 차이가 있긴 했지만, 그들 모두는 안정성을 바탕으로 생기 있는 삶을 살고 있었다. 노년기 현직에 있을 때보다 월 소득은 적었지만, 그들의 씀씀이는 오히려 여유로워졌다. 큰 지출을 하지는 않았지만 먹을 때도, 사회생활을 할 때도 이전보다 더 풍요롭게 지출했다. 지역사회의 환경운동연합 대표를 맡고 있는 유정수 교사는 사회운동을 하면서 여러 사람들과의 만남이 잦았는데, 그들에게 밥이나 술을 살 수 있다는 여유로움에 큰 만족감을 느꼈다.

> 경제력이 없으면 사람 구실을 못 해요. (중략) 이 나이 들어서, 사람을 만나면 기본적으로 밥도 한 번씩 사고, 술도 사고 그래야 하는데, 돈이 없으면 그런 여유조차 없잖아요. 망설이지 않고 한턱 턱턱 낼 수 있다는 게 참 다행이죠(유정수 교사).

한편, 소정방 교사의 경우에 기본적인 공무원 연금뿐만 아니라 보조로 준비한 퇴직연금과 개인연금을 바탕으로 더욱 풍요로운 삶을 살았다. 그는 취미로 골프를 치며 건강을 관리했고, 2~3천만 원씩의 예산을 들여 부부가 함께 10일 이상씩 해외여행을 하는 등 새로운 경험과 문화적 풍요로움을 만끽하며 삶의 질을 높여갔다. 젊은 시절에는 수익이 발생하면 이를 다시 투자금으로 활용하여 자산을 불리는 등 투자와 재테크에 집중하였지만, 현재(은퇴기)는 연금과 수익을 여유롭게 소비하며 삶을 즐기고 있었다. 대출에 관해서도 과거에는 대출을 활용해 적금 상품이나 투자에 적극적으로 나섰지만, 현재는 충분한 자금이 마련되어 있어서 굳이 대출받을 필요성을 느끼지 않게 되었다.

3. 저축, 투자, 부채관리를 통해 금융 및 실물 자산을 모으기

가. 저축과 절약을 바탕으로 재정 기반을 마련하기

중고령 세대 교사들은 안정적으로 들어오는 근로소득을 저축하는 방식으로 자산을 모아나갔다. 대부분의 참여 교사들은 금융회사의 2~3년 만기 재형저축 상품을 활용한 한편, 소정방 교사는 국가에서 지원하는 저축 상품들을 전략적으로 활용했다. 초임교사 시절, 연간 최대 180만 원을 납입할 수 있는 상품이 있었고, 40%인 72만 원 정도의 소득공제 혜택을 받을 수 있었다. 당시 교직원 공제회 이율이 좀 더 높았지만, 세제 혜택이 없었기에 국가 지원 상품을 선택을 했다. 그러나 박봉의 초임교사 월급으로 1년에 180만 원을 저축하기는 어려웠다. 소 교사는 공무원 대출을 적절히 활용했는데, 공무원 대출은 다른 대출 상품보다 이자가 낮았기에 마이너스 대출을 받고 여러 적금 상품에 가입하는 전략을 택했다. 대출 이자는 7%인데, 저축 이자는 12%라면 이를 활용하는 것이 더 유리했다. 보통 3~5년 만기 상품이었고, 만기가 되면 원금과 이자를 다시 운용해 나가며 자산을 점차 늘려나갔다.

이우주 교사의 경우, 교직원 공제회를 주 저축 수단으로 활용했는데, 매월 급여에서 저축액이 자동으로 공제되었기 때문에 저축관리가 용이했다. 또한, 연 복리 4.90%(변동금리, 세전, 2024년 기준)로, 원금에 대한 이자가 1년을 기준으로 재투자되기 때문에 시간이 갈수록 효과가 커져, 장기적인 자산관리에 유리했다. 이 교사는 교직에 입문하면서부터 교직원공제회에 기여금을 납부하였는데, 초기에는 2~3만 원 정도의 소액을 납부하다가, 호봉이 올라감에 따라 점차 10만 원, 50만 원, 100만 원으로 납부액을 늘려나갔다. 현재는 월 150만 원을 교직원 공제회에 저축하고 있는데, 현재까지 1억 3천만 원 정도의 금액이 모여 있으며, 퇴직 이후에 연금 형식으로 수령할 예정이다. 이렇듯 중고령 세대 교사들은 교직의 안정성을 활용해 꾸준한 저축으로 자산을 축적해 왔으며, 다양한 방식의 적금 및 예금을 통해 자산을 불리며 안정적인 재무 기반을 마련했다. 결국, 저축은 자산 축적의 기본이자 더 큰 규모의 자산 확대로 나아갈 수 있는 든든한 발판이었다.

나. 성공과 실패의 경험을 쌓으며 투자 역량을 발전시켜 나가기

일부 참여 교사들(남보원, 소정방)은 저축만으로는 자산 증식에 한계가 있다는 점을 인지하였고, 시대의 변화와 변동을 감지하면서 실물 및 금융투자를 지속해 나갔다. 남 교사의 경우 주식투자에 실패한 경험이 있었지만, 그 실패에 머무르지 않고, 심기일전하며 성장해 나갔다. 소 교사 또한 IMF 시기에 기회를 엿보며 주식 투자를 하다가 천만 원을 잃었던 경험이 있었지만, 그 경험을 오히려 성장의 발판으로 삼아 더 나은 투자자가 되기 위한 길을 걸어갔다. 그들은 투자에 대한 책임을 회피하지 않고, 오히려 실패를 온전히 받아들이며 개인의 투자 역량을 강화하는 계기로 삼았다.

> 20년 전, 게임주에 투자해 5배 상승한 2억 5천만 원의 수익을 얻었지만, 제때 매도하지 못하고 망했던 경험이 있어요. 자신감을 잃고 한동안 주식투자에는 아예 손을 대지 않았죠. 하지만 시간이 지나고 마음을 다잡고, 이번에는 주식 공부를 좀 더 열심히 해봐야겠다고 생각했어요(남보원 교사).

> 그때 당시 천만 원은 정말 큰돈이었어요. (중략) 그때를 계기로 '아, 막무가내로 투자해서는 안 되겠구나'라고 생각했죠. 주식은 아무렇게나 하는 것이 아니라 철저한 공부와 분석이 필요하다는 교훈을 얻었어요(소정방 교사).

참여 교사들은 보다 나은 투자수익을 얻기 위해 다양한 방식으로 노력을 기울였다. 기본적으로, 세계시장의 흐름을 분석하기 위해 환율, 유가, 원자재, 광물 등의 오르내림을 주의 깊게 살폈다. 운임 지수를 살펴보며 '이제 바닥을 친 것 같고, 상승할 때가 왔다'고 판단되면, 그에 맞는 업종에 투자했다. 또한, 경제 뉴스에 관심을 두고 읽으며 시장의 변화, 기업의 오너 이슈 등 다양한 변수를 파악했다. 때로는 너무 치솟은 주가에 대해 하락을 예측하고 인버스(상승 반대 방향으로 수익을 얻는 투자 방식) 공매도를 적절히 활용해 수익을 올리기도 했다. 일상생활 속 아이디어를 얻어, 사소해 보이는 제품일지라도 내가 직접 먹어보니 정말 괜찮았다거나, 내가 타본 차가 정말 마음에 드는 것 같으면 그 제품이나 브랜드에 투자하는 경우도 많았다.

소 교사는 투자의 시기와 기간에 관해서도 이야기했는데, 예를 들어 2024년에는 주식투자를 하지 않았지만(ETF 업종 제외), 2025년에는 적극적으로 투자할 계획을 세우고 있었다. 시장의 흐름에 따라 때로는 관망이 필요하고 때로는 적극적으로 나서야 할 때가 있음을 주장했다. 만약 위와 같은 복잡한 분석이나 전략들이 막막하게 느껴진다면, ETF 주식에 투자하는 방법도 좋은 대안이 될 수 있다고 제안했다. 또한, 그들은 공통적으로 네트워킹을 강조했는데, 주변 사람들과 공부하고 대화하며 투자 정보를 체크하였다. 서로의 지식을 공유하고 피드백하는 것은 더 나은 투자 결정에 중요한 역할을 했다. 참여 교사들은 금융생활을 나누는 사람들과의 만남을 이어감으로써 변동하는 시장상황 속에서도 실물 및 금융투자를 꾸준히 이어갈 수 있었던 것이다.

다. 높은 신용이 있으나 상이한 방식으로 부채를 관리하기

교사들의 금융 신용은 일반 직장인들에 비해 높은 편이다. 소득이 안정적이고, 정년이 긴 편이며, 신용 불량에 대해 경계하는 성향도 강해 채무 불이행이 낮은 직종이기 때문이다. 따라서 금융 시스템에서 교사가 활용할 수 있는 대출 상품은 일반 직장인보다 많으며, 대출이 더 수월하다(한국교육신문, 2024). 그러나 일부 참여 교사들은 안정 지향적 성향으로 빚내기를 두려워했다. 예를 들면, 나팔꽃 교사는 집을 구입할 때가 되었을 즈음, 대출이 필요한 상황에서 교직원공제회에 저축해 두었던 목돈을 해지하고 집 마련에 충당했다. 공제회 저축은 그대로 두고 은행대출을 받아 해결할 수도 있었지만, 부채가 생긴다는 것에 부담을 느꼈다. 그 당시 선택에 약간의 아쉬움을 표하기도 하였지만, 다시 그때로 돌아가 같은 상황이 되었더라도 아마 같은 선택을 했을 것이라 말했다. 왜냐하면, 결과적으로 문제는 잘 해결되었고 큰 스트레스도 없었기 때문이다.

> 집 이사할 때 5천만 원 정도가 급히 필요해서, 공제회에 저축해 둔 돈을 해지했죠. 나중에 생각해 보니까, 그냥 대출을 받고 공제회 저축은 그대로 놔뒀어도 괜찮았을 것 같다는 생각이 들긴 했어요. (중략) 근데 제 성향이... 빚이 있다는 것 자체로 스트레스여서 같은 선택을 했을 것 같긴 하네요. 대출 이런 것이 괜히 복잡해 보이고 잘 모르기도 했고요(나팔꽃 교사).

한편, 높은 신용을 이용하여 적극적으로 대출을 활용한 참여 교사들도 있었다. 유정수 교사는 3~5천만 원 정도씩 네 번 정도의 대출을 받았다고 하였는데, 담보도 없이 수월하게 대출이 가능한 점을 교사라는 직종의 장점으로 꼽았다. 남보원 교사는 4억 정도의 은행 대출을 활용해, 총 6억의 신재생 에너지 사업을 운영하였다. 결국, 나 교사의 경우는 빚이 없는 상태를 안정성의 핵심 요소로 여겼던 반면, 남 교사는 신용을 활용한 자산 확대가 장기적으로 더 높은 안정성을 가져올 수 있다고 판단한 것이다. 이처럼, 중고령 세대 교사들은 공통적으로 높은 금융 신용을 보유하고 있지만, 개인의 성향과 금융이해도, 경제적 신념에 따라 부채와 관련된 자산관리 방식을 다르게 하였다.

4. 자산배분으로 리스크를 관리하면서 은퇴생활을 설계하고 즐기기

가. 다양한 형태로 자산을 배분하여 리스크를 관리하기

자산관리 성과의 91.5%는 자산배분을 통해 이루어진다(Brinson, 1995). "Don't put all your eggs in one basket(모든 달걀을 한 바구니에 담지 마라)."라는 오랜 격언처럼, 중고령 세대 교사들은 나름대로 자산을 균형 있게 분배하여 예상치 못한 지출에 대비하고 리스크를 관리하고 있었다. 참여 교사들(이 교사, 나 교사 제외)의 자산은 대체로 현금성 자산, 부동산, 주식으로 분산되어 있었다. 소정방 교사의 경우, 각각 약 30%씩의 비중을 유지하고 있었는데, 나머지 10% 정도는 비상금의 목적으로 활용하고 있었다. 자산을 균형 있게 배분한 결과, 예상치 못한 지출이나 금융시장 변동에 유연하게 대응할 수 있었으며, 특히 비상금의 경우 갑작스러운 의료비나 국내 여행비용, 가족 지원이 필요할 때 중요한 안전망 역할을 했다. 한편, 부동산을 중심으로 자산을 운용한 남 교사의 경우, 수익이 크게 난다는 장점도 있었으나, 일부 부동산을 급매해야 했던 경험을 떠올리며 유동성이 낮아 급하게 돈이 필요할 때 쉽게 현금화하기 어렵다는 점을 이야기했다. 유정수 교사는 은퇴 이후가 되어서야 주식에 10% 정도의 소액을 배분하여 운용하였는데, 마침 코로나 팬데믹 시기와 맞물려 상당한 수익을 낼 수 있었다. 그는 좀 더 일찍 금융과 경제에 관심을 갖고 효과적으로 자산을 배분했더라면 더 나은 결과가 있었을 것이라는 아쉬움을 나타내었으며, 이러한 경험을 바탕으로 금융교육이 활성화되어야 함을 강조하였다.

> 저를 포함해서, 우리 교사들이 특히 그런 데(금융경제)에 관심이 없고 지식이 약해요. 우리 세대야 사실상 연금 황금세대니까 앞으로 노후에 먹고 사는 것에 지장이 없지만, 우리 때하고는 또 다르잖아요. 봉급과 기본 연금만 가지고 세상을 헤쳐 나가기에는 어렵죠. 다음 세대의 우리 후배 교사들은 기본 경제 상식뿐만 아니라 국가 경제가 어떻게 돌아가는지부터 기업들의 상황, 주가, 투자하는 방법, 절세하는 방법 등을 충분히 많이 공부해야 해요(유정수 교사).

나. 삶의 가치를 실현하며 새로운 도전에 나서는 은퇴 생활을 설계하기

중고령 세대 교사들은 공통적으로 경제적으로 큰 걱정 없이 원하는 일을 할 수 있다는 사실에 기뻐하면서 은퇴 생활을 긍정적으로 평가했다. 아직 퇴직하지 않은 노년기 교사들은 이전에 비해 상대적으로 높아진 근로소득과 은퇴 이후 받게 될 연금소득을 고려하여 서서히 은퇴 생활을 설계해 나갔다. 이우주 교사의 경우, 은퇴 이후 모이는 돈을 그저 쌓아두기보다는 기부를 통해 사회에 환원하고 싶어 했다. 그는 큰 기업이나 단체보다는 주변에 정말 도움이 필요한 이웃이나 학생들을 돕고 싶다는 구체적인 목표를 그리며, 은퇴 후 자신이 추구하는 삶의 가치를 실현해 나가기를 꿈꾸고 있었다.

> 교직에서 30년을 보내고 나니까, 이제는 그때 보지 못했던 아이들이 눈에 들어와요. 그래서 앞으로는 그런 아이들을 돕고 싶어요. 장학금이나 등록금 지원 같은 걸 통해, 한 아이가 사회에 잘 적응하고 성장할 수 있도록 힘을 보태는 게 의미 있겠다는 생각이 들어요. 나라에서 지원을 해준다고 해도, 사각지대에 있는 아이들이 있더라고요. 정말 노력하는데도 환경이 어려운 아이들, 그런 아이들에게 직접 투자하고 싶어요. 예전에는 미처 생각하지 못했던 일이지만, 이제는 제가 해야 할 일이라는 마음이 점점 커지고 있어요(이우주 교사).

은퇴한 남보원 교사는 은퇴기를 새로운 도전을 위한 시간으로 여겼다. 그는 교직에 몸담고 있을 때부터 시민사회단체 대표를 맡아 지역사회를 위한 다양한 활동을 펼쳐왔는데, 작은 학교 살리기, 농촌 살리기, 마을 둘레길 조성 등 지역의 발전과 복지를 위해 헌신했으나 시민운동의 한계를 느꼈다. 이에 은퇴 후, 보다 직접적인 변화를 만들어가기 위해 현실정치에 도전하기로 결심하며 준비하고 있었다. 이처럼, 중고령 세대 교사들은 교직에서의 안정적인 소득과 연금소득을 기반으로 은퇴 후의 삶을 꿈꾸거나. 은퇴 이후에도 새로운 도전을 지속하며 삶의 의미를 더욱 확장해 나갔다. 결국, 그들은 경제적 안정이 주는 여유 속에서 각자의 경험과 신념을 바탕으로 삶의 가치를 실현해 나갔다.

V. 재무적 안녕과 풍요로운 노후 생활

이 연구는 생애사적 접근을 통해 노년기 및 은퇴기 교사들의 생애 자산관리 경험과 목소리를 해석적으로 조명하였다. 중고령 세대 교사들은 현명한 금융 의사결정을 바탕으로 자신들의 경제적 삶을 유지하고 지탱하였으며, 근로소득과 연금소득을 고려하여 합리적인 소비를 하였다. 또한, 중고령 세대 교사들은 저축과 투자, 부채관리를 통해 금융자산과 실물자산을 축적하였으며, 자산배분을 통해 리스크를 관리하면서 은퇴생활을 설계하거나 즐기고 있었다. 이와 같은 연구결과는 한국 중고령 세대 교사들의 실제적인 금융 생활세계에 대한 단면을 파악하는 데 도움이 된다고 볼 수 있다. 결론에서는 이 같은 연구결과가 성인학습자의 무형식 학습과 생애 설계에 의미하는 바를 평생교육의 교수학습 차원에서 논하고자 한다. 그리고 한국 교사들의 지속가능한 재무적 안녕과 노후 대비를 위한 교육적 통찰과 교훈을 평생교육의 측면에서 제시하고자 한다.

첫째, 한국의 중고령 세대들은 생애 궤적 동안 금융교육에 대한 형식교육이나 비형식교육을 체계적으로 받은 경험이 없는 편이다(김영석, 2015). 그러나 이 연구에 참여했던 교사들은 자신들의 실제적인 금융행위나 금융실천을 바탕으로 나름의 금융지식과 금융태도를 형성함으로써 재무적으로 지속가능한 은퇴생활을 준비하고 영위할 수 있었다. 노년기 및 은퇴기 교사들의 이러한 무형식 학습은 아직까지도 체계적인 금융교육을 받지 못하고 있는 후속세대들의 금융학습에 의미하는 바가 크다고 볼 수 있다(김영석, 2018; 김한별, 2019). 즉, 오늘날 금융자본주의 시대를 살아가고 있는 후속세대는 은퇴 설계나 노후 준비를 위한 금융역량을 기르기 위해 국가 수준의 형식교육이나 금융기관이 제공하는 비형식교육 방식에 전적으로 의존하기보다는, 자신의 금융실천을 기반으로 한 자기주도적인 무형식 금융학습을 보다 적극적으로 시도할 필요가 있다. 또한, 국가 수준의 교육기관과 금융기관은 모든 세대의 경제주체가 현명하게 생애 자산관리를 할 수 있는 금융이해력을 신장하기 위해 보다 체계적인 금융 형식교육과 비형식교육을 전개하며, 시민들의 자기주도적인 무형식 금융학습을 지원하고 촉진하는 토대를 구축해야 할 것이다.

둘째, 이 연구에 참여했던 중고령 세대 교사들은 청장년 시절에 낮은 임금의 한계를 극복하기 위해 알뜰한 재무관리로 가계를 유지해 나갈 수 있었다. 또한, 중고령 세대 교사들은 배우자와 자녀들에게 돈과 소비의 참다운 가치를 일깨우면서 현명한 금융 의사결정을 하였다. 한국 중고령 세대 교사들의 이러한 금융 의사결정 방식은 오늘날 상대적으로 낮은 보수로 인해 교직을 이탈하고자 하는 입직기 및 예비 교사들에게 재무적으로 의미하는 바가 크다. 베이비부머 세대인 연구 참여자들은 청장년 교사 시절에 다른 직업군의 3분의 1 정도의 턱없이 낮은 보수에도 불구하고(서울신문, 2017), 교직을 떠나지 않았다. 그들이 상대적으로 낮은 임금에도 불구하고 오랫동안 교직을 지킬 수 있었던 이유는 바로 현명한 금융 의사결정을 통해 가계를 유지해 나갔기 때문이다. 특히, 낮은 보수를 감안한 소비와 절약, 그리고 돈에 대한 가치와 의미를 귀하게 여기는 금융태도와 실천은 훗날 재무적 안녕과 노후를 누릴 수 있는 경제적 버팀목이 되었다. 따라서 오늘날 경제적으로 낮은 처우로 인해 교직을 이탈하고자 하는 입직기 초임교사나 예비 교사는 중고령 세대 교사들의 현명한 금융 의사결정을 통해 자신의 생애 자산관리에 대한 통찰을 얻을 수 있을 것이다.

셋째, 명예퇴직이나 정년퇴직을 앞둔 참여 교사들은 노년기에 상대적으로 높은 근로소득을 효율적으로 관리하면서 은퇴 및 노후 생활을 대비하였다. 그리고 이미 퇴직을 했던 참여 교사들은 자신의 연금소득뿐만 아니라, 배우자의 근로소득이나 연금소득으로 지속가능한 재무적 안녕을 도모할 뿐만 아니라, 성인이 된 자녀들의 교육을 지원하거나 경제적 자립을 후원할 수 있었다. 은퇴기에 접어든 한국의 중고령 세대 부부 교사들은 이른바 '연금 황금세대'로 불린다. 이 연구에 참여했던 교사들은 모두 중고령 세대 일반인의 근로소득이나 이전소득을 크게 상회하는 금액(월 600만 원 이상)으로 여유로운 노후생활을 즐겼다. 참여 교사들의 대다수가 이처럼 지속가능한 재무적 안녕을 누릴 수 있었던 결정적 이유는 지속적인 연금납입뿐만 아니라, 경제적으로 능력이 있는 배우자를 만나서 가정을 꾸리고, 성인이 된 자녀들이 경제적 독립을 달성했기 때문이다. 즉, 한국 중고령 세대 교사들은 공통적으로 결혼이라는 사회적 제도를 선택하여 가정을 이룸으로써 가계소득을 증가시키며, 자녀들을 양육하고 독립시킬 수 있는 경제적 터전을 마련할 수 있었다. 이 같은 한국 중고령 세대 교사들의 생애 자산관리 방식은 오늘날 구직활동을 아예 포기하거나 결혼을 극도로 기피하는 일부 MZ세대 청년들에게 시사하는 바가 크다. 따라서 노후에도 지속가능한 재무적 안녕을 달성하기 위해서는 근로소득을 통해 지속적으로 연금(개인연금, 퇴직연금, 공무원 연금/국민연금 등)을 납입하고, 각자도생(各自圖生)을 통해 지출을 최소화하는 삶의 방식뿐만 아니라, 경제적 능력이 있는 배우자를 만나 결혼을 하고 가정을 꾸리는 것도 대안이 될 수 있다.

넷째, 중고령 세대의 모든 교사들은 저축을 바탕으로 실물자산과 금융자산을 축적해 나갔으나, 각자가 상이한 방식으로 부채와 리스크를 관리면서 노후에 각기 다른 재무적 상황에 처하게 되었다. 한국의 공사립학교에 근무하는 초등학교와 중등학교 교사는 여타 직업군에 비해 압도적으로 높은 금융 신용도를 갖고 있다. 따라서 한국 교사들은 높은 신용을 바탕으로 대출을 일으켜 자산을 축적하거나, 금융투자에 유리한 재무적 상황에 놓여 있다고 볼 수 있다(한국교육신문, 2024). 하지만 중고령 세대 교사들은 경제에 대한 관심도나 금융이해력의 정도에 따라 부채와 리스크를 상이하게 관리하였다. 즉, 중고령 세대의 교사들은 공통적으로 저축을 통해 생애 자산관리를 하였으나, 빚과 투자에 따른 리스크에 대하여 다른 생각을 갖고 있었다.

참여자들 중 일부는 교직에 몰두하면서 투자를 하지 않는 안전한 삶의 방식을 채택했으며, 일부는 교직생활을 수행하면서도 대출을 일으켜 투자를 시도하여 성과를 거두기도 하였다. 여기에서 주목할 점은 개별 교사들의 생애 자산관리 방식(저축과 투자, 신용과 부채, 리스크 관리)에 따라 노후생활의 재무적 상황이 달랐다는 점이다. 따라서 교사들은 경제와 금융에 대한 관심을 지속적으로 높이고, 금융이해력을 신장함으로써 자신에게 최적화된 생애 자산관리 방식을 채택하여 안정적인 노후생활을 대비해야 할 것이다.

다섯째, 중고령 세대 교사들은 상대적으로 높은 근로소득으로 은퇴생활을 차근차근 준비하였고, 배우자의 높은 근로(이전)소득과 자신의 안정적인 연금소득으로 은퇴생활을 만끽하였다. 우선, 한국 중고령 세대 교사들이 상대적으로 높은 근로소득을 올릴 수 있었던 이유는 우리나라가 호봉제를 바탕으로 경력에 따라 임금을 지급하는 단일임금 호봉제를 채택했기 때문이다. 이러한 임금체제는 중고령 세대의 부모가 노부모를 봉양하고, 자녀의 결혼이나 취업을 지원하며, 자신의 노후를 대비하는 한국의 문화적 및 사회경제적 조건과 맥락을 반영한다고 볼 수 있다. 하지만 이러한 단일임금 호봉제는 MZ세대 교사들의 재무적 안정이나 안녕을 저해하는 임금체제로도 작동할 수 있다. 따라서 한국사회는 교육공무원을 대상으로 하는 단일임금 호봉제의 타당성과 적절성을 재고해야 하는 상황에 처해 있다고 볼 수 있다.

만일, 한국사회가 앞으로도 교사를 대상으로 단일임금 호봉제를 지속한다면, MZ 세대 교사들로부터 충분한 이해와 동의를 이끌어 내어야 할 것이다. 한편, 사회 일각에서는 높은 연금소득을 바탕으로 여유롭고 윤택한 은퇴생활을 즐기고 있는 교사들을 질시하는 시각이 존재하기도 한다. 하지만 중고령 세대 교사들의 윤택한 노후생활은 박봉임에도 불구하고 오랜 세월 동안 교직을 지키면서 일정한 기여금을 납입했던 교사들의 헌신과 노력의 결과임을 유념할 필요가 있다. 따라서 국가와 금융당국은 교사들의 연금제도를 현행 국민연금 제도와 유사하게 운영하는 것이 아니라, 모든 국민들이 학교교사들처럼 연금수혜자가 될 수 있는 연금체제와 연금 지급 방식을 조속히 정비해야 할 것이다.

끝으로, 이 연구는 중고령 세대 교사들의 자산관리 경험과 목소리를 해석적으로 이야기함으로써 그들의 자산관리 노하우와 전략을 재현하였다. 따라서 후속연구는 다른 세대(X세대 및 MZ세대) 교사들이 자신들의 생애 자산관리와 재무적 웰빙을 어떻게 달성하는지를 추가적으로 탐구할 필요가 있다. 또한, 이 연구는 사회경제적 차원과 종단적인 관점에서 한국 베이비부머 세대 교사들의 생애 자산관리 경험을 해석하여 후속 세대의 교사들이 자신의 은퇴 및 노후 생활을 안정적으로 대비할 수 있는 이론적 및 실제적 관점을 제공하였다. 후속연구는 생애사적 접근을 통해 학교교사뿐만 아니라 다양한 직업군을 대상으로 그들의 자산관리 및 은퇴 설계 경험을 탐구할 필요가 있을 것이다.

참고문헌

강경리. (2017). 성인학습자의 교육대학원에서의 학습경험 탐색: 전환학습이론을 기반으로. 교육문화연구, 23(5), 169-197.

강동주. (2019). 공무원의 은퇴준비가 직무만족도에 미치는 영향: 노후생활인식의 매개효과를 중심으로. 칼빈대학교 대학원 석사학위논문.

강재태, 여태전. (1996). 교직사회화 과정의 문화기술적 연구: 사립 상업고등학교 교사를 중심으로. 중등교육연구, 8, 419-453.

권도형, 노정희, 홍희주. (2021). 매크로 팩터 기반 자산배분에 관한 연구. 국민연금공단 국민연금연구원, 연구보고서.

김민정, 김은미. (2014). 금융사기 유형과 피해 유경험자의 특성. 소비자문제연구, 45(2), 23-46.

김성숙, 이승신. (2000). 상품 안전정보에 관한 소비자행동 연구. 소비자학연구, 11(3), 59-85.

김영석. (2015). 노인의 자기주도학습 준비도 척도개발 연구. 한국노년학, 35(4), 863-880.

김영석. (2018). 초·중등 교사의 퇴직에 관한 국내 연구 유형 분석: 2000년-2017년 연구를 중심으로. 평생교육·HRD 연구, 14(3), 31-59.

김한별. (2019). 평생교육의 관점에서 살펴본 노년기 성인의 학습경험 탐구방식. 노년교육연구, 5(2), 41-56.

나일주, 임찬영, 박소화. (2008). 한국 베이비붐 세대의 은퇴대비를 위한 정책방향: 국가인적자원개발 측면에서. 노인복지연구, 42, 151-173.

남상호. (2011). 베이비붐 세대의 자산보유 현황과 시사점. 한국재정학회, 115, 1-8.

남연재. (1994). 중등학교 고령교사의 특징과 갈등에 관한 연구. 경희대학교 대학원 석사학위논문.

노재현. (2018). 노인의 경제력에 따른 삶의 만족도와 건강상태의 매개효과: 경제활동의 조절효과를 중심으로. GRI 연구논총, 20(2), 287-317.

박소연 외. (2024). 자산관리 앱의 기능이 재무관리 태도와 행동, 재무웰빙에 미치는 영향. 소비자정책교육연구, 20(1), 57-81.

박찬주. 심춘자. (2002). 초·중등 교사발달 과정에 관한 사례 연구. 교육학연구, 40(1), 197-218.

반정호. (2012). 베이비붐 세대의 고용과 가구경제. 한국노동연구원, 91, 18-39.

배은희. (2009). 50대 초등학교 교사의 생애사적 연구. 부산대학교 대학원 석사학위논문.

백은영. (2013). 중고령층 금융소비자의 금융이용현황 및 요구도 분석. 소비문화연구, 16(3), 215-242.

백은영, 주소현. (2011). 우리나라 투자자의 자기과신성향. *Financial Planning Review, 4*(1), 29-53.

신은하. (2024). 한 초등학교 노년기 여교사의 교직 경험에 대한 생애사 연구. 전주교육대학교 대학원 석사학위논문.

유경원, 서인주, 정지수. (2020). 중・고령자 가구의 은퇴 전후 자산보유 행태 분석. 소비자정책교육연구, 16(4), 1-27.

윤석명 외. (2019). 중고령자의 근로여건 변화와 노후소득보장제도의 과제. 한국보건사회연구원, 연구보고서.

윤홍주. (1996). 교사발달 단계 및 직능발달 요인에 관한 연구. 서울대학교 대학원 석사학위논문.

이동성. (2015). 생애사 연구. 파주: 아카데미프레스.

이동성, 김영천. (2014). 질적 자료 분석을 위한 포괄적 분석절차 탐구: 실용적 절충주의를 중심으로. 교육종합연구, 12(1), 159-184.

이영라, 이숙종. (2018). 고령층의 자산빈곤과 소득빈곤에 미치는 영향요인 연구: 베이비붐 세대와 해방전쟁 세대를 중심으로. 사회과학연구, 57(2), 111-157.

이철용, 윤상하. (2006). 베이비붐 세대의 은퇴가 주식 및 부동산 시장에 미칠 영향. LG경제연구원, 연구보고서.

정운영, 이희숙. (2010). 중, 고령자 가계의 주관적 노후대비충분 여부에 따른 부동산 자산구조와 영향요인. 대한가정학회지, 48(4), 1-12.

정호성 외. (2010). 베이비붐세대 은퇴의 파급효과와 대응방안. 한국벤처신문사, 38, 26-29.

주소현. (2011). 중고령층 금융소비자의 펀드투자에 관한 이해력. 소비자문제연구, 40(40), 47-69.

지은정. (2006). 중고령자의 퇴직전환 및 노후소득보장과 점진적 퇴직지원. 한국사회복지학, 58(3), 135-168.

한경혜. (2005). 생애사 연구를 통해 본 남성의 삶. 한국가정관리학회 학술발표대회 자료집, 1-30.

한국금융투자자보호재단. (2012). 금융사기, 어떻게 예방할까? 1-2권. 한국금융투자자보호재단.

한기석. (2007). 초등학교 고경력 교사의 직무만족에 대한 질적 연구. 서울교육대학교 대학원 석사학위논문.

황원경. (2011). 베이비부머 세대의 은퇴 이후 자산여력 진단. CEO REPORT 201117, KB금융지주 경영연구소.

Arroyo, D. G., & Bayani, R. T. (2024). Financial literacy and well-being as predictors of work performance of teachers. *EPRA International Journal of Environmental Economics, Commerce and Educational Management, 11*(4), 77-82.

Brinson, G. P. (1995). Determinants of portfolio performance. *Financial Analysts Journal, 51*(1), 133-138.

British Columbia Securities Commission. (2012). National Investment Fraud Vulnerability Report.

Brüggen, E. C. et al. (2017). Financial well-being: A conceptualization and research agenda. *Journal of Business Research, 79*, 228-237.

Burke, Perter J., Christensen, Judith C., & Fessler, Ralph. (1984). *Teacher career stages: Implication for staff development* (Fastback No. 214). Bloomington, IN: Phi Delta Kappa Educational Foundation.

Cole, A. L., & Knowles, J. G. (2001). *Lives in context: The art of life history research*. NY: AltaMira Press.

Dhunpath, R. (2000). Life history methodology: 'Narradigm' regained. *Qualitative Studies in Education, 13*(5), 543-551.

Dunn, L., & Mirzaie, I. A. (2013). Consumer debt stress, changes in household debt, and the great recession. Working Paper, Ohio State University Economics Department.

Finke, M. S., Howe, J. S., & Huston, S. J. (2017). Old age and the decline in financial literacy. *Management Science, 63*(1), 213-230.

Gamble K. J., Boyle, P. A., Yu. L., & Bennett, D. A. (2013). Aging, financial literacy, and fraud. *Working Paper Available, 11*, 2013-066.

Hojman, D. A. et al. (2016). Debt trajectories and mental health. *Social Science & Medicine, 167*, 54-62.

Huberman, M. (1989). The Professional life cycle of teachers. *Teacher College Record, 91*, 31-57.

Kelchtermans, G. (1993). Getting the story, understanding the lives: From career stories to teachers' professional development. *Teaching and Teacher Education, 9*(5/6), 443-456.

Kiel, G. C., & Layton, R. A. (1981). Dimensions of consumer information seeking behavior. *Journal of Marketing Research, 18*(2), 233-239.

Korniotis, G. M., & Kumar, A. (2011). Do older investors make better investment decisions?. *Review of Economics and Statistics, 93*(1), 244-265.

Lieblich, A., Truval-Mashiach, R., & Zilber, T. (1998). *Narrative research: Reading, analysis and interpretation*. Thousand Oaks, CA: Sage Publications.

Lusardi, A., & Mitchell, O. S. (2006). Baby Boomer retirement security: The roles of planning, financial literacy, and housing wealth. *Journal of Monetary Economics, 54*(1), 205-224.

Lusardi, A., Mitchell, O, S., & Curto, V. (2009). Financial literacy and financial sophistication among older Americans. NBER Working Paper 15469.

Phillips, L. W., & Sternthal, B. (1977). Age differences in information processing: A perspective on the aged consumer. *Journal of Marketing Research, 14*(4), 444-457.

Van Praag, B. M. S. et al. (2003). The anatomy of subjective well-being. *Journal of Economic Behavior & Organization, 51*(1), 29-49.

Watts, H. (1980). *Starting out, moving on, running ahead or how teacher centers can attend to stages in teachers development*. California: California Teachers Centers. (ERIC Document Reproduction Service No. ED 434-878)

https://n.news.naver.com/article/421/0007303465?sid=102 (뉴스1, 2024. 1. 21. 인출).

https://www.mk.co.kr/news/society/10901589?utm_source=chatgpt.com (매일경제, 2023. 12. 19. 인출).

https://ncws.natc.com/vicw/20190408n38674?utm_sourcc=chatgpt.com (국민일보, 2019. 4. 8. 인출).

https://www.hangyo.com/news/article.html?no=102465#google_vignette (한국교육신문, 2024. 9. 2. 인출).

https://www.seoul.co.kr/news/editOpinion/opinion/generalnewspage/2017/02/13/20170213030008?utm_source=chatgpt.com (서울신문, 2017. 2. 12. 인출).

찾아보기

『ㄱ』

『ㅇ』

『ㅈ』

『 ㅊ 』

『 ㅌ 』

『 ㅍ 』

『 ㅎ 』

『 기타 』

저자 약력

이동성(Lee, Dong Sung)

교육학(교육사회학 전공) 박사

전 ‣ 초등학교 교사
국가교육회의 전문위원
한국질적탐구학회장

현 ‣ 전주교대 초등교육과 교수(교육사회, 평생교육)
‣ 전주교대 교육대학원 혁신미래교육전공 교수

[주요 저서]

- 「질적 연구와 자문화기술지(2판)」 (2020, 아카데미프레스)
- 「작은 학교가 희망이다」 (2018, 기역)
- 「생애사 연구」 (2015, 아카데미프레스)

금융교육사회학: 학교기반 금융교육

2026년 2월 5일 1판 1쇄 인쇄
2026년 2월 10일 1판 1쇄 발행

저 자 : 이 동 성
발행자 : 한 정 주
발행처 : 교육과학사

저자와의 협의하에 인지생략

경기도 파주시 광인사길 71
전화(031)955-6956~8/팩스(031)955-6037
Home-page : www.kyoyookbook.co.kr
E-mail : kyoyookbook@daum.net
등록 : 1970년 5월 18일 제2-73호

낙장 · 파본은 교환해 드립니다.
정가 25,000 원
Printed in Korea.
ISBN 978-89-254-2037-0